# 易과 탈현대의 論理

-라이프니츠에서 괴델까지 易의 강물은 흐른다-

김 상 일

지식산업사

## 김 상 일

연세대학교에서 신학으로 학사와 석사 학위를 받았으며, 성균관대 대학원에서 석사를, 미국의 필립스 대학원과 클레어몬트 대학원에서 각기 석사와 박사 학위를 받았다. 한신대학교 철학과 교수로 재직했으며, 현대 미국 남가주 클레어몬트의 Center for Process Studies의 Korea Project Director이자 클레어몬트 대학원의 Adjunct Professor를 역임했다.
주요 저서 : 《카오스와 문명》, 《초공간과 한국문화》, 《화이트헤드와 동양철학》, 《동학과 신서학》, 《수운과 화이트헤드》, 《괴델의 불완전성 정리로 풀어본 원효의 판비량론》, 《원효의 판비량론 비교 연구》, 《한의학과 러셀 역설 해의》 등 다수.


## 易과 탈현대의 論理

초판 1쇄 발행 2006. 10. 25.
초판 3쇄 발행 2016. 3. 22.

지은이   김 상 일
펴낸이   김 경 희
펴낸곳   (주)지식산업사
　　　　본사 ● 413-832, 경기도 파주시 교하읍 문발리 520-12
　　　　　　　전화 (031) 955-4226~7  팩스 (031)955-4228
　　　　서울사무소 ● 110-040, 서울시 종로구 통의동 35-18
　　　　　　　전화 (02)734-1978  팩스 (02)720-7900
　　　　한글문패 지식산업사
　　　　영문문패 www.jisik.co.kr
　　　　전자우편 jsp@jisik.co.kr
　　　　등록번호 1-363
　　　　등록날짜 1969. 5. 8.

**책값은 뒤표지에 있습니다.**

ⓒ 김 상 일, 2006
ISBN 89-423-6030-0  93150


이 책을 읽고 저자에게 문의하고자 하는 이는
지식산업사 전자우편으로 연락 바랍니다.

# 책머리에

-탈현대는 칸토어의 대각선 정리에서 시작되었다.
대각선 정리는 어디에서 시작되었나?-

존 홉슨은 자신의 책 《서구 문명은 동양에서 시작되었다(*The Eastern Origins of Western Civilization*)》에서 서구문명의 기원이 동양이라고 단정하고 있다(홉슨, 2005). 홉슨은 문명사적으로 고찰하고 있지만, 필자는 소강절(1011~1077)의 《황극경세》 육십사괘수도(六十四卦數圖)에서 그 논리적 근거를 밝히려고 한다. 서양의 탈현대화는 19세기 말 칸토어(1829~1920)의 대각선정리가 효시이며, 대각선 정리의 구조는 이미 소강절의 글 속에 잡혀 있었다고 본다. 우리는 지금까지 서양의 사상가들 가운데 라이프니츠(1646~1716)가 유일하게 주역의 영향을 받았으리라고 피상적으로 알고 있을 뿐이다. 그러나 구체적으로 어떻게 영향을 받았는지는 알지 못한다. 라이프니츠 철학의 근간을 이루는 단자론이 역의 괘 이론에서 유래했으며, 점과 역의 2진수(二進數)에 그가 매료되었으리라는 것 말고는 아는 바가 없다. 그러나 이 책을 통하여 독자들은 역이 서양 근대 지성사에 미친 영향은 경천동지할 만하다고 생각하게 될 것이다.

라이프니츠는 서양 수학사에서 최초로 수에 기호(記號)를 도입한 인물이다. 기호의 도입은 19세기 말 독일의 수학자 조지 불(1815~1864)의 수학을 가능하게 만들었으며, 칸토어의 집합론에 이어 드디어 20세기 러셀-화이트헤드의 논리주의를 가능하게 했다. 이들 논리주의의 공헌으로 1940년대에 컴퓨터가 탄생했다. 컴퓨터의 탄생이 2진법과 논리주의의 기호 없이 불가능하다는 것은 누구나 잘 알고 있다. 주역의 기본 구조는 상(象)·수(數)·사(辭)의 트로이카다. 수를 기호와 같이 대응시키는 것은 역의 기본 원리이며, 이 점에 치중하여 한(漢) 대에 상수역이 발전했다. 혹시 라이프니츠가 상수학파로부터 수에 기호를 일치시키는 착상을 얻은 것은 아닐까?

이런 의문은 꼬리를 물고 계속된다. 현대 수학의 탄생은 칸토어의 집합론에서 비롯한다. 칸토어의 실무한(actual infinite)의 개념은 라이프니츠의 단자 개념과 관계가 있다. 칸토어 수학의 최대 업적은 **대각선 증명**(diagonal proof)이다. 같은 쌍의 유리수를 사각형의 가로와 세로에 일대일로 대응하여 배열하였을 때 대각선 위에 있는 수는 가로나 세로 그 어디에도 없다는 이 증명은 실수의 무한이 유리수의 무한보다 크다는 것으로, 무한에도 크고 작은 차이가 있다는 주장을 가능하게 했다. 여기서 실수 전체의 무한과 자연수 전체의 무한 사이에 끼여 있는 중간 지대의 무한이 있는지를 다루게 되는데, 이것이 이른바 '연속체 가설'이다. 이는 현대 수학의 최대 화두로서 괴델 증명 또는 괴델의 불완전성 정리도 이 화두에서 비롯한다. 그런데 사각형 안에 가로와 세로에 같은 수 또는 괘를 일대일 대응을 시켜 수와 괘를 배열하는 것은 역의 방도라는 도상에서 소강절(1011~1077)이 이미 사용한 기법이다. 대각선상 64괘의 명칭(헥사그람)들이 8괘의 명칭(트리그람)과 같아지는 이 역설이 대각선 증명의 효시가 아닐까? 우연의 일치라기에는 의심스러운 데가 너무 많다. 그러나 이에 대한 선행 연구가 없어 확언은 할 수 없다. 다만 이 책은 그 동일성을 말할 뿐이다.

대각선 정리가 왜 중요한가? 그 이유는 대각선 정리가 '리샤르의 정리' 그리고 괴델의 불완전성 정리에도 그대로 적용되거나 응용되기 때문이다. 두 정리는 모두 러셀 역설 또는 거짓말쟁이 역설의 변용으로, 한갓 수학의 정리가 아니고, 2500년 서양 지성사의 총정리라 할 수 있다. 특히 괴델의 정리는 아리스토텔레스 이후 계속해온 서양 지성의 논리와 바벨탑을 허무는 작업이었으며, 수학자들을 낙원에서 추방하는 대사건이라 아니할 수 없다. 괴델이 20세기 20인 지식인 가운데 손꼽히는 이유도 바로 그의 불완전성 정리 때문이다. 상반된 두 주장이 동시에 옳을 수 있다는 불교의 이른바 상위결정(相違決定)에 해당하는 것을 수학적 증명을 통해 괴델이 이루어냈기 때문이고, 이는 역의 방도에 이어 원도에서 64괘를 하나의 원둘레 위에 순과 역으로 배열하는 결론과 같기 때문이다. 방도가 온갖 역설이 나오는 판도라 상자와 같다면 원도는 그것의 해의와 같은 것이라 할 수 있다.

서구의 이성적이고 합리적인 지성은 괴델의 불완전성 정리 하나로 하루아침에 무너져 내리고 만다. 진정한 의미에서 이성의 사망 선고를 뜻하는 탈현대는 이로부터 시작한다. 쿤의 패러다임 이론은 괴델 증명이 있은 지 20여 년 뒤에 나온 부산물에 지나지 않는다. 비록 수학사에서 도달한 결론이지만 전공에 상관없이 괴델의 불완전성 정리에 대한 이해는 불가피하다. 괴델 증명의 비결은 역과 연관해서 설명하면 한결 쉽게 이해할 수 있다. 수에 상을 그리고 상에 사를 연관시킴으로써, 다시 말해서 상·수·사를 일체화함으로써 괴델 증명이 가능해졌다는 것이다. 이 기법은 역이 수천 년 동안 사용한 기법이 아닌가? 서양 지성의 자존심을 상하게 하는 일이겠지만, 라이프니츠의 겸허한 지성은 역을 수용했으며, 이때부터 서양 지성의 운명은 결판나 있었다고 해도 지나친 말이 아니다.

책머리에서 생소한 수학 용어들을 구사하여 독자들을 지레 겁주려는 태도를 위악적이라고 볼 수도 있겠지만, 이런 수학 개념들은 역의 언어를 통해 쉽게 접근할 수 있다는 것, 이것이 이 책이 공헌할 수 있는 길이라 여겼기에 저자는 위선보다는 위악의 길을 택했다. 쉽고 재미있는 말로 독자들을 유혹하는 것보다, 차라리 반드시 넘어야 할 산이 있다면 그 산을 쉽게 넘는 장비가 있다는 사실을 이 책을 통해 보여주는 것이 나으리라고 판단했기 때문이다. 주역은 상수역과 의리역 그리고 도상역이라는 강물 줄기를 형성하며 수천 년 동안 흘러 내려왔다. 현대 서양 지성사는 라이프니츠 이후 이 강물이 흘러가는 방향으로 몸을 맡기고 떠내려가는 배와 같다고 비유할 수 있겠다. 그리고 독자들은 그 배를 탄 유람객이 된 기분으로 이 책을 대하면 좋겠다. 또한 한국의 정역(正易)이라는 데서 역설이 어떻게 해의되고 있는가를 보고 안식을 취할 수 있을 것이다.

러셀 역설과 괴델의 불완전성 정리에 대한 필자의 도전은 연작으로 이어진다. 즉, 《원효의 판비량론》(2003), 《원효의 판비량론 비교연구》(2004),《한의학과 러셀 역설 해의》(2005) 그리고 네 번째로 이어지는 것이 이 책이다. 네 권의 책은 모두 하나의 주제 즉, 러셀 역설과 연관된 괴델 정리를 각각 다른 소재로 다루고 있다. 이 연작을 하나도 빠짐없이 출판해주신 지식산업사 김경희 사장님께 거듭 감사드리며 편집을 위해 수고해주신 여러분들께 심심한 감사의 말씀을 드린다.

2006년(단기 4339년) 10월

김 상 일

# 차 례

## 【그림 차례】



## 【표 차례】

# 서 론

주역의 첫 장을 보면 괘의 '상'1)이 나오고 그 상에 대하여 풀이한 글로 '사'가 나오며, 다음에는 각 괘마다 고유한 '수'가 나온다. 다시 말해서 상과 수와 사는 역을 구성하는 트로이카와 같다고 할 수 있다. 이 상·수·사는 불가분리적이며 역의 구조와 성격을 결정짓는 것이라 할 수 있다. 인도의 요가수트라는 이 삼자의 관계가 커다란 혼돈을 일으킨다고 지적한다. 여기서 말하는 혼돈이란 풀기 어려운 역설을 뜻한다. 선불교에서 말하는, 입을 열자마자 역설에 직면한다는 개구즉차(開口卽借)도 인간이 사물에 해당하는 말을 사용하는 순간 역설은 피할 수 없다는 뜻이다. 그리고 극단적으로 이 역설을 피하기 위해서는 언어를 사용하지 말라는 불립문자(不立文字)론까지 나오게 된다.

이만큼 인간 지성이 풀지 못할 난제거리 하나, 그것은 바로 '역설(paradox)'이다. 그리스 철학은 이를 '아포리아(aphoria)'라 했고, 불교는 '무기(無記)'라고 했다. 부처마저 이 난제 앞에 침묵하였다고 하여 불교는 이를 무기라고 한 것이다. 인간이 '무한'의 문제 그리고 '전체'의 문제에 대해 질문을 던지는 순간 이 난제는 등장한다. 이 난제는

---

1) 상(象)은 본래 코끼리의 모양을 본 사람이 이것을 묘사하는 데서 생긴 상형문자라고 한다.

형이상학과 운명을 같이한다. 그리스 철학에서 이 난제거리가 체계적으로 서술된 것은 플라톤의 후기 작품이라고 알려진 《파르메니데스》부터다. 여기서 플라톤은 아포리아를 '제3의 인간 역설'이라고 했다. 플라톤의 제자 아리스토텔레스가 논리학 책인 《오르가논》을 쓴 궁극적 목적이 다름 아닌 이 난제를 풀기 위해서였다. 그래서 혹자들은 《파르메니데스》가 아리스토텔레스의 《오르가논》과 연속되는 글이기 때문에 그 저자가 플라톤이 아니고 아리스토텔레스라고 할 정도였다. 아무튼 두 책의 경우, 전자는 난제를 제기하는 책이고, 후자는 그것을 해결하려는 책이다. 서양 철학사는 거의 최근까지 아리스토텔레스의 역설 해법에 그대로 의존하고 있을 뿐 별다른 변화가 없었다. 그래서 이러한 아리스토텔레스의 논리를 따르는 일련의 논리들을 'A형 논리'라고 한다. 역설이란 para(넘어, 반대쪽)와 doxa(의견, 통념)의 결합어다. 말에 대한 '말'이란 뜻이다. 그렇다면 말에는 두 가지 말인 말과 '말'이 있게 된다. '역설'이란 이 두 말이 서로 어긋난다는 뜻이다. 불교에서는 말이 말에 어긋난다고 하여 '자어상위(自語相違)'라고 한다.

  예를 들어 거짓말을 '거짓말'한다고 하면 '거짓말'은 거짓말에 대한 말의 말이다. 그러면 그 결과는 '참말'이 되어 서로 말이 말에 어긋나버린다. 반대로 거짓말에 대해 '참말'을 하면 거짓말이 된다. 이렇게 말에 대한 말은 서로 어긋나버리게 된다. 이것이 바로 풀지 못할 난제거리다. 이러한 난제는 무한과 전체의 문제를 다루는 순간 바늘의 실과 같이 따라 나타나게 된다. 두 가지 말의 경우 하나는 대상에 대한 말이고, 다른 하나는 그 말에 대한 '말'이다. 후자는 특히 메타언어(meta language)라고 한다. 즉, 대상과 메타의 상충에서 역설이 발생한다. 대상과 메타는 부분과 전체의 그리고 유한과 무한의 문제와 성격이 같다. 그래서 아리스토텔레스는 역설을 해결하기 위해 이원론이라는 칼을 사용해 두 언어의 연결 고리를 잘라놓았다. 바로 이것이 그의 역설 해법이다. 2500여 년 동안 그의 이원론적 방법론은 철학뿐만 아니라 서양 문화의 전반에 걸쳐 영향력을 행사해왔다. 그러나 19세기 말 칸토어가 수학에 집합론을 도입하면서 무한과 유한 그리고 전체와 부분의 문제가 거론되면서 역설은 불청객같이 서양 지성계를 찾아온다. 20세기 초 러셀은 수학 집합론에 나타난 역설을 '러셀 역설'이라고 했으며 화이트헤드와 이 역설의 극복을 위해 《수학원론》을 저술한다. 그리고 그의 친구 프레게(1845-1925)에게 이 역설을 알린다. 프레게는 러셀의 편지를 받고 8년 동안 공들여 쓴 수학의 기초이론에 관한 원고를 다 폐기처분했다고 한다. 여기서 역설의 위력에 대하여 너무 심하게 강조하면 마치 이 책의 중요성을 과장하는 것처럼 여겨질 것 같아 일단 여기서 중단하기로 한다.

역설이라는 난제는 동서양 사상사의 공동 해결 과제다. 필자는 동북아 문명권에서 이 역설을 해결하기 위해 등장한 논리서가 바로 《역(易)》이라고 본다. 《역》은 아리스토텔레스의 논리서인 《오르가논》과 쌍벽을 이루는 논리서다. 그러나 역에서 역설을 해결하는 방법은 아리스토텔레스의 그것과는 판이하다. 대상과 메타가 서로 되먹임하는 방법을 사용한다. 이를 '사상(寫像, mapping)'이라고 한다. 사상이란 대상과 메타를 순환시키는 방법을 뜻한다. 위의 예에서 '참말', '거짓말'을 양과 음으로 대비할 때, 역은 "한 번 음이고 한 번 양인 것이도"라고 한다. 이는 음과 양이 분리되지 않는다는 것을 뜻한다. 이는 아리스토텔레스가 모순율로 갈라놓는 것과는 다르다. 이러한 역의 논리를 'E형 논리'라고 한다. E는 동양을 뜻하는 'Eastern'의 첫 글자라는 것 말고도 서양에서 이 논리를 처음으로 언급한 에피메니데스(Epimenides), 유블레이데스(Eubleides) 같은 사람들의 이름에서도 따온 것이다. 그런 의미에서 《역경》을 I-ching이라 하는 대신에 E-ching이라고 하는 것도 바람직하다고 할 수 있다.

화이트헤드가 서양 철학사는 플라톤 철학의 주석에 지나지 않는다고 한 것은, 서양의 주류 철학이 플라톤에서 시작되었고 A형 논리가 주류 철학의 논리였다는 점을 단적으로 일러주는 것이다. 이렇게 말할 때 화이트헤드 자신은 주류 철학에 속하지 않음을 전제한다. 물론 모더니즘의 핵은 이 주류 철학에 따라 형성된다.

그런데 서양 철학사에서 비주류에 속하는 철학자들은 한결같이 E형 논리를 사용하고 있으며, 서양의 비주류는 항상 동양의 주류 철학과 결과적으로 맥락을 같이하는 현상이 나타난다. 고대의 헤라클레이토스와 스토아 철학을 비롯하여 최근의 포스트모더니즘에 이르기까지 이들 비주류 철학자들은 동양 사상과 쉽게 그 궤를 같이한다. 그 이유는 다 같이 E형 논리를 사용하고 있기 때문이다. 그러나 이들은 지금까지 한번도 자신들이 사용하는 논리적 유형의 동일성에 관하여 말한 적은 없다. 우리가 여기서 다루려고 하는 데리다는 동양 사상과 가장 근접하는 사상가이나 자기가 사용하는 논리가 E형이라는 것에 대한 아무런 자각도 없이 그 논리를 사용하고 있다. 이런 E형 논리를 사용하면 어느 사상가든지 말과 글, 음성과 문자, 그림과 글을 구별하는 순간 역설을 만나게 되고, 그 결과 철학이 탄생한다. 역은 물론 상·수·사를 구별하는 순간, 역설의 문제를 피할 수 없게 된다.

서양에서 E형 논리가 다시 등장한 곳은 수학이다. 수학에서 발견된 역설은 피할 수 없는 해결 과제로 등장한다. 그 이유는 수학에서 역설 문제를 해결하지 않으면 다른 모든 지식 영역에서 그 기반이 무너지고 말기 때문이다. 비트겐슈타인이 수학자들로부터 핀잔을 받아가면서까지 《수학의 기초에 관한 고찰》을 쓰게 된 이유도 바로 수학에 나타난 역설에 대해 나름대로 답을 하지 않을 수 없었기 때문이다. 다만 그가 수학에 나타난 역설을 그렇게 심각한 문제로 받아들이지 않았다는 데 문제가 있다. 그러나 수학에 나타난 역설은 생각 이상으로 심각한 결과를 초래한다. 수학에 역설이 재등장한 사실에 놀란 서양 지성계는 역설 해법에 골몰한다. 거의 한 세기 동안 서양 지성계는 러셀-타르스키의 위계론적 유형론과 키하라-굽타의 순환론적 해법이라는 두 부류로 갈라선 학자들이 줄을 서고 있는 실정이다. 그런데 바로 후자인 순환론적 해법이 역의 해법에 접근하는 해법이라 할 수 있다. 순환론자들 대부분이 동양계 학자인 사실을 볼 때, 그들이 동양의 지혜에서 역설 해법의 새로운 탈출구를 찾는 것이 분명하다.

그러나 동양에서는 문명의 여명기부터 나타난 이 역설이란 난제에 대하여 순환론적 방법을 선택했다. 그러나 역의 역사 과정에서도 역설의 해법을 놓고 다양한 발전 과정을 거쳐 왔다. 그동안 서양 논리학에서 역설이 나타나지 않은 이유는 논리학을 문장으로만 다루어왔기 때문이다. 삼단논법이란 추론에서도 "모든 사람은 죽는다"와 같은 문장으로만 논리학을 표현해왔다. 판단론에서도 사정은 마찬가지다. 문장에서 수와 논리적 기호를 제외시킨 결과가 이원론과 함께 서양 논리학에서 역설이 쉽게 발견되지 않은 진정한 이유였다. 그러나 라이프니츠 이후 수에 기호가 가미되면서 역설은 태동하고 있었다. 19세기 중엽부터 조지 불이 논리적 기호를 대수학에 적극 도입하면서 집합론이 등장하였고, 19세기 말 역설은 수면 위로 나타나기 시작한다.

아리스토텔레스 이후로 논리학에서 기호와 수가 사라지고, 수학에서는 유클리드 이후 수에서 기호와 문장이 사라진다. 이것이 바로 서양 논리학과 철학에서 역설이 수면 아래 잠재돼 있던 진정한 이유다. 역에서도 강조 측면에서 상과 수만을 강조하는 상수학파와 사만을 강조하는 의리학파가 갈라지게 되는 이유가 바로 삼자가 만들어내는 역설을 피하기 위해서다. 서양에서는 라이프니츠가 수에 기호를 보충한 이후 20세기 프레게까지 이르는 과정이 논리학의 발전사다. 논리학에 수학을 도입하여 '수리논리학(mathematics logics)'이, 그리고 상징 기호가 도입되어 '기호논리학' 또는 '상징논리학 (symbolic logic)'이 나타났다. 수와 기호에 문장을 더한 것은 페아노(1858~1932)부터일 것이다. 그래서 기호, 수 그리고 문장이 모두 공존하게 된 것이 현대 서양 논리학의 특징이다. 이제 우리는 여기서 역이 왜 상·수·사란 트로이카를 문명의 여명기부터 고집하고 있는지를 알게 된다. 역설을 제거하기 위해 삼자의 고리를 끊어버렸지만, 역설을 극복하기 위해 다시 삼자의 고리를 연결해야 하는 역설의 역설이 나타난 것이다.

이 책의 Ⅰ부는 낙원에서 인간이 이름 짓기를 하는 행위에서부터 말과 사물을 분리하는 작업을 시작했다고 보고, 에코의 기호학을 비롯하여 아리스토텔레스의 언어학, 그리고 소쉬르와 데리다에 이르는 기호학과 문자학을 망라한 총체적 검토를 통하여 한글에 대한 재평가와 한글과 역과의 관계를 고찰한다. 기호학에서 역설의 문제는 기표(記表)와 기의(記意) 사이에서 생기는 문제다. 기표와 기의의 분리는 결국 데리다가 우려하는 표음문자의 위험성으로 발전하게 된다. 기표로부터 기의를 시각적으로 동시에 끌어낼 수 없는 서양의 표음문자는 결국 존재신학 또는 로고스 중심주의로 가고 만다. 기표와 기의가 상형문자에서는 동일하나 표음문자에서는 동일하지 않기 때문에 의미를 파악하려면 이성의 도움을 받아야 한다. 그래서 이성주의에 빠지게 된다. 결국 상을 무시하고 사를 중시한 결과는 문자언어인 에크리튀르를 억압하고 음성언어인 파롤을 특권화하고 마는데, 이런 로고스 중심주의를 현전의 형이상학이라고 데리다는 비판한다. 그러나 역의 상·수·사 트로이카는 데리다의 표음문자에 대한 대안이 될 수 있으며, 이런 점에서 우리 한글의 면모를 돋보이게 한다.

Ⅱ부는 바로 상·수·사 트로이카에서 역설이 발생하는 모습을 보고, 트로이카가 분열된 A형 논리에서 라이프니츠 이래 전개된 수에서 논리적 기호의 등장 문제를 다룬다. 여기서 라이프니츠-불-프레게-러셀로 이어지는 과정을 검토한다. 3두 마차가 단두 마차로 되면서 역설을 만나 다시 3두 마차를 회복하는 과정을 볼 것이다. 그 결과는 결국 괴델의 불완전성 정리라는 선물이었다. 칸토어는 '무한'의 개념을 집합론적으로 새롭게 정립했는데, 결과적으로 칸토어 자신이 덫에 걸리게 되었다. 그것은 역설이라는 덫이다. 그리고 무한집합의 크기 문

제에서 무한에도 크고 작은 차이가 있다는 사실을 발견한다. 즉, 유리수 전체보다는 실수 전체가 더 크다는 문제, 그리고 그 사이의 연속과 불연속의 문제는 칸토어의 발목을 잡는 아킬레스건이었다. 이른바 연속체 가설의 문제가 '대각선 정리'에서 발생한다. 같은 수를 가로 세로로 나열해갈 때 대각선 위에 있는 수들은 그 사각형 속에 포함되지 않는다는 이 정리는 이후 괴델 정리에서도 위력을 발휘하게 되었다.

힐베르트는 수학을 다시 일상적인 문장으로 표현하려 했는데, 이를 초수학 또는 메타수학이라고 한다. 실로 힐베르트의 역설 극복을 위한 노고는 초인적이라 할 수 있는데, 그는 수와 논리 기호(상) 그리고 문장(사)을 모두 동원해 수학에서 무모순성과 일관성을 찾으려 노력했다. 이를 두고 특히 '힐베르트 프로그램(Hilbert Program)'이라고 한다. 이를 수의 추상화 과정이라 할 수 있다. 그러나 위에서 말한 대로 수학에서 집합론의 등장은 역설이라는 반갑지 않은 불청객을 불러들이게 되었는데, 20세기는 온통 이 역설을 극북하기 위한 세기라고 할 정도다. 그래서 수학에도 역설 극복을 위한 3파전이 전개된다. 이 책의 II부는 바로 서양 사상사에서 논리와 기호 그리고 수의 관계를 역설이라는 관점에서 고찰하기 위하여 마련되었다. 그리고 힐베르트를 비롯한 3파전을 역의 3파전과 비교하면서 고찰한다.

인류 역사에서 인간이 만들어낸 최대의 걸작은 전산기다. 그런데 이 전산기는 다름 아닌 라이프니츠로부터 시작된, 수를 기호로 바꾸는 작업에서 기원을 찾는다. 그러나 단순히 수를 기호로 바꾸는 작업만으로 이루어진 것이 아니다. 실로 전산기는 수학과 공학 그리고 논리학과 철학적 사유의 복합적 산물이다. 역의 트로이카 상·수·사는 곧 논리학·수학·철학을 대변하는 말이라고 할 수 있다. 그렇다면 우리는 역과 전산기의 어떤 상관성을 생각해볼 수 있다. 보통 지금까지는 역의 2진법과 전산기의 그것만으로 동일성을 말해오곤 했다. 그러나 역과 전산기의 근원적 동일성은 바로 트로이카에 있다고 할 수 있다. 서양 수학사의 3파전은 괴델 정리로 허망하게 끝난 것 같지만, 사실은 그 부산물로 생겨난 것이 다름 아닌 전산기다. 철학·수학·논리학에 공학이 뒷받침함으로써 전산기가 나오게 된 것이다.

역에서 말하는 수 개념은 서양의 그것과 근본적으로 다른 점이 있다. 서양의 수는 10진법에 따른 것이다. 그러나 역의 특징은 2진법과 10진법을 겸하는 것이다. 예를 들어 하나의 괘를 구성할 때 음과 양이란 2진수와 그것이 발전하는 10진수를 동시에 표시한다는 것이다. 즉, 이는 $2^n$과 같다. 여기서 바탕수 '2'는 2진법을 그리고 'n'은 10진수를 의미한다. 하나의 괘에는 음양이라는 대칭과 각 효의 위치에 따른 대칭이 있다. 전자를 '치대칭(値對稱)'이라 하고 후자를 '위대칭(位對稱)'이라 한다. 치대칭은 2진수로, 위대칭은 10진수로 결정한다. 2진수의 자리 위치가 높아지는 것은 10진수에 달려 있다. 실로 현대 전산기가 2진수와 10진수의 결합으로 이루어진 것이라고 본다면, 역의 절정은 바로 여기에 있다고 할 수 있다. 이런 점에서 다산(茶山)이 역에서 수를 제외한 것은 실책이라 아니할 수 없다.

이렇게 역은 두 진법의 결합으로 된 수 개념을 가지고 있다. 서양 수학의 집합론에서 역설이 발생한 근본적인 원인은 칸토어가 10진수만으로 무한의 문제를 다루었기 때문이라고 본다. 그의 실무한 개념에서 무한의 크기 문제가 등장하게 되었고 드디어 실수의 무한과 자연수의 무한 사이에 있는 무한이 있느냐 없느냐 하는 이른바 연속체 가설의 문제는 10진수만으로 사각형의 가로 세로에 배열하였기 때문에 생긴 문제라 할 수 있다. 대각선 정리는 궁극적으로 집합론의 멱집합 문제와 연관된다. 사각형의 가로 세로는 사실 그 어느 하나가 대상이라면 다른 하나는 메타이다. 사각형의 면적이 가로와 세로의 곱으로 나오는 것을 보면 가로와 세로는 다 같이 대상적 수가 아니다. 그러면 대각선은 대상인가 메타인가. 모두 다이며 동시에 어느 하나에도 속할 수 없다. 이는 마치 멱집합에서 전체는 그 자체가 부분의 한 요소가 되는 것과도 같다고 할 수 있다. 그래서 멱집합은 집합보다 항상 크거나 같아야 한다. 여기서 대각선은 멱집합과 같으며 그래서 그것은 사각형 속에 포함되면서 동시에 포함되지 않는다. 그래서 이를 무한에 적용할 때 무한집합의 멱집합은 자기를 포함하면서 동시에 포함하지 않는다. 이는 결코 연속과 불연속의 문제가 아닌 해결 불가의 문제 즉, 부정(否定)의 문제다.

그런데 바로 역의 방도(方圖)에서 괘를 배열하는 방법은 칸토어가 대각선 정리에서 수를 배열하는 방법과 완전 일치한다. 대각선 정리에서 연속체 가설의 문제 그리고 괴델의 불완전성 정리, 더 나아가 튜링의 전산기 원리까지 나온다고 할 때, 이 책의 중심부는 바로 이 대각선 정리와 방도라고 할 수 있다. 원도는 방도에서 생긴 역설을 받아 해의하는 데서 나온 결과물이라고 할 수 있다. 사각형에서 역설이 나오고 원에서 그 해의가 제시된다고 할 수 있다는 것이다. 그래서 이 책의 중심이 되는 두 화두는 두 진법과 대각선 정리라고 할 수 있다. 여기서 방도의 중요성은 아무리 강조해도 부족하다 하겠다.

Ⅲ부에서는 수학과 역의 3파전을 집중적으로 다룬다. 힐베르트의 프로그램은 수포로 돌아가고 괴델이 나타나 힐베르트를 비롯한 3파전의 모든 수고를 풍차와 싸우는 돈키호테의 수고로 돌리고 만다. 그리고 무모순·일관성·독립성의 낙원에서 수학자들을 추방하고 만다. 실로 괴델의 불완전성 정리는 서양 지성사에 종지부를 찍는 것과 같다고 할 만하다. 인간의 이성적 판단은 '결정할 수 없음'이라는 **부정**(不定)의 함정에 본질적으로 걸려 있다는 사실을 괴델이 증명한다. 이는 인간이 역설을 짊어지고 살 수밖에 없다는 점을 증명한 것이나 마찬가지다. 우리는 서양 지성사가 난제를 만나 2500여 년 동안 그것과 씨름하는 과정과 역사를 Ⅲ부에서 고찰할 것이다. 그리고 이것을 역이 발전해온 과정과 비교함으로써 역이 역설을 어떻게 다루고 있는가도 고찰할 것이다.

Ⅳ부는 이 책의 결론에 해당한다. 괴델이 3파전을 어떻게 평정하고 서양 지성을 낙원의 동쪽으로 추방하고 말았는가를 고찰한다. 낙원의 동쪽에는 역설이라는 가시밭길이 기다리고 있었다. 괴델의 불완전성 정리의 핵심은 A형 논리의 모순율과 배중률을 근본적으로 어렵게 만드는 것이다. 상반된 주장이 동시에 가능해지는 상위 결정이 바로 괴델이 내린 결론이기 때문이다. 상·수·사가 빚어내는 불완전하고 미흡한 점은 역에서 풀기 어려운 난제로 남게 되었으며, 송대 이후 나타난 도상 역은 바로 이에 대한 새로운 탈출구라고 할 수 있다. 방도와 함께 그린 원도를 보자. 원도 속에는 순(順)과 역(逆)이라는 상반된 방향의 회전이 하나의 원 위에 우로보로스 형태를 만들고 있다. 이것이 바로 괴델의 원형과 같다고 보며, 한국의 국기가 된 태극도형은 횡도와 방도에 이어 나타난 새 도형이다. 그러나 원도 속에는 아직 난제거리가 남아 있으며, 19세기 말 한국의 정역에 와서 그 난제는 새로운 국면을 맞게 된다. 역의 이러한 변화들은 모두 아포리아에 대한 도전이라는 사실을 명심해야 한다. 다시 말해 한국으로 돌아와 주역을 역설이라는 관점에서 조명해 보는 것이라 할 수 있다. 한국에서 발달된 일부의 정역을 상·수·사의 트로이카와 원도의 구조를 분석함으로써 한국에서 역설의 문제가 어떻게 다루어지고 중국과는 어떻게 다른 방법으로 그 해의가 이루어지는가를 고찰한다. 그러나 이 작업은 이미 필자가 《한의학과 러셀 역설》 제2부 3장에서 부분적으로 해놓은 작업이기 때문에 여기서는 간략히 소개하는 것으로 끝맺음을 한다.

# Ⅰ부

## 상·수·사와 러셀 역설

# 1. 낙원의 논리와 역

## 머리말 : 역의 기본 구조와 원리

"8괘(八卦)가 완성하여 펼쳐지면 여기에 상이 담겨진다." 〈계사전
(繫辭傳)〉은 상(象)과 효(爻)를 설명하면서 성인이 천하 사물의 형적
을 본떠서 역경의 부호[상]를 만들었다고 했다. 상이 만들어진 다음,
사물들 사이의 변화회통(變化會通) 관계를 설명하기 위해서 ―와 --
의 기호를 만들었다고 했다. 이런 변화회통[1]의 구실을 하는 기호는
다름 아닌 괴델 정리의 정항(正項) 기호에 나오는 여러 기호들과 같
다. 역경은 원래 점치는 책이어서 효상(爻象)인 ―와 --이 먼저 만들
어지고, 뒤에 8괘의 상이 생겨났으며, 다시 64괘로 발전했다고 본다.
그래서 괘의 상이 먼저 생긴 다음에 괘의 효사(爻辭)를 덧붙였다고 볼
수 있다. 괘의 효상은 기표(記表)이고 괘의 효사는 기의(記意)에 해당
한다. 효사가 생겨나기 전에 상을 통해서만 점을 쳤다. 사(辭)와 상
(象)의 관계는 마치 다각형과 원의 관계와 같이 항상 근접하기는 하나
모두 담아 낼 수는 없다.

---

1) 《역경》에서는 "그 모습을 모방하고", "그 사물의 마땅함을 본떠서", "그 회통하는 바를
   살펴서" 또는 "사물의 변화를 헤아려 본받아 변화를 이룬다"고 했다.

이제 미제괘(未濟卦) 64번(䷿)을 통해 역경이 씌어진 방법으로 되돌아가 생각해보기로 한다. '괘사(卦辭)'란 괘에 관한 전체적인 설명이다. 효사는 괘 안에 있는 효 하나 하나에 대한 설명이다.

    (괘사) 미제는 형통하다. 어린 여우가 냇물을 거의 건너가려 할 때 그 꼬리를 적신다.

    (효사) 초6 : 그 꼬리를 적신다. 부끄러울 것이 없다.

          92 : 그 수레바퀴를 끈다.

          63 : 아직 이루지 못했다.

          94 : 마음이 곧으면 길하고 뉘우침이 없을 것이다.

          65 : 마음이 곧으면 길하고 뉘우침이 없을 것이다

         상9 : 술을 마시는 데 성실함이 있다.

역은 위에서 보는 바와 같이 상과 수 그리고 문장[사]을 절묘하게 연관시키고 있다. 상과 수 가운데 어느 것이 먼저 생겼는가에 관한 논쟁이 있었지만 아직 확실한 해답을 얻지 못하고 있다. 상수를 일상 언어와 연관시켜 괴델이 사용한 기법과 완전히 같은 기법이 이미 역에 있는 것에 새삼 놀라게 된다. 상과 수 그리고 문장이 서로 앞뒤를 가릴 수 없는 것이 차라리 자연스럽다 할 수 있다. 만약에 그것이 가려진다면 역의 생명은 죽는 것이나 마찬가지다. 부호 체계와 같은 추상적인 것과 상수와 같은 구체적 사유가 서로 결합하여 이루어진 것이 역이기 때문이다. 점쟁이는 상을 살펴 괘를 만들어내는 고공비행과 괘상을 통해 다시 길흉을 판단하는 하향 비행을 동시에 번갈아 가며 한다. 그래서 고공과 하강 비행을 동시에 해내는 것이 다름 아닌 역의 점치는 기법이며 이 기법을 괴델도 사용하고 있다. 지금도 점치는 집에 가면 상·수·사를 번갈아 이어가면서 점치는 모습을 볼 것이다. 자기 꼬리를 입에 물고 있는 뱀인 우로보로스는 아직 살아 있다. 우리

는 다음 차례에서 괴델이 고공과 하강 비행을 동시에 해 내는 기법을
괴델을 통해 더 알아보기로 한다.

끝으로 우리가 알아야할 사실은 주자(朱子)가 말한 대로 "역은 단지
하나의 가공적 물상일 뿐"이다. 이 말은 괘에 들어 있는 괘사와 효를
이렇게 숫자화하고 기호화한 것은 어디까지나 그것이 미래를 예측하는
공식에 불과하다는 것을 뜻한다. 그래야 역이 각양각색의 다양한 판단
을 내릴 수 있다는 것이다. 다시 말해서 괘의 효사는 같은 유에 속한
사물들의 공동 상징으로 삼아, 어떤 문제와도 일대일 상호 대응시킬 수
있는 공용성과 일반성을 가질 수 있게 된다(주백곤, 2004, 206).

이런 역에 대한 연구를 통해 동양에 논리가 없는 것이 아니라는 사
실이 밝혀질 것이다. 명변(明辯)이라 불리는 중국 고대의 논리학설은
전국시대에는 홍성하였으나 진한시대 이후부터는 사라지고 만다. 그
러나 진정한 논리적 사유는 주역에 내재돼 있다고 할 수 있다. 동북아
문명권에서는 역을 통해 서양과는 다른 E형의 논리적 사유를 해왔던
것이다(주백곤, 2004, 207). 괴델 정리는 서양 지성사의 총정리라고 해
도 지나친 말이 아니다. 칸토어 이후 수학에 나타난 역설을 극복하기
위해 3파전이 전개되었으며 괴델은 그것을 모두 평정하는 데 성공했
다. 이러한 괴델이 그의 정리에서 사용한 기법이 역의 그것과 같다는
사실이 밝혀진다. 여기서 아직 역에서 소개하지 않은 한 분야가 있다.
상과 수 그리고 의리 다음으로 나타난 것이 바로 도상역(圖象易)이다.
도상역 역시 그 궁극적인 목적은 도상을 통해 역설을 극복하자는 데
있다. 이제 역을 구성하고 있는 기본 구조를 파악할 차례다.

역만큼 대칭관계를 심각하게 다루는 철학도 없을 것이다. 역에서는
우주와 세계의 근본적인 대칭을 음(陰)과 양(陽)이라고 하고, 이를
'--'과 '—'로 기호화했다. 음과 양은 밤과 낮, 여자와 남자, 땅과 하늘
같은 모든 대칭의 대표격이라고 할 수 있다. 역은 모든 대칭들을 '--'
와 '—'로 기호화한 뒤 여기에 또 2분진법(二分進法, Binary System)

의 제곱 작용을 더한다. 들뢰즈에 따르면, 존재론은 존재의 제곱 작용을 의미한다. 즉, 존재는 매번 변신과 변형을 이어가는 급수 계열적 형태의 거듭제곱의 힘이다. "모든 것은 이런 거듭제곱의 잠재력에서 처음 발생하며, 이런 발생 과정의 마지막 효과가 재현적으로 파악될 수 있는 현실적 세계다"(들뢰즈, 2004a, 669). 이를 두고 역의 〈계사전〉에서는 말하기를, "역 안에 태극이 있다. 태극이 음양(양의)을 낳고, 음양(양의)이 사상을 낳고, 사상이 팔괘를 낳는다[易有太極 是生兩儀 兩儀生四象 四象生八卦]"고 했다. 마치 이 계사전의 말을 들뢰즈가 그대로 반복한 것은 아닐까 하는 느낌이 들 정도다. 〈계사전〉의 이 말을 도형으로 나타내면 [그림 1-1]과 같다.

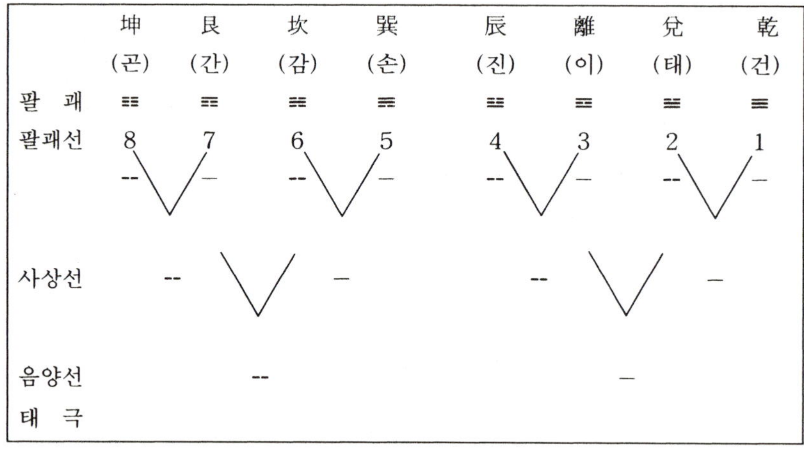

〔그림 1-1〕 음양 가지치기와 횡도

역은 모두 64개의 조합으로 이루어져 있는데, 이는 음양을 여섯 번($2^6$) 분화시켰기 때문이다. 물론 그 이상도 얼마든지 더 전개시킬 수 있다. 위에서는 $2^3$=8의 경우이며 '트리그람'이라 한다. 세 번을 거듭제곱하도록 조합을 한 것인데, 이때 하나하나의 조합을 '괘'라고 한다. 그리고 괘를 형성하는 요소인 '--'과 '—'을 '효'라고 한다. 그런즉, 세 개의 효가 한 개의 괘를 만들고 있다. 이 여덟 개의 괘를 특히 역에서는 '팔괘'라고 한다. 64괘는 음양의 양효를 여섯 번 분화시켜 만들 수도 있고, 8괘를 기본으로 해 이를 제곱($8^2$=64)함으로써 만들 수도 있다. 이를 '헥사그람'이라 한다.

중요한 것은 괘 안에 두 가지 종류의 대칭이 있다는 점이다. 그 하나는 음(--)과 양(—)의 대칭이다. 이를 **치대칭**(値對稱, polarity of value)이라고 하자. 두 번째의 대칭은 음양→사상→팔괘선이 만드는, 효의 위치가 갖는 아래위의 대칭이라고 할 수 있다. 이를 **위대칭**(位對稱, polarity of position)이라고 부르자. 들뢰즈에 따르면, 이 두 대칭에서 전자는 상호 규정적 질화 가능성에 해당하고 후자는 연속적 양화 가능성에 해당한다(들뢰즈, 2004a, 670). 지금까지 역의 연구에서 이런 구별을 하지 않은 것은 문제다. 괘에서 치대칭과 위대칭의 구별은 앞으로 역의 도형들을 비교하는 데, 특히 하도(河圖)와 정역도(正易圖)를 비교하는 데 매우 중요하다. 이를 다시 거짓말쟁이 역설의 문장 피라미드와 관련해서 보자. 참과 거짓은 서로 거듭제곱 작용을 한다. 이처럼 음 속에 음양이 포함되고 양 속에 음양이 포함된다는 것은 바로 참-거짓(TF)과 거짓-참(FT)이 성립됨을 뜻한다. 이처럼 역은 그 시초부터 거짓말쟁이 역설의 논리를 사용하고 있다. 이는 결국 플라톤의 제3의 인간 역설에서 전체 형상과 개별자를 포함하는 제3의 형상이 생기는 논리와 같은 것임을 알 수 있다. 이것이 풀지 못할 난제다.


## 1.1. 에코의 미적 해석을 넘어서

'논리(論理)'와 '윤리(倫理)'는 한자 모양으로 보면 매우 비슷하게 보인다. '논리'는 말[言]에 관한 것이고 '윤리'는 사람[人]에 관한 것임을 쉽게 발견할 수 있다. 말은 사실상 존재의 집이며 그래서 사람 자체와 말은 같다고 볼 때, 논리학과 윤리학은 같은 것이라 할 수 있다. 그런데 서양 철학사에서 논리학과 윤리학을 분리하여 서술한 것도 아리스토텔레스가 처음이다. 스피노자의 《에티카》에 와서 기하학과 윤리학을 결합하려는 시도가 다시 이루어졌다. 철학의 존재론과 윤리학은 별개의 영역이 아니다. 사람 그 자체에 관한 것이면 윤리학이고, 사람의 말에 관한 것이면 논리학이다. 자기가 한 말에 자기 자신도 적용시키면 그 결과가 역설이 된다. 사람[人]과 그 사람의 말[言]이 서로 대입되면 역설이 된다.

에코의 기호학은 1971년 그가 발표한 《열린 작품》 속의 〈에덴 언어에서 미적 메시지의 생장〉이란 글에서 에덴동산이라는 공간을 기본 틀로 하여 탄생했음은 잘 알려져 있다. 이 글에서 에코 기호학의 기본 작업이 이루어졌다. '열린 작품'이란 수용자가 자유롭게 작품을 이해한다는 수용미학의 일종을 두고 하는 말이다. 이런 열린 작품에서 에덴동산을 열린 공간으로 볼 때, 그 공간의 두 가지 특징은 '모호성'과 '자기 성찰'에 있는 것으로 보고 있다.2) 야콥슨이 이미 사용한 이 두 개념을 에코는 미적으로 해석하여 사용했다. 그러나 필자는 여기서 에코의 미적 해석의 한계를 지적하고, 열린 공간으로서 에덴동산이 갖는 특징을 논리성에서 찾아야함을 설명하려고 한다. 두 가지 개념은 미적이고 윤리적이기에 앞서 논리적인 문제라는 것이다.

우선 에코의 미학적 해석을 간단히 소개하겠다. 에코는 모호성과 자기 성찰을 은유적으로 사용하였다. 그러면서도 모호성과 자기 성찰이라는 두 개념이 어떻게 만들어졌는지는 말하고 있지 않는데, 이는 에코가 에덴동산 이야기의 전체 맥락을 동시에 파악하고 있지 않기 때문이다. 에코는 에덴동산에 다음과 같은 다섯 개의 대립 항이 있었

---

2) 이 두 개념은 에코의 독창적인 것이라기보다는 로만 야콥슨에게서 빌려온 것에 지나지 않는다. 에코는 이 두 개념을 미적으로 설명할 때 그 특징이 두드러진다고 했다.

| 다섯 개의 대립 항 | |
| --- | --- |
| 먹을 수 있는 | 먹을 수 없는 |
| 좋은 | 나쁜 |
| 아름다운 | 보기 흉한 |
| 빨강 | 파랑 |
| 뱀 | 사과 |

다고 본다.

‘빨강’과 ‘뱀’은 ‘좋은’과 ‘아름다운’ 계열에 속하나 이 둘을 대비시키면 당장 적대관계가 된다.

> 빨강＝먹을 수 있는＝좋은＝아름다운
> 뱀과 사과＝먹을 수 없는＝나쁜＝보기 흉한

과 같아진다. 그러면 ‘빨간 사과’는 ‘빨간 파랑’ ‘좋은 나쁜’ ‘먹을 수 있는 그리고 먹을 수 없는’ 또 ‘아름다운 보기 흉한’ 것이 된다. 즉, 비연속적이며 비결정적인 것이 된다. 이는 마치 역에서 양과 음이 대비되는 것과 같다. 이를 두고 에코는 ‘모호성’이라고 한다. 이런 ‘모호성’은 부정적인 것이 아니며 미적 대상이 된다는 것이다. 미학적 특징은 바로 대상을 모호하게 파악하는 데 있다. 여기서 에코가 말하는 ‘모호성’이란 사실상 역설을 달리 부르는 말이다. 서양에서 이러한 주장은 양자 물리학에 와서나 겨우 받아들여질 수 있는 성격의 것이다.

이러한 모호성 앞에 아담은 이 세상에 절대적 질서란 없다는 결론에 이른다. 아담은 사과가 ‘먹을 수 있는 나쁜 것’이라는 역설 앞에서 그것에 도전하고 싶은 유혹을 받는다. 그래서 역설은 삶의 곤경인 동시에 인간 역경(逆境)에 대한 도전을 부추긴다. 역설이 없던, 곧 이런 모호성이 없던 일방적인 신의 명령의 일의성과 도그마만 있던 동산에 역설이 나타나면서 인간은 도그마에 도전하고 싶은 유혹을 받는다. 그리고 이런 도그마에 대한 도전이 바로 열린 공간이라는 것이다. 도그마가 지배하는 안정된, 질서와 조화의 코스모스(comos)에 무질서가 인간으로 말미암아 등장한다. "모호성은 이러한 억압적인 교조주의 자체에서 성장한다"(박상진, 2003, 41). 그런데 문제는 이런 모호성에 대한 도전에서 인간은 최초로 자기 성찰을 하기 시작한다는 데 있다. 자기의식을 갖기 시작한다는 말과 같다. 그래서 역사는 모호성에서 시작되고 이런 모호성에서 야기된 것이 바로 자기 성찰 또는 자기언 급적 행위다.

저자는 에코의 이러한 에덴동산 이야기에 대한 해석에 일단 동의하면서 동시에 나름대로의 해석을 하고자 한다. 역도 삶의 모호성과 비결정성 때문에 점을 치는 행위에서 시작된 것이다. 그런데 이러한 모호성에는 두 가지 종류가 있다. 하나는 우로보로스와 같이 원시인들의 의식 구조 속에 가장 깊이 잠재돼 있는 모호성과 태극으로 상징되는 음양 상보적 모호성이 바로 그것이다. 그런데 에코가 에덴동산의 모호성을 후자의 것으로 보고 있는 데 문제점이 있다고 본다. 에덴동산의 양가적인 대립항들을 태극에서 음양의 그것으로 볼 수는 없다. 주역에서는 이런 에덴동산의 상태를 '무극(無極)'이라 보고 있다. 이를 코스모스 상태라 한다. 자기의식이 발생하여 음양 갈라짐이 있는 상태를 '태극'이라고 한다. 이는 혼돈의 상태, 즉 카오스(chaos) 상태다. 구약 성서에서는 이를 타락이라고 한다. 타락 다음에 회복되는 새 에덴 상태를 시온성 또는 '새 예루살렘'이라고 한다. 이러한 세 번째로 회복된 상태를 두고 '황극(皇極)'이라고 한다. 이를 두고 카오스모스(chaosmos) 상태라고 한다. 역은 이 3단계를 정확하게 말해주는 데 특징이 있다.

에코가 혼동하고 있는 것은 에덴동산 상태의 무극과 태극의 구별이다. 그는 대립항들이 있는 태극에서 에덴동산을 바라보고 있다. 그 이전의 무극과 그 이후의 황극의 관계를 보지 못한다. 그래서 에덴의 일의적 도그마를 깨는 행위를 마치 궁극적이라고 생각해버린다. 그러면 우리가 살펴보아야할 점은 분별이 아직 없는 혼돈의 카오스 즉 무극에서 어떻게 대립항들이 생겨날 수 있느냐 하는 문제다. 문제는 여기서부터 시작하여야 한다. 분명히 에덴동산에는 아담의 미적 감각보다는 논리에서 발생하는 인간의 역경(逆境)이 있었다. 이러한 역경은 바로 역설(逆說)에서 유래한다. 그리고 역설은 인간이 에덴동산에서 '이름 짓기' 하는 행위에서 최초로 발생한다. 이름 짓기 행위 다음에 여러 종류의 대립항들이 발생한다는 〈창세기〉 기자의 글쓰기 순서에 우리는 특별히 유념할 필요가 있다.

## 1.2. 낙원의 논리학 : '論理'와 '倫理'

만약에 구약 성서 〈창세기〉를 논리학과 윤리학의 관점에서 같이 병행하여 읽었다면 기독교 역사와 신학은 지금과 많이 다를 것이다. 창세기 1~3장의 천지 창조와 낙원 설화를 만약에 논리적으로 한 번 읽는다면 신학의 시각이 많이 바뀌었을 것이다. 그러나 아우구스티누스 이후 이를 윤리적으로만 해석함으로써 창세기 설화의 중요한 내용들을 놓치고 말았다. 이에 대한 논리적 고찰을 한번 해봄으로써 역이 어떻게 논리와 윤리를 같이 보고 있는가의 결론에 이르기로 한다.

창세기에는 두 가지 다른 창조설화가 기록되어 있다. 하나는 1장 1절에서 2장 4절까지 신을 '엘로힘(Elohim)'이라 부르는 E문서와, 다른 하나는 2장 5절에서 3장까지 신을 '여호와(Jehovah)'라 부르는 J문서다. 전자의 기록 연대는 기원전 850년 무렵으로, 후자는 750년 무렵으로 본다. 이 기록 연대는 구소련의 주역 연구가 슈츠스키가 잡은 주역의 기록 연대와도 거의 일치한다. 역의 3대 요소인 상·수·사는 기본 텍스트에 해당한다. 여기서 사물의 물상에서 상이 분리되고 수가 분리되고 드디어 말[辭]이 분리되었다는 것이다. 우리는 구약 성서 〈창세기〉에서도 이러한 분리 현상을 발견할 수 있다. 신이 천지 창조를 끝낸 다음에 아담을 데리고 나와 에덴동산에 있는 피조물들의 이름을 짓게 하면서 "들짐승과 공중의 새를 하나하나 진흙으로 빚어 만드시고, 아담에게 데려다 주시고는 그가 무슨 이름을 붙이는가 보고 계셨다. 아담이 동물 하나하나에게 붙여준 것이 그대로 동물의 이름이 되었다"(창세기 2장 19절). 비록 동물에 국한되기는 했지만, 이름을 짓는 행위는 사물에서 말을 분리시켜내는 작업이다.

　이러한 창세기가 쓰여질 때와 거의 같은 무렵인 기원전 6~8세기 무렵에 동양 사상 특히 불교와 도가 사상에서는 이런 이름 붙이기(naming)를 문제시하는 사상이 나타난다. 《도덕경》첫 장의 '도가도 비상도 명가명 비상명'이 바로 그것이다. 불교의 삼법인과 선불교의 불립 문자 사상도 이와 같은 맥락을 갖는다고 할 수 있다. 그러나 다른 한편, 사물에 이름 붙이기를 적극적으로 권하는 사상이 있었다. 그것이 바로 유가사상이고 유대-기독교 사상이다. 이런 두 입장을 비교해볼 때, 주역에서 같은 시기에 상과 그 상에 명칭을 적극적으로 붙이는 것은 유대-기독교 전통과 일치한다고 볼 수 있다.

　사물에 대한 명칭 부여 행위는 논리적 행위이며, 이는 창세기 기록의 핵심적 주제라고 할 수 있다. 그러나 종래의 전통 신학에서는 이 점을 지나치고 말았으며, 그 결과로 인간 타락(fall)에만 주안점을 두어 윤리적인 문제를 논리적인 것과 연관시키는 데 실패했다고 할 수 있다. 다시 말해 타락이라는 윤리적인 문제에 앞서 논리적으로 문제가 더 많다는 점을 외면해버렸다. 만약에 신학이 논리적인 면에 초점을 맞추었다면 아마도 지금까지 신학의 경로와는 매우 다른 방향의 진로를 갖게 되었을 것이다. '이름 붙이기' 행위가 논리적으로 얼마나 중요한가는 20세기 기호학과 언어철학에 와서 드러나기 시작했다.

사물에 이름을 붙인다는 것은 주역에서는 사물의 상을 만들고 상에 이름을 붙이고 다시 이를 수와 일치시킨다는 것을 뜻한다. 사물에 명칭을 부여한다는 것은 곧 '자기언급(self-reference)'이며 이는 곧 역설을 조장한다. 예를 들어 나무(한국어)를 보고 '나무'라고 한다면, 이미 이 '나무'라는 말은 나무 그 자체와는 '같기도' 하고 '같지 않기도' 하다. 이렇게 이름 짓기는 역설을 만들어버린다. 그리고 '나무'가 자신인 나무를 언급하는 것이기 때문에 이를 '자기언급'이라고 한다. 창세기 기자는 정확하게도 이런 명칭 붙이기 즉, 자기언급 행위가 있은 다음, 신이 만물의 짝을 만드는 작업을 했다고 기록하고 있다. "이렇게 아담이 집짐승과 공중의 새와 들짐승의 이름을 붙여주었지만 그 가운데는 그의 일을 거들 짝이 보이지 않았다"(창세기 2장 20절). 이를 역의 말을 빌리면 양이 있는데 음이 없다는 말과 같다고 할 수 있다. 지금까지 창세기를 윤리적으로만 보았지 논리적으로는 보지 않았기 때문에 이름 짓기(naming)와 짝 짓기(matching)가 얼마나 밀접한 상관관계에 있는지를 몰랐다. 그러나 신학이 논리적인 이해를 조금만이라도 한다면 이름 짓기와 짝 짓기는 동전의 양 면같이 분리될 수 없다는 사실을 알게 될 것이다. 이에 대한 설명은 이 책의 주된 논제가 되기 때문에 계속 언급될 것이다.

그런데 창세기에는 이름 짓기와 연관하여 또 하나의 논리적인 것이 있다. 말과 사물의 뜻에 또는 명칭에 관련하여 생기는 역설을 '의미론적 역설(semantic paradox)'이라고 한다. 위에서 말한 이름 짓기 행위에서 나타난 말의 의미에서 생기는 역설이 의미론적 역설에 해당한다. 그러나 현대 논리학은 의미론적 역설과 성격은 같으나 수학의 집합론적 성격에서 생기는 다른 종류의 역설이 있다는 것을 말한다. 람제이는 이런 역설을 '논리적 역설(logical paradox)'이라고 한다.

우리는 창세기에서 이런 논리적 역설이 기록되어 있음을 쉽게 발견한다. 이 역설은 뱀과 여자 사이에 벌어지는 다음 대화에서 뚜렷하게 나타난다.

> "뱀이 여자에게 물어 이르되, 하나님이 참으로 너희에게 이 동산 **모든** 나무 열매를 먹지 말라 하시더냐." 여자가 뱀에게 말하되 "동산 나무의 열매를 우리가 먹을 수 있으나 동산 중앙에 있는 나무의 열매는 하나님의 말씀에 너희는 먹지도 말고 만지지도 말라. 너희가 죽을까 하노라"하셨느니라. 뱀이 여자에게 이르되 "너히가 결코 죽지 아니하리라. 너희가 그것을 먹는 날에는 너희 눈이 밝아져 하나님같이 되어 선악을 알 줄을 하나님이 아심이라"(창세기 3장 1~5절)3)

뱀과 여자 사이에 숨 가쁘게 진행되는 이 대화는 인류 역사의 흐름을 결정하고 말았다. 이 대화를 어떻게 주해하느냐에 따라서 종교와 철학의 성격이 달라질 수 있기 때문이다. 그런데 전통 신학은 이 대화 내용을 윤리적으로만 해석하고 말았다. 신과 같이 되려는 인간의 교만과 창조주를 배반한 인간의 배역(背逆) 이것이 바로 '원죄(original sin)'라는 교리를 만들어내고 말았다. 그러나 이러한 윤리적인 측면은 2차적인 것으로 하고 이 대화를 논리적인 것으로 파악해 보자.

논리적으로 파악한다는 것은 이 대화를 집합론적으로 파악해본다는 말과 같다. 뱀의 말 속에 집합론에 해당하는 말은 '모든(all)'이다. 뱀은 여자에게 동산에 있는 '모든' 열매를 따먹지 말라 했느냐고 집합론에 관한 질문을 던져본다. 여자는 '모든'이 아니고 중앙에 있는 나무 '하나(one)'라고 대답한다. '모든'과 '하나'의 문제는 다시 말해 전체와 부분의 문제이며, 현대 논리학은 이를 부분전체론(mereology)의 문제라고 한다. 그리고 이 문제는 현대 논리학의 중심을 이루는 문제이며, 역설과 난제는 모두 이 문제에서 발생한다. 동산 중앙의 한 나무(생명

---

3) 고딕은 저자의 것임.

수 또는 선악과)는 사실상 신 자신에 해당하며, 주변의 다른 나무들은 인간들과 사물들이다. 피셔 교수에 따르면 '선악과'란 말의 본래 뜻은 '모든 것의 지식(knowlege of everything)'이라고 한다(창세기 3장 5~22절 ; 31장 24절 참고)(Fisher, 1996, 70). 뱀의 논리는 중앙의 나무도 주변의 다른 나무들 속에 포함(包含)되는 같은 종류의 나무인 반면에, 신의 논리에 따르면 중앙의 나무는 다른 것들과 구별되는 것이고 상위에 있는 나무라는 것이다. 즉, 중앙에 있는 한 나무가 다른 여러 나무들 속에 포함되느냐 안 되느냐 하는 집합론상의 문제다. 일(一)과 다(多)가 위계적으로 나누어질 수 없는 상황에서 역설이 발생한다. 역의 도상학파에서 만든 괘의 도상들은 낙원의 축소판과 같으며, 괘를 정사각형 속에 배열하는 방도와 원의 주변에 64괘를 배열하는 원도는 모두 일과 다 그리고 부분과 전체의 처리 즉, 부분전체론의 문제다. 여기서 역설이 발생하며, 그래서 '역(易)'은 '역(逆)'이라고 할 수 있다. 중앙(전체)과 주변(부분)의 관계를 어떻게 처리하느냐에 따라서 역의 역사는 이어진다. 그래서 주역은 완성된 것이 아니고 지금도 쓰이고 있는 것이다.

전체와 부분의 문제는 19세기 수학자 칸토어에 와서 수학에서 다루어지기 시작했으며 그 결과 수학은 역설을 만나게 되었다. 거기서도 다름 아닌 전체가 부분의 한 요소가 되는 데서 칸토어 역설이 발생한다. 지금은 중고등학교 교과서에 멱집합(冪集合, power set)이라 하여 알려진 이 역설은 수학에서 불가피하게 수용하지 않을 수 없다. 그러나 19세기 중엽 수학자 조지 불까지만 하더라도 이 멱집합은 수용 불가 상태였다. 전체가 부분의 한 요소로 속하는 것을 '포함(包含)'이라 하는데, E형 논리의 특징이 여기에 있다. 한편, 부분이 전체에 속하는 것을 '포함(包涵)'이라 하는데, 이를 전형적인 A형 논리의 특징이라고 한다. 이 말은 E형 논리에서는 신도 피조물과 같은 요원이 되는 것을 뜻하며, A형 논리에서는 신은 피조물을 자기 속에 포함하나 피조물에 포함되지는 않는 것을 뜻한다. 신학의 역사는 이 두 신관(神觀)의 각축장이었다. 동양에서 대부분의 종교 철학은 E형 논리를 수용하지만, 서양에서는 이를 이단시했다. 에카르트와 뵈메 같은 영지주의와 신비주의 신학자들은 E형 논리를 수용하였지만, 유일신관과 초월신관에 매몰된 기독교 신학은 이들을 이단시했다.

그래서 낙원에는 두 가지 논리 유형에 따라 두 종류의 신관이 있었다. 즉, 뱀과 여자로 묶이는 일련의 영지주의와 같은 신관의 소유자들과 유대-기독교 전통을 만든 유일하고 초월적인 인격신관의 소유자들이 있었다. 그러나 A형 논리를 구사한 아우구스티누스-아퀴나스 같은 신학자들은 아리스토텔레스의 논리학을 그대로 구사하여 E형 논리를 사용하는 에카르트 같은 신학자들을 박해했다. E형 논리는 여성들과 동양 종교가 구사한 논리이기도 하며, 이는 A형 논리와는 다른 논리로서 A형 논리의 전통과 맞설 수밖에 없었다. 여기서 우리가 낙원 안에 있었던 두 가지 논리에 대하여 한 번 생각해보아야 할 이유는 현재의 신학적 틀로는 현대 문명이 직면한 위기4)에서 기독교가 탈출구를 찾을 수 없기 때문이다. 만약에 신학이 낙원의 또 다른 논리학을 수용할 준비가 된다면, 그 순간 동양 종교와 신학의 대화는 한결 수월해질 것이다. 다른 논리학이란 뱀과 여자가 편 논리로, 동산 중앙의 나무를 다른 나무들 가운데 하나로 보는 논리다.

주역의 기본 텍스트는 낙원에 등장한 두 가지 논리적 문제 즉, 의미론적 역설과 논리적 역설의 문제를 모두 함의하고 있다. 그것은 주역의 두 가지 기본 문제 그 자체이기도 하다. 상·수·사의 트로이카란 다름 아닌 이름 짓기의 문제이고, 이에서 발생하는 역설의 문제를 해의하기 위해 역의 여러 학파들이 생겨난다고 할 수 있다. 한대의 상수역과 송명대의 의리역에 대하여 주자는 《역학계몽》에서 하도 낙서와

---

4) 성의 충돌, 문명의 충돌, 생태 환경의 파괴, 몸과 마음의 갈등들은 문명이 직면한 최대의 위기다.

같은 역의 도상(圖象)의 문제를 처음부터 거론한다. 비교적 후기에 등장한 역의 도상들을 주역의 범주에서 아예 제외하자는 주장까지 있는 것이 사실이다. 하지만 그것은 잘못된 주장이다. 역의 도상은 역의 논리적 역설을 잘 설명해주고 있기 때문이다.

이 책에서 특별히 중요시하는 도상은 64괘를 사각형에 그려넣은 방도(方圖)다. 소강절(1011~1077)이 그렸다고 하는 방도와 원도 가운데 방도는 그 중요성을 아무리 강조하여도 부족할 정도다. 그러나 사각형 안에 64괘를 배열했다는 것 말고 별다른 관심을 끌지 못했던 방도는 낙원의 논리에서 문제시된 멱집합의 역설 문제를 거론한다. 그리고 칸토어 수학의 꽃인 대각선 정리의 문제를 바로 이 방도가 제기하고 있다. 칸토어의 대각선 정리는 연속체 가설의 문제로 이어지고, 괴델의 불완전성 정리 역시 대각선 정리와 맥을 같이한다. 대각선 정리 역시 멱집합의 연장선상에 놓인 문제라고 볼 수 있다. 낙원의 '중앙'이라는 말을 대각선으로 바꾸면 된다. 자세한 설명은 다음으로 미루기로 한다. 이러한 예비적 암시는 앞으로 전개될 단원들을 위한 준비에 지나지 않는다. 방도에 대하여 원도란 방도에서 제기된 역설의 문제를 해의하기 위해 작도된 것이라 할 수 있다. 사각형의 중앙에 있던 대각선이 원 주위에 회전 방향을 순과 역으로 돌려놓음으로써 역에서 역설 해법에 관한 해의가 나오게 된다. 원도는 크게 하도·낙서·정역의 세 가지로 나눌 수 있다. 이 세 도형에서는 각각 다른 해의가 제시되고 있다.

《융과 괴델(*Jungian Archetype*)》의 저자인 로버트슨은 괴델 증명을 융의 원형인 우로보로스와 일치시키고 있다. 우로보로스는 뱀이 자기 입으로 자기 꼬리를 물고 있는 모양인데, 전형적인 자기언급의 상징을 가리키는 말이다. 로버트슨은 괴델 증명 역시 수에서 기호로, 기호에서 일상 언어로, 그리고 다시 수로 돌아오는 우로보로스적 원형 구조를 사용하고 있다고 본다. 켄 윌버는 이런 우로보로스를 에덴동산의 의식 구조라고 한다. 뱀의 모양과 동산의 나무가 원형으로 둘려 있는 에덴동산은 우로보로스의 상징이라는 것이다. 역의 원도 역시 우로보로스다. 역은 오행 도를 통해 우로보로스의 상징 구조를 철저하게 구명한다. 여기에 역과 괴델의 접촉점이 있다.


## 1.3. 글과 그림

주역이란 책을 언제 어디서 누가 썼는지는 아직 아무도 정확하게 모른다. 주역의 문헌 비평 연구로 유명한 슈츠스키에 따르면 주역의 기본 텍스트는 기원전 7세기보다 늦지 않고, 《십익》은 기원전 5세기보다 빠를 수 없다(슈츠스키, 1988, 167). 이 시기는 기독교 경전인 구약 성서가 형성되던 시기와 일치하고, 그리스의 주요 철학서도 이때 저술되었다. 이때는 중국의 춘추전국 시대로서 야스퍼스가 말하는 이른바 차축시대(axial age)에 해당한다. 이 시기에 저술된 철학서들의 특징은 음성문자인 알파벳으로 된 데 있다. 글에서 그림과 수를 배제하는 것이다. 차축시대가 발생한 주요 3대 지역은 그리스와 인도 그리고 동북아다. 그리스와 인도의 경우에는 이미 표음문자(phonetic language)가 발달되어 있었다. 그러나 동북아 중국에는 특유의 상형문자를 사용하고 있었다. 동북아 문화권에서 역이 생겨난 배경으로 이 상형문자를 말하지 않을 수 없다. 역에는 하대의 귀장역, 상대의 연산역 그리고 주대에 주역이 생겨났다고 하나, 앞의 두 개는 지금 전해지지 않으며, 따라서 여기서 역이라고 할 때는 주역을 두고 하는 말이다.

주역의 글쓰기 방법은 차축시대의 다른 두 지역에 나타난 것과는 매우 다른 특이한 면이 있다. 우선 차축시대 글쓰기에 거의 금기시되어 있던 그림인 상과 수를 글인 사와 과감하게 병행시켜 놓고 있기 때문이다. 상・수・사, 이를 여기서는 트로이카로 부른다. 차축시대는 트로이카의 분열 시기라 할 수 있다. 우리말 한글에서는 '그림'과 '글'이 같은 어원을 가지고 있다. 이는 상과 사가 분리되지 않는다는 것을 단적으로 뜻한다. 그러나 차축시대에 들어와 글과 그림의 분리는 20세기 철학자 데리다가 지적한 대로 인류 지성사의 최대 비극을 초래했다. 그 결과, '보기'와 '듣기'가 괴리되었고 나아가 '말하기'와 '쓰기'가 갈라져버렸다. 그러나 주역의 글쓰기 방법은 차축시대의 다른 저술들과는 달리 상・수・사의 트로이카 체제로 되어 있다. 데리다의 우려를 듣기에 충분하다. 여기서 63번 괘 수화기제괘(水火旣濟卦, ䷾)를 두고 주역이 어떻게 기술하고 있는가를 살펴보자. 이 괘를 "감상이하(坎上離下)"라고 한다. '감상이하'는 감괘가 위에 있고 이괘가 아래에 있다는 뜻이다. '기제(旣濟)'는 괘의 이름 즉 '괘명(卦名)'이다. '수화기제'란 감괘를 수 그리고 이괘를 화괘라고 할 때, 이를 괘명과 연관시킨 것이다. 이상은 괘상과 괘명을 연관시켜 놓은 것이다.

다음으로 괘를 전체적으로 서술하는 '괘사(卦辭)'가 있다. 괘 속의 여섯 효를 숫자로 매겨놓은 다음 하나하나에 대하여 설명을 하는데, 이를 '효사(爻辭)'라고 한다. 여섯 개의 효가 놓여 있는 위치에 따라 아래로부터 $1 \cdot 2 \cdot 3 \cdot 4 \cdot 5 \cdot 6$의 순서가 정해진다. 특히 1의 위치는 '초(初)'라 하고 6은 '상(上)'이라고 한다. 나머지 2~5는 모두 수로 표시한다. 그리고 양(－)은 9라 하고 음(--)은 6이라고 한다. 9와 6은 양과 음을 수로 표시한 상징일 뿐이다. '9'를 양수의 대표 격이라 하는 이유는 양수의 합($1+3+5=9$)에 따른 것이고, '6'을 음수의 대표 격이라 하는 이유는 음수의 합($2+4=6$)에 따른 것이기 때문이다. 9와 6은 그래서 양과 음에 대한 상징 수에 지나지 않는다. 다시 말해 어느 $x$의 위치에 양이 있으면 '양$x$'라 하지 않고 '9$x$'라고 한다. 예를 들어, 화수미제괘는 초9, 62, 93, 64, 95, 상6이라 한다. 초와 상의 경우는 초9와 상6과 같이 순서가 바뀐 것에 주의해야 한다. 이렇게 주역의 효사는 2

진수와 10진수의 결합으로 그 설명이 만들어진다.5) 역의 양대 주제는
다름 아닌 상·수·사 트로이카와 2진수 그리고 10진수의 결합이라고
할 수 있다. 10진수와 2진수에 왜 역이 이렇게 집착하여 구도를 만들
고 있는가는 앞으로 설명할 역설 해의 문제와 연관하여 자세하게 언
급하려고 한다.


## 1.4. 역의 텍스트와 의미의 문제

주역의 글쓰기 방식은 차축시대(기원전 2~8세기)의 다른 글쓰기
방법과 비교할 때 매우 특이하다. '역'이란 말의 3대 의미인 '변한다',
'변하지 않는다', '쉽다'를 데리다의 '텍스트(texte)'개념과 연관하여 생
각해보는 것은 의미가 있다. 데리다의 텍스트 이론은 그의 사상을 이
해하는 데 알파요 오메가라 할 수 있다(가버, 1998, 151). 데리다는 과
연 '텍스트'가 무엇인지에 대해서 단 한번도 명확한 언급을 하지 않은
채 "텍스트 바깥은 없다"는 말을 수시로 하고 있다. 가장 일반적인 의
미에서 데리다의 '텍스트'는 문자를 포함한 모든 상징체계 전반에 대
한 것이라 할 수 있다. "좀 더 관습적으로 좁혀 말해 텍스트는 쓰이거
나 말해진 문장의 집합이고, 문장은 낱말로 구성되어 있으며, 익혀지
고, 쓰이고, 말해지고, 생각될 수 있다. 데리다가 가장 염두에 두고 있
는 것은 특히 철학사에 등장하는 이러한 좁은 의미의 텍스트다"(같은
책, 151). 텍스트가 책과 다른 점을 들자면, 후자의 경우는 저자가 있
고, 주제가 있고, 의미가 있다. 그러나 텍스트의 경우는 그런 것을 모

---

5) 서양의 현대 수학자들은 최근에 와서야 2진법과 10진법 사이의 비밀을 알기 시작했다.
튜링에 따르면, 10진법에서 2진법으로 그리고 2진법에서 10진법으로 숫자를 변환하는
것은 아주 사소한 기계 조작이다. 10진법만으로 내부 연산을 하면 공룡 같은 기계가
필요하지만, 2진법으로는 간단하게 처리할 수 있다(데이비스, 2005, 264).

두 지워버린다. 아니 흩어버린다. 책은 농경민이 쓰는 것이고 텍스트는 유목민이 읽는 것이다. 텍스트는 유목민과 같이 정처 없이 방황하고 장소를 이동하며 자기 위치를 수시로 바꾸는 것과 같다. 주역은 '변한다'는 의미를 갖는다는 점에서 텍스트다. "'텍스트' 이전에 아무 것도 없고", "'텍스트'의 바깥이 없다"고 할 때, 이는 변화 그 자체의 불변을 의미하는 텍스트의 역설적인 의미다. 역에서 효와 괘는 그 자체로 의미가 있는 것이 아니라 종횡으로 연관되는 관계의 이동과 변화 속에서만 의미를 갖는다. 그래서 역이 '변한다'는 것은 '역에는 체가 없다[易無體]'는 말과 같다.

'텍스트'에는 책과 같이 하나로 일관하는 주제가 없다. 자기 주제의 씨앗들을 사방에 흩뿌려버렸기 때문이다. 이를 산종(散種)이라고 한다. 각 괘들의 안에 있는 효들은 역의 종자들이라고 할 때 개개의 효들은 아무 의미도 갖지 못하면서 괘의 맥락 속에서만 즉, 그물망 속에서만 의미를 갖는다. 괘들이란, 이런 효라는 종자들이 흩어뿌려진 것과 같다. 역은 음·양 효들의 관계망이 만들어낸 텍스트다.

데리다의 텍스트 이론은 프랑스어를 떠나서 생각할 수 없다. 그는 'la séance'라는 말이 공간적으로는 '회합'을, 시간적으로는 '회기'를 동시에 의미하는 데 주목하여, 텍스트를 시공간의 날줄과 씨줄의 결합체로 이해하려 한다. 한문의 '세(世)'는 '회기'를, '계(界)'는 '회합'을 뜻하며, 둘이 결합하여 '세계'가 된다. 그런 의미에서 텍스트는 바로 이런 '세계'다. '우주(宇宙)' 역시 '우'는 공간을, '주'는 시간을 뜻한다. 그런 의미에서 텍스트 아닌 것은 없다. 한문의 이러한 두 말의 결합과는 달리, 한국어의 '터' 라든지 '때'라는 말은 불어의 'la séance'와 같이 한 단어로 시간과 공간을 다 표현해낼 수 있다.6)

---

6) '터'는 장소를 뜻하는 동시에 '그러할 터'와 같이 획기적 시간을 뜻하기도 한다. 그리고 '때'라는 말 역시 '따'는 땅에서 유래한 것으로 시간과 공간이 분리되지 않는 말이다. 데리다는 불어의 한 단어가 시공간적 양가성을 다 의미하는 것을 특히 '차연'이라고 했

역은 '세계'와 '우주'의 변화를 변화무상하게 그려놓은 책이다. 주역은 완성된 책이 아니다. 점서(占書)로 시작된 주역은 사회의 변화와 함께 지금도 쓰여지고 있는 텍스트다. 슈츠스키가 주역을 두고 '텍스트'라고 한 말의 의미는 데리다의 그것과 멀지 않다고 본다. 데리다는 '텍스트'의 어원을 '직물짜기'를 뜻하는 라틴어인 'texere'에서 찾는다. "텍스트의 문자는 다른 텍스트들의 읽기 속에서 언제나 소모된다. …… 데리다의 텍스트에는 문제의 핵심이 없으며, 범주 바깥이고, 법 바깥이고 사생아이다"(김형효, 1997, 28). 김형효는 "직물로서의 텍스트는 다른 텍스트와의 인연 속에서, 인연에 따라 해독법이 달라질 수밖에 없다"(같은 책, 28)고 설명한다. 이러한 텍스트 이론은 주역의 그것과 일치한다고 할 수 있다. 주역은 읽는 사람마다 자기 나름대로 읽고 해석할 수 있다. 역에 대한 고정된 해석은 없다. 괘의 분열과 조합은 무한대와 같다. 64괘로 제한한 것은 시대적 제약 때문이다. 예를 들어 한국에서 만들어진 이토함의 《토정비결》은 주역을 원용한 텍스트의 연장이라 할 수 있으며, 이런 뜻에서 역의 글쓰기는 아직 끝나지 않았다.

그러면 이성중심적인 책과 데리다가 말하는 텍스트의 차이점 그리고 그것들과 주역의 관계를 알아보기로 한다. 서양의 A형 논리의 전형적인 텍스트는 논리학과 의미론의 원리에 의존한다. 그 대표적인 것이 바로 유클리드의 《기하학원론》이며, 이것은 다섯 개의 공리로부터 기하학의 모든 정리들을 끌어냄으로써 증명을 해내는 방법이다. 여기서 다섯 개의 공리란 다름 아닌 역설 없는 증명을 해내는 필수 장치다. 이 장치 없이는 어떤 증명도 불가능하다. 서양에서는 유클리드 이후 모든 텍스트들이 이 방법을 따르려 한다. 홉스의 《리바이어던》, 데카르트의 《방법서설》과 《전신지도의 규칙》, 스피노자의 《윤

---

다. 그러므로 한국어에서 이런 차연적 의미를 찾는 것은 의미가 있다고 본다.

리학》, 러셀과 화이트헤드의 《수학원론》, 후설의 《논리학 연구》, 비트겐슈타인의 《논고》 등이 모두 유클리드와 같은 방법을 따르고 있다(이승종, 2002, 154).

아리스토텔레스의 논리학서인 《오르가논》은 그 안에서 기호나 숫자 같은 것을 발견할 수는 없다. 그러나 19세기 중엽, 조지 불은 수학에 기호를 도입하기 시작했으며, 러셀과 화이트헤드의 《수학원론》은 수를 모두 기호화하기 위해 시도된 책이다. 이렇게 수와 기호 그리고 일상 문장의 트로이카가 서양에서는 19세기부터 부활하기 시작한다. 수와 기호와 문장은 서로 지시하는 관계다. 트로이카에서 어느 하나가 다른 것을 가리키는 지시체 노릇을 하려고 할 때 지시체와 피지시체 사이의 역설은 불가피하다. 즉, 그 가운데 어느 하나를 공리 같은 표준 또는 지시체로 삼을 때 모순과 역설은 불가피하다. 그러나 이러한 지시체를 만들려는 유혹을 받는 이유는 무모순과 일관성을 확보하기 위해서다. 만약에 어느 텍스트 안에서 단 하나의 문장에서라도 역설이 발견된다면, 그 텍스트 전체는 파멸하고 만다. 해체는 바로 이런 이유로 발생한다. 유클리드 이후 텍스트에서 일관성과 무모순성을 보장 받으려는 서양 지성계의 줄기찬 노력에도 불구하고, 역설은 1892년 칸토어의 집합론에 최초로 나타났다. 이 발견을 러셀이 프레게에게 알렸을 때 프레게는 8년 동안 작업해오던 수학의 기초이론에 관한 저술을 중단할 정도였다. 그리고 러셀 자신도 화이트헤드와 함께 이 역설 극복을 목표로 《수학원론》을 저술하였던 것이다. 수학에 기호를 도입함으로써 이 역설을 극복해보려고 했지만 결국 그러한 노력은 무모한 것이었음이 드러났다.

그러면 텍스트가 일관성과 무모순성을 유지하기 위해서 어떻게 유클리드의 공리 같은 지시체를 가질 수 있을 것인가? 루소는 원시 자연 언어로 되돌아가면 언어의 지시체 문제는 생기지 않는다면서, 지시체는 모음으로만 되어 있는 원시언어에 자음이 생기면서 만들어졌다고 본다. 다시 말해서 자음의 분절 현상은 언어의 명료성을 확보하기 위해서라는 주장이다. 이렇게 "지시체는 대부분 근대 언어철학과 형이상학의 근본적인 문제이지만, 루소가 말하는 자연 세계의 원초적 언어에서는 전혀 그렇지 않았다"(이승종, 2002, 156). 루소는 명료성과 정확성을 위해 삶과 언어를 글이 타락시켰다고 생각했다. 그래서 그는 노장사상이나 선불교와 같이 불립 문자의 상태를 희구했다. 글은 언어의 상업주의적 소산이며, 이런 상업주의로 글의 역설이 생긴다고 보았다.

그러나 과연 루소가 생각했던 것과 같이 역설과 모순이 언어의 상업주의에서 발생한 것일까? 루소의 시각에서 볼 때, 주역에는 괘상이라는 원시적 기호체계가 있다. 역을 '쉽다'고 한 것은 삼척동자라도 한눈에 파악할 수 있는 원시적 기호인 상을 주역이 사용하고 있기 때문이다. 그러나 괘상들에는 예를 들어 '건(乾)'이나 '곤(坤)' 같은 괘명이 따른다. 그리고 효는 그 자리에 따라 고유한 수가 있다. 그 다음에는 마치 유클리드의 공리체계와 같이 전체를 설명하는 괘사가 있고, 또 그 다음에는 괘사에 따른 각론으로서 효사가 있다. 괘사는 마치 지시체 같은 구실을 한다. 그렇다면 주역은 이성주의와 같은 지시체를 살리면서 루소가 희구한 원시적 상징도 공존시키고 있다. 바로 이렇게 된 주역의 텍스트 역시 텍스트의 역설 해의와 무관하지 않다. 상·수·사는 각각 서로를 가리키는 구실을 한다. 주역에서는 무모순성과 일관성을 담보하는 것이 목적이 아니고, 상·수·사가 서로 사상함으로써 역설을 텍스트 안에 품어버리려고 한다. 이 점이 서구의 이성주의와 언어철학이 역설에 대하여 갖는 태도와 사뭇 다르고, 차라리 데리다와 일치한다. 아무튼 이 문제는 매우 중요하며 자세한 토론이 필요한 주제라 하겠다.

주역의 텍스트는 점서다. 즉, 점을 치기 위해 만들어진 책이다. 이는 주역의 해석학적 문제가 결부된다고 본다. 텍스트를 보는 해석학적 관점에는 두 가지가 있다. 하나는 '해석학적 실재론'이고 다른 하나는 '해석학적 비실재론'이다. 전자는 '텍스트 안에' 의미가 객관적으로 존재한다는 주장이고, 후자는 이와는 반대로 의미가 해석에 앞서 있다는 것을 부정하는 주장이다. 후자와 같이 데리다와 피쉬의 주장에 따르면, 해석의 진리는 읽는 자의 반응에 의존한다. 그래서 이들의 관점은 해석학적 비실재론적 관점이다. 그러면 주역은 양자 가운데 어느 입장인가? 두 입장 모두를 반영하는 것이 주역이라 할 수 있다. 먼저, 서양에서 텍스트에 대한 해석학이 등장하는 이유부터 검토해야 한다. 그 이유는 하나는 서양의 음성문자에 있고, 다른 하나는 음성문자에 따른 이성중심주의적 실체론적 사고방식 때문이다. 음성 문자는 글에서 그림을 배제함으로써 결과적으로 대상에서 의미를 직접 파악할 수 없게 되어버렸다. 다시 말해 상형문자에서는 해석학이 중요시되지 않을 수 있다. 왜냐하면 하나의 글자에 하나의 의미가 분명하기 때문이다. 그러나 표음문자는 그렇지 않기 때문에 하나의 글자에 대한 다양한 해석이 필요하다. 그 결과, 표음문자는 이성중심주의를 가져왔고, 이성중심주의는 결국 의미가 실재 속에 있을 수 있다는 해석학적 실재론에 빠지게 만들었다.

주역이 실재론과 비실재론을 모두 포함하는 이유는 다음과 같다. 우선 주역은 상·수·사의 트로이카를 통해 글과 그림을 모두 포함한다. 그림을 상이라 하고, 그림에 대한 글을 사라고 한다. 이는 표음문자에서 오는 해석학의 여러 문제를 해결해준다. 그리고 '역무체(易無體)'란 말에서 그대로 나타난 것과 같이 역은 실재론을 수용할 수 없다. 효와 괘는 시간과 공간이 달라지면 전혀 다른 의미를 갖는다. 텍스트를 읽는 독자들의 반응에 따라 의미가 달라진다는 '독자 반응(reader's response)' 이론은 역에 그대로 적용될 수 있다. 역의 괘는 그 괘를 선택하는 주체에 따라서 다르게 해석될 수 있다. 물론 포스트모던의 독자 반응 이론은 매우 능동적이고 주역의 경우는 수의적인 면이 있기는 하지만, 양자가 모두 텍스트 자체의 객관적인 실재성을 부정한다는 점에서는 같다고 할 수 있다.

## 1.5. 지시체와 역

상은 대상을, 명은 상을, 사는 명을 각각 가리킨다. 상은 원시적 문자다. 루소는 말에서 갓 나온 사생아와 같은 것이 '상(그림)'이라고 볼 것이다. 말을 죽이는 것이 그림이고, 그림을 죽이는 것이 이름이며, 이름을 죽이는 것이 글이다. 루소에게 말은 생명이고 글은 죽음이다. 루소에게 '글'은 '그릇됨'이다. 그러나 말과 글은 상호의존적이다. 이를 두고 데리다는 '차연(差延, différance)'이라고 했으며, 이런 차연 관계를 보충대리 관계라고도 했다. 데리다가 말하는 '보충대리(le supplément)'란 두 가지 의미를 갖는다. 우리말 '덤'의 의미는 '대리'라는 의미보다는 '보충'이란 말에 무게를 둔 것이라 할 수 있다. 괘명은 괘상에 보충하는 의미를 갖는다는 뜻이다. 단순한 덤으로 있는 것이 아니다. 명이 없어도 상이 모든 것을 다 나타내지만 명을 보충함으로써 의미를 덤으로 더해주는 구실을 한다. '사'도 명에 대하여 보충하는 구실을 하고, 효사는 괘사에 대하여 보충하는 구실을 한다. 덤으로 보충된 것이기 때문에 그것이 없어도 원래 의미가 사라지는 것은 아니다. 그런데 루소는 이러한 '덤'을 매우 위험한 것으로 보아 위험한 보충이라고 한다. 그러나 주역은 이러한 보충을 위험한 것으로 보지 않는다. 그래서 상·수·사의 트로이카를 만든 것이다. 트로이카는 서로 사상을 한다.

'대리'는 '대신'한다는 의미를 갖는다. 대신한다는 것은 다른 하나가 위험하거나 불필요할 때 마치 헌 타이어를 갈아 끼우듯이 갈아 끼워야 할 것으로 본다는 것이다. 루소의 '위험한 보충대리'란 바로 이런 대리를 '대신'으로 이해한 것이다. 루소에게서 글이란 말에 대해 이런 두 가지 의미의 보충대리가 분리되지 않는다. 그러나 역은 이러한 위험을 감수하고 있는 것이 특징이다. 노장사상은 '도가도 비상도'라고 하여 도를 또 다른 도 대신하는 것을 경계한다고 왕필 등 도덕경 주석가들은 말하고 있다. 그러나 주역의 특징은 유가적인 데 가깝다. 다시 말해서 이름 짓기를 적극적으로 추천하는 유가사상은 기독교 신이 인간에게 이름 짓기를 권하는 것과 서로 일치한다고 할 수 있다. 공자는 노장사상과 같이 이름 자체를 거부하는 것이 아니라 명이 상과 일치하기를 바라는 정명(正名) 사상을 말한다. 이 점에서 주역은 유가적이다. 낙원의 이름 짓기는 인간의 타락과 직접 연관된다. 이름 짓는 행위에서 이미 타락은 시작된 것이다. 힌두 사상에서는 타락을 '분리(separation)'라고 한다. 이름을 짓는다는 것은 사물에서 이름을 분리하는 행위이며, 이는 인간의 원초적 분리행위 가운데 하나로, 곧 타락이다. 보충대리란 다름 아닌 사물을 이름으로 대신하는 원초적 분리행위다.

그래서 루소에게 "보충대리는 인류를 위한 기회이고 동시에 인류의 타락의 시원이기도 하다"(김형효, 1997, 171). 루소의 전 저작을 통해 성립하는 두 가지 공식은 다음과 같다.

말＝자기 현존＝동정심＝자연＝작은 공동체
글＝부재＝불평등＝힘의 구조＝거대사회

그러나 루소가 말에 대립하여 글이 생기므로 보충대리가 생기게 되었고 결국 글을 통해 악이 세상에 들어왔다고 한 주장은 잘못이다. 왜냐하면 사실 낙원에서 최초의 인간이 사물에 대하여 이름 짓기라는 발화 음성행위를 하는 것도 일종의 보충대리이기 때문이다. 말에 대하여 글을 사용하는 것은 2차적 보충대리이며, 보충대리의 보충대리인 것이다. 《요가수트라》에서 말하는 악과 혼돈이 생기는 이유는 '덤'

이 생기는 모든 순간에 역설이 발생하기 때문이라는 사실을 모르고 있는 것이다. 그래서 말은 이미 상에 대하여 이미 보충대리가 된 것이며, 명과 사는 그것이 한층 복잡화된 보충대리의 보충대리에 지나지 않는다. 루소의 주장대로라면 오직 벙어리 소경만이 무죄인일 것이다. 그러나 낙원에는 보고 듣는 것 이상의 더 원초적인 보충대리가 있었다. 보충대리가 위험하다는 것과 그렇지 않다는 주장 사이에는 큰 사상적 변화를 보이고 있다. 성서는 신이 인간에게 이름 짓게 해 놓고는 곧 바로 타락을 말하는 이중적 태도를 보이는데, 이는 보충대리의 필요성과 위험성을 동시에 말하기 위해서라고 볼 수 있다. 장자는 숙홀이라는 혼돈이 눈·코·입·귀가 생기는 순간 죽고 말았다고 했다. 모두 루소의 위험한 보충 대리의 결과다. 이는 노장사상이 단적으로 이름 짓기 행위에 대한 거부감을 보이는 것이라 할 수 있다.

그런데 이성중심주의 철학자들이 역설을 위험한 것으로 보고 제거해야 할 대상이라 보았을 때, 반이성주의자인 루소와 다른 점이 무엇인지 의문스럽다. 이들이 모두 역설을 위험한 보충대리의 소산이라고 한 점에서는 같지 않느냐 하는 것이다. 루소나 이성주의자들이 모두 역설을 제거의 대상으로 삼은 점에서는 같은 A형 논리의 선상에 있지 않느냐 하는 것이다. 20세기 수학에서 다시 역설이 나타나자 수학자들이나 철학자들이 역설 제거에 마치 농부가 제초제를 뿌리듯 대처한 것은 마치 루소가 그러한 것과 같지 않느냐 하는 것이다. 그러나 분명 다르다. 루소가 말과 글을 대립시킨 다음, 말은 선하고 글은 악하다고 본 데 대하여, 이성주의자들은 보충대리 자체가 역설이라는 사실을 알았다는 점이 다르다. 이성주의자들은 결코 반이성적인 데로 루소같이 되돌아가기를 원하지는 않았다. 그 대신 그들은 또 다른 탁월한 이성을 통해 이 역설을 제거하려 했다. 이런 점에서 이들은 역과 그 의도에서는 같다.

비트겐슈타인과 데리다는 한 가지 공통된 점이 있다. 그것은 역설이 위험한 것도 아니고 제거의 대상도 아니라고 생각한 점이다. 수학에 나타난 역설이 위험한 것이 아니라는 점을 말하기 위해 수학자들의 비난을 감수하면서까지 비트겐슈타인은 《수학의 기초에 관한 고찰(*Bemerkungen uber die Grundlagen der Mathematik*)》(1956)을 저술했던 것이다. 그는 《논고》에서 "모순은 동어 반복과 같은 위상에 있으므로 모순을 두려워할 필요가 없다"(이승종, 2002, 164)고 했다. 이러한 주장은 역설 제거에 혈안이 되어 있던 당시 논리학자들로부터 거센 비난을 받았다. 비트겐슈타인이 역설을 위험하다고 보지 않은 것은 역의 관점과 같다. 그러나 그가 역설을 대수롭지 않게 여긴 것은 잘못이다. 비트겐슈타인이 모순(또는 역설)은 텍스트의 전개 과정에서 발견되는 하나의 꼬임에 지나지 않는다고 본 것과 역설의 극복을 위해 다양한 전략을 취할 수 있다고 본 것은 역과 일견 같아 보인다. 모순은 해소될 성격의 것도 아니고 무시될 성격의 것도 아니다. 그러나 비트겐슈타인은 실제적인 이유에서 모순은 회피할 성격의 것으로 본다. 그 이유는 논리적인 데 있는 것이 아니라 실제적인 데 있기 때문이라고 했다. 예를 들어 교사가 학생에게 서로 역설적인 언설을 한다면 학생에게는 큰 혼란이 오기 때문이다. 이는 아리스토텔레스가 역설은 윤리의 토대를 허문다고 본 것과 같다고 할 수 있다.

그러나 비트겐슈타인은 역설을 해소하거나 해결하려는 종래의 태도는 버려야한다고 권했다. 역설을 통해 우리의 인식이 깊이의 차원으로 유도될 수 있기 때문이다. 즉, 오늘날 양자역학에서는 이미 빛이 입자이면서 파동이라고 역설적으로 표현하지 않을 수 없게 되어버렸다. 존재의 깊이에는 역설이 똬리를 틀고 있다. 이를 종합해 볼 때 비트겐슈타인이 역설에 관하여 "특정한 주장을 하고 있지 않았고, 우리의 언어가 아무것도 지시하지 않는다고 주장하지도 않았다"(같은 책, 169)고 결론을 내릴 수 있다. 다만 비트겐슈타인이 말하고 싶어한 것은 역설을 질병이라고 보고 그것을 고치려고 한 것이 곧 질병이라고 주장하려 한 것뿐이다. 역설을 치료하려 한다면 이는 마치 치료하려는 것 자체가 병이 된다는 우를 범하는 것과 같다. 이는 마치 달을 지시하는 손가락을 달 대신 쳐다보고 있는 어리석음과 같다고 그는 본 것이다. "비트겐슈타인의 사상에서 이러한 견해는 철학이 자기 지시적이어야 한다는 인식과 밀접하게 연관되어 있는데, 이는 그가 평생을 견지했던 주장이기도 하다"(이승종, 2002, 170).

비트겐슈타인의 이러한 역설에 대한 태도로 볼 때 그는 E형 논리를 파괴하려고는 하지 않았다는 사실을 여실히 볼 수 있다. 이러한 점에서 그는 데리다와 같은 궤를 달리고 있다. 데리다의 차연은 역의 음양 개념을 그대로 반영한 것이라 본다. 그는 이미 라이프니츠를 통해 역을 어느 정도 알고 있었음에도 차연을 음양으로 설명하려고 하지는 않았다. 그는 플라톤의 '파르마콘'과 프랑스의 애매성에서 말장난 같은 것을 통해 차연 개념을 설명해내려 한다. 만약에 그가 주역을 알았더라면 아니 동양사상의 E형 논리에 관해 조금이라도 지식을 가지고 있었더라면 말장난하는 철학자라는 수모는 당하지 않았을 것이다(같은 책, 187). 왜냐하면 동양에서는 역설에 대한 치밀한 논리적 전개를 해 놓은 터였기 때문이다.


## 1.6. 역(易)과 역설(逆說)


역설이 모순과 다른 점은 전자는 '자기언급'을 반드시 동반해야 하지만 후자는 그럴 필요가 없다는 데 있다. 《도덕경》은 도의 자기언급을 '도가도'라고 했다. 지금까지 도덕경의 이 구절을 한 번도 도의 자기언급이라는 관점에서 주석을 하지 않았기 때문에 《도덕경》연구가 한갓 인생 지침서 정도로 여겨지는 실정이다. 그러나 '윤리(倫理)'는 '논리(論理)'라는 사실을 한시도 잊어서는 안 된다. '도가도'란 도의 자기언급이다. 도는 자기언급을 했기 때문에 식객인 동시에 주인이다. 도는 셀프 서비스(self-service)를 하고 있다. 자기언급을 하면 반드시 도의 이중성 현상이 나타나는데, 곧 도가 유와 무로 갈라지는 것이라 할 수 있다. 이를 "같은 곳에서 나왔으나 이름이 다르다"고 했다. 그리고 그러한 자기언급이 일어나는 '같은 곳'을 《도덕경》은 '현동(玄同)'이라고 했다.

역의 〈계사전〉은 자기언급을 두고 "역에 태극(太極)이 있고 태극이 음양을 낳는다"고 했다. 여기서 '태극'이란 말의 '극(極)'을 자기언급이라는 관점에서 한 번 생각해 보자. '극'을 선형적으로 이해하여 끝 점으로 생각하므로 중국의 주자는 태극을 실체화하고 말았다. 그러나 율곡은 극이란 '가운데' 또는 '전환점'으로 이해하여 태극이 음양을 낳는 것이 아니라 태극 안에 음양이 서로 상반된 작용을 하는 것으로 이해한다. 그렇다면 태극이란 자기언급을 하고 있고, 태극은 스스로 주인이요 식객이 된다. 그래서 '태극'은 마치 젓가락 운동을 하게 만드는 교점과 같다. 한 손 안에서 좌우 또는 상하로 상반된 운동을 하는 연결점과 같다. 그래서 역설은 한 손 안에서 일어나고 있는 젓가락질과 같은 것에 지나지 않는다. 두 젓가락은 x와 −x의 관계가 아니고, x와 (1−x)의 관계와 같다. 0과 1 사이라는 한 손 안에서 벌어지고 있는 상반된 작용에 지나지 않는다. 그리고 음과 양은 더하기 작용을 하지 않고 곱하기 작용을 한다. 예를 들어 x와 (1−x)의 곱하기 관계에서 x를 0에서 1 사이의 값을 줄 때 하나의 순환 고리를 만들게 된다.[7] 이를 '페어홀스트 방정식'이라고 부른다. 이런 관계를 데리다는 차연이라고 한 것이다. 차연은 그래서 x와 −x의 관계가 아님을 명심해야 한다.

태극에서는 상·수·사에 분리가 생기지 않는 순간이 무극이다. 낙

---

7) (x)×(1−x)에서 x를 0과 1 사이의 값(0.25, 0.5, 0.75 ⋯)을 줄 때, 순환 고리를 만드는 것을 쉽게 발견할 수 있으며, 이는 역에서 음과 양의 관계를 그대로 반영한다.

원에서 아직 이름 짓기 행위를 하지 않을 때를 무극이라면, 태극은 이름이 생기는 순간이다. 명이 상에, 사가 상과 명에 자기언급을 할 때 음양 작용이 생긴다. 신이 아담에게 이름 짓기 행위를 시킨 다음에 그의 짝인 여자를 만드는 장면에 주의하라. 자기언급이란 상·수·사가 서로 지시하는 것을 뜻한다. 다시 말해서 사물에 대한 이름 짓기란 자기언급 행위에서 곧바로 만물의 짝들이 생겨나기 시각하고 젓가락질을 하기 시작한다는 것을 태극이 음양을 낳는다고 한 것이다. '극즉반(極卽反)'이라고 할 때 태극은 자기 안에 자기에 반하는 작용을 하고 있다. 태극의 밖에 있는 것이 아니라 태극 안에서 상·수·사가 자기언급을 할 때 음양이 생긴다. 그런 점에서 〈계사전〉의 '태극생음양'을 발생론적으로 이해한 것은 잘못이다. '생'은 자기언급 행위 그 자체로 이해해야 할 것이다. '생'의 의미를 자기언급적 자생(自生)으로 이해해야 할 것이다. 마치 태극이란 어버이가 음양이란 자식을 낳는 것처럼 이해해서는 안 된다. 이 점에서 주자와 율곡은 달랐다.

데리다는 이러한 '반(反)'을 '차이'라고 했다. 그리고 '생(生)'은 이러한 차이가 연기되어 나가는 것으로 이해해야 할 것이다. 그래서 차연(差延)에는 상반된 작용의 반대일치와 그것이 지연되는 것의 두 가지 의미가 있다. 그런 의미에서 '반'은 차이를, '생'은 차연의 '연(延)'과 같다고 파악해야 할 것이다. 한 괘 안에서 하나의 효가 가지고 있는 시간성 때문에 발동을 하기 시작하면 음과 양이라는 차이를 만들어 나가는 것을 지연시킨다. 음양의 상반된 대조와 차이 그리고 중첩, 이것이 차연의 의미다. 데리다는 물론 이러한 차연을 프랑스 언어에서 찾는다. 이러한 대조·차이·중첩이 언어를 결정하는 요소라고 비트겐슈타인도 보고 있다. 낱말뿐만 아니라 명제도 이러한 대조·차이·중첩으로 가능해진다고 보았다. 이는 효뿐만 아니라 괘들도 그러하다. 이런 시각에서 볼 때 주역은 데리다의 차연을 이해하기에 적격이라고 본다. 효는 각각 자기의 위치를 유일회적으로 견지하면서 동시에 전체적 괘의 체계 속에서 독립적일 수 없다. 3효를 한 괘로 하는 묶음이 다발을 만든다.

이렇게 만들어진 64괘는 명제들의 짜임에 따라 만들어진 논리적 공간이 된다. 한 번 64괘를 하나의 격자 모양 사각형에 배열한 방도를 두고 생각해보자. 방도의 격자에서 하나하나의 눈금 좌표는 눈금이 매겨진 측정 막대와 같다. 방도 안에서 64개의 눈금은 어느 특정 위치에 있는 괘와 같으며, 그것은 이미 다른 자리에 있는 괘와는 차별성을 갖는다. 괘 하나하나는 독립적이면서 이미 자기 독립성을 결여한다. 이는 괘를 명제라고 할 때 비트겐슈타인의 "명제는 논리적 공간 속의 한 장소만을 결정하겠지만, 그럼에도 논리적 공간 전체가 이미 그 명제에 의해 주어져 있어야 한다"(《논고》, 3. 42) 와 일치한다. 이는 자기언급의 구조 그 자체를 두고 하는 말이다.

우리가 대상에 측정 막대를 마주 놓을 때 그 대상에 마주 대어지는 것은 개별적 눈금이 아니라 눈금 전체(자체)다(이승종, 2002, 159).

비트겐슈타인의 이 말을 이 책의 화두로 삼으려고 한다. 칸토어의 대각선 정리와 역의 방도에서 발견되는 측정 막대기가 이미 측정 대상인 점을 말하는 것으로 이 책의 논지를 풀어 나가겠다. 《주역》의 빌미는 상·수·사를 넘어선 도상에 있다는 점을 발견하게 될 것이다. 비교적 후기 청대에 나타난 도상역이야말로 주역이 현대적 의미를 지닐 수 있는 것으로 본다. 그림과 글이 다시 새로운 방법으로 만난 것이 바로 도상역이기 때문이다. 방도와 원도 그리고 하도와 낙서(洛書)의 비교를 통한 한국 정역에 대한 이해는 바로 도상을 통해 가능해지기 때문이다. 그리고 도상역의 논리적 성격은 방도의 대각선에서 찾을 수 있을 것이다. 대각선 위에서 우리는 비트겐슈타인의 그 화두를 만나게 될 것이다.

# 2. 아리스토텔레스의 언어학과 논리학

## 2.1. 아리스토텔레스의 언어학

소쉬르의 기호학을 말하기 전에 반드시 아리스토텔레스의 언어학을 먼저 고찰해야 한다. 데리다는 소쉬르의 기호학을 아리스토텔레스 언어학의 연장선 위에서 이해하고 있기 때문이다. 소쉬르는 인간이 대상을 파악할 때 청각 영상에 새겨 영인된 것을 다시 개념화한다고 생각했다. 이는 아리스토텔레스가 언어 속에 영혼이 각인돼 있다고 하는 것과 같다. 이러한 언어관은 근본적으로 존재신학적 형이상학의 토대가 된다. 그리고 음성언어의 유래가 바로 아리스토텔레스의 언어관에서 유래하고 음성언어에서 존재신학이 유래한다는 것이 데리다의 주장이다.

그런데 지금에 와서 그의 언어관이 이렇게 문제가 되는 것과는 달리 막상 그의 철학체계 안에서 언어관이 가지고 있는 위치는 그렇게 큰 것은 결코 아니다. 그 이유는, 인도의 《요가수트라》와는 달리, 아리스토텔레스는 언어의 문제가 혼돈과 역설을 일으킨다는 사실을 몰랐기 때문이라고 본다. 아니 알았다고 하더라도 언어에서 발생하는 역설을 쉽게 해결할 수 있다고 보았기 때문이 아닌가 한다. 아리스토텔레스는 언어와 사물이 쉽게 일대일로 대응할 수 있다고 보는 의미실재론(realist theory of meaning)의 견해를 유지했다. 의미실재론에 따르면 "우리가 존재하는 것들(onta)에 대하여 언급하는 방식을 관찰함으로써 그것의 구조를 해명할 수 있다"(한성환, 2005, 70). 그러나 이는 존재신학의 형이상학에 바탕을 둔 매우 낙관적인 언어관이라 아니할 수 없다. 그는 존재와 사유와 언어의 삼각관계 즉 트로이카를 알고 있었다. 그러나 그는 그 삼각관계에서 발생하는 역설 해의를 너무 쉽게 생각했다. 바로 이것이 A형 논리학의 특징이다. 그의 의미실재론은 현대의 논리학자들에게까지 영향을 그대로 미치고 있다. 다음에 말할 범주론·판단론·추리론은 모두 역설 해법의 방법들이다. 그리고 그의 언어관은 역설이 발생하는 진원지다.

아리스토텔레스의 언어관은 그의 《명제론》 제1장에 실려 있다. 거기서 그는 언어가 표현하는 것을 '기호(semeia)'라고 했다. 그런데 여기서 말하는 기호란 사물들의 기호가 아니고 사물들의 사본(寫本, homoimata)이라 했다. 기호는 영혼에 새겨져 있는 기호다. 이 점이 《주역》의 기호론과 다르다. 역에서 언어는 인간을 포함한 우주 자연의 각인이다. 그렇다고 인간 영혼 이외에 다른 것을 완전히 배제한 것은 아니지만, 아리스토텔레스가 인간의 인식 주관인 영혼에 언어를 일치시키고 강조한 것은 사실이다. 그의 아래 말은 이러한 주장을 뒷받침하기에 충분하다.

목소리에 실려 있는 것은 영혼에 각인되어 있는 것의 상징이고, 기록되어 있는 것은 목소리에 실려 있는 것의 상징이다(16a6).

언어는 일차적으로 영혼에 새겨져 있고, 이차적으로는 영혼에 새겨진 그것이 사본이 되는 그 사물의 기호인 것이다. 언어는 '사유 내용들(ta noemata)'이다. 이것을 매개로 하여 언어적 표현은 사물들을 지시하게 된다. 아리스토텔레스에게서 상징과 기호는 일단 일차적으로 사유 내용과 관계된다. 이 점에서 주역의 그것과는 차이를 보이고 있다. 언어 표현을 사유 내용과 일치시킨 것은 데리다와 포스트모더니즘의 호된 비판을 받기까지 서양 언어관을 지배해왔다.1) 기호는 영혼에 새겨져 있는 동시에 사물들을 나타내는 것이기도 하다. 음성의 언어적 표현은 제2장 16a26-29에서 밝혀지듯이 자연적 음성적 기호가 아니라 **상징적 음성기호**다. 그런데 한글은 자연적 음성기호임과 동시에 상징적 음성기호임을 겸한다. '영혼 안에 들어 있는 사상'과 '목소리에 실려 있음'이 대칭을 이루고, 전자인 '파테마타'와 '노에마(noema)'가 대칭을 이룬다. 바로 '노에마'가 서양사상을 이성중심주의로 이끌고 만다. 노에마는 곧 영적 상태인 것이다. 여기서 서양 철학의 인식론은 출발한다. 즉, '인식'을 의미하는 '에피스테메'라는 말이 '우리의 영혼을 사물에서 멈춰 서게 만드는 것'이다. 다시 말해서 아리스토텔레스의 영혼은 사유하는 영혼이다.

아리스토텔레스의 상징은 '약정'이다. 이는 다름 아닌 인간이 상징을 만드는 것은 사회 공동체 안의 인간들이 서로 협약하여 그렇게 사용하자고 만든 것이다. "약정에 따라서 기호로서 기능하는 목소리이다, 자연적으로 명사인 명사는 하나도 없고, 상징이 되었을 때에 비로소 명사가 되기 때문이다"(16a27-28). 아리스토텔레스가 말하는 상징은 동물의 소리에는 해당되지 않는다. 동물의 소리는 분절되지 않기 때문이다. 아리스토텔레스에게서 상징(symbolon)이란 사회적 약정에 따른 기호로서의 상징이다. 이러한 그의 기호론을 우리는 화용론적이라 할 수 있을 것이다. 이 말은 기호는 청자와 화자가 사용하는 교감대 속에서 서로 이해되는 '사물의 기호'라는 것이다. "언어적 기호는 약정에 따라 무엇이 기호로 간주됨으로써 무엇을 의미한다. 사람들은

---

1) 아리스토텔레스의 이러한 주장은 후대의 보에티우스와 토마스 아퀴나스도 지지했다.

약정의 바탕 위에서 언어적 기호를 통해 무엇에 관한 각자의 생각을 주고받는다. 요컨대 '기호'는 '상징'을 종개념으로 갖는 유개념이다"(한석환, 2005, 74).

아리스토텔레스는 영혼과 사유를 동일시한다. 다시 말해 영혼의 각인은 곧 사유 속의 각인이다. 동일한 방법으로 각인되어 동일한 의미를 갖는다. 그러면 목소리에 실려 표명되는 것이 영적 상태의 '상징'이자 '기호'라는 것은 무엇을 의미하는가? 언어가 사물과 관련하여 영혼 안에 일어나는 일을 의미의 내용으로 하여 지시하는 것이 다름 아닌 기호다. 이런 기호가 약정에 따라 사용될 때를 '프라그마'라고 하며 이를 '상징'이라고 한다. 그런데 목소리 가운데 약정에 따르지 않은 것은 상징이 아니다. 동물의 목소리는 분절에 따라 철자화한 것이 아니기 때문에 상징이 아니다. 결국 언어론에서 남는 것은 상징이 되는 것과 상징이 될 수 없는 것으로 나눌 수 있다. 그래서 상징은 자연적인 것이 아닌 프라그마에 따른 인간적인 약정이다. 즉, "아리스토텔레스는 플라톤보다 더 단호하게 소리는 자연적으로 의미와 표상을 탐지하는 게 아니므로, 우선 사유가 소리를 기호로 채용해야 한다고 주장한다. 소리는 그 자체로 말미암아 단어가 되는 것이 아니라, 인간이 기호로 사용할 때 비로소 단어가 된다. …… 그러나 소리가 기호로 된다는 것과 그 방식은 전적으로 주관적인 일이요, 소리에 대하여 우연적인 일이다"(한석환, 2005, 171).

'상징'과 '기호'는 서로 유와 종의 관계다. 다시 말해서 기호가 약정에 따를 때만 상징이 된다. 대화를 할 때 상징을 사용함으로 상대방을 식별할 수 있게 된다. 그래서 상징은 언어와 사유가 일대일로 대응하는 관계에서 성립한다. 그는 영혼의 상태라는 말 대신에 '관념'이란 말을 사용한다. 언어적 표현으로 상징되는 영혼에 새겨진 것 그리고 사물의 사본은 감각이나 표상작용의 '상(像)'이 아니라 관념이다. 이러한 상징을 역은 '상(像)'에 대하여 '상(象)'이라 한다. '상(像)'이 사물에 관한 상징이라면, '상(象)'은 관념의 상징이다. 언어는 그것이 지시하는 사물의 사본은 아니다. 양자 사이에는 자연적 관계는 없다. 그러나 다음에 말할 한글의 경우는 다르다. 분절된 언어는 모두 사물을 반영하며, 사물들의 사본이다. 언어는 의사소통을 위한 약정에 따라 만들어진 기호일 뿐이다. 그러나 역의 괘상들은 의사소통의 수단일 뿐만 아니라 자연의 모습 그대로를 모사한다. 언어를 통해 말하는 자와 듣는 자 사이에 의미가 만들어지는 즉, 기호를 사용하는 사람이 그 기호를 지각하는 사람과 의사소통을 하는 한에서 기호는 의미가 있다.

사물들이 우리의 영혼 속에 모사되면 사물을 머리 속에 떠올리게 된다. 같은 말이라도 듣는 사람의 처지에서 보면 그 말의 대상을 떠올리고 있다. 요약을 하면, 1. 목소리에 담겨져 있는 것은 영적 상태의 상징이 된다. 2. 그것은 사물을 모사한다. 3. 이러한 과정은 이차적인 과정이며, 이는 일차적 과정인 영적인 상태에 대하여 문자적 기호가 된다. 아리스토텔레스는 언어적 표현을 두고 **이차적 표현**이라고 했으며, 이는 일차적인 영적 상태의 '원본'이 된다. 그의 언어적 표현은 이중으로 기호가 된다. 다시 말해 영혼 안의 기호인 동시에 사물과의 관계에서 기호이기도 하다. 그러면 목소리에 실려 있는 이 두 기호는 모든 사람에게 동일한지를 묻게 된다. 이러한 질문은 어디까지나 인간이란 종을 전제하고 하는 말이다. 다시 말해 인간의 감각, 인간의 표상, 인간의 감정, 인간의 관념이기 때문이다(한석환, 2005, 175). "우리는 사물 대신 그 이름을 상징으로 사용한다"(소피스테스 165a7). 바로 이 자리에서 모호성이 생기고 역설이 발생한다. 상징과 사물에 '다름'과 '닮음'의 문제가 발생한다. 역에서도 이런 문제가 발생한다. 그리고 상징과 사물은 서로 자기언급적이다. 예를 들어 노에마는 심적인 것이지만 심적인 것 이상이다. 즉, 역설적이다. 이는 마치 플라톤의 이데아가 주관에 전적으로 의존하지 않는 것과도 같다. '관념'은 자기 독립성과 보편성을 동시에 지닌다. 영혼이란 것은 경험한 것, 표상하는 것,

사고하는 것의 구조가 같다. 이러한 역설적 성격은 프라그마를 통해 쓰임새가 생긴다.

우리가 말을 통해 머릿속에 떠올리는 사물에 대한 언어적인 것은 우리가 말을 통해 표상되는 사상에 따라 우리가 이 사상을 생각하는 가운데 저 사물을 머릿속에 떠올린다는 방법으로 매개된다. 이러한 트로이카 관계를 그림으로 나타내면 다음과 같다(한석환, 2005, 177).

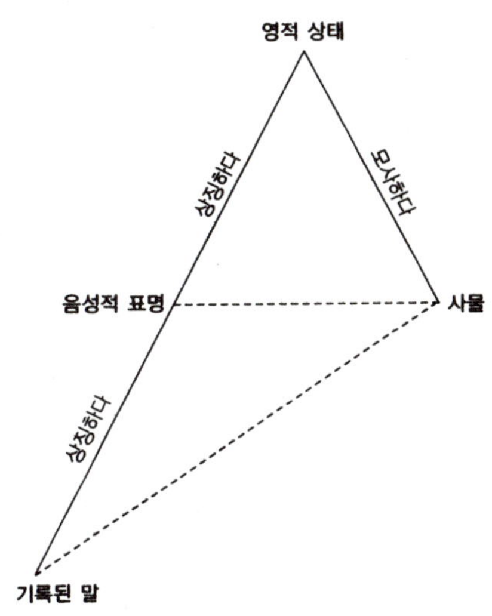


〔그림 2-1〕 말과 영혼과 사물의 트로이카

두 가지 삼각형 가운데 위쪽 삼각형으로 대표되는 기호론적 모형을 '아리스토텔레스적 기호 모형'이라 한다(같은 책). 이 삼각형에 따르면 그의 기호론은 존재와 사유 및 언어가 나란히 그리고 동시에 작용한다. 그의 기호모형은 나름대로 트로이카의 한 유형이라 할 수 있다. 다시 말해 존재론과 인식론이 동시적이다. "목소리에 실려 표명되는 긍정과 부정은 영혼 안에서 형성되는 것들의 상징이다"(〈명제론〉

24b1). 그러나 그의 기호론에서 자연은 배제된다. 다만, 언어는 사유를 따르고 사유는 존재를 따른다. 이를 아리스토텔레스의 평행론이라고 한다. 바로 이런 평행론에서 역설이 발생한다.


## 2.2. 아리스토텔레스의 범주론

A형 논리학의 출발점은 아리스토텔레스의 〈범주론〉이다. 그렇다고 그의 철학이 〈범주론〉부터라고 하는 것은 잘못이다. 〈범주론〉이 처음 등장하게 된 동기는 그리스인들이 언어와 존재를 일치시키면서부터다. 다시 말해서 언어와 존재가 만나면서 인간들은 이중적 세계를 경험하게 된다. 하나는 존재의 세계이고 다른 하나는 언어의 세계다. 이 양자가 분리되어 있을 때는 혼란이 생기지 않았었다. 그러나 이제부터 언어적 표현을 생각하면, 동시에 그것에 대응하는 존재를 생각하지 않을 수 없다.

총 15장으로 구성된 〈범주론〉은 크게 세 부분으로 나뉜다. 첫 부분은 이른바 '선행 범주들'이고 제1~3장(1a1-1b24)이 이에 해당한다. 선행 범주는 1. 동명이의, 동명동의, 동간이미, 2. 결합된 채 언명되는 것과 결합되지 않고 언명되는 것들, 3. '기체에 대해 단언된다'와 '기체에 내재한다'이다. 두 번째 해당하는 것이 〈범주론〉의 범주라 할 수 있다. 우리가 보통 알고 있는 범주론은 이에 해당한다. 10개의 범주로 나누고 이를 차례로 논하는 것이다. 실체·분량·관계·성질의 차례가 바로 그것이다. 세 번째 범주는 이른바 '후속 범주론'이라 불리며, 네 가지 대립적인 것들의 항들이다. 선차성·동시성·운동·소유가 바로 그것이다.

첫 번째와 두 번째는 서로 연결이 되나, 세 번째는 앞의 두 개와 거의 상호 연관이 없다. 첫 번째 것에서 발생하는 문제가 다름 아닌 역설의 문제이며 혼돈과 애매성의 문제다. 이름은 하나로 같으나 의미가 다양한 다의성의 문제는 거짓말쟁이 역설에서 보는 바와 같이 '이다이며 아니다'인 동시에 '참이면서 동시에 거짓'일 수 있기 때문이다. 이는 동명다의의 특징이다. 아리스토텔레스의 범주론을 동명다의의 문제에서부터 설명하기로 한다. 두 번째 범주론은 사실상 선행적 범주론에서 발생한 역설을 해의하기 위해서 사물을 구별하는 것이라 할 수 있다. 여기서 말하는 사물은 어디까지나 언어로 표현된 것임을 명심해야 한다. 사물은 언표된 것이어야 하며 언표된 것만이 사물이다.

다의성은 다분히 '제3의 인간 역설'에서 발생한다. 다시 말해서 '하나'와 '여럿'의 문제다. 어떻게 하나의 주어에서 여러 개의 술어가 있을 수 있느냐의 문제이다. 예를 들어 한 사람을 두고 여러 가지 다양한 방법으로 서술할 수 있다는 것이다. 이는 이데아와 사물과의 관계를 다른 방법으로 말하는 것이라 할 수 있다. 언어가 존재와 연관이 될 때 언어를 통해 표현되는 것은 개념들 사이의 다양한 관계요, 개념들 사이의 다양한 관계는 존재자들의 객관적 사태를 그대로 반영한다. 문장 속에서 주어-술어는 개념들 사이의 다양한 결합관계를 표현하는데, 이는 또한 다양한 사태들 간의 관계다. 결국 다양한 존재자들은 네 개의 큰 범주인 유에 대응한다. 범주론은 문법에서 출발했지만 궁극에 가서는 존재자들의 차이를 밝히려 하게 되었으며, 자연히 그 저변에 깔려 있는 개념적 결합관계를 말하지 않을 수 없었다.

〈범주론〉은 궁극적으로 '하나'와 '여럿'의 관계에서 생기는 역설을 해결하려는 방안의 하나로 제시된 것이다. 하나와 여럿이 서로 불가분리적으로 되먹임 하는 데서 역설이 발생하기 때문에 하나와 여럿의 범주를 구별하고 여러 개물 사이의 범주를 구별하면 역설이 제거될 것으로 믿고 범주론이 쓰인 것이다.

# 3. 《파르메니데스》와 《주역》

## 3.1. '제3의 인간 논증'은 플라톤의 것인가?

과학철학자 화이트헤드가 서양 철학은 플라톤 철학의 주석에 불과하다고 할 때 플라톤 철학의 모든 영역에서 그렇다는 것은 아니라고 본다. 화이트헤드의 이 말을 바로 이해하자면, 플라톤 철학의 어느 부분이 서양 철학사 속에서 지속적으로 문제시되는가를 먼저 알아보아야 할 것이다. 플라톤이 제기한 문제 가운데 현대에 이르기까지 지속적으로 문제시되는 것은 다름 아닌 '제3의 인간 논증(The Third Man Argument(TMA))'이 아닌가 한다.[1] '제3인간(tritos anthropos)'이란 명칭의 기원을 놓고 논란이 일면서, 이 말이 플라톤에게서 유래했다는 종래의 주장이 과연 옳은가를 두고 최근 논란이 있다. 그래서 여기서는 우선 TMA의 유래에 관한 문제부터 거론하기로 한다.

이 논증에서 비록 '인간'이란 말을 사용하고는 있지만 '인간'을 예로 든 것은 아니며, 오히려 '큼'의 문제를 거론하고 있다는 사실을 명심해

---

[1] 1954년 블라스토스의 문제 제기를 시작으로 W. 셀라스, H. 체르니스, R. S. 블럭, P. 기치, C. 스트랭도 이 문제를 다루었다. 1970년과 1980년대도 이 주제는 많은 관심을 불러 일으켰다.

야 한다. 그러나 어느 것을 예로 삼든지 이 논증이 문제가 되는 것은
형상과 개별자 사이의 관계에 관한 문제라는 점에 유의를 하면 된다.
지금까지 이 논증이 플라톤의 것으로 알려진 것과는 달리 막상 플라
톤 자신은 이 말을 사용한 적이 없고, 그의 제자 아리스토텔레스가 주
로 플라톤의 이데아 설을 비판하기 위해 즐겨 자주 사용하던 말이다
(김성진, 1993, 54).2) 그렇다면 이 논증이 주로 다루어지고 있는 플라
톤의 후기 작품이라는《파르메니데스》에 대한 심각한 의문이 생기지
않을 수 없다. 만약에 플라톤이 이 작품을 저작했다면 자기의 지론인
형상론을 스스로 반대하는 것인데, 이는 플라톤이 '친부 살해범'3)에
이어 이번에는 '자기 자해범'이 되는 것이기 때문이다. 자기를 낳은 아
버지를 살해할 정도이면 자기 자신도 자해할 수 있다고 여길 수 있지
만, 19세기 플라톤 연구가들은 이 사실을 이해하지 못하여 플라톤의
후기 작품 전반에 관하여 플라톤 저작설을 의심하게 되었다.4) 의심하
는 정도를 넘어서 후기 세 편의 대화편들을 모두 아리스토텔레스의
작품이라고까지 주장하는 견해도 있다(안재오, 2002, 192). 이러한 생
경한 주장은 서양 철학의 '논리의 탄생'이라는 관점에서 보았을 때 당
연하다는 것이다.

　서양 철학의 논리학은 아리스토텔레스에게서 비롯한다. 그렇다면
아리스토텔레스의〈범주론〉과《형이상학》, 플라톤의 《정치가》와《파르
메니데스》는 내용이 거의 같아서 "동일한 사상의 다른 표현"(안재오,
2002, 193)이라고 말할 정도다. 플라톤이 자기 사상의 브랜드라 할 수

---

2) W. Wieland, Platon und Formen Stola des Wissen, Goettingen, 1982, 119면.

3) 이방인으로 위장하여 자기 스승인 파르메니데스 사상의 금지 조항인 '있지 않은 존재'
　에 대한 논의를 한 것을 두고, 플라톤은《소피스테스》241d에서 자기의 처지를 '친부살
　해범(patrapoias)'에 비유하고 있다.

4) 19세기 조허, 우버벡, 샤르쉬미트 같은 철학자들은 일부 플라톤 작품의 저작 진위에
　대하여 의문을 제기했다. 이들은 특히 후기 작품들인 《파르메니데스》, 《정치가》, 《소
　피스테스》에 대하여 플라톤 저작설을 부인하기에 이르렀다.

있는 이데아 설을 스스로 후기에 와서 부정한 것이 사실이라면, 그는 친부 살해범에 이어 자해범인 것이 분명하다. 그러나 사상의 세계에서는 부친 살해나 자해가 얼마든지 가능하다고 본다. 오히려 그럴수록 사상가의 사상은 객관적일 수 있고 학설의 신빙성을 높일 수 있기 때문이다.

안재오의 주장에 대하여 김성진은 아리스토텔레스가 제3의 인간 논증을 통해 의도했던 바는 이데아론에 대한 비판이 아니라 보편 개념과 실체에 대한 범주적 혼동을 지적하고 경고하는 것이라고 주장한다 (김성진, 1993, 45). 그러나 김성진도 이 논증이 플라톤의 것이라고 여겨온 데 대해서는 주의를 환기시킨다. 즉, 《파르메니데스》에서 두 차례에 걸쳐 전개한 무한 퇴행의 증명이 제3의 인간 논증과 아무런 상관이 없다는 것을 통해 김성진은 자기의 주장을 피력하고 있다.

서양 철학이 플라톤 철학의 주석에 지나지 않는다는 화이트헤드의 견해는 1954년 분석철학자 블라스토스가 제3의 인간 논증을 금세기에 재현함으로써 다시 한번 입증되었다. 물론 블라스토스는 제3의 인간 논증이 플라톤의 것임을 추호도 의심하지 않고 있다. 그러나 이 논증이 2500여 년 동안 도서관 서고 속에서 잠자고 있다가 다시 빛을 보게 된 것은 1954년 블라스토스가 기호논리학을 사용해 이 논증을 러셀 역설과 연관시키면서부터 비롯한 것으로, 이같은 재조명은 전적으로 블라스토스의 공헌이다.5) 그렇다고 그 사이에 이 논증이 전혀 회자되지 않은 것은 아니다. 제3의 인간 논증을 종합적으로 고찰한 인물은 2~3 세기에 살았던 아프로디시아스의 알렉산드로스(Alexandros of Aphrodisias)다. 그로부터 훨씬 지나 1879년에 보이컴이 다시 문제

---

5) 블라스토스는 선행 연구에 대하여 전혀 고려하지 않는 것 같다. 즉, 그는 아르페(C. Arpe, "Das Argument TRITOS ANTHROPOS" *Hermes* 76(1941) 171-207)나 테일러(A. E. Taylor, "Parmenides, Zeno, and Socrates" *Aristot. Society* XVI(1916) reprinted in : A. E. Taylor, Philosophical Studies(London, 1934), 28-90)의 경우, 전자에 대해서는 전혀 언급하지 않고 있으며 후자에 대해서는 명칭만을 언급할 정도다.

제기를 했다. 그러나 여기서는 유래에 대한 논의를 더 이상 전개하지는 않기로 한다. 다만 현대에 와서 불씨를 다시 살려낸 장본인이 블라스토스이기 때문에, 우리는 그로부터 그리고 그가 전개한 논리를 바탕으로 제3의 인간 논증을 여기서 거론해볼 수밖에 없다. 다만 그의 분석에는 일견 동의하면서도 그가 내린 결론에 대해서는 동의할 수 없다는 것이 주요 내용이다. 그러면 여기서 블라스토스가 분석한 제3의 인간 논증을 소개한다.

제3의 인간 논증은 《파르메니데스》에서 (A)132 a-b와 (B)132 d-133의 두 부분으로 나뉜다. 두 부분은 서로 그 성격이 다른데, 전자인 (A)는 무한 퇴행의 문제를 그리고 후자인 (B)는 이데아와 개별자의 관계를 다룬다. 이제 두 부분을 나누어 고찰하면 다음과 같다(김성진, 1992, 50).

블라스토스가 제3의 인간 논증을 다루는 데 공헌을 한 것은 이 논증을 하는 데 처음으로 기호논리학의 기호를 사용했다는 점 외에 이 책의 가장 중요한 화두인 '자기언급'을 자기서술(self-predicate(SP))이라는 말로 도입하고 있기 때문이다. 20세기 과학에서 자기언급은 아무리 강조해도 모자랄 정도로 중요하다. 블라스토스는 바로 제3의 인간 논증에서 자기언급의 문제를 처음으로 지적해냈다. 이는 그가 기호 논리학에서 다루어지는 러셀 역설에서 암시를 얻었다고 볼 수 있으며, 결국 이 논증이 러셀 역설과 성격이 같다고 할 수 있기 때문에 우리의 관심을 더욱 끄는 것이다. 그런데 제3의 인간 논증에 다른 화두인 자기비동일성(non-identity)을 연관시키는 데서 블라스토스는 과오를 범하고 말았다. 자기서술과 자기비동일성은 동전의 양면과 같은데도, 블라스토스는 서로 용납할 수 없는 것으로 보고 이를 플라톤 사상의 큰 결함으로 결론짓고 만다. 양면성은 곧 역설의 다른 말이다.

## 3.2. 파르메니데스와 일자(一者)에 관하여

블라스토스는《파르메니데스》의 논증 구조를 간명하고도 선명하게 우리 세기에 확인시켜주는 데 공헌한다. 그의 잘잘못에 상관없이 그의 방법론 자체는 높이 평가되어야 마땅하다. 아리스토텔레스의《형이상학》990b15 이하는 플라톤의 이데아 설을 비판하기 위해 '관계의 이데아'와 '제3의 인간 논증'을 도입하고 있는 부분이다. 이 제3의 인간 논증은 역의 괘 배열 구조와 상관이 있는 것으로 매우 중요한 주제임을 여기서 강조해 둔다. 이 논증에서 막상 인간이 예로 등장하는 것은 아니다. 아마도 '인간'을 거론하는 것은 이 논증이 철학의 가장 핵심이 되는 부분으로서 화약고와 같은 것이기 때문이라고 본다. 필자는 '인간' 대신 수를 대입하여 '제3의 수(The Third Number)' 그리고 '제3의 괘'도 가능하다고 본다. 그렇게 계속 적용할 수 있는 이유는 제3의 인간 논증이 '전체(whole)'와 '부분(part)' 관계의 문제라 보며, 더 나아가 '일자(one)'와 '다자(many)'의 문제라고도 보기 때문이다. 다시 말해서 부분전체론(mereology)의 문제다. 그래서 이와 관계되는 영역은 모두 제3의 인간 논증에 휘말리게 된다.

칸토어의 대각선 정리에서 가로와 세로가 교차하는 대각선이 제3의 선이면 이 선에 나열되는 수는 제3의 수가 된다. 그리고 역의 방도에서 대각선 위에 있는 괘는 모두 제3의 괘다. 그러면 사각형 안에 있는 것들과 이들 제3의 것들이 '같음'과 '다름'의 문제가 발생한다는 것이다. 19세기 칸토어가 발견한 최대의 성과는 대각선 정리이며, 그 뒤로 현대 수학은 심지어 괴델 정리에 이르기까지 이 대각선 정리와 관계없는 것은 거의 없다고 해도 과언이 아니다. 마찬가지로 역에서도 대각선 위의 괘 처리 문제는 화약고와 같다고 할 수 있다. 그런데 바로 이러한 뇌관이 이미 고대 그리스 철학에서 발견되었으며 그것이 20세기에 재등장한 것이다.

재등장한 이유는 바로 1904년 러셀이 수학의 집합론에서 발견한 이른바 '러셀 역설(Russell's paradox)' 때문이다. 이미 칸토어 역설로 알려진 이 역설은 현대 수학의 처치 곤란한 난제로 남게 된다. 그래서 1954년 이 분야의 학자들이 제3의 인간 논증을 러셀 역설과 연관시킨 것은 늦은 감이 없지 않다. 무려 반세기가 지난 다음에야 양자 사이의 만남이 가능하게 된 것이다. 그러나 제3의 인간 논증을 칸토어의 대각선 정리와 연관시킨 작업은 없는 것 같다. 그 연관은 간단하다. 사각형의 가로와 세로를 각각 형상과 개별자의 관계로 보고 가로와 세로가 만나 사각형 안에서 눈금을 만들 때 바로 대각선상에 나타나는 수가 제3의 수가 되고 이 수를 가로로 나열하면, 이 수는 사각형 안의 어느 가로나 세로에도 없는 제3의 수가 된다. 이는 제3의 인간 논증을 21세기의 시각에서 되돌아보는 방법으로 조명하기 위한 것이다.

다음으로 제3의 인간 논증을 이해하기 위해 현대인으로서 고대인들의 난삽한 말의 희롱에 휘말려 고생하지 않도록, 오늘날의 무기로 이 문제를 다루는 방법에 대해 연습과 훈련을 해두는 것이 필요하다. 그것은 현대 집합론의 기본을 조금만 알면 쉽게 제3의 인간 논증을 이해할 수 있기 때문이다. 현대 집합론의 두 가지 특징은 '공집합'과 '자기언급(self reference)'의 문제라 할 수 있다. 14세기까지 서양 수학은 아직 0을 끌어들이지 않았다. 유클리드 수학에 기초하고 있던 그리스 철학자들도 0이라는 수를 몰랐다. 그러나 19세기말부터 수학자들은 '1'이라는 수가 어떻게 성립이 가능한가를 묻는다. '1'이 성립하기 위해서는 공집합 {0}을 전제하지 않을 수 없다. 0은 한 개라는 개수이기 때문에 {0}에서 '1'이 생겨난다. 그러면 공집합은 { }을 전제하지 않을 수 없으며 { }의 집합이 무엇이냐고 한다면 0이라고 할 수밖에 없다. 이 0을 집합으로 표시하면 {0}이 된다. 그래서 1이 생겨나기 위해서는 { }, 0, {0}, 1의 과정이 필요하다. 2는 {0, 1}에서 두 개의 개수를 생각하므로 생겨난다. 그러면 어떤 수 n은 {0, 1, 2 …… n-1} 임을 알 수 있다. 이러한 집합론에 대한 이해는 유(有)와 무(無)의 관계를 이해하는 데 꼭 필요하다.

우리는 파르메니데스를 유의 철학자 또는 일자의 철학자라고 부른다. 그는 자신의 단편집에서 "있음은 있다"라고 했다. 이는 아리스토텔레스 이전의 동일률적인 표현이다. 그는 이어 모순율을 통해 "있음은 있음이며 있지 않음은 없다는 것이다. 이는 확신의 길이다. 왜냐하면 이는 진리를 따르기 때문이다. 만약에 다른 길을 택해 '있지 않음이 있다'는 것이면 있지 않음이 요청된다는 것이다. 이 길은 내가 당신에게 말하지만 탐구될 수 없다. 왜냐하면 당신은 있지 않음을 인식할 수도 말할 수도 없기 때문이다. 왜냐하면 사유와 존재는 동일하기 때문이다"(단편 1)고 주장한다. 이렇게 거침없이 파르메니데스가 쏟아내는 말은 서양 철학의 방향키를 결정하고 말았다. 그리고 이는 그리스 수학에 0이라는 개념이 없었던 이유가 된다. 그리스 문명보다 무려 3천여 년이나 이른 수메르에도 이미 0이라는 개념이 있었는데 말이다(카플란, 2003, 24). 피타고라스 학파에서는 0을 알고 있었지만 그 학파의 고유한 성격 때문에 이를 숨겨왔거나 사용을 금지했다고 볼 수 있다. 우리는 앞에서 인용한 파르메니데스의 말에서 그럴만한 이유를 충분히 발견하게 된다.6)

유에 대한 무와 공의 도입이 중요한 이유는 다음과 같다. 만약 유가 어느 빈 공간 안에 들어 있는 것이라면, 그 '하나'가 '여럿'으로 분리하는 것이 가능하다. 다시 말해 여럿을 인정하면 일자가 담겨 있는 비어 있는 공간인 무가 있어야 한다. 그러나 여럿을 인정하면 그것은 운동을 인정하는 것이 된다. 이러한 운동을 부정하자면 일자에 대한 다자를 절대로 인정해서는 안 된다. 다자를 인정하면 일자 철학에 위반된

---

6) 호메로스의 《오디세이아》에서 오디세우스가 거인 식인종 괴수인 폴리페모스를 속이려고 자기 이름을 '비존재'라고 한 것을 상기하기 바란다. 비존재 즉 0의 개념이 없었다고 할 수 없는 증거로, 폴리페모스가 '비존재'의 존재를 인지한 사실이 흥미롭다.

다. 그래서 파르메니데스는 일자가 분리할 수 없는, 모든 측면에서 완성되고 중심으로부터 균형을 이루는 하나의 둥근 공 모양의 물체라고 상정한다. 그 경우 어느 쪽이 더 크고 작을 필요는 없다. 일자는 다자로 분리되지 않으며, 상처 난 존재가 아니다. 스스로 모든 측면으로부터 동일하고 균형 잡힌 상태로 있다.

이러한 그리스 철학의 일자와 〈계사전〉의 태극은 같은 것인가? 우선 유일자라는 점에서는 같다. 그것은 '있음'이고 '하나'라는 점에서는 같다. 그러나 태극에서는 음양과 사상이 생성돼 나오지만, 일자에서는 그렇지 않다. 그렇다면 태극은 자기모순에 직면한다. 일자 태극이 무를 전제하지 않고 음양과 같은 다자를 생성할 수 있느냐 하는 문제에 부딪힌다. 그래서 파르메니데스는 무를 금지했는데 말이다. 파르메니데스는 끝내 무와 공을 인정하지 않았으며, 유를 감싸고 있는 바탕은 '에테르' 같은 물질이라고 보았다. 여기서 뉴턴(1642~1727)의 절대공간 개념이 만들어진다. 이러한 파르메니데스의 사상은, 현대 과학에서 마이켈스-모리스 시험으로 그러한 에테르 같은 것은 없음이 증명되고, 절대공간이란 물질과 동시에 만들어진다는 아인슈타인의 상대성 원리가 나오기까지 서양의 지배적 사상을 주도한다. 무와 다자를 부정하려는 시도에서 제3의 인간 논증이 논란이 되며 여기서 역설에 직면하게 된다. 역설을 제거하기 위해 결국 다자를 인정하지 않게 된다는 것이다. 만약에 다자를 인정하면 곧바로 사유는 견디기 어려운 역설이라는 난제에 직면하기 때문이다. 그래서 유일자의 이름으로 다자와 무를 철저하게 봉쇄해버리자는 것이 파르메니데스의 사상이며, 서양 철학은 이러한 것에 대한 주석에 지나지 않는다. 파르메니데스의 일자는 빈 공간이 없는 구와 같은 것에 갇혀 있으며 움직이지 않는 것이다. 그의 일자 철학은 다자 철학자인 헤라클레이토스와 대립하면서 서양 철학의 주류를 이룬다. 그는 엘리아 학파를 형성하며, 다자를 부정하는 동시에 운동을 부정한다. 그의 제자 제논이 말한 몇 가지 역설들은 모두 스승의 부동의 일자 철학을 변호하기 위해 고안되었다.

그런데 현대 수학의 집합론으로 볼 때 유와 무 즉, 1과 0은 서로 상관관계적이며 노자의 '유무상생(有無相生)'이란 말을 떠올리게 한다. 그런데 파르메니데스는 유에서 무를 배제한다. 그리고 일자에서 다자도 제거한다. 그는 최초로 부분전체론의 문제를 제기한 사람이지만, 그의 선택은 현대의 관점에서 볼 때 추천할 만한 것이 아니다. 여기서 공집합과 함께 집합론의 자기언급 문제로 돌아오면 파르메니데스의 한계는 더욱 분명해진다. 어느 집합 {a, b, c}가 있다고 할 때 그것의 부분집합 또는 **멱집합**(power set)은 {∅, a, b, c, ab, bc, ca, abc}이다. 여기서 공집합과 자기 자신이 자기 자신의 요소로 포함(包含)된다. 자기 자신이 자기언급을 하고 있으며 자기 자신 속에 자기가 포함된다는 것이다. 그러나 나머지 일곱 개는 포함(包涵)된다. 한자로 구별되는 두 개의 포함을 구별하는 것이 중요하다. 고대 그리스 철학에서 거론되는 난제는 모두 이 두 개의 포함을 구별하지 못하는 데서 발생하는 것이라 해도 과언이 아니다. 이는 범주상의 오류 즉, 전체와 부분이 서로 다른 범주 관계에서 생기는 오류라는 뜻이다. 이러한 오류가 발생한 이유는 다름 아닌 유클리드 수학의 한계이기도 하다. 이렇게 철학의 모든 발상은 수학에서 시작하며 수학의 기틀이 변하지 않는 한 철학도 변하지 않는다고 해도 지나친 말이 아니다.

철학사에서 항상 새로운 탈출구는 수학을 통해 나타난다. 칸트가 경험주의와 회의주의를 극복하고 선험철학을 수립할 수 있었던 것도 수학 때문이다. 소크라테스와 플라톤도 제자들에게 기하학의 학습을 통해 자신의 철학을 전달하려고 했다. 현대 수학은 이들이 알고 있던 수학과는 판이하게 달라졌다. 그들이 다루지 않던 역설이 수학의 주요 화두로 등장한 것이 현대 수학의 주요 특징 가운데 하나다. 그리스 철학자들이 수학에서 역설을 인정한다는 것은 있을 수 없는 일이었다. 파르메니데스가 유와 무의 문제를 거론한 것도 사실 수학의 1과 0

의 인식과 상관없다고 할 수 없다. 수학에서 0에 대한 개념이 없던 때 파르메니데스가 내린 결론은 차라리 자연스럽다 하겠다.

유가사상과 역은 존재론을 '태극'에서부터 거론한다. 태극은 유일자다. 그와는 달리 노장사상은 《도덕경》 42장에서 보는 바와 같이, 무극에서 일자가 나오고 일자에서 음양이 나오며 음양에서 음·양·충기의 3자가 나오고 이 3자에서 만물이 나온다. 불교 역시 있는 것은 없고 없는 것이 전부다. 노불사상은 유무가 상생한다고 보는 점에서는 같다. 그런 뜻에서 파르메니데스의 사상은 역의 사상과 일맥상통한다. 적어도 궁극자가 유라고 한 점에서는 그러하다. 그러나 파르메니데스의 경우는 유에서 생성이 불가능하나, 역의 경우 태극은 음양을, 음양은 사상을, 사상은 팔괘를 낳는다고 하여 수의 2진법을 통해 만물의 생성을 말하고 있다. 그러나 현대 수학에서 볼 때 1은 이미 0을 전제하고서야 가능하고, 그 다음 2, 3, 4…… 의 수를 만들기 위해서 0은 필수불가결하다. 파르메니데스같이 유일자의 생성을 전제하지 않을 때는 문제가 되지 않지만 역의 태극같이 유일자가 생성을 한다고 하면 0 없이는 불가능하다. 이런 도전을 유학도 외면할 수 없어서 11세기 신유학에 와서 무극을 적극적으로 도입하여 궁극자를 '무극이태극(無極而太極)'이라고 했다. 이에 대해서는, 이 책의 4. 주돈이의 태극도설과 '제3의 인간 논증'에서 다시 거론하겠다. 집합론에서 모든 집합이 공집합을 자기의 부분집합으로 받아들이지 않을 수 없는 것과 같은 결론이라 할 수 있다. 유가사상이 노장의 유무상생을 받아들인 것이라 할 수 있다. 이를 받아들이지 않으면 태극으로부터 생성소멸을 말할 수 없게 된다. 그리고 현대 집합론에서는 자기 자신마저 부분집합으로 포함(包含)하지 않으면 안 된다. 이를 두고 자기지시적이라 하며 블라스토스는 자기서술적이라고 한 것이다. 다음에 이어지는 제3의 인간 논증은 이러한 자기지시적 문제가 관건이 되어 발생하는 역설의 문제를 다룬다.

이 논증의 주된 내용은 플라톤의 후기 작품으로 알려진 《파르메니데스》 속에 담겨 있다고 했다. 이 작품이 플라톤의 것이 아니고, 아리스토텔레스의 것이라는 주장이 제기되는 이유는 제3의 인간 논증은 언어의 자기서술과 관련이 있으며, 바로 여기서 발생하는 역설을 해결하기 위하여 아리스토텔레스가 그의 형이상학과 논리학을 저술하였다고 보기 때문이다. 플라톤의 《파르메니데스》는 아리스토텔레스의 주요한 작품들과 연속이 된다. 다시 말해 이 논증에서 발생된 역설을 해결하기 위해서 사용된 세 가지 판단론인 동일률·모순율·배중률은 바로 아리스토텔레스의 것이기 때문이다.

《파르메니데스》에서 주된 의제로 등장하는 '제3의 인간 논증'은 플라톤이 살아 있던 당대에 이미 철학의 주요 주제가 되었다.[7] 《국가》 편에 나오는 동굴의 비유라든지 아리스토텔레스의 형식논리를 가능케 한 사유법이 모두 제3의 인간 논증에서 나타난 역설을 다루는 과정에서 생성된다. "즉, 존재에 대한 파르메니데스적인 직관과 제논의 논박술이 내포한 변증법적 사고는 인간 정신이 존재를 탐구하는 데 이성이 주는 생성률(ex nihilo nihil fit)[8]과 모순율에 따르는 논리적 사유를 사용함으로써 나타나는 것이며, 이는 고대 그리스에서 형성되어 서구의 전통이 된 가장 기초적인 학문 방법이다"(송영진, 2000, 21). 여기서 말하는 생성률이란 바로 '무로부터 생성은 없다'는 대명제다. 파르메니데스는 이 대전제를 수호하기 위해서 제3의 인간 논증을 통해 일자에 대한 다자를 부정하기에 이른다. 다자란 일자의 생성 개념 없이는 불가능하고, 생성은 유에 대한 무의 전제 없이는 불가능하

---

7) "…… 특히 이 대화편에서 변증법은 플라톤에게서 존재론적 사유, 즉 변증법을 훈련하는 것으로서 나타나고 있다. 이 때문에 《파르메니데스》편의 변증법은 아리스토텔레스의 《토피카》와 더불어 《분석론전서》나 《분석론후서》와 같이 이른바 철학적 사유나 탐구의 이전 단계로서, 연역적으로 존재를 탐구하기 위한 '형식논리학'이라 할 수 있다"(송영진, 2000, 20).

8) '무에서는 아무것도 생겨날 수 없다'는 뜻의 라틴어.

기 때문이다. 그래서 제3의 인간 논증은 존재론의 대명제와 유관한 가장 기초적이고 가장 해결하기 어려운 철학의 난제거리다. 이 점에서는 동서 철학이 예외는 아니라고 본다. 제3의 인간 논증은 오늘날 문제시되는 일과 다의 관계 문제 즉, 부분전체론의 문제다. 동양의 역도 이 문제의 해의에서 출발하며 이에 담긴 역설의 문제와 함께 수천 년 동안 고민한다는 점에서는 같다. 그러면 지금부터는 제3의 인간 논증의 내용을 여기서 간단히 설명하기로 한다. 제3의 인간 논증은 1950년대 블라스토스가 러셀의 역설과 연계하여 기호 논리적 방법으로 다시 도식화함으로써 논증의 논리적 구조가 확연히 드러나면서 새로운 조명을 받게 되었다고 했다.

서양 철학에서 볼 때 주역은 변증법과 비슷해 보인다. 변증법은 역설을 해결하는 시도들 가운데 한 방법이다. 서양 철학사에서 변증법다운 형태가 제일 먼저 등장하는 책이 바로 《파르메니데스》다. 그리고 이와 비슷한 변증법이 처음 등장하는 책은 《주역》이라고 본다. 이 두 책은 동서양에서 역설의 등장과 함께 가장 심각하게 역설의 문제를 철학의 주제로 삼은 책이라고 할 수 있다. 역설의 심각성을 동서양은 다 같이 절감하고 있었으나 그것을 대하는 태도와 다루는 방법 그리고 그것에 대한 해의 과정은 전혀 다르다. 제3의 인간 논증과 같은 난제거리를 두고 역에서 어떻게 그 해의를 찾는지를 살펴보자는 것이다. 그리고 그 해의 과정이 어떻게 동서양이 서로 같고 다른가를 알아보는 것이 주된 관심사라 할 수 있다.


## 3.3. 제3의 인간 논증과 역

제3의 인간 논증은 그 제목과는 달리 인간 자체가 아닌 '큼'의 문제로부터 논의가 시작된다. 그런 의미에서 우리는 역의 〈계사전〉에서 궁극적 유일자를 '태극'이라고 한 것에 유의할 필요가 있다. 다시 말해 그것을 '큰 것'이라고 보았다는 데 특별한 관심을 가져야 한다. 〈계사전〉은 큼의 문제가 얼마나 심각한 논리적, 존재론적 문제를 지니고 있는지 그 자체를 논함이 없이 일자에서 다자의 생성 문제를 거론하고 있다. 그러나 《파르메니데스》편은 그렇지 않다. 제3의 인간 논증에서 '큼'의 문제는 파르메니데스가 이데아설을 옹호하는 젊은 제자 소크라테스에게 이데아의 수가 무한히 많아야 함을 '큼[太]'의 예를 들어 증명한다. 〈계사전〉에서는 '태극'의 하나와 여럿의 문제 즉 부분전체론의 문제를 다루고 있지 않은 바로 이 점에서 고대 그리스 철학과 다른 점이 드러난다. 그 이유는 아마도 같은 유일자의 문제를 다루고 있지만, 역은 다자(음양, 사상 등)를 인정하고 이를 거론하고 있기 때문이라고 본다. 그러나 이러한 다자를 인정하지 않는 파르메니데스에게서 큼의 여럿과 하나의 문제가 거론되지 않을 수 없었다.

여기 여러 개의 '큰 사과 1' '큰 사과 2' '큰 사과 3'이 있다고 하자. 그러면 이러한 여러 개의 큼을 '하나'로 하는 '큼 자체(large itself)'가 있어야 한다. 이것이 플라톤이 생각하던 형상-개체의 관계다. 여기서 물론 형상이란 '큼 자체'다. 큼 자체는 여러 개 큼의 이데아이며 이데아는 개별적인 여러 개의 큼을 분유(分有)한다. 여기서 우리는 '큼 자체'를 '태극'과 일단 연관시켜 생각해도 좋다. 그런데 형상과 개별자 양자 사이의 문제라면 별문제가 생기지 않을 수 있다. 그러나 여기서 만약에 '속성(property)'의 문제를 개입시키면 문제는 간단하지 않다. 다시 말해서 형상과 개별자가 나누어 갖는 속성이란 3자가 서로 엮이면서 문제는 복잡해진다. 태극과 음양이 속성을 나누어 갖는 제3의 문제와 같다. 아리스토텔레스는 '큼 자체'와 '큰 사과'들 사이에 공통의 속성을 나누어 갖는다면, 이들 양자를 묶어주는 제3의 이데아가 필요하다고 보며, '큼 자체'의 이데아를 '큼 자체 1'이라면 이를 개별자 큼과 묶어주는 이데아는 '큼 자체 2'가 될 것이라고 보았다. 이렇게 이데아는 절대적인 독자성을 상실하면서 무한 퇴행을 하게 된다.

〈계사전〉은 태극에 대한 이러한 무한 퇴행의 문제를 알고 있었는지 궁금하게 된다.9) 여기서 태극의 '극(極)'의 의미에 대하여 이를 무한 퇴행과 연관시켜 생각해볼 필요가 있다. '극'을 어떻게 해석하느냐에 따라서 역의 철학적 의미는 달라진다. '끝' 또는 '가운데' 또는 '비결정'이라는 다양한 의미를 갖는다. 이러한 다양한 의미의 차이가 생기는 이유는 큼에 대한 무한 퇴행의 문제와 무관할 수 없다고 본다. 이러한 지론에 대한 설명은 이 책의 주된 관심사가 되기 때문에 다음 장들에서 자세히 거론하겠다. 《주역》에서도 지속적으로 제3의 문제가 제기되기 때문이다. 무한 퇴행에 빠지는 원인은 '크다'는 관계 또는 속성을 가리키는 것인데 이를 명사화 즉 실체화했기 때문이다. 실체화는 범주를 만들어내고, 범주 오류 때문에 무한 퇴행이 생긴다. 유클리드 공리 가운데 제5공리10)가 계속하여 문제로 되는 이유는 이 공리가 다른 공리와 달리 무한의 문제를 다루기 때문이다. 다시 말해서 '이데아'가 개별자와는 달리 '무한개' 또는 '무한대'라는 무한의 문제를 다루기 때문이다. 현대 수학자들도 유클리드가 무시한 무한의 문제를 거론하는 과정에서 역설을 만나게 된다. 이와 마찬가지로 큼 자체는 '모든 개별자(all individuals)'와 그것의 '무한 전체'와 연관되기 때문에 제3의 인간을 만나게 된다는 것이다. 그런 뜻에서 '극(極)'은 기수로는 '모두', 서수로는 '끝'이라는 개념을 함의한다고 할 수 있으며, 여기서 무한 퇴행을 피할 수 없다. 결국 역도 무한 퇴행의 문제와 관계가 있다.

따라서 블라스토스가 재구성한 제3의 인간을 조명해보는 것은 중요하다. 물론 블라스토스가 문제의 본질을 바로 파악했는가를 바로 아는 것은 또 다른 중요한 문제다. 일단 그가 현대에 와서 이 문제를 부

---

9) 역에서 하나와 여럿의 관계 문제는 괘와 효의 문제이며, 이에 대해서는 《십익》 가운데 〈설괘전〉과 〈서괘전〉이 직간접적으로 다루고 있다고 볼 수 있다.

10) 제5공리는 평행하는 두 직선을 무한히 진행하여 서로 만나지 못한다는 공리다.

활시킨 장본인이기 때문에 그로부터 토론을 시작하는 것은 자연스럽다. 물론 블라스토스는 《파르메니데스》가 플라톤의 저작이라는 점에 대해서는 추호도 의심하지 않는다. 《파르메니데스》 대화편 안에서 전개된 토론들은 주제별로 볼 때 크게 세 부분으로 나누어 생각할 수 있다. (1) 127 d 6-136 a 2, (2) 130 a 3-135 c 7, (3) 135 c 8-166 c 5가 바로 그것이다. 양으로 볼 때 대략 3대 5대 31로서 세 번째의 것이 주종을 이룬다. 따라서 세 번째의 것이 본 내용이고 처음 둘은 이를 위한 준비 단계의 토론이라 할 수 있다(김성진, 1993, 70). 블라스토스는 제3의 인간 논증으로 알려진 부분인 132a-133a를 형식논리적으로 재구성한 것이라 할 수 있다. 다시 말해 세 부분들 가운데서도 계란의 노른자위 같은 부분이라 할 수 있다. 여기서 파르메니데스가 말하고 있는 '하나'를 태극이라 생각하고 그 내용을 그대로 적어보자.

　우리말 '한'이 가지고 있는 '큼'이라는 의미는 지금도 가장 확인하기 쉬운 것들 가운데 하나다.11) 그러면 여기에 '큰 물건 1', '큰 물건 2', '큰 물건 3'이 있다고 하자. 여기서는 '큼'들을 오행의 목·화·토·금·수 같은 것으로 생각해도 좋다. 그러면 이 세 개의 큰 물건을 담는 '큼 자체'가 있어야 할 것이다. '큼 자체'가 있어야 거기에서 분유된 큰 물건 세 개가 가능해지기 때문이다. 여기서 '큼 자체'란 다름 아닌 큼의 형상 또는 이데아(Idea)다. 그런데 '큼 자체'와 '세 개의 큰 물건'은 '서로 다른[달, 異]'가 '담[담, 同]'은가? 여기서 전체와 부분 사이의 동이(同異)의 문제가 발생하며, 더불어 양자 사이에 동도 아니고 이도 아닌 '닮음'의 문제가 발생한다. 아리스토텔레스는 동과 이를 묶어주는 제3의 이데아가 있어야 할 것이라고 보았다. 이것이 이른바 '제3의 인간 논증'이다. 이 애매한 상황에서 그는 그만 '큼 자체'와 '세 개의 큼'을 갈라놓고 말았다. 여기서 그의 논리학이 탄생한다. 다시 '한' 개

---

11) 가령, 대전을 '한밭'이라고 한다거나 큰길을 '한길'이라고 하는 것이 그 예다.

넘으로 돌아와 생각해보면, 큰 사물들은 '여럿[多]'이고 큼 자체는 '하나[一]'다. 그리고 '가운데[中]'와 '같음[同]'으로 말미암아 이들 사이에 '닮음[似]'의 문제가 발생한다. 그렇다면 닮음을 묶는 제3의 인간이 있어야 한다. 문제는 큼 자체인 '하나'가 그 자신 속에 다자의 낱개로 포함(包含)되어 버린다는 것이다.

아리스토텔레스는 '큼 자체'와 '큰 물건들' 사이에 '닮음'이라는 공통성이 있다고 하면서, 이 양자를 묶어주는 제3의 이데아가 있어야 한다고 했다. 그러면 그것을 '큼 자체 2'라고 해보자. 그렇게 되면 원래의 이데아 '큼 자체'는 그 독자성과 불변성을 잃게 되며, 이데아는 그 수가 많은 것이 될 수밖에 없다. 그래서 파르메니데스는 청년 소크라테스를 향해 "이리하여 자네에게 각각의 형상은 벌써 하나가 아니라 무수히 많게 될 것일세"라고 했다. 이와 같이 '큼'과 '하나'의 관계와 관련한 대화 가운데 제3의 인간 논증에 해당하는 부분(132a~133a)을 직접 인용하면 다음과 같다.

내가 생각하기로는 자네가 다음과 같은 이유 때문에 각 형상이 단일한 '하나'일 것으로 여기고 있다고 생각되네. 그럴 때 (1) 자네에게 어떤 많은 것들이 큰 것들로 보이게 될 걸세. 그러면 (2) 그 모든 것들을 바라보는 자네에게는 하나이고 같은 그 '하나'인 어떤 이데아가 있다고 여길 것 같은데, (3) 바로 이로 말미암아 자네는 '큰 것'을 단일한 하나로 여길 걸세. 그러나 (4) 마찬가지 방법으로 큰 것 자체와 다른 큰 것들 모두를 자네가 마음속에 그려본다면, (5) 이들 모두를 큰 것으로 보이게 하는 별개의[제3의] 어떤 큰 것이 나타날 걸세. (6) 그러므로 다시 이 모든 것들을 큰 것들이게끔 하는 다른 것이 또 나타날 걸세. 따라서 각 형상은 결코 단일하지 않고 수에서 무한하게 될 걸세.12)

---

12) 플라톤/최민홍 옮김, 《소크라테스의 변명 외》, 민성사, 1994, 132a~133a.

이를 블라스토스는 다음과 같이 논리적으로 재구성을 한다.

> [A1] 요소들이 각각 F인 집합 S1이 있다면, 그 요소를 F가 되게 하는 단일
>     한 이데아 'F임'(F-ness)이 있어야 한다.13)
> [A2] 'F임'은 F다.14)
> [A3] 'F임'이 F이면, F임과 F임은 같지 않다.
> [A4] (집합 S1의)F들은 F임과 더불어 다시 집합 S2를 이루는 데, 이제 각
>     각을 F가 되게 하는 단일한 이데아 'F임1'이 있어야 한다.
> [A1], [A2], [A3], [A4]의 과정을 되풀이 하면 이데아는 단일한 것이 아니라
>     무제한의 수효가 된다(양문흠, 1991, 112).

여기서 보는 바와 같이 제3의 인간을 가능하게 하는 핵은 자기언급 또는 자기서술이다. 여기서는 이러한 자기언급을 순수하게 논리적 차원에서만 거론해보려고 한다. 제3의 인간 논증과 러셀 역설이 그 성격에서 같음은 블라스토스가 증명했다. 러셀 역설과 거짓말쟁이 역설은 반드시 자기언급을 지니고 있어야 한다는 점에서 양자는 서로 같다고 할 수 있다.15) '자기언급'은 역설이 성립하기 위한 조건이다. 모순과 역설의 차이점을 들자면, 후자는 반드시 자기언급을 수반해야 한다는 것이다. 블라스토스가 제3의 인간 논증에서 찾아낸 자기언급(여기서는 '자기서술')은 다음과 같다. 자기언급이란 의미론적으로 볼 때는 대상 언어와 메타언어가 되먹임을 하는 것이고, 논리적으로 볼 때는 요

---

13) [A1] 만약 a, b, c라는 얼마간의 물건들이 모두 F라면, 하나의 F-ness라는 단일한 형상, 즉 그 형상을 통해 a, b, c를 모두 F로 인지하는 F-ness라는 단일한 형상이 존재한다(Vlastos, 1954, 319~349).

14) [A2] 만약 a, b, c와 F-ness가 모두 F라면 F1-ness라는 또 하나의 다른 형상, 곧 그것으로 말미암아 a, b, c와 F-ness를 모두 F라고 인지하는 F1-ness라는 또 하나의 다른 형상이 있어야 한다.

15) 최근 자기언급 없이도 역설이 가능하다는 주장이 나오기는 했지만, 결국 역설 그 자체는 자기언급이라고 해도 좋다(야마오카, 2004, 231~244).

원과 부류가 서로 되먹임을 하는 것이다. 제3의 인간 역설이 그 성격
상 거짓말쟁이 역설이나 러셀 역설과 같은 이유는 바로 앞에서 본 것
처럼 큼 자체와 큰 물건들이 서로 그 속성을 놓고 되먹임을 하기 때
문이다. '되먹임'이란 다른 말로 하면 부분과 전체가 서로 담고 담기는
것을 뜻한다. 부분이 전체 속에 담기는 경우에는 아무런 문제가 없다.
그러나 만일 부분이 전체를 담는다고 하면 되먹임 현상과 더불어 역
설이 발생한다. 자기 속에 자기가 되먹힌다고 해서 자기언급이라고
하는 것이다.

　역설은 부분이 모두 **다** 전체 속에 **담기고 담**을 때 부분과 전체 사
이에 **닮**음의 문제가 생기는 것이라고 했다. 우리말로 정리해본 역설
의 구조다. 이런 역설을 블라스토스는 현대 논리학의 기호를 사용해
제3의 인간 논증을 다음과 같이 알기 쉽게 현대화함으로써 일약 유명
해졌다. 여기서 [A1]과 [A2]는 모두 '만약 ～이면 ～이다(If～ then～)'
라는 조건문으로 되어 있다. 제3의 인간 논증을 이런 조건문 형식으로
바꾸면 다음과 같다.

[A1]
전건 : 만약에 a, b, c라는 얼마간의 물건들을 모두 F라고 한다면,
후건 : 하나의 단일한 F-ness라는 형상, 즉 그 형상을 통해 a, b, c를 모두
　　　F라고 할 수 있는 단일한 형상이 존재해야 한다.

[A2]
전건 : 만약에 a, b, c와 F-ness가 모두 F라면,
후건 : a, b, c와 F-ness를 모두 F라고 하는 F1-ness라는 또 하나의 단일한
　　　형상이 있어야 한다.

　그러면 [A1]과 [A2]의 전건을 비교해보자. [A1]의 전건에는 {a, b,

c)라는 집합의 요원들밖에 없다. 그러나 [A2]의 전건은 {a, b, c, F-ness}와 같다. 즉, 다음과 같게 된다.

[A1]의 전건
F-ness={a, b, c}

[A2]의 전건
F1-ness={a, b, c, F-ness}

그렇다면 F-ness의 시리즈는 다음에 보는 것처럼 무한히 이어질 수 있다.

[A3]의 전건
F2-ness={a, b, c, F-ness, F1-ness}

[A4]의 전건
F3-ness={a, b, c, F-ness, F1-ness, F2-ness}

......

즉, 제4, 제5의 인간이 무한히 탄생하게 된다. 이는 서양 철학사에서 가장 중요한 발견이라고 할 수 있다. 화이트헤드의 "서양 철학은 플라톤 철학의 주석에 불과하다"는 말은 바로 '무한퇴행의 역설'을 뜻하는 것이라고 해도 지나친 말이 아니다. 이른바 '제3의 인간 역설'로 알려진 이 논증을 두고 자기언급에 대한 거부감에서 아리스토텔레스가 자신의 논리학을 쓰게 되었다고 저자는 주장한다. 아리스토텔레스는 자기언급적 표현인 소크라테스의 "너 자신을 알라"는 말을 플라톤만큼

달갑게 여기지는 않았는데, 이 역시 자기언급으로 말미암은 역설을 담고 있기 때문이다(Grisworld, 1986, 25). 다시 말해서, 제3의 인간 논증에 대한 대응 논리가 바로 《오르가논》과 《형이상학》인 셈이다. 그런 의미에서 《파르메니데스》의 저자가 플라톤이 아니라 아리스토텔레스라는 주장까지 나오게 된 것이다(안재오, 2002, 213). 그러나 내 생각으로는 이것이 자기가 자기 이론을 부정하는 플라톤의 자해범적 성격이라고 본다. 그런 뜻에서 안재오의 주장까지 수용하기는 무리라고 보는 것이다. 그러나 제3의 인간 논증에 관한 논란은 아직 남아 있으며, 이 논란으로 현대판 플라톤이 다시 살아나는 계기가 되었다.

《파르메니데스》 전체에서 제3의 인간 논증에 해당하는 부분은 가운데 제2부에 해당한다. 이 논증을 통해 파르메니데스가 마치 이데아를 부정하는 것처럼 생각하여 저작권 자체를 부정하는 것은 잘못이라는 지적을 김성진(김성진, 1993)은 하고 있다. 그는 책 전체를 3부로 나누었을 때 제3부에서 이른바 훈련(gymnasis)을 통해 이데아가 복원되고 있다고 주장한다. 이데아와 개별은 상호 교류를 통해 새로운 국면을 맞는다는 것이다. 그래서 제2부에 나타난 결과만 보고 작품 자체가 아리스토텔레스의 것이라고 속단하는 것은 무리라는 지적이다. 블라스토스의 더 큰 문제점은 다음에 말할 자기서술과 자기비동일성이 서로 관계가 없다는 것임을 여기서 주장하려고 한다. 자기서술 다음에 자기비동일성이 따르는 것은 자연스럽다는 것이다. 이것이 역설을 이해하는 방법에서 동양과 서양의 큰 차이라 할 수 있다. 자기비동일성은 반대일치의 논리이며, 이는 자기서술에서 저절로 따르는 결과다. 그래서 이 책의 III부에서는 이데아와 개별자의 소통을 통해 반대일치가 유기체적 세계관을 만들고 있음을 보여주려고 한다. 또, 자기서술과 자기비동일성은 서로 비결정적 관계임을 결국 괴델이 증명했음을 살펴보고자 한다.

## 3.4. 자기서술과 자기비동일성

'포함'이란 한글을 한문으로 전환하면 '包涵'과 '包含'의 두 개가 나온다. 어떻게 서로 다른가? 이를 구별하는 것이 문제의 관건이라고 할 수 있다. 후자의 경우가 바로 자기서술의 경우다. 자기 자신을 제 자신의 요원이 되는 것으로, 자기의 부분집합 속에 들어가 담길 경우를 두고 자기서술이라고 하며, 이런 포함의 관계를 '包含'으로 표기해야 한다는 것이다. 자기 자신이 아닌 부분을 요원으로 담을 경우는 '包涵'으로 표기해야 한다. 후자의 경우가 전형적인 A형 논리에 속한다. 그와는 달리 포함(包含)은 E형 논리에 속한다. 고대 그리스 철학에서 이미 E형의 경우를 알고 있었으며, 이를 적극적으로 배척해야 할 필요성을 절감했다. 그러한 이유로 아리스토텔레스의 논리학과 형이상학이 저술되었다는 것이다. 두 개의 논리는 제3의 인간 논증에서 폭로되었다. A형의 E형에 대한 박해가 바로 서양 철학사라고 해도 지나친 말이 아니다. 그러나 19세기 말부터 이 E형 논리는 다시 고개를 들고 나오기 시작했으며, 블라스토스는 이러한 맥락에서 제3의 인간 논증을 러셀 역설과 연관시키게 된 것이다. 그러나 러셀마저 결국 A형 논리 관점에서 자기 역설에 대한 해법을 제시했고, 블라스토스 역시 같은 결론에 이르렀다. 이 점이 문제다. 그런 의미에서 우리는 여기서 블라스토스의 주장을 더 고찰할 필요가 있다.

요원과 부류 그리고 부분과 전체가 서로 다 담기고 담을 때 '닮음'의 문제가 발생하며, 이것이 바로 역설의 진원지라고 했다. 블라스토스는 이에 대해 기호논리적인 방법으로 설명을 더했을 뿐이다. 이제 다시 [A1]과 [A2]의 후건으로 돌아와 서로 비교해 보자. F2의 후건은 F1의 그것과는 달리 F1-ness(즉, '하나'의 형상)를 그 속에 요소로 다 담고 있다. 포함(包含)의 관계다. 이는 멱집합의 원리이며, 이 원리대로 형상(부류)을 개별자(요원) 가운데 하나로 본다면 또 하나의 다른 형상이 나타나야 할 필요가 없다. 다시 말해서, F-ness라는 부류격 유형을 a, b, c라는 요원격 유형에 포함(包含)되는 것으로 본다면, 요원격에 담긴 부류격은 심각한 문제에 직면한다. 즉, 자기 자신을 부류격으로 볼 것인가 아니면 요원격으로 볼 것인가 하는 자기 자신의 정체성에 관한 문제가 발생한다. 자기 자신이 요원격이면서 부류격인 자기 자신과 비교하는 경우와, 같은 요원격끼리 비교하는 두 가지 경우가 생길 것이다. 들뢰즈는 전자의 경우를 **유사**(類似)라고 했고 후자의 경우를 **상사**(相似)라고 했다. 이는 들뢰즈 사상의 핵심이 되는 부분이며, 철학사는 이 둘의 비교 역사라고 해도 지나친 말이 아니다.

그래서 부류격과 요원격은 서로 닮아 **같기**(담)도 하고 **다르기**(달)도 하다. 이런 차별을 블라스토스는 **비동일성의 가정**(the Nonidentity Assumption, NI)이라고 한다. 그는 이러한 가정을 [A4]를 통해 만들어놓았다. 비동일성의 가설은 닮에 대한 다름(달)의 한 면을 뜻한다. 자기서술은 '닮'에서 '담'의 한 면을 말한다. 그러나 '닮'은 자기비동일성과 자기서술을 한 단어 속에서 표현하고 있다. 자기비동일성이란 자기가 부류격도 되고 요원격도 되는 멱집합의 원리를 두고 하는 말이다. 그런데 블라스토스는 이런 멱집합의 원리를 용납하지 못하고 있다. 이는 러셀도 마찬가지고, 이러한 이유로 이들은 영원한 서양 전통 철학의 굴레에서 벗어나지 못하고 있다. 우리말 '닮'은 '다름'과 '담(담)'이 서로 분리되지 않는 모양으로, 자기서술과 자기부정을 동시에 설명하기에 적합하다. 이러한 '닮음'의 문제는 근본적으로 '담음(containing)'의 문제에서 나온다. 자기서술을 하면 자기가 자기 자신의 한 요원이 되기 때문에 F와 F-ness 사이는 담(담)는 동시에 다르게 된다. 여기서 화엄 불교의 육상(六相)16) 가운데 하나인 'likeness[同]'와 'unlikeness[異]'의 문제가 제기된다. F-ness를 개별자 a, b, c,

---

16) 총상과 별상, 동상과 이상, 성상과 멸상

d, ……로 볼 때, F-ness는 이들 개별자들과 다르다고 해야 한다. 이를 두고 블라스토스는 비동일성의 가설이라고 했다. 비동일성의 가설은 자기가 자기에 대해 '다르다(달)'고 하는 가설이다. 블라스토스는 다시 이 비동일성의 가설을 다음 [A4]와 같이 정형화한다. 그러나 블라스토스는 '자기서술'과 '비동일성의 가설'은 필연적 관계 속에 있지 않다고 보았다.

[A4] 어떤 것이 특정한 성질을 가진다면, 그것은 그 형상, 즉 이를 통해 우리가 성질을 파악하는 그 형상과 일치할 수 없다. 가령, x가 F라면 x는 F-ness와 일치할 수 없다.

블라스토스는 [A1]과 [A2]를 타당하게 만들기 위해서는 [A3]와 [A4]가 필요하다고 보았다. 그의 주장에 따르면 이들은 다름 아닌 [A1]과 [A2]에 숨겨진 가정들이다. 이와 관련해 과연 플라톤이 이들 숨겨진 사실들을 알았을까 하는 것이 문제다. 블라스토스 자신은 자기서술(SP)과 자기부정(NI)이 서로 조화되지 않는다고 보았다. 이것이 그의 문제이다. 그러나 자기비동일성과 자기서술은 동전의 양면과도 같다. 그런데 블라스토스는 엄격한 A형 논리의 모순율을 적용하여 자기서술과 자기비동일성이 양립할 수 없는 것으로 결론 내리고 만다. 이러한 그의 주장을 더 들어보자.

자기서술은 "F-ness는 F다"이지만, 자기비동일성은 "만약에 x가 F라면 x는 F-ness와 일치할 수 없다"이다. 여기서 x의 자리에 F-ness를 대입하면(F=F-ness이기 때문에) "만약 F-ness가 F라면 F-ness는 F-ness와 일치할 수 없다"가 된다. 따라서 SP와 NI는 서로 양립할 수 없다. 모순율을 어기기 때문이다. 이런 역설을 피하기 위해 블라스토스는 다음과 같은 또 하나의 가정을 만든다. 이제부터 블라스토스가 이 모순율을 피하기 위해 어떤 가설을 또 만드는가를 보자. 이는 마치 러셀이 역설을 피하기 위해 유형론을 만드는 것과 같다.

　[A4a] 어떤 개별자가 어떤 성질을 가진다면 그것은 그 형상 즉, 그것을 통해 우리가 그 성질을 인식하는 그 형상과 일치할 수 없다. 만약 x가 F라면 오직 그 값이 개별자 a, b, c일 때만 x는 F-ness와 일치하지 않는다.

"x의 값은 a, b, c 등 개별자에 국한된다"는 이 새로운 논증은 집합의 부류와 요원이 서로 담으면서 담길 수 없다는, 즉 되먹임할 수 없다는 논증이다. 이를 두고 위계적 일관성 이론(hierarchical consistency theory)이라고 한다. 이 일관성 이론이 바로 다름 아닌 러셀의 유형론(typology theory)인 것이다. 블라스토스는 이런 유형론에서 한걸음도 더 나아가지 못하고 있다. 러셀의 유형론은 타르스키에 이어 역설 해법의 주종을 이룬다. 1970년대 키하라나 굽타 같은 동양계 학자들이 순환론을 내놓기에 말이다. 이런 유형론을 확립한 주인공이 바로 아리스토텔레스다. 그의 모순율이 이를 뒷받침하기 때문이다.

　그러나 멱집합의 원리는 "자기 자신이 자기 자신의 한 요원이 된다"이다. 여기에 블라스토스가 TMA를 보고 있는 수학적 한계가 드러나며, 나아가 플라톤 이후 서양 철학 전반의 문제점이 극명하게 나타난다. 블라스토스는 이렇게 [A4a]와 같은 가설을 만들어 SP와 NI는 서로 조화가 되지 않는 것이라고 결론을 내리고 자기주장의 막을 내린다. 그러나 멱집합의 원리에 따르면, [A4a]는 매우 부적절하다. 왜냐하면 F-ness는 x와 같을 수 있는 동일성의 가정(the Identity Assumption)을 가능하게 만들기 때문이다. 현대 과학은 어느 부분이든지 전체와 일치할 수 있다는 홀로그래피 이론 같은 것을 통해 동일성의 가정을 뒷받침하고 있다. 화엄불교의 서까래가 곧 집이라는 논증이 새삼스럽게 화두로 떠오른다.

　그렇다면 블라스토스의 주장과는 달리 자기서술과 비동일성의 가정은 서로 양립할 수 있다는 결론에 이르게 된다. 동양 철학의 주류 전통은 자기서술을 기본 전제로 하고 있으며, 자기서술은 자기비동일성[이를 반대일치(coincidence of opposite)라고 한다]을 자연스럽게 이끌어낸다. 그리고 반대일치는 유기체적 세계관(organic world view)으로 간다. 주역의 기본 전제도 이와 같다. 다음에 말할 괴델 증명은 바로 유형론의 파괴를 통해서 순환과 비일관성 논리로 증명이 가능해진다. 역의 음양오행이 이를 가장 잘 드러낸다. 오행에서 토와 다른 4행들이 갖는 관계, 한의학의 12경맥에서 삼초-심포와 다른 장기들이 갖는 관계, 오행 속의 오행, 그리고 5운 6기 등 이와 관련되지 않은 것은 거의 없다. 서양 철학의 전통에서는 자기서술과 자기부정은 필연적 관계가 아니며 서로 일치할 수 없다고 보았지만, 역의 철학은 양자가 서로 필연적 관계가 있다고 본다. 동양 의학은 바로 이런 필연적 관계 속에서17) 사람의 몸을 관찰하고 있다. 여기서 역과 러셀 역설에 대한 해법도 서양의 그것과는 달라진다. 철학의 근본 문제는 자기서술과 자기비동일성 사이의 닮음과 달음(다름)의 문제, 즉 닮음의 문제다. 양자가 필연적이지 않다고 본 데서 결국 서양 철학은 그 사이의 가운데[中]를 놓치고 말았다. 인도의 용수에 의한 중관불교가 겨우 그 가운데를 잡았다. 그러나 신라의 원효는 그 가운데마저 파괴해서 비결정성으로 간다. 이를 증명한 글이 그의 《판비량론(判比量論)》이다. 역에서도 중국에서부터 한국의 정역으로 전개되는 과정에서 이러한 전개 과정과 일치하는 현상이 나타난다.

블라스토스의 TMA에 관한 분석 자체는 탁월했다. 그러나 그가 내린 결론은 실망스럽다. 즉, 자기서술과 비동일성의 가정은 상호 모순적이기 때문에, 플라톤은 애당초 TMA 자체를 들지 말았어야 했다(Vlastos, 1954, 329)는 그의 주장은 잘못이다. 즉, 블라스토스는 제대

---

17) 이에 대해서는 필자의 《한의학과 러셀 역설 해의》참고 바람.

로 분석하였지만 다음과 같이 잘못된 결론을 내리고 만다. 즉, "만일 플라톤이 제3의 인간 논증의 후반부를 정당화하는 데 필요한(그리고 충분한) 모든 전제들을 확인했더라면, 그는 제3의 인간 논증을 도무지 만들지 않았을 것이다"(Vlastos, 1956, 329)와 같다. 다시 말해 블라스토스의 분석적 작업은 현대의 러셀 역설과 관련하여 한 단계 발전된 것임에 분명하다. 그러나 그의 결론에서 아쉬움이 남는 것은 그가 러셀 유형론의 한계를 넘지 못했다는 점이다. 바로 이러한 한계가 그의 주장 속에 잘 나타난다. 즉, "x의 값은 a, b, c와 같은 개별자에 국한한다"는 그의 말은 개별자[多]와 형상[一] 사이의 유형을 혼동해서는 안 된다는 유형론을 강하게 암시한다.[18] 그러나 **x의 값은 결코 개별자에 국한되지 않고 F-ness에도 그대로 적용된다**는 것이 역의 주장이다. 블라스토스는 이 점을 수용하지 않으면서, 만일 플라톤이 이를 수용하지 않았더라면 TMA는 성립하지 않았을 것이라고 한다.[19] 이를 수용하지 않으려는 것이 서양 주류 철학의 공통된 특징이라고 하겠다.

형상과 개별자는 그 유형에서 담(답)음과 다름이 동시에 가능한데, 전자는 자기서술(SP)로, 그리고 후자는 비동일성의 가정(NI)으로 나타난다. 우리말 '한' 속에 포함된 '가운데[中]'의 사전적 의미는 '닮음'이다. 이는 형상(혹은 이데아)과 개별자의 관계가 담도 달도 아닌 그것의 가운데, 곧 '닮'이라고 보는 것이다. 그러나 서양 철학은 이를 달(다름)로만 보는 오류를 범했고, 그 결과 온갖 이원론을 만들어내고 말았다.

불교의 경우, 유와 무의 긴 논쟁 끝에 용수의 중관종(中觀宗)을 통해 '담'과 '달'의 '가운데'를 잡을 수 있었다. 이러한 '가운데 잡음'이 완전히 플라톤 철학에서 배제된 것은 아니다. 바로 《파르메니데스》 제3

---

18) 이는 러셀의 유형론적 해법과 일치한다.

19) 그러나 SP와 NI는 결과로 나타난 것이 아니라, 플라톤 철학이 탄생하는 전제다. 즉, 이 역설을 해결하려고 철학이 탄생했지만, 해결하려다가 오히려 다시 만난 것이다.

부(135 c 8-166 c 5)에서 전개되는 내용을 블라스토스가 지나쳤을 것이라는 점이다. 제1부는 문제 제기에 해당하고, 제2부는 제3의 인간 논증을 통해 마치 이데아론 자체를 포기한 것처럼 보인다. 그러나 제3부에서는 '여럿이 있다면'과 함께 동시에 '여럿이 없다면'이란 추론도 동시에 변증법적으로 끄집어낸다. 그래서 제논과는 달리 두 논증이 모두 가능하기도 하고 불가능하기도 하다는 결론으로 이끌어 간다. 플라톤은 형상과 형상의 관계뿐만 아니라 형상과 개별자의 관계를 모두 검토해 봄으로써 결국 모든 가능한 관계를 다 고찰하고 있다. 여럿과 여럿의 상사관계 그리고 여럿과 하나의 유사관계도 고찰하고 있다. 그는 양자택일(either/or)의 논리가 아니고 이중부정(neither/nor)의 논리를 통해 모순율을 넘어선 논리를 사용한다. 갑도 인정하고 갑이 아닌 것도 인정하는 논리다. 이를 훈련(exercise, gymnasia)이라고 한다. 훈련의 방법이란 이중부정의 논리를 사유 속에서 연습하는 것을 뜻한다. 이 훈련이 얼마나 중요한가에 대하여 파르메니데스는 젊은 소크라테스에게 "너무 성급하게 미나 정의, 선 그 밖의 것을 규정하려 들지 말고 …… 많은 사람들이 부질없다고 말하는 것으로 자기 자신을 더 훈련하게. 그렇지 않으면 진리가 자네로부터 도망쳐 버릴 걸세"(135 d)라고 강조한다. 그만큼 이중부정의 사고 훈련이 필요하다고 한 것이다. 현대 철학의 흐름은 이런 훈련을 부질없는 것이라 치부하는 데 문제가 있으며, 그 결과 철학에서 형이상학의 부재를 초래하고 있다.

# 4. 주돈이[1]의 태극도설과 '제3의 인간 논증'

## 4.1. 차축시대의 일자와 태극

그리스의 엘레아 학파에서 일자의 문제를 거론할 무렵은 이른바 인류 문명사의 차축시대(기원전 2~8세기)에 해당한다. 이 시기가 동북아에서는 춘추 전국 시대에 해당한다. 바로 이 같은 시기에 공자는 〈계사전〉을 통해 태극을 말하고 있다. 그래서 나는 그리스의 일자와 동북아의 태극이 철학사에서 최초로 철학의 방향을 설정했으며, 그 이전까지 삼라만상을 잡다한 여럿으로 생각하다가 최초로 그것을 통섭하는 하나의 개념이 생겨났다고 본다. 물론 그리스에서 파르메니데스 이전에 일자의 개념이 없었던 것은 아니다. 그러나 탈레스가 물을 일자라고 한 것은 자연 현상의 어느 하나를 바탕으로 보는 데서 생긴 개념에 지나지 않는다. 그러나 엘레아 학파의 일자 개념은 그러한 자연의 사물을 총괄하는 것으로 초월적이고도 추상적인 그리고 보편적인 일자라는 점에서 근본적으로 다르다. 동북아에서도 '태극'이라는 개념을 통해서 엘레아 학파의 일자 개념에 해당하는 통섭적 개념을

---

1) 주돈이(周敦頤, 1017~1073), 호는 염계(濂溪). 중국 송나라의 유학자.

가질 수 있게 된다. 실로 그런 면에서 일자와 태극은 서양과 동양에서 나타난 차축시대 밤하늘에 나타난 한 별과 같다고 할 수 있다.

그런데 엘레아 학파의 일자에 대하여 다자의 실재성을 부단히 주장하는 헤라클레이토스가 있었다. 그러나 양자는 모두 어디까지나 같은 '유(有)'에 해당하는 개념을 가지고 있었다. 그러나 동북아에도 태극에 대하여 노장과 불교에서는 무극을 궁극자로 보려는 주장이 끊임없이 있었다. 이에 대해 서양은 어디까지나 일자와 다자 사이의 긴장관계였지 일자와 무와의 그것은 아니었다. 집합에서 공집합을 수용할 태세가 아니었다. 동양에서는 태극과 다자들과의 관계는 물론 태극 위의 상위 개념으로 무극을 두는 문제로 긴장관계가 유지될 수밖에 없었다. 그러나 차축시대 이후 그것을 하나로 묶으려는 노력은 시도된 바가 없었다. 서양 철학사에서 파르메니데스가 일자의 일방 전제 독재를 선언한 뒤로 다자의 철학은 이단시될 수밖에 없었으며, 일자 위의 상위 개념으로 절대무를 상정한다는 것은 불가능에 가까울 정도의 어려운 일이었다. 그러나 동양에서는 유가 철학과 도가 그리고 불교가 왕조를 번갈아 가며 지배할 정도로 서로 배타적 공조를 하고 서로 영향을 주고받은 것이 사실이다. 한대의 유가, 위진시대의 도가, 수당시대의 불교와 같이 말이다.

그리고 무와 유의 긴장관계를 서로 완화하고 보완적 필요성을 절감하게 된 것은 송명대에 와서다. 이른바 신유학은 4세기 한대 이후 거의 천 년 만에 잠에서 깨어나 과감하게 도불의 무 개념을 수용할 자세를 갖는다. 이러한 시대적 요청에 따라 등장한 것이 주돈이의 《태극도설》이다. 실로 태극도설은 유가 철학에 새로운 의의와 활력을 불어넣어 신유학 형성에 일대 전기를 마련한다(김충렬, 1982, 108). '무극이 태극'으로 시작되는 태극도설은 실로 동북아 사상의 큰 두 물줄기가 합류하는 것과 같은 대(大)드라마다. 이러한 합류가 동양에서는 이루어졌으나 서양 철학사에서는 지속적으로 일자 중심의 철학에서 해방되지 못했다. 최근 화이트헤드에 와서 존재의 범주에서 구별하여 궁극적 범주(category of ultimate)를 말하게 된 동기는 다른 데 있는 것이 아니고, 마치 신유학이 두 흐름을 합류시킨 것과 같다고 볼 수 있다. 궁극적 범주에는 '하나', '여럿' 그리고 '창조성'이 포함된다. 여기서 창조성은 동양의 절대무에 해당하는 것으로, 일자와 다자 그리고 거기에 절대무의 개념을 도입하여 존재론의 궁극적 범주로 삼은 것이다. 실로 화이트헤드의 이런 시도는 주돈이(호: 濂溪)가 태극도설에서 해놓은 업적과 그렇게 먼 것이 아니다.

우리 시대의 형이상학은 일자와 다자 그리고 절대무를 궁극적 범주로 삼지 않을 수 없는 곳까지 와 있다. 그런데 '무극이태극'을 주자가 적극적으로 수용하자 양명학파에서는 이를 저지하며 수용하지 않는다. 이에 아호에서 주자와 육상산 형제 사이에 논쟁이 벌어지는데 이것을 일명 '아호논쟁(鵝湖論爭)' 또는 '주륙논쟁(朱陸論爭)'이라고 한다. 이 논쟁은 다름 아닌 '태극논쟁'이며, 한국에서는 수양론과 연관하여 조한보와 이언적 사이에 긴 태극논쟁이 벌어지게 된다. 태극에 무극을 첨가할 수밖에 없다고 주자가 육상산 형제들에게 강변하면서 펴는 논리에 우리는 주목을 해야 한다. 만약에 태극을 말하고 무극을 말하지 않았을 경우 어떤 문제가 발생하는지를 말하는 과정에서, 파르메니데스가 일자와 다자의 관계를 거론하는 과정에서 제기되는 자기서술과 자기비동일성의 역설이 발생한다. 주자가 육상산 형제들과 문답하는 과정에서 제기되는 문제가 바로 태극의 자기서술과 자기비동일성의 문제다. 이 역설을 수용할 수 없어서 파르메니데스는 결국 다자를 배척하고 일자 선호주의에 빠지게 되는데, 과연 주자는 이 문제를 어떻게 처리하는가? 결국 자기서술과 자기비동일성을 동시에 수용하면서 난제를 극복하는 지혜를 주자가 보여주는 것이 아닌가 싶다.

양자 간의 대논쟁은 합의점을 찾지 못했으며, 오늘날까지도 미해결의 논쟁거리로 있다. 이는 마치 제3의 인간 논쟁이 마지막 이별의 말을 할 수 없는 것 즉, "How to say goodbye the Third Man Argument?"에 적절히 대구할 수 없는 이유와도 같다. 이 문제는 괴델이 불완전성 정리로 증명하기까지 철학이 해결할 수 없는 아포리아였음이 분명하다. 명말의 황종의는 이 논쟁은 두 학파의 학문하는 방법론의 차이 즉, 주자의 도학문과 양명의 존덕성 사이의 차이라고 치부했지만, 결코 이 논쟁은 학문하는 견해 차이뿐만 아니라 두 학파의 근본적인 우주관의 차이에서 비롯하며 논리의 차이에서 연원한다.


## 4.2. '태극'과 '큼'의 문제

'태극'이라는 말을 공자가 〈계사전〉에 처음으로 쓴 이래 그것이 심각한 논쟁거리가 된 적은 없었다. 그러나 주렴계가 태극에 무극을 첨가하여 '무극이태극'이라 한 뒤로 태극론은 논쟁에 휘말리게 되었다. 그 이유는 고대 그리스 철학에서 파르메니데스가 제기한 제3의 인간 논증과 문제의 성격이 같았기 때문이다. 다시 말해서 태극론이 자기서술의 문제와 자기비동일성의 문제에 직면하게 된다. 이 두 문제는 곧 역설의 문제를 수반한다. 태극논쟁이 역설에 휘말리면서 신유학의 철학은 본 궤도에 올라서게 된 것이다. 역설은 전체와 무한의 문제를 거론하는 순간 발생한다고 했다. '태극'이란 '더 이상 크다고 할 수 없음'으로 정의할 수 있을 것인데, 〈계사전〉 11장에서 처음으로 '태극'이란 말이 등장한 이래 도가와 유가를 막론하고 형이상학의 기본개념이 되고 말았다. 소강절은 태극을 상수와 연관하여 "태극은 하나인데 그 자체는 움직이지 않으면서 둘을 생한다. 둘이 있음으로 신묘하다…신묘함이 수를 생하고 수는 상을 낳고 상은 기를 생한다"라고 했다. 다시 말해서 태극이 상·수·사를 포함한 것의 근원이라고 보았다. 원대의 오초려는 "천지만물을 통괄하는 것을 태극이라 한다"고 했다.

도·이·성·천·신·명·성·덕·인이란 모두 태극의 다른 이름에 지나지 않는다고 보았다. 오초려는 '태'란 매우 크다는 뜻이며 '극'이란 집의 용마루와 같은 뜻이라고 했다. 사마광은 '극'을 중이라고 보았으며 사물이 아직 분화되기 이전의 혼동 상태에 있는 것을 태극이라 했다. 니이담은 "유기적 조직의 중심"이라 했다(다가나, 1993, 31). 그리고 사마광은 태극을 '하나'로 보았다. 태극을 '모든'의 개념으로 그리고 '하나'의 개념으로 정착시킨 인물은 바로 주자다. 주자는 "태극에는 음양오행의 이가 다 들어있다"고 했다. 그렇다면 이런 의미의 태극이 제3의 인간 역설을 피할 수 있을까? 파르메니데스가 거론한 '큼'의 역설 논증에서 태극논쟁도 자유로울 수 없다. 블라스토스가 20세기 분석철학의 도구로 선명하게 밝혀 놓은 자기서술과 자기비동일성의 문제가 태극논쟁에서 그대로 재연되고 있는 것을 볼 수 있다. 동북아에서 철학이 제 궤도에 접어들었다.

그리스 철학에서 '큼'의 논증과 다른 점은 하나에서 여럿이 발생하는 과정을 유가나 도가사상은 위계론적으로 설명하고 있다는 점이다. 역 사상사에서 큼의 문제 즉 태극의 문제에 직면하게 되는 가장 큰 이유는 위계론적 사고방식 때문이다. 위계론적 사고의 발단은 주역 〈계사전〉에서 유래한다고 할 수 있다. 즉, "역에 태극이 있는데, 태극이 양의를 낳고, 양의는 사상을 낳고, 사상은 팔괘를 낳는다[易有太極 是生兩儀 兩儀生四象 四象生八卦]"는 표현은 중국사상사에 고질적인 위계론적 또는 발생론적 병폐를 조장하게 된다. 이러한 '낳는다'[生]는 역의 표현을 **역의 모델(Iching Model)**이라고 한다. 역의 모델에 따라 주역의 내용을 숫자로 요약하면 다음과 같다.

| 태극 | → | 양의 | → | 사상 | → | 팔괘 |
|------|---|------|---|------|---|------|
| 1 | → | 2 | → | 4 | → | 8 |

화살표는 시간적 선후를 표현하는 것이 아니고, 논리적인 선후관계를 표현하는 것이다. 그러나 이러한 논리적인 발생론은 중국 사상사에 깊게 새겨져 내려왔다. 이 역의 모델은 중국사상사 전반에 영향을 미치지만, 송대의 주렴계는 《태극도설(太極圖說)》에서 역의 모델을 그대로 사용하여 위계론적 발생구조를 다음과 같이 그리고 있다. 숫자에 따라서 먼저 그 발생 순서를 표현하면 다음과 같다.

<br>

| 무극이태극 | → | 음양 | → | 오행 | → | 만물 |
| 0/1 | → | 2 | → | 5 | → | |

역의 모델과 다른 점은 출발점을 '무극이태극'(0/1)으로 삼고 있으며, 음양 다음에 사상이 오지 않고, 오행이 온다는 점이다. 사상이 아닌 오행이 도입된 이유는 다음에 자세히 논한다. 그런데 양자 모두 발생론적 순서를 따르고 있다는 점에서는 같다.

신유학의 사상가들이 역의 모델에 얼마나 충실하고 있는지는 소강절의 다음 글 속에서도 그대로 볼 수 있다. 주렴계와 같은 시기에 살았던 소강절 역시 발생론적 역의 모델을 사용하여 자기사상을 표현하고 있다. 소강절은 태극이 음양을, 음양동정이 음·양·강·유를 다시 음·양·강·유는 태음소음·태양소양·태강소강·태유소유를 낳는다고 보았다.

장횡거(1020-1077)도 주렴계·소강절과 같이 역의 모델을 사용하여 태극을 기(氣)라고 하면서 그 이상 아무것도 없다고 했다. 태극이란 기이며, 이러한 기가 올라가고 내려가는 정도와 모이고 흩어지는 정도에 따라서 만물이 생성된다고 보았다. 일단 장횡거 역시 오르내리는 위계가 있다는 점에서는 같은 관점에 서 있다고 볼 수 있다. 이와 같이 신유학 사상가들 속에 등장하는 '가장 큼'의 문제가 거론되는 이상 존재론적으로 가장 중요시 되는 부분전체론의 문제가 제기되지 않을 수 없다. 즉, '가장 큰 전체'와 그것의 부분의 문제 다시 말해서 하나와 여럿의 문제가 제기되지 않을 수 없다. 아포리아가 나타나는 것이다.

역의 〈계사전〉이나 위에 소개한 11세기 무렵 여러 신유학 사상가들이 1 즉 태극을 궁극적이라고 보았다는 점에서는 모두 관점이 같다. 그러나 주렴계는 1(태극)과 0(무극)을 동시에 보는 '무극이태극'론을 펴고 있다. 여기서부터 다음 절에서 설명하려고 하는 '아호논쟁'이 발생한다. 역의 모델은 중국 사람들이 러셀의 역설을 해결하려고 할 때 위계론적-일관성의 방법을 따르고 있는 전형적 준거가 된다. 이것이 한국의 신 유학자들과 시각이 달라지는 원인이 되기도 한다. 고전 유학파의 공통된 특징이란 태극 위에 무극을 설정하지 않는 것이라 할 수 있다. 이에 대하여 도가학파의 일관된 특징은 바로 태극 위에 무극을 부단히 설정하려는 것이라고 할 수 있다. 이 점이 바로 두 학파가 갈라서는 분기점이다. 그러나 이러한 유가계통의 사상가들과는 달리 도가계통의 사상가들은 한결같이 무극을 태극 위에 설정하고 태극이 무극에서 나왔다고 한다. 먼저 《도덕경》 42장을 보자.

무극이 태극을 낳고 태극이 음양을 낳고 음양이 충기와 더불어 만물을 낳고…….

0→1→2→3→ 만물

이를 '도의 모델'(Tao's Model)이라고 하자. 도의 모델은 역의 모델과는 달리 무극에서 시작된다. 그러나 역의 모델과 마찬가지로 1에서 2가 발생했다고 하면서 역과는 다르게 2에서 3이 발생했다고 한다. 역시 발생론적이며 위계론적이다. 《도덕경》 42장에서 암시받은 많은 도가사상가들은 우주가 모두 무극에서 비롯한다고 한다.

이렇게 보면 주렴계가 우주의 시작을 '무극이태극'이라고 한 것은 역의 모델과 도의 모델을 결합하여 새로운 모델을 만들었다고 볼 수 있다. '아호논쟁'이란 다름 아닌 이 새로운 모델이 던져주는 충격 때문에 생긴 논쟁이다. 즉, 우주의 처음이 태극으로 시작되느냐 무극으로 시작되느냐의 논쟁에서 출발한다. 물론 주자(朱子, 1130-1200)는 주렴계를 적극 옹호하여 그의 주장을 수용한다.2) 이에 대하여 양명학파의 육상산 형제들은 주자의 주장이 잘못되었다고 논박한다. 이것은 당대에 하나의 세기적 논쟁거리가 되었는데, 나는 제3의 인간 논증의 자기서술과 자기비동일성의 해법문제를 두고 두 학파의 특징이 가장 두드러지게 나타난 논쟁이라고 보고 싶다. 다시 말해서 블라스토스가 제3의 인간 논증에서 밝혀낸 자기서술과 자기비동일성의 문제가 첨예하게 드러나는 논쟁이 바로 이 '아호논쟁'이다. 아호논쟁은 이 두 관점에서 고찰할 때 현대적인 의미를 갖는다고 본다.

그러나 역이나 도가사상에서는 일자와 다자가 위계적으로 연속성을 유지하고 있다는 점에서 고대 그리스에서 전개된 일자와 다자의 관계와 다른 점이 있다. 다시 말해서, 파르메니데스에서 우리는 큼 자체와 큰 물건들 사이에 속성을 서로 나누어 갖는 문제를 두고 '다름'과 '담음'의 문제(닮음의 문제)가 발생하는 것을 보았다. 그런데 동양에서는 일자와 다자 사이가 연속적이기 때문에 이러한 속성의 문제가 발생하지 않았다. 그러나 태극에 무극이 첨가되는 순간 태극과 음양오행 그리고 태극과 무극의 속성의 담음과 다름의 문제가 즉각 발생한다. 아호논쟁은 철학이 안고 있는 바로 이러한 근본적인 아포리아에서 나온다.

아호논쟁—아호사(鵝湖寺)라는 장소에서 논쟁이 발생했기 때문에 이런 이름이 붙게 됨— 또는 주륙논쟁이라고도 하며 일명 태극논쟁이

---

2) 명대에 편찬된 《성리대전》의 제1권은 〈태극도〉와 《태극도설》을 주된 내용으로 한다.

라고도 하는 것으로 무극과 태극의 관계를 다루는 이 논쟁을 제3의 인간 논증 또는 러셀의 역설이라는 관점에서 재조명함으로써 러셀 역설이 갖는 중요성에 비추어서 신유학사상을 오늘에 다시 밝혀보고자 한다. 그리고 동서양 철학이 안고 있는 아포리아의 성격을 분석해보겠다. 이러한 과정을 통하여 동서양 철학의 접점을 찾아낼 수도 있을 것이다.

## 4.3. 태극도설 해부와 홀론적 구조

글쓰기 방식에서 도상을 통해 이를 문장으로 설명하는 것이 동양에서는 다반사다. 그러나 그리스 철학자들한테서는 이런 방식을 발견할 수가 없다. 11세기 송대 이른바 일련의 신유학자들은 도상과 문장을 동시에 사용하는 기법으로 그들의 철학 사상을 표현하기 시작했다. 주돈이의 도상 즉 〈태극도〉는 가히 천지를 뒤흔들만한 것이었다. 이 〈태극도〉 하나로 한대 이후 지리멸렬해졌던 유학이 신유학이라는 이름으로 다시 살아나고 지금까지 대하를 이루어 그 영향력이 곳곳에 미치고 있을 정도다.

주자는 주돈이의 〈태극도〉와 《태극도설》을 교정한다. 주자가 당시 유행하던 여러 도설들[3]을 가지고 1차 교정을 볼 때 그의 나이는 만 40세였다. 각종 태극도설에 관한 이설들을 종합하여 그 이본들 속에 있는 '음정양동(陰靜陽動)'의 문제에 의문을 갖고 연구를 한다. 이본 〈주씨태극도(周氏太極圖)〉와     〈주자교정태극도(朱子校定太極圖)〉를 비교하면 다음과 같다.

---

3) 능본, 영능본, 장사본 등.

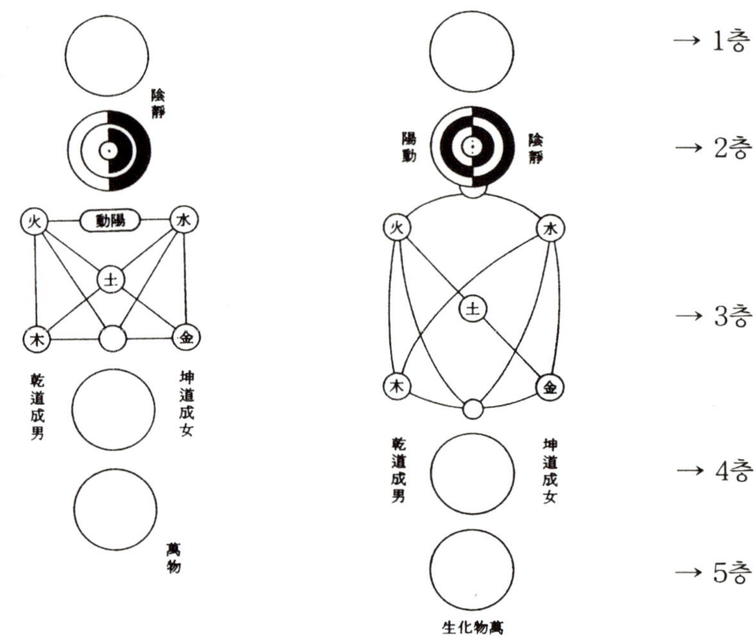


〔그림 4-1〕 주씨태극도(↖)와 주자교정태극도의 비교

〈주씨태극도〉와 〈수화광곽도〉는 큰 차이가 없어 여기서 도상을 생략한다. 그러나 〈주씨태극도〉와 〈주자교정태극도〉 사이에는 다음과 같은 차이가 있으며, 이 차이는 도가사상과 신유학 사이의 존재론을 비롯한 여러 사상의 차이를 한 눈에 잘 보여준다. 그 차이를 여기에 열거하면 다음과 같다(이동희, 1999, 8~9).

1. 〈주씨태극도〉에서 최상층에 놓인 것은 음정으로서 그것이 양동과 만물의 근저가 된다. 이에 대하여 〈주자교정태극도〉에서는 '무극이태극'이 최상의 위치에 있다.

2. 〈주씨태극도〉의 경우, 상층 다음의 제2층에 흑백이 반절되어 좌우분은 백이고 우반분은 흑이다. 그러나 〈주자교정태극도〉의 경우, 음양이 일

음일양으로 나뉘어져 서로 호입하고 있다.

3. 〈주씨태극도〉의 경우 토를 중심으로 하여 수·화·목·금 모두가 연결
　되어 있어 오행의 상생 순서가 바르지 못하나, 〈주자교정태극도〉의 경
　우 오행 상생의 순서가 바르다.


　주자가 〈주씨태극도〉에 대하여 내린 비판은 "태극이란 것이 있을
곳이 없다"(주자대전, 권42, 답호광중)와 같다. 이는 도가사상이 음정
즉 무 또는 무극을 궁극적인 것으로 봄으로써 태극이 있을 위치가 없
어졌다는 비판이다. 그리고 음정양동의 대대는 천지자연의 이치인데,
〈주씨태극도〉에 따르면 음정과 양동을 상하로 분리시켜 놓은 것은 인
위적인 작위에 따른 것으로 자연스럽지 못하다고 평한다. 음정양동을
통일할 힘이 필요한데, 그것이 태극이며 그것이 상층의 흰 원이다. 그
러나 주자는 이렇게 일자로서 태극을 설정할 때, 그것이 가져오는 존
재론적 위험성도 알고 있었다. 바로 제3의 인간 논증에서 본 바와 같
이 일자에 대한 우려에서 다시 무극을 말하게 된다. 우리가 여기서 발
견하는 주자의 고민은 이렇다. 이 고민은 고대 그리스 사회의 철학자
들이 제3의 인간 논증을 놓고 고민하던 것과 먼 차이가 있는 것이 결
코 아니다. 자기서술과 자기비동일성의 문제에 대한 훈련을 주자의
고민을 통해 해 둔다. 음정 우위론은 도가의 것이요 음정양동의 대대
론은 〈계사전〉의 것이다. 주자는 이 양자를 종합한다. 〈주씨태극도〉의
제1층 음정을 〈주자교정도〉의 2층으로 내리고 제2층의 양동을 〈주자
교정도〉의 좌측에 올려 음정양동을 만든 다음, 제2층의 음정양동을
서로 호입이 되도록 했다. 음양층을 2층으로, 오행층을 3층으로 만들
어 연속이 되도록 한 다음 그 제1층에 '무극이태극'을 두고 음양오행
층과 불연속이 되도록 했다(이동희, 1999, 52). 이는 다음에 설명할 자
기 서술과 자기비동일성 그리고 그리스 철학의 분유설(分有說)과 참
여설(參與說)과 관련하여 매우 중요한 의미를 갖는다.

이제 〈태극도〉를 층위별로 보면 위로부터 1층 : 무극이태극층, 2층 : 음양층, 3층 : 음양오행층, 4층 : 건곤층, 5층 : 만물층의 다섯 개의 층으로 대별되고, 음양과 오행층은 그 안에서 음양층(2층)과 오행층(3층)으로 나눌 수 있다. 이에 대하여 순서대로 도상에 대한 설명을 더하면 다음과 같다. 각 층은 크고 작은 몇 개의 원으로 구성되어 있다. 가장 윗부분의 원 0이 바로 '무극이태극'층이다. 〈계사전〉에는 태극이 상층에 있고 《도덕경》은 무극이 상층에 있다.4) 그런데 〈태극도〉는 '무극이태극'이라 했다. 여기에 신유학은 유학과 노불사상을 종합한 측면을 여실히 보이고 있다. 그러면 도상의 구조에 대한 설명만 해두고 다음 장에서 이에 대한 구체적인 설명을 더하기로 한다.

두 번째 음양층은 음정(陰靜)과 양동(陽動)을 뜻한다. 그리고 가운데 작은 원은 음양을 낳는 것 즉 태극이다. 태극은 여기서뿐만 아니라 아래 모든 층에 나타난다. 가운데 작은 원을 중심으로 하여 물결 모양의 원이 사방으로 퍼져 나간다. 이 퍼져 나가는 원들을 살펴보면 음은 양을, 양은 음을 머금고 있는 것을 발견할 수 있다. 이는 마치 거짓말쟁이 역설에서 참말이 거짓말이고 거짓말이 참말인 것과 같다. 그런데 거짓말쟁이 역설은 자기언급을 전제한다. 그러면 어디서 자기언급이 생겼는가? 다름 아닌 '무극이태극'에서 자기언급 현상이 있었음을 추리할 수 있다. 다시 말해서 무극과 태극은 자기가 자기를 서술하는 관계다. 수학에서 0이라는 수가 생기는 이유는 '없음' 즉 0 역시 '있음'이라는 이유 때문이다. 그래서 1은 항상 자기 이전에 0을 설정하지 않을 수 없다.5) '무극이태극'은 바로 수에서 0과 1이 생기는 이유와 같다고 할 수 있다. 공자는 아직도 0을 의식하고 있지 않았기 때문에 태

---

4) 《도덕경》에 "무는 천지의 시초를 이름 지은 것이며 유는 만물의 근원을 이름 지은 것이다" 또는 "무명은 천지의 시초이고 유명은 만물의 근원"이라고 했다. 여기서 무는 항상 유보다 상위 또는 먼저 있는 개념이다.

5) 집합론에서 수가 발생하는 순서는 { }, {0}. {1}, {0, 1}와 같다.

극을 궁극자로 본 것이다. 그러나 그로부터 1500년 뒤에는 0을 전제하지 않을 수 없었다. '없음'이 곧 '있음'이라는 자기언급적 현상을 결국 반대 일치라는 결과를 낳고, 이로 말미암아 모든 대칭의 상징인 음양이 대표성을 가지고 역사상에 나타난다.

음양 아래 오행은 목·화·토·금·수다. 물론 〈계사전〉과 역의 어디에도 없는 개념이다. 그러면 왜 역에는 나오지 않는 오행이 《태극도설》에 등장하는지 그 이유에 대하여 최대의 관심을 가져야 한다. 먼저 음양에서 음정의 두 가닥이 내려와 화와, 양동은 수와 연결이 된다. 서로 상반된 반대일치의 만남을 하고 있다. 한의학에서는 오행 사이에 상생 상극의 관계가 있다고 보는데, 여기서는 이에 대한 설명을 생략한다. 오행의 각 행은 다섯 개의 작은 원으로 표시되어 있다. 그런데 가장 큰 관심의 표적은 오행 밑에 작은 원이다. 이 작은 원 주위에 갈라진 네 개의 선은 수·화·목·금에 연결되어 있으며, 토와는 직접적인 연결선이 없다. 이 작은 원은 음양 가운데 작은 원과 같이 태극을 뜻한다. 우리는 〈태극도〉에서 이 점에 또한 관심을 기울여야 한다. 아니 여기서부터 〈태극도〉를 보아야 한다.

이는 멱집합의 원리를 그대로 반영한 것이다. 다시 말해서 태극이 자기 자신 요소의 한 요원으로 포함(包含)된다는 것을 뜻한다. 태극의 멱집합은 태극={∅, 수, 화, 목, 금, 토, 태극}과 같다. 그 이유는 멱집합에서 공집합(∅)과 자기 자신 태극을 한 요소로 포함해야 하기 때문이다. 우리는 여기서 이 작은 원의 의미가 각별하다는 것을 발견한다. 자기 자신의 한 요원이 된다는 것은 곧 공집합을 동시에 말하지 않을 수 없고, 그러한 이유로 태극에 대하여 무극이 필수불가결의 조건으로 상정되지 않을 수 없다. 실로 오행층(3층)은 수많은 코드를 그 속에 담고 있다. 토와 연결이 안 되는 이유는 오행에서 토는 전체적인 성격의 것이기 때문이다. 이는 곧 태극 자신을 뜻한다. 이러한 설명에서 우리는 태극이 큼의 역설에서 예외적일 수 없는 자기서술을 하고 있는 것을 발견하게 된다.

3층의 오행층은 한마디로 말해서 '무극이태극'이라는 자기언급 또는 자기서술을 구상화시켜 설명해 놓았다. 동시에 태극은 자기의 본래적인 부류격을 상실했기 때문에 자기비동일성에 함몰되고 만다. 이것은 역설이다. 이 문제로 바로 아호논쟁이 벌어지게 된다. 음양오행 속에 내재하는 태극과 그것을 초월해 있는 태극(즉, 무극이태극)은 동음 다의적(equivocal)이다. 초월하면서 내재하는 것으로, 이를 칸트는 과대(過大)와 과소(過小)라고 했다. 이성이 현상계를 초월할 때는 과대가 되고 반대로 현상계 속에 내재할 때는 과소가 된다. 칸트는 여기서 이율배반이 발생한다고 본다. 이는 존재론의 근본적인 아포리아에 해당하는 역설이다. 아호논쟁의 주제는 바로 이것이다. 주돈이는 이러한 태극의 양면성을 묘합(妙合)이라고 하면서 "무극의 진리와 이오의 정기가 묘하게 합하여 엉겼다[無極之眞 二五之精 妙合而凝]"(《태극도설》)고 했다. 무극의 진과 정에 태극이 모두 참여하는 데서 자기서술과 자기비동일성의 문제가 발생한다는 말이다. 두 번째 원은 만물이 생성하는 방법을 묘사해 놓았다. 무극에 참여할 때는 진(眞)이 되고 음양에 참여할 때는 정(精)이 된다. 무극에 참여하면 과대가 되고 음양에 참여할 때는 과소가 된다. 태극은 어디에도 갈 수 없는 상황이다. 그러나 주자는 태극에 이기(理氣) 개념을 적용하여 태극을 이(理)라고 고집함으로써 무한 퇴행의 오류를 범할지도 모를 위기에 처한다. 이것은 모든 철학자들이 받는 유혹으로, 이(理)는 태극의 제3의 인간에 해당하기 때문이다.

건곤층의 원은 생성된 결과를 묘사하고 있다. 생성에서 음양은 생을 뜻한다면 음양오행의 원리에 따라 만물이 이루어져 나오고 그것은 건곤으로 변한다. 그래서 네 번째 원을 두고 "하늘의 도는 남성을 이루고 땅의 도는 여성을 이룬다[乾道成男 坤道成女]"고 했다. 건도와 곤도로 나뉘지만 건과 곤은 모두 이오지정을 같이 나누어 갖는다. 건

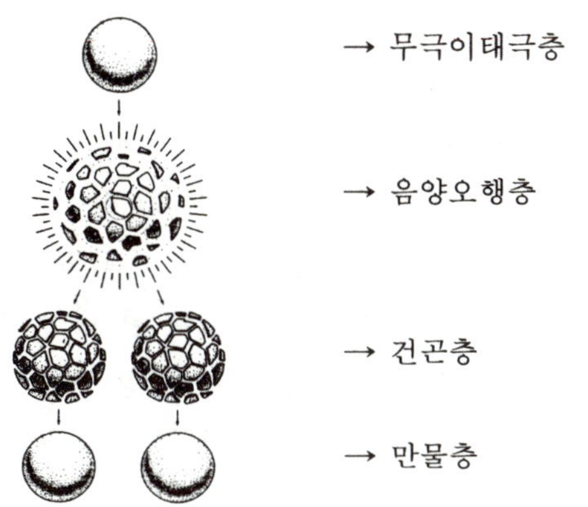



〔그림 4-2〕 스테판-바나흐 도형과 태극도설

도와 곤도는 반반(半半)이 아닌 전전(全全)이다. 태극이 이오지정 속에 자기서술을 한다는 것은 곧 자기 조직(self-organizing)을 한다는 것을 뜻한다. 자기 조직을 했을 경우 어느 부분도 전체를 반영한다.

다섯 .번째 원은 건곤 속에 있는 정이 무극이태극에 있는 진과 결합하여 개물을 만들어 내는 마지막 단계다. 건도와 곤도가 초월적 태극의 진과 합생하여 "만물이 생성 변화함[萬物化生]"을 뜻한다. 이는 개물 하나하나의 낱(on)개들이 전체적 온(holos)과 합생하여 홀론(holon)의 상태에 이르렀음을 뜻한다. 이는 플라톤의 참여도 아니고 분유도 아닌 부분과 전체가 합생하여 전유(專有)됨을 뜻한다.

러셀 역설에서 참과 거짓이 계속 점진반복을 하면 어떤 결과를 초래하는가를 스테판-바나흐는 기하학적 실험을 통해 [그림 4-2]와 같은 도형을 그려냈다. 그 결과는 주렴계의 태극도설과 다르지 않다. 먼저 고정된 반지름을 갖는 하나의 구가 있다. 이를 '무극이태극'이라 하자. 다음 단계는 이 구가 유한한 수의 부분으로 분해된다. 음양오행이 상생상극 작용을 하면서 여럿으로 하나의 구가 분열되는 단계를 뜻한다. 그런데 이렇게 분열이 심하게 일어난 다음에 다시 원래의 구(무극이태극)와 같은 두 개의 구로 조립된다. 이 두 개의 구는 마치 건도 및 곤도와 같다고 생각하면 된다. 이 조립된 구의 구성 내용은 음양오행의 구성물과 같다는 것을 그림을 통해 확인한다. 사실 하나의 구에서 이렇게 또 같은 구가 동시에 두 개 생겨난다는 것은 불가능한 위상 공간에서나 가능할 일이다. 이 조립된 두 개의 구에서 원래의 모양(무극이태극)과 **같은 크기**와 같은 구성물로 된 두 개의 구가 생겨난다. 홀론의 상태에 이른 것이다. 이와 같은 위상기하학적 실험은 스테판 바나흐가 하였는데, 이는 주렴계의 태극도설을 이해하는 데 더없이 좋은 것이라 할 수 있다.

역설이 만들어 내는 참-거짓 사슬고리의 전개 과정은 대략 네 단계(또는 다섯 단계)를 거치면서 전체에서 부분으로 분열된 다음 그것이 다음 전체로 회복되고, 그 결과 '부분 즉 전체(partwhole)'라는 홀론적 세계관에 도달하는 것이 목표다. 다시 말해서 어느 개물이라도 전체를 반영하고 있어야 한다는 사상이다. 태극의 진과 이오지정이 만나는, 다시 말해 진과 정이 묘하게 엉기는 세계관이 바로 주렴계가 그리는 세계관이다. 우리는 《태극도설》의 내부에서 그리스 사람들이 고민하던 자기서술과 자기비동일성의 문제를 명백히 보았다. 이제 이 문제가 아호논쟁을 통해 어떻게 전개되는가를 직접 문헌의 인용을 통해 검토할 차례다.


## 4.4. 아호논쟁의 아포리아 분석

논쟁의 불씨는 주렴계의 《태극도설》에 나타난 '무극이태극'이라는 구절의 처리를 둘러싸고 일어났다. 《태극도설》을 그 자체를 통해 살펴보면 다음과 같다. 이를 층별로 다시 나누어 제목을 정리하면 다음과 같다.

제1층은 '무극이태극(無極而太極)'

제2층은 '음정양동(陰靜陽動)'

제3층은 오행(五行)

제4층은 '건도성남 곤도성녀(乾道成男 坤道成女)'

제5층은 '만물(萬物)'

《태극도설》은 전형적인 역의 모델과 도의 모델을 종합한 것이다. 그러나 두 모델의 공통점인 발생론적 층별 계층이 분명하게 표현되어 있다. 이제 아호논쟁의 불씨가 된 것은 다름 아닌 제1층의 '무극이태극' 때문이다. 먼저 제1차 논쟁은 육상산의 형인 육사산(陸梭山)이 문제를 제기하면서 시작된다. 제2차 논쟁은 사산의 동생인 상산이 형의 문제제기를 이어받는 데서 계속된다. 제2차 논쟁에서 문제가 심화되기는 했으나, 제1차 논쟁에서 주요 논쟁거리들은 이미 다 등장했다. 제1차 논쟁과 제2차 논쟁의 내용들을 분류하고 다시 분류된 내용들의 성격을 정리하면서 이들이 어떻게 러셀의 역설과 관계되는지를 알아보기로 한다.

## 4.4.1. 제 1 차 사산(梭山)과 주자의 태극논쟁

A. 사산의 문제 제기
"태극도설은 무근(無根)이며 올바르지 않다[非正]"
"끝내는 병의 근원[病根]이 된다"

B. 사산의 문제 제기에 대한 주자의 응답
"무극을 말하지 않으면[不言無極]"
"태극을 말하지 않으면[不言太極]"

C. 사산의 주자에 대한 응답
"태극은 중정(中正)이다"

　　　　“무극은 ‘머리 위의 머리[頭上安頭]’다”

　D. 주자의 반문
　　　“태극은 형체가 있는 구체적인 것인가[太極是有形氣物耶]?”
　　　“무극은 형체가 없고 이치만 있는 것인가[無極卽是無形 太極卽是　有理]?”


## A. 사산의 문제 제기에 관하여

　러셀의 역설에 대한 논리계형적 또는 위계론적 해법에 대하여, 프레게는 러셀답지 않는 실수 가운데 실수라고 실망한다. 이와 비슷한 실망이 주렴계에 대한 사산의 태도에서도 나타난다. 러셀은 역설을 피하기 위해 계형을 높여 주면 아래 계형에서 생긴 역설은 사라진다고 보았으며, 이런 러셀의 발상을 프레게는 유치한 것으로 치부해버린다. 주자가 태극 위에 무극을 첨가하는 것도 태극에서 생긴 문제를 해결하기 위해 마치 한 단계 높은 계형의 첨가로 해결하려는 듯한 인상을 준다고, 사산은 비판을 한다. 태극 위의 무극은 전혀 필요 없는 옥상옥(屋上屋)이기 때문에 《태극도설》의 저작 근거 자체마저 부정하기에 이른다.

　만약 주렴계가 정말 《태극도설》을 만들었다면, 그것은 그의 사상이 아직 미숙할 당시에 만들어졌거나, 그가 직접 저작한 것이 아닌 후대의 저작이거나 첨가일 것이라고 할 만큼, 《태극도설》의 근거가 없음을 주장한다. 그래서 《태극도설》이 주렴계가 지은 것이 아니라는 이유로, 주렴계의 또 다른 후기저서인 《통서(通書)》에서 먼저 근거를 찾고 있다. 즉, 《통서》에는 없고 《도설》(태극도설을 말함)에만 있는 ‘무극이태극’이라는 구절은 “비록 완곡하게 붙들어주고 부축해주어도 아마 끝내는 병의 뿌리가 되어 후학들을 감염시킬까 두렵습니다(《주렴계전집》 권2 송원학안보유중)”라고 사산은 강하게 그 문제점을 지적한다. 사산이 태극만을 말해야지 혹의 혹 같은 무극을 말하지 말아야 한다고 주장하는 이유에 대해서는 다음에 자세하게 설명한다.

사산에 따르면, 무극은 만병의 근원이다. 여기서 말하는 만병의 근원이란 존재론에서 가장 금기시하는 무한퇴행(infinite regression)이라고 본다. 형이상학이 가장 쉽게 빠질 수밖에 없는 위험성이 바로 무한퇴행이다. 실로 무한퇴행과 악순환은 존재론의 함정이며 만병의 근원이다. 태극 위에 무극을 둔다는 것은 바로 무한퇴행에 빠지는 만병의 근원이라는 것이 사산의 주장이다. 우리는 이미 제3의 인간 논증에서 이런 무한 퇴행의 위험성을 목도한 바 있다. '무극이태극'이라는 구절이 주렴계의 앞선 저작인 《도설》에는 있지만 나중 저작인 《통서》에는 빠져있는 이유를 들면서, 사산은 이 구절이 앞으로 만병의 원인이 될 것이라 했다.

주렴계도 무한 퇴행의 위험성을 알았기 때문에 나중 저작에서는 이를 더 이상 언급하지 않았다는 것이 사산의 주장이다. 그래서 태극도설은 주렴계의 것이 아니거나 주렴계의 것이라 하더라도 한때의 실수로 잘못 만들어진 것이라고 주장한다. 사산의 이러한 강변은 문헌에 대한 한갓 훈고학적 시비를 가리자는 것이 아니라, 이 구절이 자칫 인간의 정신을 병들게 하는 데까지 갈 수 있는 독소적인 것이라고까지 생각했기 때문이다. 이 정도로 '무극이태극'에 대한 사산의 거부감은 심각하다. 만약에 이 구절이 근거가 없는 것이 아니라면, "이 태극도의 본래 설명은 자체부터 올바른 것이 아닙니다[然此圖本說自是非正]"(앞의 책). 끝내는 이를 보는 후학들에게 끼칠 악영향을 두려워하여 "병근이 될까 두렵다[恐終爲病根]"(앞의 책)라고 했다. 사산은 주렴계의 《도설》 자체도 위험하지만 그것에 대한 주자의 풀이 역시 위험하고 병의 뿌리가 된다고 보았다.

이에 맞서 주자는 주렴계의 《도설》은 "지극히 이치에 맞는 것"으로 전혀 하자가 없다고 했다. 이러한 두 사람의 불과 물 같은 차이 속에는 뿌리 깊은 그리고 근원적인 사고방식의 차이가 있었다. 사산은 태극 하나로 족한 것으로, 그 위에 '무극'이라는 두 글자를 첨가하는 것은 옥상옥(屋上屋)과 같다고 보았다. 그러면 옥상옥이 왜 위험한가? 그런데 문제는 주자 자신도 옥상옥은 위험하다고 보았다는 점이다. 옥상옥이란 바로 무한 퇴행을 두고 하는 다른 말이다. 그런데 주자 역시 자기의 주장이 옥상옥을 만들어 위계론적 질서를 만들자는 것이 아님을 강조한다. 파르메니데스가 일자와 다자의 연쇄 고리를 끊고 일자와 다자를 분리시킴으로 일자 위에 무한 퇴행하는 것을 막으려 했던 것이다. 중세기 오컴은 '오컴의 면도칼'(Ockam's Razor)로 우리에게 잘 알려져 있다. 그는 불필요한 혹 같은 번쇄한 첨가물을 면도칼로 도려내라고 했다. 그 이유는 서양 철학의 존재론이 본질적으로 옥상옥을 만드는 과정이라고 보았기 때문이다. 그러나 동양 철학사에서는 위계론적 형이상학이 금기시된 것은 동양사상의 전반전인 특징이기도 하다. 플라톤 이후 구성주의 철학은 위계론적 질서를 만들어 거대한 전체론적 질서를 만들려고 했고, 그 결과 요소 환원주의의 오류에 빠지게 된다.

송명대의 거대한 사상적 흐름은 '무극이태극'이라는 두 글자로 그 방향이 결정되었다고 해도 지나친 말이 아니다. 이는 그리스 철학에서 자연철학자들이 구체적인 개물들을 궁극적이라고 할 때, 플라톤의 '이데아'라는 말이 나타나 천하를 평정한 것에 견줄 만하다. 공자의 태극은 같은 차축시대의 인물인 플라톤의 이데아 발상에 견줄 만하다고 하겠다. 다자를 총체적으로 묶을 수 있는 일자의 개념이 바로 이데아이고 태극이기 때문에, 이러한 맥락에서 태극과 이데아는 비교가 된다. 그러나 태극이 음양과 만물에 내재하는 것으로 본 것과는 달리 이데아는 분리하는 것으로 본다. 파르메니데스도 일자와 다자의 고리를 단절시키고 만다. 플라톤은 이데아의 역설을 해결하고자 위계론적으로 '이데아의 이데아(idea of ideas)' 또는 선의 이데아를 말한다.

주자는 주렴계가 《태극도설》을 지은 것을 공자 이후 최대의 사건으로 손꼽고 있다. 그 이유는 태극에 무극을 주렴계가 최초로 첨가했기 때문이다. 그런데 문제는 태극을 이데아와 같이 ‘태극의 태극’이라 하지 않고 ‘무극이태극’이라고 한 데 있다. 왜 플라톤과 파르메니데스는 이데아에 ‘무’를 첨가할 생각을 못 했을까? 바로 그 이유가 서양이 동양의 영향을 받을 14세기까지 수에 0을 도입하지 못한 이유와 일치한다. 우리는 일단 같은 차축시대에 만물을 하나로 묶는 개념이 동서양에 동시에 나타났다는 데 동의해야 한다. 그러나 일단 이데아나 태극 같은 총체적 개념이 나타나자마자 난제가 발생하는데, 서양의 제3의 인간 역설이 그것이다. 그 난제를 해의하는 방법에서 ‘이데아의 이데아’와 같은 위계적이 아닌 다른 방법인 무극을 태극에 도입했다는 점에서 동서양의 큰 차이를 보아야 한다. 중국사상사에는 이처럼 사상이 몇 번 도약을 하는데, 바로 1500여 년 전에 공자가 ‘태극’이란 말을 발견하여 도약한 뒤로 주렴계에 와서 무극을 도입하면서 제2의 도약을 한다. 그래서 철학이란 새로운 말의 발견에서 시작한다.6)

그러면 여기에 남겨진 화두 가운데 하나는 왜 이데아와 태극 모두에 유사한 난제가 뒤따르느냐 하는 점이다. 우리는 이 점에 관심을 기울여야 논쟁의 본질을 바로 이해할 수 있다. 그 본질은 역시 수학의 기초 이론에서 발견해야 한다. 칸토어가 집합론을 다루는 과정에서 발견한 사실은 역설이었다. 그것은 ‘모든 집합’을 a라고 할 때 이 a도 하나의 집합이기 때문에 ‘모든 집합’이라는 말 속에 포함(包含)될 수밖에 없다는 역설인데, 우리는 이것을 칸토어의 역설(Cantor’s paradox)이라고 한다. 이데아나 태극이 안고 있는 문제도 이와 같다. 즉, 이데아와 태극은 ‘모든’ 또는 ‘총체적’인 것이기 때문에 태극 자신도 이 총체적인 것의 한 요소일 수밖에 없다. 이것이 멱집합의 원리다. 그래서 주렴계는 《태극도설》에서 음양오행 속에 작은 원으로 태극을 표시하여 다른 행

---

6) 이는 마치 {a, b, c}의 멱집합에서 공집합 Ø를 넣는 것과도 같다. 공자는 넣지 못했다. 그러나 신유학에서 무극을 배제한다는 것은 불가능했으며, 이는 신유학이 성공한 이유이기도 하다.

들과 같은 한 요소로 다루고 있다. 이를 자기서술이라고 하며 자기서술에서 따르는 결과로 바로 반대일치라는 음양 대대와 음양 분기 현상이 나타난다. 그런데 문제는 서양에서 현대 수학이 20세기에 들면서 이 역설을 병적인 것으로 보고 이를 해소하려 했다는 점이다. 철학도 예외는 아니다. 이는 서양 사상의 전통이기도 하다.

11세기 신유학에서도 같은 난제에 봉착했다. 자기서술은 동전의 양면같이 자기비동일성의 문제에 직면한다. 무극이태극일 때 태극은 '진'이고 음양오행 속에 있을 때는 '정'이다. 진과 정은 순과 불순과 같이 상호 양립불가다. 그런데 같은 태극이 진이기도 하고 정이기도 하는 것은 자기비동일성의 문제에 걸린다. 이때 진으로서 태극이 진으로 남는 한편 정이 될 때 진으로 남는 순순한 태극 그 자체는 바로 '무극'이라는 주장이 나온다. "태극과 무극의 자기동일성이란 두 가지에 관한 인식이다"(다가나, 1993, 31). 결국 무극이태극의 문제는 그리스 철학에서 문제로 된 것과 꼭 같은 자기서술과 자기비동일성의 역설에서 나온다고 할 수 있다. 그리스 철학자들은 무 개념을 도입할 수 없었고 지금도 도입하지 못한다. 그리고 이데아가 개물 속에 내재하는 것도 수용하지 못한다. 플라톤은 수용과 비수용 사이에서 방황하지만, 주류 철학은 비수용으로 기운다. 여기서 이원론이 기원한다.

화이트헤드의 과정 사상을 여기서 말해야 할 이유가 나타난다. 화이트헤드는 무에 해당하는 개념을 창조성(creativity)이라고 했으며, 태극에 해당하는 일자와 음양오행에 해당하는 다자와 무극에 해당하는 창조성이라는 셋을 궁극적 범주(category of ultimate)라고 했다. 이는 아마도 무를 유에 도입한 획기적인 사건이라고 할 수 있는데, 궁극적 범주를 존재의 범주와 따로 구별한 것도 큰 변화라 아니할 수 없다. 화이트헤드는 멱집합으로 볼 때 공집합(무극성)과 전체 그 자체(태극)를 도입한다. 마치 양명학자들이 주자의 '무극이태극'을 수용하지 못하듯이 주로 서양 철학에서도 지금 화이트헤드의 궁극적 범주를 수용할 태도가 아니다. 결국 동서양 철학은 비슷한 난제거리로 고민해온 사실을 발견할 수 있다.

### B. 사산의 문제 제기에 대한 주자의 응답 : "무극을 말하지 아니하면"

사산의 문제 제기에 대해 주자는 만약에 "무극을 말하지 않으면[不言無極]" 즉, 태극만을 말하고 무극을 말하지 않는다면 어떤 결과가 나오는지를 귀류법적 접근을 하면서 답한다. 무극을 직접 옹호하기보다는 무극을 말하지 않을 때 생기는 결과를 보고 무극의 필요성을 입증하는 귀류법적 방법을 사용한다. 주륙논쟁의 빌미가 된 시발적인 원인은 제1층의 '무극이태극'이란 말 때문이라고 했다. 무극이 태극의 부류격이냐 아니냐의 시비가 논쟁의 불씨가 되었다. 육사산은 주렴계의 《통서》〈이성명장〉의 내용을 다음과 같이 인용했다.

> 이기(二氣)와 오행(五行)이 만물을 화생한다. 오행의 특이함은 이기의 내용이 되고, 이기의 근본은 곧 하나다(이성명장 제22).

윗글의 내용을 부류격의 방향과 요소격의 방향으로 나누어 표현해 보면 다음과 같다.7)

> 태극—이기—오행—만물
> 부류격◀— —▶요소격

여기서 궁극적 '일자'는 곧 태극이며, 그래서 그 이상의 부류의 부류격인 무극을 주렴계가 설정하지 않았다는 것이 사산의 주장이다. 《통서》의 〈동정장〉에서도 "오행은 음양이며 음양은 태극이다"라고만 함

---

7) 주자가 음양오행을 기태극을 이라고 갈라놓은 것은 그가 이원론의 함정을 스스로 만드는 것일 수 있다.

으로써 '무극'이란 글자는 찾아볼 수가 없다.

여기서 사산은 주렴계가 무극이란 글자를 태극 위에 얹는 것은 다음과 같은 몇 가지 잘못된 이유 때문이라고 지적한다.[8] 그는 태극위에 무극을 더하는 것은 상 위의 상을 두는 것과 같고, 부류에 대하여 부류를 만드는 것은 무한퇴행의 오류를 범하는 위험성이 있다고 보았다. 그러나 사산의 이러한 비판에 대하여 주자는 태극 위에 무극을 설정하지 않을 수 없다는 점을 또한 다음과 같이 지적하고 있다.

무극을 말하지 아니하면 태극은 마치 하나의 사물과 같아져서 모든 변화의 근본, 즉 일체 사물의 근원이라는 자격이 없어지게 된다. 반대로 태극을 말하지 아니하면 그 무극이라는 것이 허무공적한 상태에 빠져버려 능히 만 가지 변화의 뿌리가 능력을 잃게 된다. 주렴계 선생은 학문하는 사람이 태극을 어떤 사물처럼 오해하지는 않을까 염려하여 일부러 '무극'이란 두 글자를 덧붙여서 그 점을 명확히 했던 것이다(《주자대전》36).

아호논쟁 속의 가장 중요한 부분이라 할 수 있다. 사산과 상산이 주로 논외의 문제를 지적하고 있는 데 대하여 주자는 쟁점의 핵심이 되는 부분을 적절하게 지적하고 있다. '무극이태극'에서 주인공은 태극이다. 태극을 중심으로 무극을 말하지 않을 경우 태극은 자격 '부족(不足)'이 되고, 그렇다고 무극을 말하고 태극을 말하지 않으면 태극은 능력이 없는 '불능(不能)'이 된다. 태극의 자격 부족과 능력 불능 때문에 '무극이태극'을 말하지 않을 수 없다. 무극을 말하지 않으면 일자 태극은 다자 개물들과 한 타령이 되어 개물을 지도할 자격 부족이

---

8) 사산은 다음과 같은 네 가지 이유를 든다 :
  1. 《태극도설》은 아예 주렴계의 소작이 아니다.
  2. 주렴계가 지었다면 그의 학문이 아직 완성되지 못했을 때 지었을 것이다.
  3. 원래 다른 사람의 글인데 후대의 사람들이 주렴계의 글이라고 착각했을 것이다.
  4. 주렴계의 글이라도 어릴 적 글로서, 뒷날 《통서》를 지을 때 삭제했을 것이다.

된다. 그렇다고 태극을 말하지 않으면 태극은 무기력해져 즉, 허무공적해져 개물들을 이끌 능력 상실에 걸리게 된다. 태극의 '부족'과 '불능'을 막는 방법은 '무극이태극'을 동시에 말하는 길 밖에 없다는 것이다. 이는 마치 태극을 빛에 비유할 때 빛의 위치와 열량은 서로 이율배반적 관계에 있는 것과도 같다. 여기서 빛의 위치를 태극의 자격에 비유하고 열량을 태극의 능력에 비유할 때 어느 하나가 강해지면 다른 것이 약해지는 관계와 같다. 그래서 빛의 위치와 열량은 불확정적일 수밖에 없는데, 주자의 태극에 대한 설명도 이와 같다고 볼 수 있다. 그런 점에서 주자의 주장은 매우 옳았다고 할 수 있다.

> '무극이태극'이란 이 한 구절을 이러한 의미로 살펴보아야만 그 말하는
> 것이 정밀하여 기묘하기 끝이 없게 된다(《태극도설해》).

주자가 자기의 주장을 가장 분명하면서도 간결하게 밝힌 구절이라고 할 수 있다. 여기서 주자는 무극과 태극을 모두 말하지 않으면 안 될 절실한 이유를 밝히고 있다. 무극을 말하지 아니하면 태극이 요원격이라는 '여럿'에 위협을 받게 되고, 태극을 말하지 아니하면 '하나'라는 부류격에 흡수당하여 텅 빈 허공에 빠지지 않을까 염려가 된다는 말이다.9) 무극을 말하지 않으면 변화만상에 태극이 떨어져버려 상대적이 되지나 않을까 두렵고, 태극을 말하지 않으면 그 반대로 절대화되어져 변화만상에 영향을 미치지 못할까 염려된다는 것이다. 철학은 모두 결국 '하나'의 위협으로부터도 그리고 '여럿'의 위협으로부터도 존재를 보호하자는 것이 궁극적 목적이어야 한다. 주자는 바로 이 문제를 두고 고심했다. 부류로 올라가는 것도 위험하며 요원으로 떨어지는 것도 위험하다. 필자는 주자가 고민하고 있는 문제가 파르메니

---

9) 불교에서는 전자를 '단멸의 오류', 그리고 후자를 '상주의 오류'라 한다.

데스가 고민한 문제와 결코 다르지 않다고 본다. 큼(즉 태극)이 큼 자체와 속성을 공유하는 문제에 직면하면 큼 자체가 개별적 큼과 닮음(likeness)의 문제에 직면한다. 즉, 자기서술적이 되지 않을 수 없다.

오늘날 멱집합의 원리에서 자연스럽게 수용될 수 있는 것으로 자기 자신이 자기 요소의 한 요원이 되는 원리인 현대 집합론의 원리가 19세기 말에 수용된 것을 보면, 주자는 이미 이런 멱집합의 원리를 수용하고 있다. 다시 말해서 태극은 자기 요소인 오행 속의 한 요원이 되지 않을 수 없다. 그렇지 않으면 어떻게 태극이 만물을 주관할 수 있는 자격을 갖겠는가? 대통령이 그 나라의 시민이 아니면 어떻게 그 나라의 지도자가 될 자격이 있느냐는 것이다. 그래서 태극을 말하지 않으면 자격 상실에 걸리고 만다는 논리다. 반대로 자기서술적이 되어버리면 태극은 만물의 한 구성요소가 되어버렸기 때문에 만물을 거느릴 능력을 상실한다. 그래서 무극을 말하지 않을 수 없다는 것이다. 태극을 말하면 자격을 갖추게 되나 통솔할 수 있는 능력은 상실하게 된다. 그래서 무극을 말하지 않을 수 없다는 것이다. 자기서술과 함께 태극은 곧 무극이 되어 버림으로써 자기비동일성의 결과를 초래하고 만다. 그래서 다시 태극을 말하지 않을 수 없게 된다.

주자는 '태극 위에 무극'을 실체로서 긍정하자는 것이 아니라 무성·무취·무방소·무형상 같은 태극에 대한 형용사에 지나지 않는다고 주장한다(《주자전서》 권1). 즉, "태극 밖에 다른 부류로서 무극이 따로 있는 것이 아니다[非太極之外 復有無極也]"라고 강변한다. 여기서 우리가 알 수 있는 사실은 주자 자신도 위계론자가 되는 것을 스스로 거부하고 있다는 점이다. 즉, 무극은 형용사로서 태극을 수식하고 있는 것이지 옥상옥처럼 실체로 있는 것이 아니라고 한다. 주자는 "천지만물이 유에서 생기고 유는 무에서 생긴다[天地萬物 生於有 有於生無]는 노장사상과는 자기의 주장이 다르다는 것을 보여주려고 애쓴다. 그러나 육상산 형제들의 의구심을 완전히 떨쳐버리기에는 부족하기에 여전히 위계론자처럼 보인 것은 어쩔 수 없었다.

주자가 무극을 실체가 아닌 형용사로 본 것은 설득력이 좀 부족해 보인다. 그러나 태극이 궁극적이라 보기에는 시대적으로 무리인 것 같다. 공자 당시에는 태극이 궁극적인 부류 개념을 유지할 수 있었지만, 이미 주자 당시에는 요원의 개물들 상태로 떨어질지 모르는 위험을 가지고 있었다. 태극이 무극과 개물들 사이에 있는 애매한 존재로 보일 수밖에 없게 된 것은 시대적 상황이었다. 이 점에서 주자는 사산 형제보다 더 시대인식에서 앞서 있었다고 볼 수밖에 없다. 결국 부류와 요원이라는 개념은 시대에 따라 변한다고 할 수밖에 없다.

### C. 주자에 대한 사산의 응답 : "태극은 중정이다〔太極中正〕"

사산은 위와 같은 주자의 반박에도 '태극'이란 두 글자가 지극히 미묘한 "바르고 가운데[中正]"의 위치를 잘 지키고 있는데, 왜 주자가 무극을 또 얘기하느냐면서 주자의 견해를 받아드리려 하지 않는다. 태극은 극히 중립적인 위치를 올바르게 지키고 있기 때문에 주자가 우려했던 현상 즉 태극이 만물의 일물로 떨어지지는 않을 것[太極二字 …… 微妙中正 豈有不同一物之理]이라고 주장한다(《주렴계집》 권2). 그래서 무극을 태극 위에 두는 것은 "머리 위에 머리를 얹는 것이며, 지나치게 허무하고 높은 것을 좋아하는 것이 됩니다"라고 했다. 높은 것 두기 좋아하는 주자에게 성벽상의 문제가 아니냐고 사산은 다분히 인신공격으로 흐를 수 있는 발언을 여기서 하고 있다.

사산은 주자가 높은 것 두기 좋아하는 위계론자라고 규정하고는 자기는 '중정'을 좋아하는 비(非)위계론자로 자처한다. '중정(中正)'이란 가운데를 바르게 잡는다는 뜻이다. 태극은 스스로 자기에 대하여 가운데를 바로잡을 수 있기 때문에 무극으로 다스려질 필요가 없다고 본다. 여기서 사산이 태극을 두고 중정이라고 말하는 것은 태극이 제 자신에 대하여 주체-객체 노릇과 원인-결과 노릇을 다 할 수 있음을 일러주는 것이다. 한마디로 말해서 태극은 '자기 원인적(causa sui)'임을 주장한다. 반대로 주자는 '태극'의 '극'을 '지(至)'로 해석하여 지극함을 뜻한다고 본다. 극에 대한 이러한 해석의 차이가 결국 두 사람 사이에 근본적인 의견 차이를 만드는 결과를 낳는다. '극'을 '지극'함으로 이해하는 한 역설은 피할 수 없게 된다.


D. 주자의 반문 :
"태극은 형체가 있는 구체적인 것인가〔太極是有形器之物耶〕?"
"무극은 형체가 없고 이치만 있는 것인가〔無極卽是無形 太極卽是有理〕?"


주자는 사산이 자기를 위계론자라고 몰아붙이자 매우 불쾌했음이 분명하다. 다음 구절에는 주자의 이러한 감정이 그대로 나타나 있다. 그래서 주자는 새로운 문제 제기를 하면서 사산에 반격하고 있다.

또 말씀하시기를 무극이라는 글자를 붙인 것은 바로 허무하고 높은 것을 좋아하는 폐단이 있다고 하셨는데, 알지 못하겠습니다. 존경하는 형께서 말씀하시는 태극은 형체를 가진 구체적인 것입니까? 형체가 없는 것입니까? 만약 구체적인 형체가 없으면서 단지 추상적인 이치만 있는 것이라면 무극은 형체가 없는 것이며, 태극은 이치가 있는 것이 분명합니다(《주자문집》 권36).


주자는 이와 기를 말할 때 "기 가운데 있는 불순한 이"와 "기에 앞서 있는 순수한 이"로 나누어 생각한다. 후자의 순수한 이를 주자는 '무극'이라고 보았다. 무극은 '형체가 없음'이고 태극은 '이치를 가지고 있음'이다. 그러나 사산은 태극 자체가 '형체가 있는 물건'을 가리키는 것이 아니기 때문에 무극을 태극 위에 첨가시킬 필요가 없다고 본다. 주자와 사산 사이의 이와 같은 견해의 차이는 태극에 대한 이해가 판이하게 다른 데서 유래한다. 주자는 태극이 그 밑에 있는 사물들로 훼손 받기 쉬운 위치에 있기 때문에 부류의 부류, 즉 무극을 따로 설정할 필요성이 있다고 보았지만, 사산은 태극 자체가 안전벽을 가지고 있다고 보았다. 주자는 태극을 부류로부터도 요원으로부터도 보호를 하고 싶었던 것이다.

그러면 과연 주자는 위계론자였나? 주렴계가 사산의 주장대로 위계론적 사고를 분명히 하지는 않았다고 하더라도 곳곳에서 위계론적 발상들을 드러내고 있는 것도 무시할 수는 없다. 《통서》〈이성명장〉에서 "음양[二實]과 오행이 만물을 화생한다. 오행의 특이함은 이(기)의 내용이 되고, 이기의 근본은 하나(태극)"라고 했다. 여기서 주렴계가 발생론적 또는 위계론적 사고를 하고 있음을 우리는 발견하게 된다. 오행은 음양 밑에 그리고 "둘의 근본은 하나[二本卽一]"라고 했다. 그렇다면 "음양의 근본이 태극이 된다"는 뜻이 된다. 이 말이 비위계론적이라고 하기 어렵다. 태극은 본이고 이기는 거기서 나온 말로서 '보기'로 이해될 수 있기 때문이다. '본보기'란 합일점 찾기의 어려움이 엿보인다.

《통서》의 말을 《태극도설》과 비교하여 고찰해 보면 무극과 태극의 관계도 본과 말(보기)의 관계가 아닌지 의심스럽다. 즉, "오행은 음양이며, 음양은 태극이고, 태극은 본래 무극이다"라는 구절이 바로 그러한 의심을 일으킨다. 태극도설의 이 구절을 《통서》의 "둘의 근본은 하나"라는 말과 대비해서 생각해보면 여기서 '하나'란 곧 태극과 같아진다. 그렇다면 "'무극'은 다름 아닌 태극의 근본이 된다"는 논리가 성립된다. 음양의 근본이 태극이라 하면서 태극의 근본이 무극이 아니라고 하는 것은 말에 모순이 있다는 것이다. 태극이 음양의 부류라면 무극은 그 부류의 부류일 수밖에 없다.

이것은 "무에서 유가 나왔다"는 도가의 사상과 다를 바 없다는 것이 사산의 입장이다. 그리고 주자가 이러한 도가의 영향을 틀림없이 받았다고 사산은 확신한다. 사산은 음양을 요원으로 하고 태극을 음양의 요원으로 보지 않았기 때문에 "역의 도는 일음일양일 뿐이다[易之爲道 一陰一陽已]"라고 했다. 일음일양 즉 한 번 음이 되고 한 번 양이 되는 변화 자체를 도라고 해석함으로써 음양 자체가 형이상이라고 보았다. 이것은 매우 중요한 주장이다. 그러나 주자의 경우에는 태극이 형이상이지 음양이 그럴 수는 없다. 주자는 "일음일양은 기이니 형이하이며, 일음일양 하는 까닭은 이이니 형이상이다"라고 했다. 주자는 이기 개념을 응용하여 부류격인 태극은 이고, 요원격인 음양은 기라고 나누어 생각했다.

주자는 '부모'와 '건곤'을 나누어 생각했다. 그리고 후자를 전자보다 상위 개념으로 설정했다.

사람의 한 몸은 본래 부모에게서 생겨나는 것이다. 그러나 부모가 부모 될 수 있는 까닭은 건곤(천지)이다. 만약에 (단지 자신의) 부모에 대해서만 말한다면 각기의 사물이 각각 개별적인 부모를 갖게 된다. 만약 건곤으로 말한다면 곧 만물이 모두 동일한 부모를 갖게 된다(주자가 사산에게 준 첫 번째 글 중에서).

위의 글은 주자가 장횡거의 《서명》을 풀이한 글이다. 주자의 논리에 따르면 개별자는 요원이고, 그 요원들의 부류는 '부모'(父母)이고, 그 부모라는 '부류의 부류'는 '건곤'(乾坤)이다. 이 부류의 부류 때문에 모든 개인이 같은 부모를 가질 수 있다는 것이 주자의 논리다. 주자가 아무리 위계론적 사고를 하지 않는다고는 하지만 위와 같은 그의 논술은 위계론적이라는 의심을 피할 수가 없다.

마지막으로 주자와 육상산 형제와의 사상적 차이점은 '극(極)'자에 대한 풀이에서도 나타난다. 육상산은 《중용》의 '중(中)'이라는 개념을 천하의 '근본(根本)'이라고 풀이한 데 근거하여 '극'을 '중'으로 풀이한다. 가운데 '중'을 '극'으로 풀이한 것은 비위계론적 사고와 위계론적 사고를 구별하는 좋은 예가 될 수 있다. 즉, 극(極)은 층계의 끝이 되기 때문에 위계론적 함정에 빠질 위험성이 있다. 그것을 '중(中)'이라고 함으로써 비위계론적이게 만들며 순환적이게 한다는 뜻이다. 양극이 가운데를 향하여 순환적으로 작용한다고 본다. 육상산이 일음일양 그 자체가 태극이라 한 것도 바로 이러한 이유 때문이다. 음양대칭 위에 극을 만들어 형이상과 형이하로 나누는 주자의 태도에 문제가 있다고 육상산은 보고 있다. 음과 양이 중으로 모여 흩어지는 작용이 궁극적이요 그 자체가 형이상일 뿐이다.

그러나 주자는 극을 중으로 해석하는 것은 잘못이라고 하면서 상산의 주장을 거부한다. 주자는 《중용》의 "중이란 천하의 큰 근본이다[中也者 天下之大本]"라는 말에 근거하여 극이란 중이 아니고 희로애락 같은 인간의 감정이 발하지 않은 상태에서 그 치우치지 아니한 상태다. 그런 면에서 중은 치우칠 소지가 있다. 극은 치우치지 않은 상태인 '지극함'이며 '표준적' 상태다. 주자와 상산의 '극'자에 대한 이러한 상반된 해석의 차이는 위계적, 비위계적인 사고의 차이를 그대로 보여준다. 주자의 극은 산의 정상과 같아서 표준과 준거가 되는 것으로서, 경우에 따라서 좌로도 우로도 기울어질 수 있는, 아직 모든 것이 발하지 않은 미발점이다. 그러나 상산은 좌로나 우로 이미 기울어져 서로 작용하는 가운데로 극을 이해하고 있다. '극'에 대한 이러한 해석의 차이가 아포리아의 문제와 바로 연결된다.

## 4.4.2. 주자와 상산의 제2차 논쟁

제2차 논쟁은 상산과 주자 사이에 벌어지는 논쟁이다. 상산은 사산이 제기한 문제를 반복하면서 자기의 지론을 다음과 같이 일곱 가지로 지적한다.

1. 주자의 주장은 자연스럽지 못한 인위적인 점이 있다.

2. 주자의 많은 지식이 결국 그를 병들게 했다.

3. 무극은 결국 노자의 학설이다. 태극이 이미 '구경지극(究竟之極)'인데 옥상옥을 둘 필요가 없다. 태극을 '하나'로 보는 데 문제가 생기는데, 구태여 '극'을 총체적인 것으로 볼 필요가 없다. 단순한 낱개의 일자일 수도 있다. 극을 중이라고 하면 문제는 해결된다.

4. 음양은 형이하가 아니다. '하물며 태극이랴'고 할 때도 위에 일자가 따로 있다고 말한 것이 아니다.

5. 상산 자신도 고서에 의존하고 있는 점에서는 주자와 같다. 그러나 다만 '무극'이란 말은 믿지 않는다.

6. 무극을 제 자신의 성격 없음 즉 '무방소(無方所)' 혹은 '무형상(無形狀)'이라고 한다면 결국 인간의 감각으로는 말하거나 경험할 수 없는 경지가 아닌가?

7. 주자의 설은 선종의 영향을 받은 것이다.

상산의 일곱 가지 지적 가운데 1, 2, 5, 7은 논쟁의 가치가 없다고 본다. 노장이나 불교의 영향이기 때문에 잘못이라고 하는 것은 사실 유가적 편견에 따른 것으로서 학문적 토론의 가치는 없다고 본다. 이런 주제들은 본안에서 제외시키는 것이 효과적인 토론을 위해 좋을 것이다.

두 사람 사이에 논쟁의 회수가 더해감에 따라 인신 공격적이며 쟁점에서 벗어난 감정적인 대립으로 가게 된 것은 이 논쟁이 매우 해결하기 어려운 난제들 가운데 하나임을 입증한 것이라 할 수 있다. 주자의 응답은 상산보다 이론적이며 쟁점의 본질에 접근하는 것들이다. 주자의 응답을 정리하면 다음과 같다.

1. 상산이 극을 중이라 하고 음양을 형이상으로 보는 것은 태극에 대한 몰

이해 때문이다.

2. 노자는 유무를 둘로 나누어 무가 유보다 먼저 있다고 보았으나 주렴계는 유무를 하나로 보았다.

3. 극은 '표준'이란 뜻과 '지극'이란 뜻이 함께 있는 것이지, 중의 뜻이 있는 것은 아니다.

4. 상산이 '지지(知至)'란 말을 사용했는데, 이는 대학과 문언의 그 사용법이 같지 않음을 상산이 알지 못했기 때문이다.

5. 음양은 형이상이 아닌 형이하로서 형기(刑器)다. 음양의 이치가 도다.

6. 상산의 《통서》 인용이 잘못되었다.

7. '무극이태극'에서 '이(而)'는 결코 상산이 말하듯이 선후를 나타내는 것이 아니고 무 속에 유 그리고 유 속에 무가 동시적임을 말한다.

8. 선종의 영향은 차라리 상산 형제에게 심각할 정도다.


상산이 제기한 문제 가운데 제3의 인간 논증과 관련하여 고려의 대상이 될 수 있는 것은 음양오행이 형이상이라는 부분이다. 상산은 역경의 말 "형이상학적인 것을 도라 한다" 그리고 "일음일양을 도라 한다"는 말에 근거하여 일음일양이 도인 이상 태극도 도 즉 형이상이라고 주장한다. 역이 생긴 이래 태극을 "어떤 사물로 오해한 적은 없었다"고 하면서 주자가 왜 갑자기 태극을 일물로 오해하는 것을 염려하느냐고 공격한다. 태극을 일물로 보는 것은 주자의 기우라는 것이다. 그러나 앞으로 제3의 인간 논증에서 보다시피 형상은 자기서술을 하여 '아름다움 자체(형상)도 아름답다'가 가능해 진다. 멱집합의 자기언급과 같은 경우를 두고 하는 말이다. 그래서 상산이 태극을 일물로 여기는 사람이 없다는 것으로 존재론의 대논리를 부정하려고 하는 것은 정당한 이론이라 할 수 없다.

주자는 상산에 대하여 음양은 도가 아니며 음양하는 까닭이 도라고 하면서 다음과 같이 주장한다.

사물이 있기 전부터 존재하며, 일찍이 사물이 있은 뒤에도 서 있지 않은 때가 없다. 음양의 바깥에 존재하지만, 일찍이 음양의 가운데 행해지지 않은 때가 없다. 전체를 관통해서 존재해 소리·냄새·그림자·울림이 없다(《성리대전》 36).

주자는 "태극은 형이상의 도, 음양은 형이하의 기[太極形而上之道陰陽形而下之氣也]"라고 하면서도 동시에 "태극이 존재하지 않은 데가 없다[太極無不在]"고 한다. 주사가 음양은 도가 아니며 형이상이 아니라고 한 데 대하여, 상산은 절대로 승복할 수 없다고 하면서 다시 역경의 말인 "도라는 것은 일음일양일 뿐이다"로 돌아가서 선후시종, 동정회암, 상하퇴진, 존비귀천 같은 모든 대칭이 "어느 하나 일음일양이 아닌 것이 있을까? 홀과 짝이 서로서로 찾아서 한없이 변화한다. 그래서 그 도는 자주 옮겨 다니며 변동한다"[〈여주원회(與朱元晦)〉, 2]고 한다. 즉, 형이상하를 막론하고 음양 아닌 것이 없으며 그래서 태극이 형이상인 것은 두 말할 나위도 없다. 도가 음양에 이미 분유되어 삼라만상으로 나타나고 있는데 왜 별도의 무극을 말하느냐는 지적이다.

그러나 여기서 우리가 상산의 말을 이해할 수 없는 점은 그가 음양을 도라고 하면서도 음양만을 궁극적인 것으로 보지 않고 태극을 또 인정하고 있다는 사실이다. 그는 무극을 부정하고 있을 뿐이지 태극을 부정하고 있는 것은 아니다. 오행이 이미 형이상이라면 그 이상의 형이상은 이미 필요가 없기 때문이고, 그렇다면 그도 마찬가지로 옥상옥을 두고 있다는 비난을 피할 수 없다. 그 이유는 아마도 그가 태극과 음양을 모두 기로 보았기 때문일 것이다. 그렇다면 다시 자기모순에 빠진다. 그는 극단적인 유심론자다. 그러한 그가 기일원론에 빠진다는 것은 자기의 철학 자체와 상위한다고 할 수밖에 없다(시마다, 1992, 140).

상산은 주자를 지리(支離)하다고 비판하고, 주자는 상산을 광선(狂禪)이라 비난한다. 이렇게 양자 사이에는 서로 조롱하고 인신공격적인 수위에까지 이르게 되었다. 주자는 "다시는 반드시 같아지기를 바랄 수 없습니다."고 했으며, 상산 역시 "형께서 먼저 이런 말씀을 하시니 매우 바라는 바가 아니라고 말할 수밖에 없습니다."고 답하는 것으로 두 사람 사이의 논쟁은 중단되고 다시 천 년이 지나도록 아호논쟁은 재론되지 않았다. 그러나 지중해 연안으로 눈을 돌려 보면 같은 논쟁이 고대 그리스 아테네 사회에서도 있었으며, 서양에서 무려 2500여 년 만인 20세기 중반 1950년대에 이르러 한 분석철학자인 블라스토스로 말미암아 다시 쟁점화하였다는 사실을 발견하게 된다. 그렇다면 이제 우리는 과연 어느 쪽이 옳고 그르냐는 것보다, 이 논쟁의 성격 자체에 대하여 한번 생각해볼 때다.

1930년대 서양의 수학자 괴델은 이 논쟁의 종지부를 찍는 증명을 했다. 그 결론에 따르면 이것은 '비결정적' 문제다. 필자가 생각하기로는 불교논리학에서도 이 문제가 제기되었으며 7세기 한국의 원효는 그의 《판비량론》을 통해 괴델보다 먼저 이 문제를 '부정(不定)'이라고 정리하였다고 본다. 이에 대해서는 판비량론에 관한 저자의 책을 참고하기 바란다.10) 주자와 상산은 마치 20세기 수학자들처럼 자기들이 지금 논쟁하고 있는 문제의 성격 그 자체를 몰랐던 것이다. 한마디로 말해서 해결될 수 없는(unsolvable) 문제를 해결하려고 했다. 이들이 다시 우리 시대로 돌아와 서로 웃음으로 손을 잡아야 할 것이다. 아무쪼록 본서가 그런 계기가 되기를 바란다.

---

10) 《원효의 판비량론》(지식산업사, 2003)과 《판비량론 비교연구》(지식산업사, 2004).

## 4.5. '큼'의 역설과 '태극'의 역설

육씨 형제들이 제기하는 3대 쟁점은 주돈이가 무극을 말하지 않았고 무극은 노장사상에서 유래했다는 것, 오행이 이미 형이상이기 때문에 무극은 옥상옥이라는 것, 극은 지가 아니고 중이라는 것이다. 여기서 필자는 마지막 쟁점만이 철학적으로 거론할 가치가 있다고 본다. 다시 말해, 이 쟁점만이 제3의 인간 논증과 연관하여 쟁론의 가치가 있다고 본다.

제3의 인간 논증은 '여럿 위의 하나(one over many)'라는 데서 출발한다. '태극'이란 말에는 제3의 인간 논쟁에서 문제로 되는 두 가지 어휘 즉 '큼'과 '하나'의 의미가 그 속에 포함돼 있다. 그런데 동양에서는 공자가 태극을 제기하였을 때 왜 그리스와 같이 그렇게 심각한 토론이 이루어지지 않았을까? 무려 1500여 년이 지난 11세기 송명 시대에 이르러서야 태극논쟁은 불붙기 시작한다. 바로 아호논쟁이 그것이다. 그리고 그 논쟁의 성격이 제3의 인간 논증과 같다. 그래서 여기서 두 논쟁을 비교하는 것은 매우 의미 있으며, 두 논쟁의 같은 점과 다른 점을 해명한다는 것은 바로 동서 철학의 유사성과 차이성을 밝히는 데도 도움이 된다.

우선 태극을 '큼'과 '하나'라는 사전적 의미에 기초하여 파르메니데스의 언어로 재구성해 보기로 한다. 다시 말해 한번 주자와 상산 형제와의 대화를 파르메니데스와 소크라테스간의 대화로 바꾸어 놓고 생각해보자. 파르메니데스와 소크라테스가 나눈 대화의 성격은 주희와 육씨 형제가 나눈 것과 성격이 같다. 그리스에서는 동북아에서보다 이미 1500여 년 전에 있었을 뿐이다. 그 성격이 같은 것을 여기서 한번 분석해보자. 큼과 하나의 문제는 그대로 태극의 문제다. 태극에는 이미 '큼'의 의미와 '하나'의 의미가 들어가 있기 때문이다. 큼과 하나의 의미는 반드시 제3의 인간 역설을 동반한다. 지금 아호에서 주희와 육씨 형제 사이에 바로 이런 종류의 논쟁이 벌어진다. 여기서 다시 《파르메니데스》 132a2를 재인용하기로 한다.

> [파르메니데스가 묻기를] "만약 자네가 같은 방법으로 정신의 눈을 가지고 이 모든 것을 본다면, 이 모든 것이 그것에 따라 크게 보이는 또 하나의 큼[태극]이 나타나는 것이 아닌가?"
>
> "그렇습니다." 하고 소크라테스가 대답했다.
>
> 그러자 파르메니데스는 또 말한다. "따라서 큼 자체와 그것을 나누어 분유하고 있는 것 외에 또 하나의 큼의 형상이 나타나게 되는 걸세. 그러고 나면 그 모든 것 외에, 그 모든 것이 그것에 따라 큼일 수 있는 또 하나의 큼의 형상이 나타나게 되는 걸세. 이렇게 되면 각각의 형상은 벌써 하나가 아니라 무수하게 자네에게 나타나는 것이 될 걸세."(《파르메니데스》, 132a2).

주렴계의 태극도설에 따르면, 태극은 태극 자체인 동시에 음양오행 속에도 내재한다. 그러면 음양오행 속의 여러 개 가운데 하나인 태극을 '하나'로 하는 '태극 자체(Taeguk itself)'가 있어야 한다. 여기서 물론 형상이란 '태극 자체'다. 태극 자체는 여러 개 큼의 이데아이며 이데아는 개별적인 여러 개의 큼을 분유(分有)한다. 이 분유 문제의 경우 《태극도설》에 따르면 그것이 그리스 철학자들의 것과는 판이하게 다르다. 음양오행은 태극을 나누어 갖는 분유가 아니고 전자가 후자를 전유(專有)하는 관계다. 이 점에 우선 유의해야 한다.

여기서 우리는 '큼 자체'를 '태극'과 일단 연관시켜 생각해도 좋다. 풍우란은 태극을 이데아로 보고 태극 자체는 '이데아의 이데아'로 보자고 한다. 우리는 여기서 태극이 음양오행 속에 내재하는 것을 태극의 품격(品格)이라 하고, 태극 자체는 태극의 성격(性格)이라고 하자. 그리고 태극의 성격을 '태극성', '태극 그 자체' 또는 '태극의 태극'이라고도 하자. 그런데 여기서 만약에 '속성(property)'의 문제를 개입시키면 문제는 복잡해진다. 다시 말해서 형상과 개별자의 나누어 갖는 속성이라는 3자가 서로 엮이면서 문제는 복잡해진다. 아리스토텔레스는 '큼 자체'와 '큰 사과'들 사이에 공통의 속성을 나누어 갖는다면, 이들 양자를 묶어주는 제3의 이데아가 필요하다고 보며, '큼 자체'의 이데아를 '큼 자체 1'이라면 이를 개별자 큼과 묶어주는 이데아는 '큼 자체 2'가 될 것이다. 이렇게 이데아는 절대적인 독자성을 상실하면서 무한 퇴행을 하게 된다.

〈계사전〉은 태극에 대한 이러한 무한 퇴행의 문제를 알고 있었는지 궁금하게 된다. 여기서 태극의 '극(極)' 의미에 대하여 이를 무한 퇴행과 연관시켜 생각해 볼 필요가 있다. 극을 어떻게 해석하느냐에 따라서 역의 철학적 의미는 달라진다. 주자는 '끝[至]', 육씨 형제는 '가운데[中]', 정다산은 '비결정[或]'이라고 했다. 이러한 다양한 의미의 차이가 생기는 이유가 바로 '큼'에 대한 무한 퇴행의 문제와 무관할 수 없다고 본다. 주자와 육씨 형제 사이에 생긴 논쟁의 근본적인 원인도 바로 '극'에 대한 해석의 차이 때문이다. 만약에 주자와 같이 극을 '지'로 해석하면, 그것은 무한의 문제와 관계가 되어 역설을 피할 수 없게 된다. 유클리드 공리 가운데 제5공리가 문제로 되는 것은 다른 공리와 달리 그것이 무한의 문제를 다루고 있기 때문이다. 다시 말해서 '이데아'가 개별자와는 달리 '무한개' 또는 '무한대'라는 무한의 문제와 연관이 되기 때문에 역설을 만나게 된다. 지금까지 아호논쟁을 다루면서 이 점을 간과했기 때문에 문제의 본질을 잃고 말았다. 그리고 아호논쟁이 미제로 남는 이유도 바로 그것이 괴델에게서 보는 것과 같이 비결정성의 문제이기 때문이다.

태극의 '극'이 기수로는 '모두', 서수로는 '끝'의 개념을 함의한다고 할 수 있으며, 여기서 무한 퇴행은 불가피하다. 결국 역도 무한 퇴행의 문제와 무관한 문제를 가지고 있는 것은 아니다. 그런 의미에서 블라스토스가 재구성한 제3의 인간 논증을 아호논쟁과 연관하여 재구성하는 것은 아호논쟁의 논쟁적 성격을 철저히 파악하는 데 도움이 된다. 블라스토스의 말로 태극도설을 다음과 같이 논리적으로 재구성을 해본다.

<A1>

전건 : 만약에 음양오행 속의 a, b, c라는 태극의 품격들을 모두 태극 F라고 한다면,

후건 : 단일한 태극의 성격 F-ness라는 형상, 즉 그 형상을 통해 a, b, c라는 품격을 모두 F라고 할 수 있는 단일한 형상이 존재해야 한다.

<A2>

전건 : 만약에 a, b, c(음양오행 속의 태극의 품격)와 F-ness(태극 자체의 성격)가 모두 F라면,

후건 : a, b, c와 F-ness를 모두 F라고 하는 F1-ness라는 또 하나의 단일한 형상이 있어야 한다.

<A1>과 <A2>의 전건을 비교해보기로 하자. <A1>의 전건에는 {a, b, c}라는 집합의 요원들밖에 없다. 그러나 <A2>의 전건은 {a, b, c, F-ness}와 같다. 즉, 다음과 같아진다.

<A1>의 전건 : F={a, b, c}
<A2>의 전건 : F={a, b, c, F-ness}

이는 "F-ness도 F다"라는 결론으로 "태극 자체도 태극이다" 또는 "큼 자체도 크다" "아름다움의 형상도 아름답다"고 하는 것과 같아진다. 이는 태극이 태극 자신을 서술하는 것으로 이를 두고 '자기서술

(self-predication)'이라고 한다.

<A3>

"태극도 자기 자신에 관하여 술어가 될 수 있다. 태극 자체는 그 자신 태극이다. F-ness는 그 자신 F다"[11]

태극이 주어이고 오행이 술어인데, 태극이 자기 술어로 서술되고 있다. 이는 이미 주렴계가 태극을 음양오행 속에 흰 원으로 그려놓은 데서 극명하게 나타난 것에 지나지 않는다. 이 자기서술은 제3의 인간 논증에서 '가장 중요한 것(the most important single issue)'이라고 할 수 있다(Vlastos, 1954, 233). "어떤 형상도 자기 자신에 관해 술어가 될 수 있다. '큼 자체'는 그 자신 크다. 즉. F-ness는 그 자신 F다"(Vlastos, 1954, 324). 태극의 성과 품은 다같이 큼이다. 이 자기서술의 문제는 앞으로 말할 자기비동일성과 함께 제3의 인간 논증의 서로 상충되는 명제가 된다.

전건을 통해 우리는 자기서술이라는 문제를 끌어낼 수 있었다. 그런데 후건을 비교하면 자기서술과는 상충되는 결론을 도출해 낼 수 있다는 데 문제의 심각성이 있다. <A2>의 후건은 <A1>의 그것과는 달리 F1-ness라는 하나의 태극성을 내포한다. 태극의 태극이라고 할 수 있다. 이제 만약에 이 F1-ness를 음양오행과 같은 개별자의 품격으로 보자. 그러면 그 이상의 형상이 등장할 필요가 없다. 태극의 성격 F-ness를 오행 즉, 가운데 하나인 것으로 본다면, 제2, 제3의 F2-ness나 F3-ness 같은 태극성이 나타날 필요가 없다. 그러면 개별자 즉 음양오행은 태극 자체와 다르다는 전제가 필요하다. 이를 두고 '자기비동일성(The Nonidentity Assumption)'이라고 한다. 이를 블라

---

11) <A3> "Any Form can be predicated of itself. Largeness is itself large. F-ness itself is itself F"(Vlastos, 1954, 324).

스토스는 다음과 같이 논리식화한다.

<A 4>

"어떤 것이 특정한 성질을 가진다면 그것은 그 형상 즉, 이를 통해 우리가 그 성질을 파악하는 그 형상과 일치될 수 없다. 만약 x가 F라면 x는 F-ness와 일치될 수 없다."

자기서술은 무한 퇴행을 가능하게 만든다. 태극의 제4·제5 …… 의 태극성이 무한히 탄생한다. 태극과 '태극의 태극,' '태극의 태극 ……' 과 같은 무한 퇴행이 생겨나지 않을 수 없게 된다. n개의 태극의 성격에 n-1개만큼 무한 퇴행이 가능해진다. 사산은 주자의 이론에 우려를 보내는 근본적인 이유도 무한 퇴행으로, 이를 두고 '옥상옥'이며 병의 근원이라고 우려한다. 이는 다름 아닌 무한 퇴행에 대한 우려인데, 무한 퇴행은 동서양 철학에서 가장 위험시되는 존재론의 함정이다. 사산과 상산 형제는 주자가 극(極)을 지(至)로 해석함으로써 이런 무한 퇴행의 우를 범했다고 보고 있으며, 그래서 '극'은 '지'가 아니고 '중'이라고 강변한다. 그러면 과연 사산의 주자에 대한 비판은 옳았는가?

제3의 인간 논증은 구조적으로 자기서술과 함께 자기비동일성을 가지고 있다. 자기비동일성은 무한 퇴행을 불가능하게 만들고 있다. 서로 모순된 논리식이다. 즉, "F-ness는 F다"라는 자기서술과 "만약 x가 F라면 x는 F-ness와 일치될 수 없다"는 두 개의 논리식을 결합하여 x에 F-ness를 대입하면 다음과 같은 결론이 나온다. 즉, "만약 F-ness가 F라면 F-ness는 F-ness와 일치할 수 없다." 따라서 SP와 NI는 서로 양립할 수 없다.

그렇다면 여기서 문제가 되는 것은 x를 F-ness로 대입한다는 것의 의미다. 블라스토스는 x의 값을 a, b, c 같은 품격에 국한한다. <A4a> 라는 논리식을 첨가할 것을 제의한다. 그러나 이것은 <A2>에 모순된다. 그러면 제3의 인간 논증은 자체 모순에 직면한다. 이는 <A1>과 <A2>의 불일치를 뜻한다. 이를 한번 《태극도설》로 돌아와서 점검해 보자. 즉, 태극은 음양오행의 개별자들 가운데 하나다. 다시 말해서 《태극도설》은 <A4a> 가설을 받아들이지 않는다. 그렇다면 《태극도설》은 자기모순적인가? 블라스토스가 《태극도설》을 본다면 그렇다고 말할 것이다. 블라스토스의 공헌은 제3의 인간 논증에서 <A3>, <A4>와 같은 숨은 가설들을 찾아낸 점이라 할 수 있다. "그전까지 학자들은 이 논변을 의심하고 더 나아가 《파르메니데스》의 전제를 의심했지만 구체적으로 무엇이 잘못되어 있었는지는 몰랐었다. 그런데 블라스토스가 <A3>과 <A4>라는 숨은 전제들을 밝혀냄으로써 이 논변의 자기모순성이 드러난 것이다"(안재오, 2002, 203). 따라서 블라스토스는 이렇게 말한다.

> 만약에 플라톤이 제3의 인간 논증의 후반부를 정당화하는 데 필요한 (그리고 충분한) 모든 전제들을 확인했더라면 그는 제3의 인간 논증을 도무지 만들지 않았을 것이다(Vlastos, 1954, 329).

그러나 위에서 말한 대로 블라스토스의 지적은 옳았으나 그의 판단은 잘못되었다. 다시 말해서, 우리가 《태극도설》로 돌아와 생각해 볼 때 x는 F-ness로 대입될 수 있다. 태극은 오행 속에 분유되는 것도 참여하는 것도 아닌 전유되고 있다. 이 점에서 볼 때 블라스토스가 아직 자기서술과 자기비동일성을 양립할 수 없다고 보는 것은 그가 아리스토텔레스의 모순율에 충실하고 있음을 단적으로 입증한다. 그리고 현대 과학의 홀론(Holon) 개념을 아직 모르고 있다는 사실을 보여주는 것이기도 하다.

주렴계의 《태극도설》은 태극의 자기서술과 자기비동일성을 자연스럽게 그것도 너무도 자연스럽게 수용하고 있다. 그리고 주자는 주렴계의 생각을 정확하게 헤아려 부연 설명하고 있다. 상산 형제들이 수용하지 못한 것은 오직 '무극'일 뿐이다. 그 아래 태극과 음양오행 그리고 그 아래 만물의 화생을 모두 수용한다. 〈계사전〉에서 말한 '태극'을 궁극적으로 보는 견해를 상산 형제들은 견지하려고 한다. 태극은 유이며, 유 이전의 무를 수용하지 않는다는 견해다. 그러나 주자는 만약에 태극에 대하여 무극을 전제하지 않으면 무한 퇴행의 오류를 피할 수 없다고 생각했다. 이러한 주자의 생각을 파악하기 위해서는 제3의 인간 논증의 성격을 더 알아볼 필요가 있다. 블라스토스의 맥락에서 설명을 들어보기로 한다.

제3의 인간 논증은 형상이 무한 퇴행하여 형상의 자기 동일성을 파괴한다는 논변을 정당화하기 위해서 (1) 한편으로는 형상이 개별자와 같다고 주장하고(자기서술), (2) 다른 한편으로는 형상이 개별자와 다르다는 주장을 한다(자기비동일성). 사실 플라톤 자신이 형상의 자기서술적 표현을 여러 곳에서 하고 있는 것도 사실이다. 그리고 자기비동일성의 가설은 후대에 가장 잘 알려진 플라톤의 사상들 가운데 하나다. 이제 자기서술과 자기비동일성을 결합시키는 데서 무한 퇴행은 불가피하다. 태극 자체도 태극이고 오행도 태극이다. 그래서 자기서술적이다. 그러나 큼의 형상은 오행과는 다르다.

동양에서는 성품(性品)이라 하여 성과 품이 불가분리적이지만, 서양 철학의 난제는 바로 형상의 성과 품을 같다고도 다르다고도 할 수 없는 '닮음'의 문제에서 나온다. 다시 말해서 제3의 인간 논증은 다름 아닌 '닮음'의 논변에 지나지 않는다. 혹자들은 이런 난제가 '여럿 위의 하나(one over many : OM)'에서 발생하므로 이 전제를 제거하자고도 한다. 이는 이데아의 초월성을 근본적으로 부정하는 것으로 플라톤 철학의 근간을 흔드는 것이나 다를 바 없다. 플라톤 최후의 작품들인 《제7서한》과 《법율》 10권에서도 초월적 형상에 대한 신뢰를 버리지 않는 것으로 보아 OM은 그의 생명줄과 같다고 할 수 있다. 그래서 블라스토스의 주장대로 제3의 인간 논증은 플라톤이 자기가 자기를 스스로 파괴하는 것이라 보는 것은 어불성설이다. 플라톤은 자기 이론을 자기가 파기한 자해범이라 함이 타당하다.

이렇게 《태극도설》에서 제3의 인간 논증을 바라보는 눈은 착잡하다. 우선 논변의 성격이 너무 비슷하다. 그러나 근본적으로 다른 점이 몇 가지 있다. 위에서 보는 것처럼 F1-ness, F2-ness, F3-ness ……는 아무리 무한 퇴행하더라도 그것은 모두 유의 세계에 속한다. 그러나 《태극도설》은 이런 무한 퇴행을 차단하기 위하여 태극에 대하여 '무극'을 말하고 있다. 그래서 F1-ness를 무극이라고 볼 수는 없다. 도가에서는 태극을 무극에서 나왔다고 하고, 이를 존재론적으로 이물로 보나 《태극도설》에 대한 주자의 해설에 따르면, 무극과 태극은 한 물건의 서로 다른 양면일 뿐이고 선후가 아닌 동시적이다. '이(而)'를 발생론적으로 해석하려는 데 대하여 주자는 그것을 차단하고 있다.[12] 주자만이 태극의 자기서술과 자기비동일성의 문제를 알고 있었다. 주자는 태극은 형이상의 도로서 '조화의 추유(樞紐)'요 '품휘의 근저(根底)'라는 것을 알았다. 태극은 형이상이면서 형이하이고 만상을 초월하면서 내재한다. 주자는 '극'을 '추극(樞極)'이라 하고, 동시에 '태극'을 '만물의 뿌리'라고 했다. 이는 태극의 서로 다른 양면성을 단적으로 말한다. 이런 양면성을 시간적 선후로 나누어 무극에서 태극이 나왔다고 하는 것은 잘못이라는 점을 지적하려는 것이 주자의 근본적인 목적이다. 그러나 노사광의 주장에 따르면, 주렴계 자신의 설명에서 보면 이(而)자가 발생론적이라고 볼 수 있다고 했다(노사광, 1992, 427~439). 그러나 중요한 것은 주자의 해석이다. 주자는 상산 형제들이 발생론적으로 보려는 시도를 적극 부정한다.

주돈이의 〈태극도〉 이후 신유학자들에게 이런 발생론의 문제는 큰

---

12) 《도설》의 앞머리 부분에 '자무극이위태극'이라는 노장의 말을 첨가한 것은 무극에서 태극이 발생하는 것을 차단하기 위함이다.

논란거리였다. 소강절의 도에 이어 장재가 태극을 '태허(太虛)'라고 본 것은 무극이라는 것을 따로 말함이 없이 태극 자체를 비워버림으로써 유로서 태극의 무한 퇴행을 막으려 했던 것이다. 태극을 유로 남겨 두는 한 파르메니데스에서 보는 것과 같은 무한 퇴행을 막을 수 없기 때문이다. 정이의 '천리(天理)', 정호의 '소이연지리(所以然之理)' 모두가 태극의 발생론적 오류에서 기원하는 무한 퇴행의 위기에서 안전지대를 확보하려는 노력으로 보아야 한다. 상산은 태극의 '극'을 '중'이라고 함으로써 "무극은 무중이라" 하는 것이 불가능하니 무극은 없다고 한다. 음양오행이 중정을 얻으면 그것이 극이라고 상산은 해석한다. 그래서 태극의 초월성을 절대 인정하지 않으려 한다. 이는 정호와 장재의 주장과 비슷한 것으로 태극의 내재성만을 인정하려는 태도다. 상산에게서는 이기음양 그대로가 태극이다. 개물이 곧 형상이다. 이란 기 속에 내재해 있는 것일 뿐 그것을 초월하는 것은 아니다. 그러나 주자에게서 태극은 이중적이다.

플라톤은 형상과 개물의 관계를 분유 또는 참여로 설명하고 있지만, 주자는 전유로 설명한다.13) '부분 즉 전체'라는 전유설은 건곤층(4층)과 만물층(5층)에서 원의 크기를 1층의 무극과 같게 하는 것으로도 분명해진다. 모든 개물이 모두 태극을 반영하는 것은 수많은 강이 하나의 달을 반영하는 것과 같다고 보는 점에서 고대 그리스 사상과는 판이하게 다른 점이 있다. 이런 점에서 무극을 말하지 않을 경우와 태극을 말하지 않을 경우는 자기서술과 자기비동일성을 자연스러움으로 모두 수용하는 태도다. 즉, x는 F-ness가 아니다. 이는 무극을 말하는 이유다. F-ness 역시 F다. 이것이 태극을 말하는 이유다. 블라스토스는 주자의 이런 태도를 주자사상체계의 자기모순이라고 할 것이다. 플라톤을 비판했을 때와 같은 어조로 말이다. 그러나 플라톤 역시

---

13) '전유'는 홀론의 다른 말이다. 우리는 이를 스테판-바나흐의 정리에서 이미 보았다.

그의 중기와 후기 작품에서 모두 양자 사이에서 방황하는 자세이지 어느 한 쪽으로 기울지는 않았다고 본다. 상산 형제들은 주자의 이러한 자기모순적인 태극 이해를 수용하지 못하고 있다. 결국 서양 사상에서 무를 수용하지 않는 것이 아포리아의 원인이다.

요약해서 말하면, 과연 주자가 상산이 지적한 이런 우를 범했는가를 고찰해야 한다. 블라스토스가 새롭게 발견한 사실은 제3의 인간 논증 문제가 다름 아닌 자기서술과 자기비동일성이라는 구조적 모순을 안고 있다는 것이었다. 물론 그의 지적은 옳았다. 그러나 그의 판단은 잘못되었다. 그의 잘못을 지적하는 것이 아호논쟁의 성격을 바로 이해하는 데 큰 도움이 된다. 아호논쟁을 블라스토스와 같이 현대 논리식으로 재구성할 때 우리는 그 구조의 유사성을 발견할 수 있지만 동시에 동서양의 근본적인 차이를 발견한다. 서양에서 주자와 같이 무를 유와 동시적인 것으로 이해하기 시작한 것은 20세기 하이데거나 화이트헤드부터였다. 화이트헤드는 주자의 무극에 해당하는 것을 '창조성(creativity)'이라고 하여 존재의 범주에서 구별하여 **궁극의 범주**(category of ultimate)라고 했다. 궁극적 범주 속에 '하나'와 '여럿' 그리고 '창조성'을 포함시킨 것은 현대 수학의 멱집합 이론을 의식하고 고려한 것이다. '하나'도 제 자신이 자기 요소의 한 부분이며 무도 그러하다. 주렴계의 태극도설은 이러한 과정 철학의 고민을 그대로 반영한다.

궁극의 범주는 '창조성(creativity)' '일(one)' 그리고 '다(many)'를 뜻한다. 여기서 말하는 창조성이란 무, 일은 태극, 다는 음양오행에 해당하는 개념이라고 할 수 있다. 태극도 음양오행의 한 부분적 요소다. 파르메니데스가 존재하는 것은 모두 '일자' 뿐이고 무를 인정하지 않은 결과 무한 퇴행의 오류를 피할 수 없게 된다. 마찬가지로 〈계사전〉이 태극을 궁극적으로 보고 그 이상의 무를 인정하지 않은 것은 무한 퇴행의 오류를 피할 수 없게 한다. 바로 이 점을 노장과 불교 사상가들은 지적한다. 유가사상가들은 이러한 비판에 침묵을 하고 있을 수 만은 없었다. 이러한 존재론적 고충에서 주돈이는 《태극도설》을 작성하게 되었으며 주자는 이를 계승한다. 그러나 노장사상과 같이 무와 유의 관계를 발생론적으로 이해할 수는 없었다. 그래서 무는 유와 선후 관계가 아니고 하나인 것이 둘로 나타난 것이라고 한다. 이 점을 상산 형제는 이해하지 못했다. 다시 정리하면 파르메니데스의 시각은 〈계사전〉의 시각과 같은 것이다. 파르메니데스의 사상은 2500여 년 동안 서양 철학사의 존재론을 지배해왔다. 최근 화이트헤드나 하이데거의 존재론에서 이에 대한 극복으로 무가 존재론에 도입되기 시작한다. 그러나 동양에서는 노장이나 불교사상으로 말미암아 차축시대부터 무가 유에 도입되어 왔었다. 그러나 그것이 발생론적이라는 데 문제가 있었다. 그러나 신유학자들은 이를 수정하여 유와 무가 동시적이라고 함으로써 선후 관계의 오류를 극복했다.

이 점을 곡해한 상산 형제는 주자를 비판한다. 그러나 양자는 모두 태극이 오행 속에 전유한다는 것을 인정한다는 점에서는 같다고 할 수 있다. 이러한 전유 이론 때문에 오행이 형이상이라는 견해까지도 가능하다. 그런데 주자가 오행은 형이상이 아니라고 한 것은 비판 받아 당연하다. 왜냐하면 화이트헤드는 오행과 음양 그리고 태극도 모두 '현실 존재(actual entity)'라고 보고 있기 때문이다. 현실 존재 아닌 것은 없다. 그래서 그에게서 형이상과 형이하의 구별은 없다. 주자 역시 이 점에서 오류를 범하고 있다. 상산 형제의 말 대로 오행도 형이상이고 태극도 형이상이다.

플라톤의 경우도 후대 학자들에 따라서 의견이 엇갈린다. 플라톤 역시 이중적이었다는 설과 그렇지 않다는 설이다. 그리고 파르메니데스 역시 일자 선호적이 아니고 다자와 일자 사이에서 불안정한 입장이라는 주장도 있다. 이는 동서양을 막론하고 성숙한 사상가에서 일관되게 찾아볼 수 있는 현상이다. 사실 노장이나 양명의 사상은 독단

론적이다. 칸트가 이율배반이 순수이성이 아닌 독단론자들 즉 경험론
자가 아니면 관념론자들 사이에서 생긴다고 했듯이, 주자는 이미 당
대의 어느 사상가들보다 원숙한 단계에 서 있었다.

## 4.6. 태극의 분유와 전유 : '닮음'의 문제

음양오행이란 요원 품격과 태극이란 부류 성격이 서로 담기고 담을
때 '닮음'의 문제가 발생한다. 이런 닮음의 문제 때문에 음양이 형이상
같이 보이기도 하고 형이하같이 보이기도 한다. 주자는 태극만이 '형
이상'이라고 하는데 대하여 상산은 오행도 '형이상'이라고 한다. 오행
은 형이상과 다('달')르기도 하고 '담'기도 한 '닮음'이다. 오행의 형이
상과 형이하의 문제는 이렇게 볼 때 타당한 철학적 논쟁거리가 된다
고 할 수 있다.

우리는 여기서 음양오행과 태극의 형이상과 형이하의 문제와 관련
하여 그리스 철학에서 논쟁이 된 분유설과 참여설의 관계를 설명해
둘 필요가 있다. 분유설과 참여설 모두 형상(태극)과 개별자(음양오
행)의 관계를 설명하는 이론이라는 점에서는 같다. 분유설은 말 그대
로 형상의 초월성을 인정하지 않고 개별자 속에 내재한다는 이론이
다. 개별자가 형상을 가지고 있다는, 곧 사물들이 형상을 나누어 갖는
다는 것이 분유설이다. 이와는 달리 참여설은 개별자가 형상에 참여
한다는 것이다. 아름다움이 아름다움 자체에 참여한다는 것이다.14)
《파이돈》에는 참여설이, 그리고 《파르메니데스》에는 분유설이 뚜렷
하다. 분유설의 경우, 개별자가 형상을 자기 속에 수납하거나 흡수(in
such aufnejmen)한다. 《파이돈》과 《파르메니데스》가 이렇게 확연하

---

14) 파르메니데스는 과연 각 사물이 형상을 전체로서 분유하는가 아니면 일부로서 분유
하는가에 대해 의문을 제기한다(박계원, 1988, 20).

게 다른 주장을 견지하는 것으로 보아 두 작품이 모두 플라톤의 것일 수 없다는 주장도 있다.

그러나 한편 《태극도설》에 대한 주자의 해석으로 눈을 돌려보면, 태극은 음양오행에 분유되기도 하고 참여하기도 한다. 이것이 주자가 말한 '태극을 말하지 않으면' 그리고 '무극을 말하지 않으면'의 진정한 이유다. 양자 가운데 어느 하나를 말하지 않으면 분유설 아니면 참여설의 오류를 범한다고 보았다. 다시 말해서 분유설은 태극의 초월성 즉, 무극을 말하지 않는 경우다. 태극이 음양오행 위에 초월하는 경우이다. 이는 《파르메니데스》의 지론이다. 다른 한편 《파이돈》은 개별자가 형상에 참여한다는 참여설만을 주장한다. 형상의 초월성만을 주장하는 설이다. 이러한 참여와 분유를 모두 설명하자는 것이 바로 주자의 주장이다. 한편 상산 형제 역시 참여와 분유를 동시에 말하고는 있으나, 무극 없이도 그것이 가능하다는 주장이다. 그러나 〈계사전〉 이후 태극이 개별자화함으로써 더 이상 초월자의 구실을 할 수 없게 된 사실을 상산 형제는 놓치고 있다. 서양에서 틸리히가 신(God)에 대하여 존재 자체(Being itself)의 개념을 도입하고, 하이데거와 화이트헤드가 모두 절대무의 개념을 도입한 이유도 유일한 신(God)이 이미 다수의 신들(gods)로 변했기 때문이다. 그런 의미에서 플라톤 역시 주자와 같이 참여설과 분유설을 모두 수용하고 견지하는 관점이었다고 할 수 있다. 두 설이 상반된다고 하여 《파이돈》과 《파르메니데스》가 상이한 저자 즉, 후자는 아리스토텔레스의 저작이라고 하는 것은 무리라고 본다.

분유설에 따르면 OM(one over many)에 근거하여 하나의 형상이 하나이면서 동시에 여럿이라는 역설을 인정하는 것이기 때문에 여기서 생기는 역설을 대면해야 한다. 물론 태극도설은 태극이 음양오행의 위에 군림(over)하는 것이 아니고 태극 자체가 음양오행 속에 전유되어 있다고 본다. 이런 전유가 아닌 분유에 대하여 다음과 같이 파르메니데스가 비판하는 것은 당연하다. "그렇다면 형상은 하나요 또 같으면서 '여럿'이고, 개별적인 것 속에서 전체로서 동시에 있게 되며, 이리하여 형상은 자신으로부터 떠나 있게 될 것일세"(파르메니데스 131b). 이에 대하여 소크라테스는 이른바 햇빛 이론으로 응수한다. "만일 '하나'이면서도, 같은 햇빛이 곳곳에 동시에 있으면서도, 자기 자신으로부터 떠나 있지 않는 것처럼 각각의 형상도 '하나'이고 같으면서, '여럿'이 동시에 있지 않습니까"(같은 책 131b). 소크라테스의 응수에 대하여 파르메니데스는 이른바 천막의 비유를 통하여 재응수를 한다. "'하나'이고 같으면서 곳곳에 동시에 있다는 자네의 설명은, 천막을 많은 사람들의 머리위에 펼치고, 한 장의 천막이 전체로서 많은 사람들의 머리 위에 있다고 말하는 것과 같네. 자네는 그렇게 생각하지 않는가"(같은 책 131b). 파르메니데스는 자기 설명에 부족한 점을 부연하여 다음과 같이 첨언하고 있다. "그 경우에 천막은 전체로서 각자의 머리 위에 있는가, 아니면 천막의 각각 다른 부분이 다른 사람의 머리 위에 있는가?" "부분으로 있습니다." "그렇다면 소크라테스, 형상 자체가 부분으로 나누어 있고, 그 부분을 분유하고 있는 것이 될 걸세."(131c).

　소크라테스가 형상을 태양 하나로 본 데 대하여 파르메니데스의 천막 비유는 그 태양을 천막으로 비유하고 천막 밑의 사람들로 또 나눈다. 이는 형상이 여러 개로 나뉠 수 있다는 것으로 형상을 물질의 조각같이 이해하는 것이다. 이러한 두 사람 사이의 비유는 다분히 당대의 물리학적 지식의 한계를 그대로 드러내고 있다. 현대 홀로그래피의 논리에 따르면, 레이저로 말미암아 빛의 개념이 완전히 달라지고 있다. 다시 말해서 물리적인 빛도 역시 모든 부분이 전체를 전유할 수 있다는 것이다. 만약에 이런 레이저 빛의 개념을 그 당시 철학자들이 알고 있었더라면 분유와 참여의 논쟁은 일시에 중단되었을 것이다. 그러나 11세기 주자학파와 양명학파는 모두 이런 홀론적 또는 홀로그래피적인 빛의 개념을 알고 있었다고 본다. 이는 음양오행 다음의 만물 화생의 4층과 5층 그림에서 확인된다. 다시 말해서 태극은 모든 만물에 전유되면서 그 나누어 갖는 것이 분유가 아닌 어느 부분도 전체와 같다는 전유다.

주자는 "사람마다 모두 하나의 태극을 가지고 물물마다 하나의 태극을 갖는다[人人有一太極 物物有一太極]"고 하고 "만 개가 곧 한 개이고 한 개가 곧 만개[萬一各定大小有定]"라고 했다. 통체 자체가 바로 태극 자체다. 그러나 분유설과 유사하게 "개체는 또 하나의 태극을 갖추고 있다[言萬個是一個 一個言是萬個 蓋統體是一太極 然又一物各具太極]"고도 했다. 사실 이러한 주자의 주장은 그리스 철학의 분유설과 참여설을 모두 종합해 말하는 것과도 같다고 할 수 있겠다. 주자는 "본래 단지 하나의 태극만 있었는데 만물이 각각 그것을 품수하여 생성됨으로써 또 각각이 하나의 태극을 가지게 되었을 뿐이다. 예를 들어 하늘에 떠 있는 달은 하나이지만 그것이 흩어져서 수많은 강물에 반영되면 비추어지는 곳마다 달을 볼 수 있는 것과 같다. 그러나 이것을 보고 달이 쪼개졌다고 할 수는 없다"고 하면서 "분할되어 그 한 부분을 이루었다는 것이 아니다. 이것은 달이 수많은 강에 반영되는 이치와 비슷하다"고 했다. 그리스의 분유설과 참여설을 전체와 부분의 어느 하나를 희생시키지 않으면 성립될 수 없는 이론이다. 그러나 주자가 여기서 말하고 있는 비유는 분명히 현대 과학의 홀론적 실재관을 그대로 반영하는 것이라 볼 수 있다. 개물은 태극이 분화된 것이지만, 그 개물은 태극 자체다. 그러면서 개물이 태극을 자기의 전유물로 삼을 수는 없다. 여기에 태극의 초월성이 있다(이동희, 1999, 63~64). 주자는 이러한 태극의 초월성을 말하고자 또 다른 메타 언어인 이(理)와 기(氣)를 만들어 사용한다. 즉, 태극을 오행과 구별하여 이라고 하고 음양을 기라고 한다. 이는 사족이다. 그렇다면 그 다음의 또 다른 메타의 메타 언어를 만들어내야 하기 때문이다. 이런 메타 언어를 만들어내지 못하기 때문에 주자 철학이 시대적 한계를 극복하지 못하고 있는 것이다.

이러한 홀론적인 세계관은 이미 19세기 수학자 칸토어의 집합론에서 확인된다. 다시 말해서 칸토어의 전체 집합이 자기 부분 집합의 한 요소가 된다는 자기서술적 집합론은 이미 1960대 게이버의 홀로그래피 실험을 예견하고 있다. 우리는 그래서 〈태극도〉를 보는 눈을 근본적으로 달리할 필요가 있다. 《태극도설》의 핵심부는 사실상 무극태극의 제1층이 아니고 제2층과 제3층의 음양오행층이다. 음양오행은 자기언급에 따른 태극의 자기서술을 말하고 있기 때문이다. 집합론에서 자기가 자기 자신의 한 부분의 요소라는 말은 동시에 그 집합은 자기 자신에 대한 공집합을 자기의 부분의 한 요소로 포함한다는 말과 같다. 이는 중·고등학교 수학에서도 수용되고 있는 내용이다. 그렇다면 무극은 태극의 공집합이 된다. 그러나 노장사상은 무극을 태극이라는 집합의 한 구성 요소라고 보지 않고, 태극 위의 상위 개념으로 보아 무극에서 태극이 나온다고 한 점에서 오류를 범하고 있다. 이런 점에서 주렴계의 《태극도설》은 당시 유행하던 수많은 도형들을 종합하여 이상적으로 작도된 것이라 볼 수 있으며 주자의 해석도 정당했다고 본다. 다만 그가 태극을 이기로 메타화한 것은 사족이 아닌가 한다.

마지막으로 주자의 역학이론서인 《역학계몽》에서 그가 말하는 사상도 그의 태극 사상과 일치한다. 주자는 하도 낙서의 중앙을 5나 10으로 한 것은 그 가운데를 허(虛)로 본 것이라고 했다. 다시 말해서 "하도의 5나 10을 허로 하는 것은 태극이 된다"(《역학계몽》 본도서 제1)고 했다. "낙서에서 그 가운데를 허로 하는 것은 역시 태극이다"(상동)라고 했다. 주자는 '역유태극(易有太極)'을 0으로 표시하는 것에 대한 설명에서 "태극이란 것은 상수가 아직 나타나지 않았으나 그 이는 이미 갖추어져 있는 것, 또 형기가 이미 갖추어져 있으나 그 이는 조짐이 없는 것을 말한다. 하도 낙서에서 모두 중을 허로 하는 상이다. 주돈이가 말하기를 무극이면서 태극이라고 했고, 소자가 말하기를 '도가 태극'이라고 했고, 또 말하기를 '심이 태극'이라고 한 것이 모두 이것을 두고 말한 것이다(〈원괘획〉 제2)"(이동희, 1999, 15).

주자는 여기서 상수와 태극의 관계를 말하고 있다. 즉, "상수가 아직 나타나지 않았으나 그 이는 이미 갖추어져 있는 것"은 상·수·사가 아직 정립되지 않았으나 양의 사상 팔괘의 이는 이미 혼연히 태극에 구비되어 있다고 한 것이다. 그리고 태극과 음양은 서로 분리될 수 없다는 '불리간(不離看)'을 말하고 있다. 태극과 음양이 서로 닮음(likeness)을 말한다. 그러나 다른 한편 "형기가 이미 다 갖추어져 있으나 이의 조짐은 없는 것"은 상·수·사는 있으나 그 원인이 되는 이에는 형적이 안 보인다는 것으로서, 태극과 음양 사이의 서로 다름(unlikeness)의 '부잡간(不雜看)'을 말하고 있는 것이다. 역의 도상에 대한 이러한 해석은 주자의 《태극도설해》에 나타난 사상을 그대로 반영하고 있다. 주자는 태극과 음양 사이, 다시 말해서 형상과 개물 사이의 서로 닮음과 다름 다시 말해서 차이성과 동일성의 이중성을 말하고 있다. 이러한 주자의 태도에도 《주자어류》같은 몇 곳에서는 이선기후(理先氣後)를 말하고 있으며 태극을 음양과 분리된 실체로 보려는 시도도 엿보인다. 이는 나중에 율곡이 '성인도 잘못할 때가 있다'고 할 정도로 주자를 비판하게 만들 빌미를 준다. 이와 같이 발생론의 오류와 무한퇴행의 오류에 동서철학자들은 끊임없이 유혹을 받고 있다. 한국의 율곡이 주자를 비판하는 요점이 바로 여기에 있다.

# 5. 소쉬르의 기호학과 역

## 5.1. 개념과 청각영상

인간이 문화를 향유하려면 사회적으로 공유하는 지식을 바탕으로 하여야 한다. 기호가 바로 이러한 지식의 공유를 가능하게 만드는 매개 구실을 한다. 그리고 어느 한 문화를 전체로서 파악하려면 어떤 체계가 필요한데, 그러한 체계가 바로 기호 체계다. 역은 바로 동북아 문화의 기호체계와 같은 것이라 할 수 있다. 플라톤은 기호란 이데아 세계를 불완전하게 표현하는 것으로 보았다. 아리스토텔레스는 기호는 다양하게 표현될 수 있어도 그것을 담고 있는 인간의 마음(영혼)은 같다고 보았다. 아리스토텔레스의 이러한 생각은 현대 기호학의 중요한 의미를 함의한다. 그가 말한 상징은 낱말로 이루어진 것인데, 이는 소리, 마음의 상태, 사물들과 3항적 관계에서 결정된다. 스토아학파 사람들은 기호를 물질적인 기표(記表) 즉 대상과 정신적인 기의(記意)의 결합으로 파악했다. 이러한 철학적인 배경을 가지고 현대 기호학은 출발한다(송효섭, 2002, 47-8).

소쉬르는 그의 《일반기호학강의》에서 언어의 일반이론을 전개하는데, 그의 기호학을 구성하는 3대 요소는 기호(signe), 기호내용 (signifié),

기호표현(signifiant)이다. 그런데 만약에 낙원에서 최초의 인간들이 한국 사람이라고 할 때, 그들이 나무를 보고 '나무'라는 이름을 일대일로 대응시키는 것을 이 3대 요소와 연결하는 것은 성급한 적용이다. 그만큼 소쉬르의 기호론은 일반 상식으로 생각하는 것과는 다른 면이 있으며, 이는 곧 데리다가 소쉬르를 비판하는 것과 일치한다. 과연 최초의 인간들이 사물의 이름을 지을 때 그들의 내면에는 어떤 현상이 일어나고 있는지를 살펴보아야 한다.

소쉬르에 따르면, 하나의 사물에 하나의 명칭이 일대일로 대응하는 것이 아니고, 하나의 개념(concept)에 하나의 청각영상(image of acoustique)이 대응한다. 여기서 소쉬르 기호학의 특징이 나타난다. 아담은 시각 작용을 통해 사물의 꼴인 형을 상으로 만드는 것이 아니다. 소쉬르가 말하는 청각영상이란 고막에 와닿는 물리적이고 물질적인 음(音)이 아니고, 그러한 음의 심리적 인영인 우리 감각의 직관에 새겨진 음의 표상(表象)이다. 그래서 실재의 소리가 아닌 그 소리에 대한 정신적인 각인인 우리의 감각이 만들어낸 표상이다. 아담이 '나무'라고 할 때, 그 '나무'라는 소리 자체는 파롤(parole)의 영역에 속하는 것으로 기호가 아니다. 그의 아내 하와는 다르게 발음할 수 있기 때문이다. 그런데 만약에 아담과 하와가 같이 그것을 한글의 '나무'라고 발음한다면 그것이 두 사람의 '청각영상'이 되며 기호의 자격을 갖는다. 청각영상은 나중에 표음언어를 만드는 데 결정적인 공헌을 하는데, 아리스토텔레스는 이런 청각영상을 영혼에 각인된 것으로 보았으며, 데리다는 이것이 바로 존재신학의 형이상학을 만들어 이성중심적이게 했다고 주장한다.

라틴어로는 나무를 'arbor'라 하며 그것의 개념인 '나무'는 'arbre'다. 우리가 보통 나무라고 할 때는 arbor다. 그러나 나무에는 나무의 개념인 arbre가 항상 전제된다는 사실을 잊기 쉽다. 이제 나무라는 대상과 그것의 청각영상(arbor) 그리고 그것의 개념(arbre) 등 3자 관계에서 기호학이 성립한다(소두영, 1991, 39). 여기서도 3자 관계 즉 트로이카가 문제다.

실제 대상으로서 나무의 모양에서 '木'과 같은 상형문자가 나오며 그것의 청각영상에서 다시 개념화될 때 'arbre'가 된다. 이에 해당하는 한자는 '수(樹)'라 할 수 있을 것이다. 한자에서 회의(會意)는 이미 상형이 추상화한 것이라 할 수 있으며, 그런 의미에서 '樹'는 '木'을 추상화한 것이다. 이를 보통 결합하여 '수목(樹木)'이라고 한다. 그러나 한글에서는 '나무 목'이라고 할 때, '나무'는 구체적인 경험에 가깝고 '목'은 그것을 추상화한 것에 가깝다. 순수 한글을 개념화할 때 항상 한자를 사용한다. 전자를 기표라고 한다면, 후자는 기의라 할 수 있다. 한자에서 문자가 만들어지는 방법은 육서(六書), 즉 상형(象形), 상사(象事), 상의(象意, 會意에 해당), 상성(象聲 ; 形聲), 전주(轉注), 가차(假借)다. 상에서 본 뜨는 것이 상형·상사·상의·상서다. 이 방법에서 기표와 기의가 만들어진다. 대상에서 상을 만드는 것을 상사, 관념에서 본 뜨는 것을 상의라 한다. 대상에 상관없이 상징적 관계만으로 만드는 것을 전주와 가차라 한다. 이와 같이 한자는 이미 순수 상형만이 아닌 구조를 지닌다(최봉영, 2002, 42).

'목(木)'은 청각영상이고 '수(樹)'는 그것의 개념이라고 하자. 개념과 청각영상을 대신하는 말이 바로 기호 내용인 **기의**와 기호 표현인 **기표**다. 기의와 기표는 사실상 메타와 대상의 관계다. 정약용에 따르면, 인간은 대상에서 개념을 만들고, 개념에서 개념을 만든 다음, 다시 개념과 대상을 연관시킨다고 보았기에(《여유당전서》 권2, 275~278) 순환적이라 할 수 있다. 그러나 현대논리학에서는 대상과 메타를 상호 순환적으로 생각하지 못한 채 위계적으로 나뉘는 것으로 보아왔다. A형 논리학의 특징이었다. 그러나 기호학이 공헌한 점은 다름 아닌 기표와 기의가 서로 분리되는 대립적 관계이면서도 서로 비분리적임을 말해 주는 것이라 할 수 있다. 양자는 서로 순환적이다(소두영, 1991,

40). 1970년대로 들어와서야 분석철학에서 메타와 대상이 서로 순환적임을 알게 된다.

## 5.2. 기표와 기의의 일치와 불일치

앞에서 말한 것을 요약하면, 인간이 사용하는 언어 기호를 구성하는 기본적인 3대 구성요소는 '기표-시니피앙' '기의-시니피에', 그리고 '지시대상'이다. 이를 언어 기호의 '트로이카'라고 하자. 아담의 이름 짓기, 그것을 현대 기호학자·소쉬르는 인간이 최초로 '기표'와 '기의' 그리고 '지시대상'을 구별하기 시작한 작업이라고 보지 않는 이유는 분명해졌다. 그것은 실제 대상인 나무를 보고 'abor(木)'라고 발성하는 것에 지나지 않기 때문이다. 소쉬르는 그것이 청각영상을 만들어 개념과 상호 작용을 할 때만 이를 기호라고 한다. 여기서 정약용의 언어관을 떠올릴 필요가 있다. 같은 맥락에서 원시인들의 언어는 기호가 아니다. 데리다는 소쉬르의 이러한 기호학을 이미 로고스 중심에 볼모로 사로잡혀 있는 기호학으로 본다. 이미 추상화되고 개념화된 것만을 기호라고 할 때는 존재신학에서 자유롭지 못한 기호학이다. 이러한 소쉬르의 기호학에 대하여 데리다는 문자학을 제시하고 있으며 알파벳 음성언어에 대하여 문자언어를 부각시키고 있다.

소쉬르가 언어기호를 두고 기표와 기의의 결합체로 보는 것은 현대 서양의 기호학이 말하는 트로이카와 역의 트로이카가 가히 먼 것이 아님을 단적으로 말해 주는 것이다. 그러나 소쉬르의 기호학이 기표와 기의의 상호 대립과 일치를 말하면서도 거기서 발생하는 역설을 너무 낙관적으로 본 것은 한계라 아니 할 수 없다. 그러나 기호학이든 역이든 트로이카는 역설을 조장하는 장본인이고, 인도의 《요가수트라》는 이러한 3자 사이의 심각한 관계를 다음과 같이 비교적 잘 표현하고 있다.

> "말(sabd)과 대상(artha)과 의미(pratyaanam)가 서로 겹치기 때문에 혼동
> 이 생긴다."

산스크리트어에서 sabd는 '말' 또는 '소리'를 뜻하고 artha는 '사물' 그리고 pratyaanam는 '의식내용' 또는 '의미 표상'을 뜻한다. 아담이 이름을 짓는다고 할 때 이 행위는 일종의 발화 행위다. 나무라는 대상 사물(artha)을 보고 거기에 말(sabd)을 한다. 그리고 말을 할 때는 반드시 사물과 말을 일치시키는 의미 작용이 따라야 한다. 이때 소리 즉 말에 해당하는 것을 기표라 하고 의미 작용을 기의라고 한다. 그런데 현대 기호학에서는 대상에 해당하는 사물은 거의 무시한다. 이 점이 인도의 트로이카와 현대 기호학의 다른 점이다. 그런데 역의 트로이카의 관점에서 볼 때 기표에 해당하는 것이 괘의 '상'이고, 기의에 해당하는 것이 괘의 '명' 또는 '사'라고 할 수 있다. 그렇다면 수는 인도의 경우에도, 현대 기호학의 경우에도 고려 대상이 아닌 것 같다. 그러나 역에서는 수가 매우 중요한 지위를 차지한다.

그런데 문제는 이 트로이카가 겹쳐지고 사상하는 데서 다름 아닌 '혼돈'이 발생하며, 여기서 말하는 혼돈이 역설이고 난제라는 데 있다. 그래서 역(易)은 역(逆)이다. 그리고 3자는 결국 자기가 자기를 언급하기 때문에 자기언급적이다. 자기언급적이기 때문에 역설이 발생한다. 여기서 데리다마저 심각하게 생각하지 않은 점을 지적하려고 한다. 기표와 기의는 상호간에 심각한 권력 다툼을 한다. 이 둘은 적대관계(enemy relation)가 아니고 서로 적수관계(rival relation)에 있으며, 그래서 상호 간에 일치하면서도 서로 경쟁하는 권력 다툼을 한다. 이런 적수관계는 서로 상생과 상극이라는 두 작용을 벌인다. 그리고 두 관계는 서로 부분-전체 관계(mereological relation) 속에서 서로

부분과 전체 관계가 전도되는 현상을 일으킨다. 즉, 기표와 기의는 상생 상극이라는 동사적 작용과 부분과 전체라는 명사적인 집합론적 관계 속에서 파악해야 한다. 이렇게 기표와 기의의 문제를 이런 시각에서 고찰하여 역에 적용하기 전에 먼저 데리다의 시각에서 이 문제를 먼저 다루어보기로 한다.

다시 정의하면 기표는 '청각영상(acoustic image)'이고, 기의는 청각영상을 듣고 떠 올리는 개념(concept)에 해당한다. 기표와 기의가 결합하여 의미를 만드는 것을 '의미 작용(significant)' 이라고 한다. 그런데 만약에 아담이 한국어를 사용했다면 '사람'이라고 할 것을 중국인이라면 '人'이라 할 것이고 미국인이라면 'man'이라고 할 것이다. 이들 청각적 영상들이 모두 기표다. 그런데 기표와 기의의 관계는 매우 자의적이고 필연적이며 선조적(線條的)이다. 청각영상은 시간의 계기를 통해 순차적으로 받아들인다. 그 이유는 청각이나 촉각과 미각으로 받아들인 것을 일단 시각적 상으로 변형시켜 이해하기 때문이다. 그래서 우리말의 '들어+본다', '만져+본다'의 이해방식이 가능하게 된다(최봉영, 2002, 39). 자의적이라 함은 문화권마다 말의 개념이 다 다를 수 있기 때문이다. 그리고 필연적이라 함은 같은 문화권 안에서는 필연적으로 같아야 하기 때문이다. 선조적이라 함은 '나무'라고 할 때 음성은 '나'라고 한 다음에 '무'라고 직선적 흐름 속에서 발화될 수밖에 없기 때문이다. 이렇게 소쉬르가 기표와 기의라는 말을 처음으로 만들어 놓은 뒤로 이러한 구별은 우리를 에덴동산까지 거슬러 올라가서 생각하게 만들었으며 다음과 같은 다양한 정의가 사방에서 나오기 시작했다.

옐름슬레브(Hjelmslev)는 시니피앙(기표)을 두고 세계를 드러내는 표상(表象, expression)으로, 시니피에(기의)를 그에 담긴 내용(內容, content)으로 보았다. 행동주의 언어학자라 할 블룸필드는 화자(話者)와 청자(聽者)의 관계에서 의미를 파악하여 화자의 입을 통해 발화된

소리를 시니피앙, 이를 청자가 청각기관을 통해 듣고서 일으키는 반
응을 시니피에로 보았다(이도흠, 2001, 71).


## 5.3. 기호의 자의성과 선조성

이러한 정의에 입각해 역으로 돌아와 연관을 맺어보면 기표는 '상
(象)'에 해당하고, 기의는 '명(名)'에 해당한다. 명을 다시 세분화하여
정의한 것이 괘사와 효사다. 괘상이 기표라면, 괘명은 기의라고 할 수
있다. 소쉬르는 기표와 기의가 대칭적 통일을 이룬다고 보았다.

현대 기호학이 인도의 《요가수트라》와는 달리 지시 대상을 제거한
것은 한발 진보한 것이지만[1] 기표와 기의의 통일을 말한 것은 문제의
한 면만 본 것이라고 할 수 있다. 기표와 기의는 통일이 안 될 뿐만
아니라 완전히 상충하는 경우도 있다. 둘은 상생하는 경우도 있지만
상극하는 경우도 있다. 소쉬르는 상생하는 경우만을 보았다. 상생과
상극을 모두 하기 때문에 《요가수트라》는 '혼돈'을 조장한다고 했다.
기표와 기의가 상생 상극 하는 것을 두고 '텍스트(text)가 엮여져 나
간다고 한다. 상생과 상극을 하는 과정만 남게 되고 지시 대상은 치워
지게 되거나 괄호 속에 들어가버리고 만다. 이러한 대상 치우기를 데
리다는 상이(相移, différance)라고 했다. 이 말은 데리다 철학의 근본
적인 특징이 된다. 아담은 아직 나무라는 대상과 그것의 이름에 집착
하고 있다. 그러나 이것은 피아제의 말을 빌리면 아직 인지 능력이
2~4세 정도의 '전개념적' 단계에 해당한다. 산타를 실재 대상으로 믿

---

1) 《요가수트라》는 실재론적 관점에서 '지시대상'을 두고 객관적으로 외계에 실재하는 것
  이라고 보았다. 그러나 현대 기호학은 사물의 실재성을 부정해 버리든지, 부정하지 않
  으면 적어도 그것을 기하학적 유의미성의 감옥으로부터 배재시켜 기표와 기의의 양자
  관계만으로 처리하려고 한다(이즈쯔, 1991, 111).

는 의식 구조의 단계다. 그러나 인지 능력의 발달과 함께 지시 대상은 추상적인 상이 되어버린다. 대상의 존재 여부에 상관없이 기표와 기의는 상생과 상극을 한다. 더 이상 산타라는 존재의 실재를 믿지 않게 된다.

데리다는 대상을 소박하게 부정하지는 않는다. 산타의 존재를 믿는 아이가 산타의 실재성을 믿지 않는 것은 점차적이다. 이를 두고 '현전성(presence)'의 지연이라 하며 상이라고도 한다. 차례로 지연된다고 하여 '차연(差延)'이라고도 한다. 이러한 차연은 글을 '써나감'으로 변한다. 아직 아담은 글을 쓰지는 않고 명명하는 발화 행위만 하며 차연을 하고 있다. 이러한 '씀'을 에크리튀르라고 한다. 이렇게 써나감이 바로 역의 괘사이고 효사다. 데리다는 에크리튀르를 두고 '시원을 향한 정열'이라고 했다. 그림은 글로, 글은 '그리움'으로 변한다. 지시 대상은 우리에게 흔적만 남기고 자기 자신은 끝없이 사라져 간다. 그래서 인간은 그 흔적을 따라 시원을 찾기에 정열을 쏟는다. 쓰는 일은 환희에 찬 방황이며 이런 방황이 담긴 것이 '책'이다. 그래서 책은 인간의 생명이 이미 죽어 있는 무덤과 같다. 그러면 생명 그 자체는 어디에 있는가? 그것이 바로 '텍스트'다. 유럽적 인간은 모두 지금까지 책속에 묻혀 왔다. 그러나 책이 닫히고 텍스트가 열리는 시대에 우리는 살고 있다. 텍스트의 세계는 사물의 흔적만이 즉, 기호만이 남는다.

그래서 동북아 특히, 대승불교의 문화권에서는 불립문자를 화두로 책을 살라버렸다. 그렇다면 '주역'이라는 것은 책인가 텍스트인가? 왜 대승불교는 문자로 책을 사르어 버렸고 도가사상도 그것에 대해 기피했던가? 그러면서도 현존 문서 가운데 가장 많은 서책을 남기고 있는 불교와 도가 사상을 어떻게 설명할 것인지? 여기서 역설이 나오며, 오늘 밤 내가 일기를 쓸 것인가 말 것인가의 곤궁에 처한다. 내가 오늘 하루 산 텍스트를 글로 남길 것인가 말 것인가? 곤경에 처하는 이유는 모든 사물이 있다고도 없다고도 할 수 없는 역설적인 상황 때문이다. "있지만 없는, 없다고 하는 형으로 있다고 말하지 않을 수 없다" (이즈쯔, 1991, 118)는 역설 때문이다. 이런 역설 때문에 인간은 글을 쓸 수도 안 쓸 수도 없다. 책은 이미 삶 자체가 죽은 것이 되며 텍스트는 아니다. 그런 의미에서 아담에게는 이름 짓는 행위 자체가 타락이고 죽음의 시작이다. 이름 짓는 행위 다음에 곧 이어서 인간은 남자와 여자가 구별되고 분별적 행위(알음알이)와 함께 타락이 시작된다. 타락의 정확한 과정이라 할 수 있다. 그래서 태초에 원죄가 있은 것이 아니라 역설이 있었던 것이다.

'역'의 3대 의미는 '변한다' '변하지 않는다' 그리고 '쉽다'이다. 기호학에서 현전하는 대상이 없다는 것은 그것이 없다는 것을 뜻하지는 않는다. 현전하는 것은 가능하지만 그 가능성은 언제까지나 현재화하지는 않는다. 존재이든 시간이든 그것은 끝없이 변하는 지연 즉, 차연이다. 이를 역에서는 '변한다'고 정의하고 "역은 체가 없다[易無體]"고도 한다. 현전하는 사물은 없지만 그 혼적은 불변하면서 변한다. 그래서 역을 또한 '불변한다'고도 한다. 역은 텍스트만 있기 때문에 '역은 체가 없다'고 한다. 이러한 텍스트의 엮어냄이 써냄이다. 그리고 이러한 써내기는 기호학적 성격을 가질 수밖에 없다. 이 써내기란 상생 상극이 서로 권리 다툼을 하는 치열한 기표와 기의의 전쟁터다. 상생상극 그리고 주객전도를 하는 전쟁터다.

상형문자가 등장하면서 기표의 개념도 변한다. 음성은 청각적인 데서 시각적 암호문서 같은 공간적인 것으로 변하는데 그것이 바로 '상형문자(hierography)'다. 한문은 상형문자이며 이러한 점에서 한자는 데리다에게 각별한 의미를 갖는다. 그리고 역의 괘상은 이런 상형문자의 기호라고 할 수 있다. 예를 들어 이(☲) 괘는 괘상이 불[火]과 같고 火는 불꽃을 상형화한 것이다. 이러한 상형문자를 프로이트는 '비밀의 에크리튀르' 또는 '꿈의 무대 공간'이라고 한다. 이러한 뜻에서 《주역》은 주술적 성격을 갖는다. 괘상의 주술적 성격이 바로 《주역》

을 점술서로 여기게 한 이유다. 그러나 우리가 역을 점술서로 취급하는 것은 프로이트 이전에 꿈을 한갓 허구적으로 보는 것과 근본적으로 같다고 할 수 있다. 꿈의 공간을 지배하는 원리는 '상이(相異)=상이(相移)'다. 이를 필자는 상생 상극과 주객전도의 원리라고 한다. 기표와 기의는 적어도 4 단계의 과정을 거쳐 변화를 하는데, 데리다는 그 가운데 한 단계밖에 고려하지 않았다. 데리다의 상이=상이의 원리는 바로 이런 과정에서 나왔다.

데리다는 '상이(相異)=상이(相移)'의 원리를 '사이(spacing)'의 원리라고 했다. '사이'는 시간적 계기를 따르지 않는 '의미'의 공간 확대인 것이 그 특징이다(이즈쯔, 1991, 119). 역에서는 효의 위치를 계산할 때 시간적인 것과 공간적인 것을 동시에 고려한다. 예를 들어 효의 위치 순서를 초(初)-2-3-4-5-상(上) 이라고 할 때 '초'는 시간 개념이고, '상'은 공간 개념이다. 시공간이 분리되지 않는다. 데리다에 따르면, 상형문자는 공간의 지배를 받고 표음문자는 시간의 지배를 받는다고 한다. 그가 상형문자를 편애한 것이 결국 시간을 배제한 것이라고 본다. 낙원에서 아담의 이름 짓기는 '발화 행위(parole)'다. 발화 행위는 글쓰기 즉, 서기(書記) 행위와 대립한다. 서기 행위는 표음문자와 함께 시작하였다고 본다. 표음문자와 함께 알파벳이 생겨났으며, 알파벳은 발화 행위의 대치물로 그리고 늘 발화 행위의 종속물로 자리하고 말았다. 이른바 '로고스 중심' 즉 이성 중심의 문화가 주류를 이룬다. 그 결과 에크리튀르는 발화 행위의 뒷전으로 밀려나게 되었다. 다시 에크리튀르는 억압을 당하게 된다. 에크리튀르는 '그림=글'의 논리에 따른 것이며, 여기서 표음문자는 그림과 글을 분리하고 말았다. '글=그림'은 영혼의 '그리움'에서 나온 것이어야 하는데, 글은 그림과 분리됨으로써 그만 이성중심적으로 기울어졌다. 이것이 상형문자에서 표음문자로 바뀌면서 일어난 인간 최대의 비극으로, 글이 말의 생명을 앗아간다는 것은 글 속에서 영혼의 그리움을 앗아간다는 말과 같다.

"소리를 빼앗긴 말은 다만 돌멩이처럼 거기에 굴러가고 있다. 지면에 줄 선 알파벳의 멍한 시선"(이즈쯔, 1991, 120)이라는 느낌 그대로다. 아담이 글을 쓰는 순간 아니 표음문자를 사용하는 순간 그것이 타락이요 죽음이라고 데리다는 보고 있다. 이렇게 생각할 때 한글에 대한 이해를 새롭게 할 수 있는 동시에 《주역》이 왜 트로이카인지도 알게 된다.

한글은 영어 등과 같이 표음문자로 알려져 있다. 그러나 한글은 《주역》의 하도 낙서와 괘상에서 구조를 찾아내고 무엇보다 발음기관의 모양에 따라 그것의 상과 형을 만들었다는 것은 잘 알려진 사실이다. 그렇다면 한글은 표음문자이기도 하고 동시에 상형문자이기도 하다. 우리말의 '글=그림=그리움'의 원리는 바로 한글의 창제 원리와도 일치하는 것이라고 볼 수 있다. 그리고 우리는 왜 《주역》이 '상= 수=사'의 트로이카 원리를 고집하고 있는지도 새삼 알게 된다. 그러면 과연 데리다가 발화(發話) 행위에서 서기(書記) 행위를 분리한 것이 옳은가 하는 점이다. 글은 이성 그리고 말은 생명으로 대치하는 것이기에 표음문자의 등장은 바로 이성이 생명 자체를 말살하고 억압하는 행위라고 데리다는 보고 있다는 점이다. 말=그림=생명으로 연관 짓는 것은 무리가 아닌가? 왜냐하면 말 속에 과연 무엇이 들어 있느냐 하는 것이다. 그 내용이 무엇이냐 하는 물음이다. 그 근저에는 사실 아무것도 없다. 아담이 발화 행위를 처음 할 때 그가 사용할 말 그 자체는 없는 것이다.

# 6. 데리다와 역의 세계

## 6.1. 역의 위대칭과 시공간 개념

　여기서 에크리튀르에 대한 고찰을 다시 할 필요도 있고 데리다 사상을 재검토할 필요도 생긴다. 에크리튀르의 원리는 '상이(相異)＝상이(相移)' 즉 '사이'에 있다. '사이'란 공간적 사이를 뜻한다. 역에서 사이 개념은 효와 효 사이 그리고 괘와 괘 사이를 뜻한다. 연장되면서 차이를 두는 것을 '상이(相異)＝상이(相移)'라고 할 때, 이는 효와 효 사이 그리고 괘와 괘 사이를 뜻한다. 그런데 데리다가 사이를 말할 때에는 공간을 주로 두고 하는 말이다. 차연(상이＝상이)을 통해 구성 요소 사이에 거리가 생긴다. 효와 효 사이의 위상적 차이가 생기는 것이 바로 차연 때문이다. 데리다는 이러한 차연 작용을 '공간화'라 부른다. 이러한 공간화로부터 즉, 효의 위상이 정해지므로 각 효의 의미 작용과 기능을 가능하게 만든다. 효를 위계적으로 공간화하는 것은 시간 자체의 차이성을 만드는 것이므로, 이를 '시간의 공간화'라 한다. 시간과 공간은 서로 포함 관계다. 공간과 시간은 서로 그 '안'에 있다. 이러한 모든 관계가 '공간의 시간화'를 뜻한다.

　기표와 기의는 서로 되먹임을 한다. 이를 '사상(寫像, mapping)'한다고도 한다. 현대 과학에서 사상의 개념이 얼마나 중요한지도 모른 채 데리다는 이를 차연이라고 했다. 사상이란 역설에서 자기언급을 두고 하는 말로서, 대상과 메타가 서로 되먹임 하는 것을 두고 하는 말이다. 되먹임은 시간적인 '연기(延期, temporization)'와 공간적 '간격(間隔, l'espacement)'이라는 날실과 씨실이 직조하는 텍스트 그 자체다. 씨실과 날실의 직조는 '공간의 시간 되기'이고 '시간의 공간 되기'다(김형효, 1997, 211). 그러면 시간의 연기와 공간의 간격이 어떻게 만나며 서로 얽히는가? 이러한 직조 구조를 역만큼 간명하게 보여주는 것도 없을 것이다. 이러한 직조 기술이 효와 괘의 짜임이고 시공간의 상호 상대화를 '초'(시간)와 '상'(공간)으로 나타낸 것이다. 이러한 짜임을 더 구체화한 것이 음양오행의 상생 상극 구조다. 한글은 지구상에서 유례를 찾기 어려운 자음과 모음을 모두 시공간상의 직조물로 이해하여 시간적 연기와 공간적 간격의 차연으로 창제된 것이다. 이에 대해서는 이 책의 '6. 2. 한글과 루소'에서 고찰하겠다. 한글의 경우는 자음과 모음이 각각으로는 존재 의미가 없고 자음 열네 자가 모두 이어짐으로써 하나의 직조물을 만든다. 그러나 각각은 다음 발음 기관과 차이를 나타내면서 이어진다. 청각으로 들은 발음은 시간적으로 연기되면서 공간화를 한다. 그래서 '들어(청각)＋본다(시각)'고 한 것이다.

차연의 시간상의 축에서 연기와 대기의 개념이 생겼다. 그런데 '연기'는 능동적인 의미를 그리고 '대기'는 수동적 의미를 갖는다. 연기는 능동적으로 하는 행위이고, 대기는 때를 기다린다는 수동적 행위다. 그래서 시간이라는 날실에는 능동과 수동의 양면이 있다. 그러나 다른 한편 씨줄에 해당하는 공간적인 '간격'과 '차이'도 차이화를 낳는 능동성과 구성된 구조라는 차이의 수동성을 동시에 갖는다. 우리는 언어라는 것이 이러한 시간과 공간의 양면적 성격 없이는 성립할 수 없다는 것을 주역과 한글의 구조에서 선명하게 보게 될 것이다. 차연은 이러한 시공간의 능동과 수동의 양면성에서 그 어느 것도 아닌 '중간태(voix moyenne)'라고 한다. 지금까지의 철학은 능동과 수동의 분리만을 생각해왔지 한번도 그 중간태를 생각해본 적이 없다고 데리다는 지적한다. 내가 말을 하기 위해 발음을 한다고 할 때, "거기에는 앞 말의 흔적이 지금의 말에 이미 새겨져 있고, 또 음운론상으로 발음을 또박 또박 분절하며 공간적 간격을 만들게 된다. 이처럼 시간적 흔적의 연기와 공간적 간격의 분절 없이 언어활동은 불가능하다. 조금 전의 말이 다음 말에 흔적으로서 보존이나 유보되어 있고, 음절에 따라 자간을 만듦으로써 언어활동이 가능해진다. 이렇게 볼 때 차연의 시간적 실인 차이, 거리, 행간, 사이, 자간 등의 개념이 서로 다르면서도 동시에 시간이 공간으로 또 공간이 시간으로 변용될 수 있음을 말한다. 그래서 차연은 '시간의 공간되기'와 '공간의 시간되기'가 서로 교차하는 직물로서 표상된다"(김형효, 1997, 214). 이를 두고 수사학의 '교차적 배어법(le chiasme)'이라 할 수 있다. 문자 X 또는 불교의 만자와 같이 표시될 수도 있다. 구조주의가 시간의 통시성을 무시하고 공간의 공시성만을 강조한 데 대하여 데리다의 차연은 '시간의 공간되기인 간격'과 '공간의 시간되기인 대기'를 함께 내포한다. 이렇게 데리다의 시공간 교차적 배어법으로만 역에서 왜 '초(初)'와 '상(上)'을 구별하였는지를 충분히 이해하게 된다. 그리고 한글의 시공간 처리법도 같은 맥락에서 파악되고도 남음이 있다. 다시 말해서 데리다에게 시간적 계기는 '의미'의 공간적 확대를 뜻한다. 시간이 배제되지 않는 공간이다. 서양의 알파벳 체계에서 에크리튀르는 알파벳의 조합으로 만들어지는 글쓰기를 뜻한다. 이는 물론 좁은 의미의 에크리튀르다. 이런 뜻의 에크리튀르는 말 즉 발화행위에 종속된다. 플라톤의 《파이드로스》 이후 적어도 이런 종속의 전통이 깊게 형성되었다. 그 뒤 결국 철학은 '로고스 중심적'이 되고 말았다. 역은 이러한 중심을 과감하게 파괴하고 트로이카 시스템을 만들었다. 초와 상은 역의 트로이카

시스템에서 생길 수밖에 없는 당연한 결과라 할 수 있다. 청각(시간)은 시각(공간)의 보조 없이는 성립될 수 없기 때문에 '~본다'고 한 것이다.[1]

협의의 에크리튀르는 공간적 사이를 두고 전개되는 것이 생명이다. 다시 말해서 'book'이라고 쓰이는 동안 공간적 연장과 앞과 뒤의 차이성은 불가피하기 때문이다. 그렇다고 시간성이 부정되는 것은 아니면서 공간화한다. 그러나 발화 행위는 시간성을 상실하고 만다. 이를 거세된 '시간성'이라고 한다. 우리는 이러한 거세된 시간성을 역에서도 발견한다. 다시 말해 6효의 공간성 즉 위대칭에서 '초일(初一)' 그리고 마지막을 '상육(上六)'이라고 할 때, '초'는 시간 개념이고 '상'은 공간 개념이다. 그런데 시간은 점점 거세되면서 공간화된다. 그래서 남는 것은 '상육'으로 공간화된 효다. "다만 쓰인 그 전체가 문자형성상의 - 따라서 또 의미형상의-하나의 탈 시간적 분야로서 생기한다고 하는 점에서 에크리튀르의 공간성이 있는 것이다"(이즈쯔, 1991, 120-1). 보는 것만 남게 된다는 뜻이다. 그래서 백 번 듣는 것이 한 번 보는 것보다 못하다고 한 것이 아닌가?

효의 위치가 변해가는 과정과 글을 써 나가는 과정을 비교하면서 한번 시공간 개념을 비교해보기로 한다. 말하는 것과 글쓰기에서 시간성을 한번 고찰해보자. 불교 논리학에 "소리는 무상하다"는 전제는 가장 어려운 전제들 가운데 하나다. 소리는 발화되는 순간 사라져버리기 때문이다. 아담이 이름 짓는 순간 그의 발음기관에서 나온 말은 사라지고 만다. 그러나 만약에 '나무'라고 말했을 때와는 달리 글로 쓸 경우에는 '나'하고 '무' 해야 하고 더 자세히는 ㄴ-ㅏ-ㅁ-ㅜ 로 알파벳이 공간적으로 연장되면서 사라지지 않는다. 그래서 시간의 처음에서 글쓰기가 시작되었지만 공간화하고 만다. 그러나 말에도 공간성을 배

---

[1] '먹어본다'고 할 때, 먹는 행위는 시간적 계기에서 그리고 '본다'는 공간적 행위 속에서 이루어진다.

제할 수는 없다. 예를 들어 '신라'라고 할 때 발음은 '실라'로 되나 '신국'은 '신국'으로 그대로 발음된다. '닿소리 이어 바꿈' 현상 때문이다. 청각 인상은 앞으로 나올 발음을 미리 알아버리는 것이다. 이것은 시간적 계기가 아닌 공간의 연장성으로만 설명될 수 있다. 미래의 발음이 현재라는 공간에서 파악이 되기 때문이다. 이렇게 말 역시 시공간성을 동시에 고려하지 않고는 설명될 수 없다. '닿소리 이어 바꿈'과 같은 음성 연쇄 현상은 음성의 본래 불가역적 선조성이 시각적인 계기성을 넘어선 공간적 성격을 갖는다는 것을 잘 보여준다. 여기서 역은 효를 배열할 때 시공간적 성격을 심각하게 고려하지 않을 수 없었고, 그 결과 초와 상이 등장하게 된다.

발화자가 같은 '신'을 가지고 그 다음 자기가 말하려는 말의 개념 즉, 청각 인상이 무엇이냐에 따라서 '실'라로도 되고 '신'국이 되기도 한다. 그렇다면 여기서 말하는 청각 인상이라는 것은 발화자가 머릿속에 두고 있는 말의 의미와 연관되지 않을 수 없다. 이런 의미가 바로 '기의'다. 말은 이와 같이 의미 공간 없이 발화될 수 없다. 말의 스펠링 자체(기표)는 공간적으로 사라지지만 공간적 의미(기의)는 그렇지 않다. 그래서 소리의 무상성은 기표에 해당하는 것이지 기의에는 해당하지 않는다. 효를 '초'와 '상'으로 나누는 근본적인 이유가 여기서 분명해졌다. 다시 말해서 6효의 연쇄선상에서 초효가 나타나면, 그것의 능기는 물리적으로 사라지지만 그것의 의미 기능은 그렇지 않다. 흔적을 남기면서 다음 2효로 넘어 간다. 3효가 발화되면 초효와 2효의 기표는 사라지지만 기의는 남는다. 이렇게 하여 마지막 6효에서는 기의들의 융합이 공간적으로 이루어져 버린다. 마지막 여섯 번째 효가 발음되는 순간 이미 사라진 다섯 개의 효가 제6효의 청각 인상 속에 가중되고 전체가 하나의 블록으로 형태화한다. '~본다'가 되어 버린다. 그러면 음성으로 만들어진 연쇄 형태가 그 선조성을 상실하고, 다시 말해 그 위계적 순차성을 상실해버리고 시간적 계시성을 넘어서 버린 공간적 성격을 갖게 된다. 이러한 이유로 제6효는 공간 개념인 '상(上)'이라고 한 것이다. 우리는 여기에 이르러 역에서 왜 시간상의 '초'와 공간상의 '상'을 구별하는지를 알게 된다.[2]

사실 이러한 시간과 공간의 구별은 이미 칸트가 지적한 것이다. 칸트는 시간 이율배반의 증명에서 공간의 분할을 가능하게 하는 것은 시간 때문이지 공간 때문이 아니라고 했다. 다시 말해서 시간의 경과를 통한 공간의 분할만이 가능해진다는 것이다. 그래서 역도 처음 효의 위치 분할을 가능하게 하는 것은 시간이지 공간이 아니라고 보아서 '초'를 처음에 사용한다. 일단 시간에 따른 경과가 생기고, 경과는 공간의 분할을 가능케 한다. 그렇다면 왜 '초'를 공간의 '상'에 두지 않고 '하'에 두었느냐는 의문이 생긴다. 그 의문 역시 칸트에게 물어야 할 것이다. 칸트는 시간의 배진만 허락했지 전진은 허락하지 않았다. 그 이유는 시간을 어느 한 점에 고정을 시켜야 양방향적 무한 퇴진을 막을 수 있다고 생각했기 때문이다. 그래서 역은 하에서 상으로 시간이 역진하는 것으로 생각했다. 칸트가 시간의 배진만을 인정한 이유가 분명해졌다.

그러나 여기서 시공간 토론은 역을 설명하기 위한 수단으로 그쳐야 한다. 왜냐하면 칸트의 시공간 토론은 그의 형이상학과 밀접하게 연관돼 있기 때문이다. 그러나 데리다는 시공개념을 통해 철저하게 존재신학과 존재신학의 형이상학을 파괴하려 한다. 그래서 데리다의 시공간론은 자칫 그의 형이상학 복귀가 아닌가 하는 의문을 갖도록 만든다(가버, 1998, 181). 그러나 데리다가 차연의 시공간을 언급한 이상 그가 형이상학의 입문에 발을 들여놓고 있다는 비난은 피하기 어렵다. 이러한 비난을 피하는 길은 데리다가 주역으로 관심을 돌리는 것

---

2) 헥사그람의 6효가 밑에서 위로 상승하면서 시간(초)이 공간(상)으로 되는 것은 '시간의 공간화'다. "시간화는 공간을 시간적 간격이 되게 한다. 공간은 그래서 시간(안에) 있다. 이러한 모든 절차가 '공간의 시간화'를 특징짓는다"(가버, 1998, 180).

이다. 어떻게 차연의 시공간성을 역이 해결하고 있는가를 보기 위해서 말이다. 데리다의 기표와 기의는 시간의 공간화 과정에서 결국 같아진다.

이렇게 일정한 음성 연쇄가 형태 전환을 가증케 한 것은 음성의 배후에 있는 기표다. 이는 마치 '닿소리 이어 바뀜'에서 의미 작용이 기표를 바꾸어버리는 것과 같다. 그러나 이것은 말의 경우를 두고 하는 것이기 때문에 글의 경우(협의의 에크리튀르)와는 다르다. 말은 어디까지나 비감각적으로 불가시적이기 때문에 고정적이지 않다. 불가시적인 의미공간 속에 기의는 잔류한다.

효의 기표적 차원에서는 시원적으로 일정한 방향을 갖는 흐름이 형성되지만, 기의로서 효는 비정향적이며 그 흐름이 불규칙적이다. 흐름이 역방향적이기도 하다. 요동을 치면서 상호 수많은 조합 방식을 만든다. 이를 데리다는 차연 또는 '상이(相異)=상이(相移)'라고 한다. 그리고 필자의 표현으로는 상생과 상극을 한다. 이러한 상생 상극이 일어나는 근본적인 원인은 기표를 기의의 차원에서 고찰할 때 그것의 시간성과 공간성 때문이다. 양자가 시공간성을 공유하고 있기 때문에 결국 《요가수트라》가 말한 대로 혼돈이 생긴다. 필자는 이를 역설이라고 한다. 기표와 기의는 결코 어느 것을 두고 상하적 위계질서로 나눌 수 없다. 이런 의미에서 말과 글은 결코 시공간성에서 분리될 수 없다. 말의 기저에는 이미 글이 있었다는 것인데, 이를 두고 데리다는 **'원-에크리튀르(archi-écriture)'**라고 했다. 아담의 말은 이미 기저에 원-에크리튀르를 전제하고 있었다는 것을 뜻한다. 말이란 영혼의 그리움에서 생긴 글이다. 말이 글이 되기를 그리워함은 말의 기저에 원-에크리튀르가 있기 때문이다. 그러나 여기서 데리다 사상의 논리적 결함이 나타난다. 원-에크리튀르에서 기표와 기의를 구별하기 어려워지는 이유에 대한 설명 부족은 그의 논리성에 심각한 의심을 갖게 한다. 기표와 기의는 전분리-분리-초분리의 3단계적 되먹임을 한다는 사실을 데리다는 망각하고 있다. 그의 원-에크리튀르는 사실상 전분리적 단계의 한 면을 보여주고 있을 뿐이다. 소쉬르는 초분리적 단계를 기표라고 봄으로써 결국 존재신학의 오류를 범하고 만다. 그러나 이러한 초분리의 단계를 데리다는 코라(chora)라고 한다. 차연은 이렇게 3단계적 과정으로 역동적 작용을 하며 이 과정 속에서 기표와 기의 사이에는 권리 다툼이 벌어지는데, 이러한 혼돈스런 관계를 우리 한글의 음양오행적 구조가 잘 보여주고 있다.

역에서 초와 상이라는 구별을 둔 것은 궁극적으로 시간과 공간상의 문제인데, 이를 소쉬르는 '차이적'이라 했고, 데리다는 '상이(相異)＝상이(相移)'라고 했다. 말이든 글이든 그것이 언어라면 공간적이다. 다만 글의 경우에는 언어가 가시적이고 감각적이지만, 말의 경우에는 눈에 보이지 않기에 비가시적이며 비감각적이다. 그렇지만 말도 미약한 글이라고 보아야 한다. 이러한 글을 원-에크리튀르라 한다. 데리다의 말도 글(원-에크리튀르)이라는 주장은 그의 사상의 대명제다. 그리고 말에 종속돼 있던 '글도 말이다'는 명제는 노예가 주인을 향해 "나도 사람이다"라고 선언하는 것과 같다고 본다. 그래서 말에 종속되어 노예화한 것에서 글을 해방시킨다. 이렇게 해방시켜 낸 글이 다름 아닌 상형문자다. 그래서 그는 원시인들의 문자 찾기에 골몰한다.

데리다의 눈으로 볼 때 동양의 서예(書藝)는 각별한 의미를 갖는다. 말에 종속된 글이 독립되어 나와 기표와 기의가 융합된 것, 그것이 바로 서예라고 보았다. 동양의 서예는 그것이 글이요 그림이다. 예를 들어 용(龍) 자에 대한 서예는 이미 글이 아닌 그림이다. 기표인 동시에 기의인 것이다. 글이 발화 행위의 노예 노릇을 하다가 서예가의 손에서 해방된 모습을 데리다는 본 것이다. 역은 바로 상·수·사의 트로이카 체제를 만들어 기표와 기의를 융합시키려 했다. 그러나 서양 표음문자의 알파벳에서 각 스펠링은 독자성을 가지지 못한다. 몇 개의 조합으로만 의미가 있는 단어를 만든다. 서양 표음문자가 말의 노예가 된 이유도 다름 아닌 스펠링 하나가 독자성을 가질 수 없었기 때문이다. 그러나 상형문자는 문자 각자가 독자성을 가지면서 시각적인 기표와 의미적 소기를 동시에 한눈에 보여준다. "한자에서는 음성보다는 그것의 도형적 의미 형상이 우선 사람의 눈을 묶는다"(가버, 1998, 126).

한글의 경우는 사정이 또 다르다. 표음과 상형을 절묘하게 조화시킨 것이 바로 한글이다. 상형에서 상을 어느 기준에 두느냐는 매우 중요하다. 화가들이 나무를 그린다고 할 때 그것의 구상적인 모습을 그대로 그리면 이를 구상화라고 한다. 반대로 나무를 추상화하면 이를 추상화라고 한다. 이 말은 상도 구상과 추상이 있다는 것을 뜻한다. 이를테면 이집트와 한문은 구상적이다. 그러나 한글의 경우는 이미 구상을 추상화한 상형문자다. 예를 들어 한글의 각 알파벳은 모두 발음기관의 형상이나 역의 도상에서 추상적으로 상을 가져오니, 발성기관 그 자체로 발성하는 자기언급적 상형문자다. 이러한 발성 기관에서 가져온 상형으로 28개의 알파벳을 만들어 다시 그것을 표음문자와 같이 조합해 한글을 만들어낸 것이다. 그래서 한글은 글이요 말이다. 어느 하나가 다른 것에 종속될 필요가 한글에는 없다. 중국의 상형문자는 반대로 구상을 다시 추상화하지 못했기 때문에 알파벳이 생길 수 없었고, 그래서 다양한 언어적 표현을 해낼 수 없는 불편함이 있다. 한문의 제자원리인 육서를 두고 알파벳의 원리라고는 볼 수 없다. 한자는 말 속에 글을 집어넣을 수 있는, 그래서 원-에크리튀르의 공간성을 시각적으로 확보하는 데 도움을 준 것이 사실이다. 그러나 데라다가 한자가 가지고 있는 이러한 문제점을 알았는지는 의심스럽다. 우리는 한글을 통해 데리다 이론을 다시 점검할 필요가 있다.

## 6.2. 한글과 루소

루소의 《언어의 기원》은 그의 사상의 근간을 이루며, 데리다 사상도 루소 사상을 재평가하는 것으로 시작한다. 루소는 태초에 음성만 있었다고 보고 있으며, 문자가 나오면서 인간은 스스로 자기 무덤의 묘혈을 파기 시작했다고 본다. 그에게 문자는 타락의 시작이요 죽음의 관문이다. 인간의 만 가지 죄악상이 문자로부터 들어왔기 때문이다. 데리다가 그의 《그라마톨로지》 대부분을 루소의 《언어의 기원》을 분석하는 데 소모하고 있는 것만 보아도 그가 얼마나 루소의 언어관에 기울어져 있었는가를 단적으로 보여준다고 할 수 있다. 말은 생명이고 글은 죽음이라는 루소의 언어관은 서양 철학의 이성중심주의와 남성중심주의에 대한 편견을 얼마나 혐오하고 있었는가를 단적으로 보여준다고 할 수 있다.

루소의 이러한 언어관에 정면으로 대립하는 철학자가 바로 헤겔일 것이다. 헤겔은 중국의 상형문자에 대하여 폄하 이하의 폄하를 할 정도로 멸시했다. 《철학사강의》(1816)와 《역사철학강의》(1822-1831) 등에서 헤겔이 보여준 중국 문자에 대한 경멸감은 도를 넘고 있다. 그는 문자에 따른 표현체계를 3단계로 나누어 상형문자, 표음문자, 그리고 로고스적 사유체계의 정신이라고 했다. 이는 플라톤의 문자에 대한 음성, 음성에 대한 정신이라는 즉, 문자-음성-정신의 3 단계 차별 의식을 철저하게 따른 것이다(정재서, 1998, 33). 중국의 상형문자가 중국인들의 정신이 정체된 상태에서 나온 것이라면, 이는 그가 중국 정신을 두고 '자연에 침잠된 정신'이라고 한 말과 일치한다. 그와는 달리 서양의 표음문자인 알파벳은 더욱 지성적인 표현체계다. 그의 중국 상형문자에 대한 편견은 중국 문명 전반에 대한 폄하로 이어진다. 중국 정신은 정체돼 있으며, 자연에서 아직 탈출하지 못한, 자연에 침잠된 주객이 아직 미분리된 정신으로 보았다. 그 모든 원인이 상형문자에 있다고 보았다. 헤겔의 이러한 중국 상형문자에 대한 비판은 동양문화 전반에 대한 몰이해로 나아간다. 19세기 유럽 지식인들의 동양에 대한 이러한 몰이해는 18세기의 지식인들과는 판이하게 달랐다. 라이프니츠와 몽테스키외의 동양 이해는 헤겔 류의 지식인들과는 판이하게 달랐다. 이와 같이 헤겔은 루소와는 정 반대의 문자관을 가지고 있었지만, 양자 사이에는 문자를 중심으로 사물을 판단했다는 점에서 공통점도 있었다.

한글이 창제되어 반포한 해는 15세기 중엽인 1446년(세종 28년)이다. 이 해는 인류 문자 발달사에서 중요한 해로 정해짐이 마땅할 것이다. 데리다는 루소의 언어기원론을 18세기라는 특수한 시대 읽기와 연관시켜 다루고 있다. 한글 반포는 15세기였다. 그리고 서양의 18세기에는 어떤 현상이 일어나고 있었는가? 철학적으로 18세기는 음성중심적인 형이상학이 흔들리던 시기다. 비서구적 문자 즉, 중국 문자가 처음으로 소개되면서 그동안의 음성언어는 큰 충격을 받게 된다. 이에 대응하며 라이프니츠는 비(非)표음적인 보편문자의 필요성을 역설한다. 그렇다고 중국 문자의 소개가 18세기 지식인들의 음성주의적 형이상학을 해체하는 데까지는 가지 않았다. 아니 '재중심화'되었다고 할 수 있다. 19세기 니체는 존재신학의 형이상학에 도전장을 낸 고독한 철학자였다. 20세기에 들어와서도 프로이트, 하이데거, 레비스트로스 등을 제외하면 1960~1970년대까지만 하더라도 고전적 형이상학의 틀에서 벗어나지 못했다. 논리적으로는 A형 논리학의 틀에서 벗어나지 못했다.

데리다의 '에크리튀르'는 원문자로서 '자연적 문자' 또는 인간의 영혼에 새겨진 신의 말씀과 같은 비유적 자연의 기호 같은 것이라고 했다. 우리 역사서에는 고대에 '신지(神誌)' 문자라는 것이 있었다고 한다. 이것의 실체가 무엇인지 지금 우리는 알 수 없지만, 그것은 언어를 탄생하게 하는 언어 이전의 원문자와 같다고 생각해 볼 수 있다. 혹자들은 이 원문자가 가림다(加臨多)[3] 문자가 아닌지 추측해본다.

이것은 어디까지나 추측일 뿐이다. 그리고 세종은 한글 이전의 원문
자를 찾기 위해 고심했던 것을 우리는 한글의 창제 과정에서 확인할
수 있다. 한글의 스물여덟 글자보다 열 자가 더 많은 가림다 문자의
역사적 근거를 밝힐 방법은 아직 없지만, 한글에 대한 원문자가 분명
히 있었던 것은 사실인 것 같다.

데리다는 음성 중심적, 로고스 중심적, 그리고 민족 중심적 문자과
학을 탈피할 신문자학을 그의 《그라마톨로지》에서 찾고 있다. 그러나
생각하기로는 15세기 조선에서 이미 그가 찾는 신문자학은 창제되었
다. 그러나 그는 그의 책에서 중국과 일본의 문자에 대해서는 말하고
있으면서 그가 찾고 있는 신문자가 조선에서 이미 나타나 있었는데도
이를 간과하고 있다. 그를 원망하기 전에 우리는 일본과 중국이 얼마
나 동북아 문화를 왜곡해서 소개하고 있는가에 더 분노해야 할 것이
다. 세종대왕이 당시 사용되던 한문의 문제점을 발견하고 신문자를
창제하게 된 동기는 데리다와 같다. 아니 그것을 넘어선다고 할 수 있
다. 이에 한문과 한글을 비교하면 한글의 신문자적 특징을 알 수 있
다. 다시 말해서 만약에 18세기 서양에 중국 문자인 한문 대신에 한글
이 소개되었더라면 서양의 동양에 대한 이해는 판이하게 달랐을 것이
며, 서양 철학 자체도 지금과는 많이 달랐을 것이다.

지금 서양의 표음문자는 심층적으로 전복되는 위기를 맞게 되었다.
이 전복은 단순한 언어의 전복이 아닌 철학의 전복이다. 전통적 존재
신학에 따른 합리성이 아닌, 그것을 메타화한 메타 합리화가 필요하
다(데리다, 2004, 553). 그래서 언어에도 메타-문자의 등장이 필요하
게 된 것이다. 그 메타-문자가 바로 '한글'이다. 그럼 메타언어와 함께
철학도 달라져야 한다. 메타언어는 지금까지의 모든 의미작용을 파괴
하고 해체시킬 것이다. 음성언어와 문자언어의 관계는 서양 전통의

---

3) 《한단고기》에 따르면 단군 3세 을보가 가림다 문자 서른여덟 자를 만들었다고 하는데,
   그 알파벳이 기록으로 남아 있다.

고질적인 병인 이원론(dualism)과 연관이 된다. 다시 말해서 영혼과 육체, 감각적인 것과 예지적인 것, 내재성과 외재성, 의식과 정열, 삶과 죽음, 본질과 외관, 최초의 것과 파생적인 것과 같은 서양 철학의 모든 이원론적 근원이 두 언어의 대립에서 발생한다. "플라톤 철학으로부터 기독교 신학을 거쳐 헤겔 철학에 이르기까지 이러한 근본적인 관계는 변화가 없다"(데리다, 2004, 553).

'문자(文字)'라고 할 때 '문(文)'과 '자(字)'는 구별된다. 문은 그림이고 자는 글이다. 이러한 구별이 차연의 또 다른 의미이기도 하다. '차연'은 두 가지 의미를 갖는다. 하나는 '차이가 난다'이고, 다른 하나는 '지연시킨다'는 의미다. 문과 자는 차이가 나면서 하나가 다른 하나를 지연시킨다. 문과 자는 같으며 다르다. 문과 자는 서로 자기언급을 한다. 괘상은 문이고 괘명은 자다. 이 둘은 서로 차연 관계에 있다. 헤겔을 비롯한 존재신학자들은 이러한 문자언어를 음성언어, 즉 표음문자와 견주어 열등한 것으로 보고 격하시킨다. 그래서 음성 표음문자만이 가장 지적인 언어라고 한다.

중국의 글은 음성언어가 아닌 상형이다. 이러한 상형문자는 주역과 밀접하게 연관되어 있다. 문과 자의 차연 관계의 성립 없이 역은 성립 자체가 어렵다. 그렇다고 한문의 구조4)가 역과 같은 것은 아니다. 아예 한문은 거의 구조가 없다고 할 수 있다. 물상을 본떠서 만든 낱개의 글자만 있을 뿐이다. 그렇다고 여기서 한문의 구조를 밝힌 육서를 무시하는 것은 아니다. 역의 상은 상형문자를 떠나서 생각할 수 없다. 특히 괘명을 정할 때 괘상을 고려했기 때문이다. 그렇다면 헤겔이 주역에 무관심하거나 무지한 것은 그의 철학의 위대성을 훼손하고도 남음이다. 헤겔은 당시 동양에는 한자말고도 한국에 한글이 있었다는 사실을 몰랐다. 그가 한글의 존재를 인지했을 것이라고 기대하는 것

---

4) 한문에도 육서에서 보는 바와 같이 상형, 회의 등의 구조가 있으나 그것은 글자 조립의 구조일 뿐이다.

은 무리일 것이다. 한글은 서양의 알파벳과 같은 표음문자인 동시에 한자와 같은 상형문자이고, 동시에 회의문자다(이정호, 1996, 1). 지구상에 유례가 없는 문자이며, 헤겔의 한자 비판을 무색케 하는 것이 한글이다. 그 무엇보다도 한글을 만든 원리가 역의 음양오행론의 구조를 그대로 본떴다는 데 있다. 데리다의 철학이 그의 프랑스어적 표현에 근거를 두고 있다면, 우리 한글은 그의 철학 이해에 그의 모국어인 프랑스어 이상으로 도움을 줄 것이다. 여기서는 이 점에 대해 데리다의 차연 개념을 중심으로 한글을 역과 연관하여 살펴보기로 한다.

우선 소쉬르의 주장을 다시 살펴보는 것이 유익하다. 소쉬르는 언어체계를 음성언어와 문자언어로 구분한다. 그는 양자를 각각 독립적인 언어체계로 본다. 그는 문자언어가 음성언어를 모방한 것으로 보았고, 언어학적 탐구를 음성언어체계에 국한했다. 그래서 그는 언어학적 탐구의 기본 단위를 음가를 지닌 '기표'와 그에 대응하는 의미로서 개념에 해당하는 '기의'가 하나로 통일을 이루는 그러한 기호체계라고 생각했다. 이러한 소쉬르의 태도는 그가 후설과 같이 음성언어 위주의 전통에 서 있었다는 것을 뜻한다. 이러한 소쉬르의 언어관은 이미 고대 그리스 철학에서 형성되었다는 것이 하이데거의 지적이다.

소쉬르는 언어학의 영역을 음성체계에 대한 연구로 국한하면서 문자언어를 음성언어에 종속된 도구로 본다. 문자언어는 음성언어의 대리 보충에 지나지 않는 것으로 보면서, 결국 플라톤의 언어관을 그대로 물려받는다. 음성언어가 우리 알몸과 같다면 문자언어는 그것을 입히고 있는 외피 정도에 지나지 않는다. 그는 문자언어가 음성언어에 가해온 폭력은 정치 제도적 폭력과 밀접한 관계가 있다고까지 생각한다. 그래서 두 언어가 전복되는 것은 참을 수 없는 '해괴한 일'이라고 하면서, "소쉬르는 문자언어를 언어학 내의 '나병원'에 수용하려 했다"(데리다, 2004, 555). 한글을 일단 표음 음성언어라고 볼 때 소쉬르의 주장은 일리가 있다. 다시 말해서 중국의 문자언어인 한문이 한글에 가한 정치 제도적 폭력은 여기서 다 열거할 수 없을 정도이다. '언문(諺文)'이라고 하여 한글을 아녀자들이나 읽는 글이라고 폄하하였는데, 구한말 강증산은 이를 언어의 한(恨)이라고 하면서, 언어의 해원(解冤) 상생을 먼저 해야 한다고 보았다. 언어폭력으로 말미암은 한글의 한을 풀어야 한다는 것이다. 그러나 한글은 표음문자만은 아니다. 소쉬르가 문자언어(한문)가 음성언어에 가한 폭력을 비판한다고 해서 우리는 소쉬르에게 기댈 필요는 없다. 왜냐하면 한글은 상형문자적인 특징이 있기 때문이다. 여기에 우리는 데리다의 말을 들을 필요가 있다.

소쉬르는 기표와 기의가 이분법적으로 구분되나, 데리다에게서 기의는 기표에 무관하게 오로지 기호들 사이에서 자율적으로 이루어지는 상호 구별작용 자체다. "데리다의 말로 하면 기호의 의미는 기호들 사이의 차연운동이 남긴 흔적이다"(김상환, 1996, 33). 우리는 이러한 데리다의 이해를 한글의 구조에서 발견하게 된다. 한글에서 열네 개의 자음과 열 개의 모음이 기호들 사이에 차별화하면서 상호 유기적이 되어 흔적만을 남기는 운동을 보게 된다. 차연운동이란 시간적으로는 미루기와 다음으로의 지연운동을 하면서 공간적으로는 격차운동을 하는 것을 의미한다. 한글의 자음과 모음이 바로 오행의 상생과 상극의 구조 속에서 이런 차연 운동을 한다. 기표와 기의의 이분법을 배제하고 차연운동으로 돌린 것은 데리다의 독특한 공헌이라 할 수 있다.

데리다는 소쉬르와는 반대로 음성언어가 문자언어에 폭력을 가해왔다고 본다. 서양 형이상학이 모두 음성언어에 덕을 입고 있는 마당에 소쉬르가 음성언어를 옹호하는 것은 잘못이라고 데리다는 보고 있다. 서양에서 문자언어의 배제가 오히려 음성언어의 역사적 폭력이 아닌지 묻는다. 소쉬르는 기표와 기의가 자의적이라고 했다. 그렇다면 이 말은 음성과 문자의 관계도 자의적이라는 것을 뜻하고 문과 자의 관계도 자의적이라는 것을 뜻한다. 그럼에도 소쉬르가 문자언어가 음성언어를 대리 표상하고 문자가 언어의 상(이미지)이라고 주장하는 것은 상호 모순되는 것 같다. 소쉬르마저 자기의 이분법에 자기 스스로 반성하는 것이 아닌가 한다. 한글은 상형과 표음의 종합이고 상호 보완이다. 상과 사 그리고 문과 자는 서로 사상(寫像, mapping)하는 관계로 보기 때문에 상호 배제될 수 없다고 본다. 소쉬르가 음성언어 일변도에 기울어진 것은 그가 서양 존재의 신학을 무비판적으로 수용했기 때문이라고 데리다는 보고 있다.

그러나 소쉬르의 글의 행간에서는 이런 사상을 암묵적으로 읽을 수 있는 것도 무시할 수 없다. 소쉬르 역시 언어의 체계, 기호, 대리 표상 즉 상에 해당하는 것을 언어 내부에서 생각할 수 있도록 해준 것도 사실이다. 세종대왕은 이 점을 알았던 것이다. 언어에서 기호와 이미지 즉, 글의 '그림'을 부정할 수 없다고 보아서 한글 속에 상형적인 요소를 넣었다. 그리하여 소쉬르는 "그가 문자언어를 구체적으로 검토를 하지 않는 바로 그 시점에서 일반 언어학에서 배제한 문자언어가 오히려 일차적이고 은밀한 가능성으로 나타나는 것이다. 파롤의 근원은 랑그라는 것이 에크리튀르의 자산인 것이다"(데리다, 2004, 556). 문과 자 그리고 상과 명은 서로 근원을 이룬다. 데리다는 문자언어를 음성언어에서 해방시킨다. 그는 문자학의 위상을 높이면서도 양자 사이의 구별을 분명히 한다.

여기서 문자의 기원에 관한 데리다 나름의 견해가 피력된다. 그리고 데리다의 철학적 위상이 결정된다. 그는 글과 그림의 기원을 '**그림자**'에 둔다. 그는 그림자를 '혼적'이라고 했다. 혼적이 혼적으로만 존재할 뿐 현전(presence)이 없는 비현전이다. '현전'은 데리다 철학의 중심 언어다. 현전이란 로고스나 본질 같은 것이 주관 속에 직접 나타나는 것을 뜻한다. 관념론의 표상 같은 것을 두고 하는 말이다. 이런 현전의 철학은 문자가 아닌 음성언어와 공모 관계 속에 있다. 후설은 기호의 의미가 생생하게 현전되는 것이 다름 아닌 목소리라고 본다. 이 목소리 기호에 바탕을 둔 것이 음성언어 즉 표음문자다. 후설은 문자 기호를 다시 이 음성의 기호로 본다. 그래서 그에게서 음성언어는 의미 원천에 닿아 있는 언어인 반면에 문자언어는 파생적 기호로서 이해된다. 데리다는 이를 두고 **음성중심주의**(phonocentrism)라고 한다. 음성중심주의는 사실상 한문 같은 문자 중심 언어를 경시하고 있는 것이라 할 수 있다.

데리다는 후설의 이러한 음성중심주의가 존재 또는 의미를 의식에 얼마나 그대로 현전시키려는 것과 그 맥을 얼마나 같이하는가를 보여주려 한다. "음성중심주의는 하이데거가 일컫는 현전적 존재 이해 굴레 안에 있고, 이 현전적 존재 이해는 하이데거에 따르면 서양 형이상학의 기본적 특성이며, 이 형이상학적 존재 이해는 '존재 망각'의 결과이다"(김상환, 1996, 31). 왜냐하면 목소리는 진리, 로고스, 사물 자체 또는 영혼과 직접적으로 닿아 있기 때문이다. 그래서 음성 목소리는 물 자체의 내면성이나 영혼의 상징성과 일치한다. 이를 두고 '제1 기의'라고 한다. 소크라테스가 "너 자신을 알라"고 할 때 이 말은 자기가 자기를 언급하는 것으로 제1기의와 같은 것이다. 이는 스스로의 말을 스스로 듣는 어린 아기들의 옹알이와 같다. 인간의 언어는 이런 옹알이로 시작된다고 비고스키 같은 학자는 말한다. 옹알이를 통해 인간은 처음으로 자기 현전을 경험해 나간다. 그러나 이러한 옹알이로부터 시작된 음성언어는 결국 로고스 중심주의 철학을 만들어낸다. 이런 음성언어는 문자언어를 왜곡시켜 왔으며 차연 같은 이중적 개념을 음성언어로는 표현해낼 수 없게 만들었다고 보고 있다.

그렇다면 음성언어의 해체는 현전의 해체이고 현전이 없는 비현전으로 가야 한다. 이런 비현전으로부터 나온 언어만이 진정한 '원-흔적(archi-trace)'의 언어다. 흔적은 비현전으로 '초월적 기의', '초월적 기원'과 같이 그 자체가 없는 것이다. 흔적으로부터 시작되지 않는 것은 없으며, 흔적으로만 존재하며, 흔적으로 말미암아서만 역으로 형성된다. 흔적의 현전만이 존재한다. 그림자만 있을 뿐이다. 원-흔적에는 아직 글도 그림도 없다. 초월적 기의나 기원을 원혼적으로 대체한다. 흔적의 연쇄과정을 거슬러 올라갈 때 나타나는 것을 '원-흔적'이라고 했다. 그러나 원-흔적 역시 그림자 흔적에 지나지 않는다. 이 '은폐된' 흔적의 시간적 운동 속에서 모든 기호의 무한한 '유희'가 만들어진다. 그러나 이러한 언어적 기호로 나타나기 위해서는 그림자 속에 이미 그러한 기호가 나타나 가동돼 있어야 한다. 그 가능성이 '비가동적'으로 있어야 한다. 여기서 '제도화한 흔적(trace institué)'이라는 개념이 나온다. 바로 이러한 제도화한 흔적이 '훈민정음'이다. 제도화한 흔적 그것이 정음이라는 것이다. 정음은 바로 데리다가 말하는 '원-문자'다. 원-문자 역시 흔적이며 그것은 자연과 문화의 대립 이전의 '기억의 원-현상(archi-phénomène)'이다. 기억의 원-현상에는 문자언어도 표음언어도 없는 그 이전의 모든 그것들의 가능성 그 자체다. 그것은 모든 언어 체계의 조건이다. 그것은 현전으로 돌릴 수 없는 '원-종합(archi-synthese)'으로서 있는 언어다. 우리는 이러한 원종합을 정음을 통해 확인할 것이다.

데리다의 원종합은 현전의 형이상학을 해체시키고 흔적의 사상을 일구어낸다. 흔적은 불교의 공과 같은 개념이다. 모든 것이 원천적으로 종합이 되는 자리다. 이러한 원종합에서 음성언어와 문자언어의 관계가 복원된다고 보고 있는 것이다. 그리고 기표와 기의의 관계도 복원한다. 기의가 언제나 기표와 공존한다. 이 말은 문과 자, 상과 명이 공존하는 것을 뜻한다. 그래서 음성언어만이 작용하는 그러한 언어는 없는 것이다. 분리되지 않는 사이를 데리다는 '**틈새**(brisure)'라고 한다. 한글은 음성과 문자의 틈새가 뚜렷한 언어다. 한글이 역의 하도에 의존하는 이유도 바로 기표와 기의 일치, 문과 자, 상과 사의 일치 때문이다.

## 6.3. 남방 언어와 북방 언어

한국에서 휴대전화 문자 메시지가 드디어 메시지를 능가했다고 한다. 심지어는 휴대전화를 통한 수능시험 부정까지 지적되고 있다. 그렇게 된 원인 가운데 하나가 바로 한글을 사용하기가 편하기 때문이라고 본다. 여덟 개의 부호만 사용하면 한글의 모든 글자를 다 표현할 수 있는 것이 우리 한글이다. 이러한 한글을 정음(正音)이라고 한다. '정음'에 대한 정의를 여기서 새롭게 내려본다면, 그것은 기호학적으로 보아 기표와 기의의 조화, 자음과 모음의 조화, 음성과 문자의 조화, 선율과 화음의 조화 등에 있다고 본다. '정음'은 이런 조화음의 글이라고 할 수 있겠다. 그런데 우리는 언어의 부조화를 서구 언어의 발달사에서 본다. 루소가 표음문자를 평가절하한 것도, 그리고 반대로 헤겔이 상형문자를 그렇게 한 것도 모두 이러한 의미의 '정음' 파괴 때문이라고 볼 수 있다. 한 문자에서 이러한 양가성이 파괴되고 무시될 때 그 문자에 속한 문명은 병들고 철학은 파손된다. 이러한 문자의 양가성이 파손된 문자는 이항대립하는 문자로서 반(反)정음적이라 할 수 있다. 훈민정음에서는 보충대리하는 것도 아닌 상보대대하는 현상을 발견하게 될 것이다. 루소는 언어의 기원에서 언어란 남방기원/북방기원, 모음/자음, 선율/화음, 음절/분절이 서로 이항대립하는 것으로 보았다. 데리다가 루소와 다른 점은 이들이 이항대립하는 것이 아니라 보충대리하는 것으로 보는 데 있다. 데리다를 넘어서 한글은 상보대대하는 것을 보여준다. 루소가 분류한 이들 이항대립들을 하나하나 소개하면서 그러한 연유를 역에서 찾아보려고 한다.

루소는 전체 언어를 남방과 북방 언어로 나누고, 남방 언어는 자연(自然)에 가까운 감정과 율동에서 빚어지는 어조에 기원을 두고 있지만, 북방 언어는 차가운 이성에서 출발한 분절에서 시작한다고 했다. "그래서 남방 언어에는 언어에서 어조와 긴밀한 연관을 가진 모음이 많이 쓰이고, 북방언어에서는 분절을 잉태시키는 자음이 많이 사용된다. …… 단적으로 남방 언어가 '생명' '에너지' '욕망' 등의 대명사라면, 북방 언어는 '죽음', '필요', '노동'의 대명사이다"(김형효, 1997, 186). 그래서 남방 언어를 '말'에 비유하고, 북방언어를 '글'에 비유한다.

우리는 우선 훈민정음 서문에서 '국지어음(國之語音) 이어중국호(異於中國乎)'란 말에 유의한다. 정음 창제의 동기를 지역적인 차이 때문이라고 밝힌 것은 루소의 관점에서 볼 때 생각해 볼 문제라고 여겨지기 때문이다. 중국어가 한국어와 문법이 다른 것은 차치하고라도 중국에는 종성이 발달하지 않는 남방계 언어의 특징이 두드러진다. 그럴 때 중성모음이 중요시되지 않을 수 없다. 한글을 만들기 위해 세종대왕이 집현전 신하들을 요동까지 보냈다는 기록을 보면, 한글에서 북방적 요소를 무시할 수 없었기 때문이라 볼 수 있다. 한글에 잘 발달된 자음체계가 이를 웅변적으로 말해주는 것이 아닐까 한다. 혹자들은 인도의 범어가 한글과 비슷하다고 하여 그 관련성에 관심을 갖는다. 송나라의 승려 수온(守溫)이 범문의 자음체계를 본떠서 새로운 자음체계를 만들었는데, 그 모양이 한글과 비슷한 점이 있기는 하다. 그러나 범어의 자음체계 경우는 기호와 의미가 일치하지 않고 자음과 모음이 구별되지도 않는다(한태동, 1998, 30). 아무튼 루소의 설을 따른다고 할 때 한국어는 자음과 모음이 균등하게 잘 발달된 언어로서 남방과 북방이 서로 차연 관계 속에 있다고 할 수 있다.5)

집현전 선비들이 한글을 만든 원리, 즉 제자 원리에 관한 말을 들어보면, 글자의 모습 즉 '상'과 그 뜻인 '의'를 잘 연관하여 제작했음을 알 수 있다. 즉, 제자 원리는 "이제 정음을 제작함에 그 소리 남에 기

---

5) 다른 한편 임균택은 '중국'을 '나라 안'으로 번역하여 '우리나라 안에서 '語'와 '音'이 달라'로 번역한다. '어'는 표의 문자를, '음'은 표음문자를 뜻하는 것으로, 세종 때 이것이 일치되어 있지 않았다는 것이다. 예를 들어 '하늘 천 따 지' 할 때 '천'과 '지'는 표의 문자이고 '하늘'과 '땅'은 표음문자라는 것이다. 이것이 일치되어 있지 않아 정음을 지었다는 것이다(임균택, 1999, 45).

인하여 그 이치를 극대화하여 정음 28자를 만든다. 각각의 상마다 그 형태를 알맞게 하여 제작한다"와 같다. 예를 들면 'ㄱ'의 형상 즉 기호는 혀의 뿌리가 후부를 막아주는 모습을 본뜬 것을 뜻한다. 다시 말하면 ㄱ 소리가 날 때 목구멍의 모양이 그렇게 되기 때문에 글자 모양을 그렇게 지었다는 것이다. 이는 발음기관의 모양을 본떠 글자 모양을 만들었다는 상형문자의 신기원을 말하는 것이 아닐까? 이는 한글 제작 원리에서 또 다른 상형문자의 원리가 응용되고 있음을 뜻한다. 소리[音]와 모양[像] 그리고 뜻[意]을 유감없이 일치시키고 있음을 뜻한다.

한글이 제작될 당시는 16세기로, 이는 한자가 동북아 일대를 석권하고 있을 때다. 그러면 세종은 시대착오적으로 역사를 원시로 회귀시키고 있음을 뜻하는 것인가? 그는 한자를 제쳐놓고 도대체 무슨 대안을 내놓으려고 했던 것일까? 한자보다 더 위대한 글을 내놓을 자신이 없이는 이런 일을 과감히 시도조차도 할 수 없었을 것이다. 그렇다. 그는 더 위대한 글을 내놓았다. 세종대왕은 왕으로서 위신을 걸고 한글을 창제했으며, 적어도 한글은 한문보다 아니 그 당시 어느 문자보다도 위대하다는 자신감을 가지고 한글을 반포했을 것이다. 그러면 왜 한글이 위대한가? 그 위대함은 루소의 글에서 그리고 현대 데리다의 글에서 입증되고 있다. 세종대왕은 남방과 북방 언어의 특색 그리고 모음과 자음을 절묘하게 조화시켜 한글 창제를 선포했다. 만약에 반만년 우리 역사에 세종과 이순신이 없었더라면 역사가 어떻게 달라졌을까 새삼 생각해보지 않을 수 없다.

그러면 한글은 왜 위대한가? 일차적으로는 한글이 음과 상과 의라는 트로이카를 일치시켰기 때문이다. 이러한 트로이카 체제의 문자는 이제까지 들은 적이 없던 것이다. 이러한 트로이카로서 문자는 새로운 의미의 자연으로 돌아가는 문자가 되어버렸다. 이런 한글은 '자연지문(自然之文)'이다. 원시 상형문자에서 표음문자를 그쳐 다시 상형과 표음을 조화시킨 '언어에 관한 새 언어' 즉, 메타-언어가 바로 한글이다. 헤겔이 한문을 자연의 언어라 폄하했고, 데리다는 이를 찬양한다. 한글은 자연의 언어다. 그러나 한문과 그 자연의 의미가 얼마나 다른가?

그러면 정음의 모음체계부터 살펴보기로 하자. 훈민정음에서도 자음을 다룰 때는 그 역사적 배경을 자세히 언급하고 있으나, 모음의 경우는 이렇다 할 설명 없이 처리하고 있다. 그 이유는 모음은 자음과 달리 어린 아이 때부터 자연스럽게 나오는 것이라 보았기 때문이다. 그렇다고 모음이 정음에서 소홀히 된 것은 아니다. 영어는 a, e, i, o, u라는 다섯 개의 기본 모음으로 되어 있다. 그러나 영어 모음의 경우에는 모음소(母音素) 같은 것이 없다. 예를 들어, a의 경우 이미 복모음으로 구성되어 모음소 같은 것은 상상도 할 수 없다. 사실 a는 독자적인 모음소가 아니지만 한글의 ㅏ, ㅓ, ㅗ, ㅜ 는 자신의 고유한 음가를 가지고 있다. 그러나 한글의 모음에는 다음과 같은 말 속에 세 모음소를 가지고 있으며, 이 세 모음소에서 여덟 개의 모음이 나온다고 했다. 즉, 정음에 "혀는 소리의 근본이니 마치 하늘이 만물보다 앞서 있음과 같다. 세 모음소(·, ㅡ, ㅣ)에서 8성(ㅏ, ㅓ, ㅗ, ㅜ, ㅑ, ㅕ, ㅛ, ㅠ)이 시작됨과 같이 그 가운데 ·은 세 모음소의 으뜸이 된다"고 했다. 그리고 세 모음소에 대해서 다음과 같이 설명하고 있다.

· : 하늘의 위로서 방위 공간을 나타낸다. 혀를 축소하여 소리를 깊이 하는 것으로 형은 원이고 상은 천이다.

ㅡ : 땅의 수로서 자리의 시간적 서차를 나타낸다. 혀는 조금 줄이고 소리는 깊지도 얕지도 않게 한다. 형은 평이고 상은 땅이다.

ㅣ : 위도 아니고 수도 아닌 '무극지진(無極之眞)'이다. 혀는 줄이지 않고

소리는 얕게 한다. 형은 입이고 상은 인이다.

모음의 차연 즉 연기하면서 차별시키는 방법은 발음의 위치에 따라 3단계로 나누고, 소리도 3단계로 나누어 전자는 축·소축·불축 그리고 후자는 심·불심불천·천으로 구별했다. 정음을 자연적이라 하는 이유는 모음소를 가상적으로 설정해놓고 인위적으로 구체적인 음을 거기에 예속시키지 않기 때문이다. 이러한 두 가지 원칙에 따라 정음을 두고 '자연의 소리에 도출하여 만물이 품고 있는 속정을 소통케 한다[天地自然之聲 以通萬物之情]'고 했다.6)

자음의 경우는 인류문명사상 최초로 자음의 발성 부위를 그대로 기호화하여 자음 부호로 사용했다(한태동, 1998; 36). 첫 소리 자음 17자의 경우 소리가 나는 음성 기관의 위치에 따라 다섯 개의 부류로 나누고 다시 각 부류마다 세 개의 요소로 나눈다. 첫째, 어금닛소리 ㅇ, ㄱ, ㅋ은 혀의 뿌리가 목구멍을 막는 형상을 본뜬 것이다. 오행 상으로는 목에 해당한다. 집합론적으로 보아 ㄱ을 나무의 기본 요소로 하여 ㅋ은 나무가 무성하게 자람을 뜻한다. ㄲ은 첫 소리 17자에 들지 못하나 나무가 자라 잎이 무성함을 뜻하기 때문에 ㄱ으로 겹치게 했다. ㄷ, ㅌ, ㄸ도 마찬가지기 때문에 나머지에 대한 설명은 생략하기로 한다. 발음이 기관의 형상을 자연스럽게 기호화하였기 때문에 한글의 자음 부호는 모든 언어의 기준이 되고도 남는다. 다시 발성학적으로 볼 때는 청탁(淸濁), 여응(厲凝), 경중(輕重)의 세 범주로 조직화했다.

집현전 학자들은 자음과 모음의 음소들을 모두 각자 완전 독립적이게 했다. 이는 차연의 차별에 해당한다. 집합론상으로 보아 어느 하나의 요원이 다른 요원들로부터 도출돼 나와서는 안 된다. 다시 말해서 세 모음소는 각자 독립적이며 절대로 어느 하나가 다른 것에 속한 것

___

6) 叶 正音作而天地萬物之理咸備 成於自然 創製文字以寓聲音 以通天下之情 而名其文曰 訓民正音(이사질의 訓音宗編) 聖人作易自然之次第.

이어서는 안 된다. 모음소들은 셋이 한 음폭을 완전 분할하여 있기 때문이다. 그런데 이 독립적인 세 모음소에서 기타 다른 모음들이 이어서 도출되는데, 이는 차연의 이어짐을 뜻한다. 차연(差延)이 차연(差連)이 된 것이다. 다음으로는 이렇게 연출된 체제 안에서는 서로 사이에 모순이 없어야 한다. 그래서 차연의 마지막 성격인 서로 끊어지어 차별되면서도 이어져 서로 유기적이 된다. 이를 차연의 세 번째 성격인 차연(差橡)이 된다. 이 마지막 단계의 차연을 특히 데리다는 **코라**(chora)라고 했다. 잇달아 이어져 이루어짐과 같다. 이런 한글의 특징을 두고 한태동 교수는 "이러한 관점에서 보면 정음은 어느 특정된 나라의 어음이 아니고 언어를 위한 언어로 구성된 모든 언어의 기틀이 되는 위대한 언어체계인 것이다. 그런 의미에서 정음은 만민의 언어학의 기틀이 될 것이고 자연히 그렇게 될 것이다"(한태동, 1998, 122)라고 했다. 그는 정음의 이러한 차연적 성격을 아직 정음 자체로는 미흡하며 그것이 정운(正韻)으로 이어질 때 그 완연한 모습이 나타날 것으로 보았다. 그러나 이에 대한 설명은 생략하기로 한다.

이제 남은 과제로 정음이 '자연'으로 되돌아갔다고 할 때 그 의미가 무엇인지를 알아보기로 한다. 루소와 데리다의 경우 언어가 '자연'성을 다시 회복해야 한다고 할 때에는 기의에 대한 기표의 회복, 자음에 대한 모음의 회복, 표음문자에 대한 상형문자의 회복을 뜻한다. 그것은 서구의 표음문자가 너무나도 심각한 문명의 병폐 즉, 이원론과 실체론적 사고의 조장으로 정신적 피해를 유산으로 남겨 놓았기 때문이라고 본다. 우선 그리스의 알파벳이 철학사에 어떤 유산을 남겼는지 알아보자. 이것을 알아야 한글에서 말하는 '자연'의 소리라는 말의 뜻이 제대로 파악될 수 있기 때문이다. 차연이 자연으로 이해될 차례다.

## 6.4. 코라와 한글의 구조

데리다 철학의 골격과 묘미는 프랑스어 자체 안에 있다. 발음은 '디패랑스'로 같으나 '연기'를 뜻하는 'differere'에서 '차이'를 뜻하는 'différance'가 만들어진다고 했다. 이를 '차연'이라고 한다. 물론 이 단어가 사전에는 없다. 그리고 이는 문자로만 구별될 뿐이지 음성상으로는 같기 때문에 데리다는 말 중심이나 소리 중심의 표음문자로서는 잡아낼 수 없는 한계가 있다고 한다. 데리다는 모음 e와 a가 똑같이 발음되는 현상을 두고 표음문자의 한계를 지적하고 있지만, 이는 데리다가 한글에 대한 이해를 가지고 있었다면 이런 말은 할 수 없었을 것이다. e와 a가 같은 음가를 갖는 것은 인도-유럽어의 경우에 그러하다. 그러나 우리 한글에서는 절대로 a(ㅏ)와 e(ㅣ)를 같이 발음하지 않는다. 위에서 본 것과 같이 음소가 독립적으로 서로 다르기 때문이다. 여기서 한글의 특징이 다시 한번 돋보인다. 예를 들어, 한글에서 초·중·종성이 발달하여 마/멋, 울/웃, 알/얼/ 나/너, 켜/끄 …… 등과 같이 자음의 종성만을 바꾼다든지 음성 모음을 양성모음으로 바꾼다든지 하여 얼마든지 차이를 만들어낸다. 데리다는 불어에서 이런 동음이어를 찾아나선다. 그 가운데 찾아낸 '이멘'이라는 말은 '처녀막'을 뜻하는 동시에 '결혼'을 뜻한다. 처녀막은 결혼과 함께 없어지는 것인데, 이렇게 '이멘'이란 하나의 말로 상반된 의미를 전달한다는 것이다. '역'이란 말도 '변한다'와 '변하지 않는다'를 동시에 뜻하는 것과 같다고 할 수 있다. 이런 현상은 그래서 상형과 표음의 구별 없이 발견된다. 언어의 자기언급에서 발생하기 때문이다. 표음문자는 상형문자보다 메타화가 더 되었기 때문에 즉, 메타의 메타 현상 때문에 수가 더 많아지고 변별하기가 더 어려워졌을 뿐이다. 그런 점에서 차연을 표음문자에서는 불가능하다고 데리다가 단정한 것은 잘못이라고 본다. 그리고 한글은 표음문자이기는 하지만 상형문자적인 면도 있어서 종

성을 통해 이를 구별한다.7)

데리다가 차연이 생기는 이유를 언어의 특징에서 찾은 것은 잘못이다. 차연이 생기는 진정한 이유는 언어의 종류에 상관없이 상·수·사 같은 트로이카의 구별에서는 어디서나 생긴다. 한자와 같은 상형문자에서도 '사물'과 '상'의 차이에서 그리고 수와 사의 차이에서 생긴다. 기호학적으로 보았을 때에 기표와 기의 사이에서도 생긴다. 어와 음의 사이에서도 생긴다. '디패랑스'가 동음다의적인 성격을 갖게 된 것은 다만 프랑스어의 특징 때문이라는 사실을 알아야 한다. 차연은 한마디로 말해서 문자이든 언어이든 그것의 자기언급 현상에서 발생한다. 자기언급은 이중성을 만들고 그리고 유기체적 세계관으로 향하게 한다. 데리다가 차연을 이렇게 잘못 진단했지만, 차연에서 그 다음의 이중적 현상과 유기체적 세계관이 연관되는 데 대하여서는 정확하게 알고 있었다.

데리다는 차연의 절정을 플라톤의 파르마콘에서 찾는다. 즉, 병도 뜻하고 약도 뜻하는 이 말에서 언어의 이중적 의미를 발견하여 개가를 올리려고 한다. 그러나 이런 파르마콘은 동양 논리의 음/양 이중성의 한 예에 지나지 않는다. 그리고 이중성은 서양에서 A형 논리의 공격을 받아 설 자리를 잃었지만, 동양의 경우에는 역을 통해 체계적으로 발달되고 잘 정리되어 우리 앞에 나타나 있다. E형 논리로 말이다. 동북아 문명권에서 역을 중국 것이라고 단정하는 것은 큰 잘못이다. 우선 '주역' 이전에 연산과 귀장역이 있었다는 문헌적인 증거가 있으며, '주역'의 '주'가 나라 '周'를 뜻하는 동시에 부사로서 '두루'를 뜻하기도 하기 때문이다. 특수적인 동시에 보편적인 의미도 함께 지닌다는 말이다. 주역은 중국적인 풍토에서 도리어 역의 본래 모습을 잃어버린다. 특히 왕필의 의리역은 송명대의 성리학으로 말미암아 유교화

---

7) 예를 들어 '닮[似]' '값[價]' '옳[正]' 등은 한자처럼 한 글자가 한 가지 의미밖에 없다.

하는 경향이 있다. 이에 대하여 다산은 상수 일원론이라 할 정도로 역의 자연적인 모습을 회복하려고 한다.

데리다의 문자학으로 볼 때 역의 기원은 동이족에 있었다고 해도 지나친 말이 아니다. 하도를 지었다는 복희가 동이계였다는 주장은 차치하고라도, 음/양 체계가 음운학적으로 그 갈래가 분명한 것은 한자가 아니고 한글이라는 점이다. 예를 들어 음/양을 뜻하는 말에서 음에 해당하는 그림-그림자-구름-검음-그르다와 양을 뜻하는 밝음-바르다-불구네-불그스레 등과 같이 음이 하나의 계열을 만들지만 이를 한자로 옮겨 놓으면 그렇지 못하다는 것이다. 이에 대한 자세한 연구는 이남덕 교수의 《한국어어원연구》(이화여대 출판부)에서 잘 정리돼 있다. 역의 골격이 되고 데리다가 차연이라고 하는 음양이론체계는 중국 한자 문화권이 아니고 동북아 동이 문화권이 그 시발점임을 여기서 강조해 둔다. 아울러 강조할 것은 갑골문의 점치기에서 역이 기원했다고 할 때 갑골문의 주인공은 다름 아닌 우리 동이계라는 사실이다. 그렇다고 하여 이러한 강조가 역이 중국 한자 문화권에 들어가 지금과 같이 정치하게 발전하였고, 특히, 〈십익(十翼)〉 같은 글이 작성되었다는 사실마저 무시하고 하는 말은 결코 아니다.

데리다의 차연이 기표와 기의 그리고 상과 수, 상과 사, 사와 수 사이의 자기언급에서 유래한다는 필자의 주장에 근거해서 볼 때 차연은 그 뒤로 이어지는 데리다의 산종과 코라 등 다른 사상과도 일관성을 갖는다. 다만 여기서는 차연이 결코 문자학에 근거하기보다는 논리적인 구조에서 말미암는다는 것을 강조하고 싶을 뿐이다. 그렇지만 문자와 언어에서 가장 쉽게 차연을 발견할 수 있음도 사실임을 지적하려고 한다.

## 6.5. 차연의 이종회합과 산종

데리다는 차연과 연관하여 '다발(le faisceau)', 산종, 이중회합이란 말을 함께 사용한다. 이런 말들은 거짓말쟁이 역설이나 러셀 역설에서 필연적으로 파생되는 말들이기 때문에 이를 자기언급과 연관하여 고찰함으로써 데리다의 E형 논리적 특징을 부각하고자 한다.

'이중회합'이라고 할 때 '이중'이란 파르마콘, 이멘 등과 같이, 그리고 안/밖, 참/거짓, 처녀막/결혼과 같이 양가적인 것을 뜻한다. 이를 역에서는 요약하여 음/양이라고 한 것이다. 그런데 데리다는 이런 이중 양가성을 소크라테스의 《필레보스》 가운데 **모방**이라는 말에서 찾는다. 모방이란 '그림'이 '대상'을 본뜨는 것, 다시 말해서 '상'을 만드는 것이다. 역의 트로이카 가운데 하나인 '상'이 바로 이런 것이다. 특히 표음문자에서 문자가 말을 모방하는 것 그리고 그림이 대상을 모방하는 것이다. 한글의 경우는 문자가 음성기관을 모방하고 자연을 모방한다. 그런데 소크라테스가 말하는 모방이라 하는 것은 다름 아닌 자기언급을 뜻한다. 그리스에서는 인간의 관념 또는 영혼에 내재한 로고스가 만물의 원본이고, 이 로고스를 인간의 문자나 언어가 다시 모방한다고 보았다. 그 순간에 원본과 모방된 것 사이에 이중성이 생긴다. 참존재에 대한 모방이라는 것은 항상 거짓이다. 플라톤에 따르면, 모방된 것은 언제나 참의 세계가 아니다. 그런데 현대 과학의 이론은 모방의 모방을 '프랙털'이라고 하며, 이런 모방의 모방을 **사상**(寫像, mapping)이라고 한다. 그리고 사상은 자연 그 자체이기 때문에 윤리적인 참과 거짓으로 구별해서는 안 되는 것이다. 이런 사상에서 역설이 생기며 역설은 병적이라고 서양의 A형 논리는 간주해 왔다. 아무튼 모방에 대한 전개를 더 해보면 다음과 같다. 역은 상·수·사 트로이카 체제를 유지해야 하며 그래서 역은 모방으로부터 시작된다.

데리다는 《파르메니데스》에서 전개되는 '같음'과 '다름'의 문제에서 차연의 기원을 찾기도 한다. 즉, '같음'과 '동일자'가 결코 그 뜻이 같은 것이 아니라고 한다. 왜냐하면 '같음'은 '다름'을 전제하기 때문이다. 이는 마치 거짓말쟁이 역설에서 참말이 거짓말을 전제할 수도 있고 그 반대일 수도 있는 경우와 같다고 하겠다. '같음'은 '다름의 다름'이다. 이는 거짓말의 거짓말은 참인 것과 같다. 이렇게 볼 때 데리다의 차연 논리는 거짓말쟁이 역설과 그 구조가 같은 것으로서, 아리스토텔레스의 모순율로서는 설명이 안 되는 논리다. 그래서 헤겔의 변증법하고도 다르다. 다시 말해서 정반의 합 같은 것을 전제하는 논리가 아니다. 참과 거짓의 사상으로 복잡화가 이루어져 결국은 인간 지식의 파탄과 해체로 가게 하는 것이 차연의 논리이고, 이러한 논리적 배경을 형성하는 것이 역설이다. 이와 견주어보면 역은 역설 해의에 관한 구체적이고 장대한 설계를 하고 있다. 우리는 괴델에 이르러 역설로 말미암은 지식의 해체와 파탄을 보게 된다.

이렇게 차연은 '시간의 공간되기'와 '공간의 시간되기'라는 서로 교차하는 직물과 같다.[8] 이런 점에서 차연은 차연(差緣)이 된다. 차연은 불교의 연기(緣起)와 같은 특징을 지니고 있으며, 이를 데리다는 '교차 배어법(le chiasme)'이라고 했다. 이는 불교의 연기를 표시하기 위한 만(卍)자 상징과 같다. 교차 배어법이란 거짓말쟁이 역설과 그 성격이 같다. 결국 이러한 연기는 만물이 서로 사사무애(事事無碍) 그리고 이사무애(理事無碍)하는 과정이며, 그것은 모든 존재가 자기 자신의 자성(自性) 없음으로 이어진다. 불교의 이러한 자성 없어짐을 데리다는 **산종**(散種)이라고 한다. 산종이란 종자의 없어짐과 흩어짐을 뜻한다. 개별적 존재의 자성은 무화한 뒤 다른 존재 속에 자기의 것이 들어가는 것을 뜻한다. 그래서 차연의 연기(延期)는 연기(緣起)가 되고 우리말의 '있'음은 '잇'달아 '일'어남으로 있다. 이어짐의 연기 속에

---

8) 역의 '수'와 '상'에서 이미 우리는 시간의 공간화를 보았다.

만물이 자성의 종자를 잃어버리고 유기체적 그물망 속의 눈금같이 된다. '있음'의 잇달아 일어남을 데리다는 불어로 풀어낼 길이 없어서 '차연이 있다(La différance est)'에서 est에 x표를 한다. '있다(est)'라는 동사 위에 지움을 뜻하는 x를 표하는 이유는 잇달아 일어나기 때문에 차연이 있는 것도 아니고 없는 것도 아니기 때문이라고 했다(김형효, 1997, 216). 차연은 존재와 부재를 넘어선다고 했지만 넘어섬은 서로 사상함으로 가능하게 된다. 불교에서는 이를 쌍차쌍조(雙遮雙照)라고 했다. 서로 차이가 나면서 서로 또한 마주 비추인다는 것을 뜻하며, 이는 데리다의 차연의 극치를 보여준다.

이는 존재의 자성(svavah) 해체를 의미하는 부정신학과 궤를 같이 하는 것처럼 보인다. 데리다 철학에서 인격신의 위치는 없다. 그런 점은 주역도 데리다 철학과 마찬가지다. 물론 다산은 역을 인격신의 지배에 있는 우주 자연의 원리 같은 것으로 생각했지만 말이다. 차연의 산종은 바둑판에서 바둑알 같은 낱개는 아무런 존재 의미가 없는 바둑판이란 구도 그 자체일 뿐이다. 이는 역의 하도 낙서에서 괘들의 하나하나가 독자적이면서도 동시에 서로 다른 괘에 연결되어야만 의미가 있는 것과 같으며, 여기서 음양은 바로 오행으로 넘어가게 된다. 주역은 오행의 구조와 하도 낙서의 구조를 통해 차연의 기능과 작용 자체를 구체적으로 그려놓고 있다. 즉, 그것은 음양대대·상생상극·주객전도의 논리적 구조다. 차연의 구조에서는 주객대립도 무의미하다(김형효, 1997, 220-1). 주객이 서로 상대적이기 때문에 전도가 일어날 수 있다는 것이다. 데리다가 말하는 이러한 차연의 철학은 앞으로 전개할 주역 철학의 구조를 통하여 더욱 분명해지고 구체적으로 드러난다.

## 6.6. 한글의 구조와 산종의 구조

아리스토텔레스의 언어관은 그의 논리학이나 존재론과 별개의 것이 아니기 때문에 함께 거론될 수밖에 없다.9) 아리스토텔레스는 '소리'와 '목소리' 그리고 '말'의 삼자를 구별한다. '소리'란 단순한 공기의 움직임이다. '목소리'란 동물이 자기 발성기관으로 만들어 내는 일종의 뜻 소리다. "흡입된 공기가 기관(후두와 허파)에 있는 영혼에 의하여 이른바 기관에 가 부딪히는 것이다"(영혼론 2권 8장). 가장 중요한 '말'이란 일정한 기관의 도움을 받아 이루어지는 분절(diarthrosis)현상에서 생기는 현상이다. 혀를 통해 분절을 만들어낼 수 있는데, 그 이유는 혀가 가지고 있는 유연성 때문이다. 혀가 넓고 유연해야 말을 만들어 낼 수 있다. 말과 목소리는 근본적인 차이가 없으며 분절을 만들어 낼 수 있는 정도에 따라서 동물의 그것과 인간의 그것이 차이가 날 뿐이다. 다시 말해서 인간의 말은 동물의 그것보다 분절이 더 잘 되어 있다는 것뿐이다. 그런 뜻에서 한글이 발성기관을 분절시켜 글자를 만든 것은 탁월하다고 할 수 있다.

인간은 분절기관인 입술과 혀로 말을 하는데 이 말을 통해 아리스토텔레스는 로고스를 전달한다고 보았다. 동물에게는 말은 있지만 로고스는 없다. "목소리는 로고스의 질료다"(《동물생성론》 제5권 제7장 786b21). 인간의 로고스는 합리적인 것이다. 인간은 동물들 가운데 로고스를 가진 유일한 동물이다. 목소리도 의사소통을 할 수 있지만 가치 규범을 전달할 수 있는 것은 로고스를 통해서뿐이다. 아리스토텔레스의 언어관은 철저하게 로고스에 근거한 인간적 언어에 국한한다.

---

9) 아리스토텔레스의 언어관은 독립적이지 않다. 논리학의 부산물에 지나지 않는다. 언어학을 '디알레크토스'라고 했으며, 그것은 생리학적 측면에서 고려된 '언어'일 뿐이다. 그의 언어관은 '정치학'과 '명제론'에서 주로 다루어지고 있고, '영혼론'에 한두 곳 그리고 '동물지', '동물 부분론', '동물 생성론' 등에서 약간 다루어지고 있다.

인간의 언어만이 영혼에 각인된 기호가 사물에 닿아 상징으로 나타난다. 그러나 한글은 음성기관과 자연에 모두 각인된 언어다.

알라바마 주립대 수학과 김기항 교수는 한글이 합리적이고 과학적인 언어임을 집합론을 통해 입증한다. 한글의 철자법은 집합론이라는 합리적 구조를 갖는다. 모음의 구조를 볼 때 점 '.'으로 시작된 요소가 분절되어 다시 모아져 수평과 수직을 만든다. 다시 말해서 점 '·'들이 모아져 수평선 선분 'ㅡ'을 만들고, 수직선 선분 'ㅣ'를 만든다. 나머지 여덟 개의 모음을 만들기 위해 중학교 정도의 해석기하학에서 사용하는 이동과 회전을 사용한다. 'ㅡ'와 'ㅣ'는 다른 곳으로 이동해도 변하지 않도록 해야 한다. 'ㅏ'음을 시계 바늘과 같은 방향으로 이동하면 ㅜ, ㅓ, ㅗ를 얻는다. 반대쪽으로 회전하여 ㅑ, ㅕ, ㅛ, ㅠ를 얻는다. 김기항 교수는 열네 개 자음도 모두 집합론적으로 구성할 수 있음을 일러준다. 집합론이란 어떤 대상물의 전체와 그 전체 속 개개의 구성요소의 관계를 그림으로 나타낼 수 있는 것을 두고 하는 말이다. 예를 들면 집합 S={1, 2, 3, 4}를 분절시켜 부분 집합을 만들어, S1={2}, S2={1, 2}, S3={3, 4}이면 구성 요소의 관계는 나무가지 형식으로 표시할 수 있다. 이와 같이 수학에서 집합론은 한 부류 속의 요소들을 분절함이 없이는 얻어질 수 없다. 우리 한글도 이런 분절 현상을 통해 만들어진다.

자음 열네 개 역시 ㅡ와 ㅣ를 이동하고, 회전하고, 연결하면 된다. 이제 열네 개 자음을 하나의 집합으로 볼 때 집합의 요소와 부류 관계에서 자음이 구성될 수 있다. 일곱 개는 이동으로 얻어지고, 일곱 개는 회전으로 얻어진다. ㅣ의 최하점을 ㅡ와 연결하면 'ㄴ'을 얻는다. 나머지 여섯 개 자음도 이런 방법으로 얻는다. 집합 'ㄷ'에 'ㄴ'이 포함되고, 'ㅁ'에는 'ㄷ'이 포함된다. 회전에 따른 자음 구성은 다음과 같다. ㅣ을 45도 우회전하면 '/'을 얻는다. '/'의 최상점과 'ㅡ'의 최우점을 연결하여 ㄱ을 얻는다. ㅣ을 이번에는 좌회전하면 '\'을 얻는다. 이렇게 얻은 \ 과 / 을 연결하여 'ㅅ'을 얻는다. 이제 'ㅡ'를 360도 회전하면 ㅇ을 얻는다. 그 위에 ㅡ을 두면 'ㅎ'를 얻는다.10)

이렇게 한글의 자음과 모음은 직선분의 단순한 이동과 회전으로 이루어진다. 모든 자음과 모음의 집합은 모두 · 와 ㅣ를 기본 요소로 삼아 회전시킨 집합이다. 집합을 만드는 방법은 이동과 회전이며 45도, 180도, 360도 다양한 회전 방법으로 요소가 집합 그리고 집합의 집합을 만들어 나갈 수 있다. 그렇다면 한글은 아직 완성된 것이 아니다. 무한하게 이동과 회전을 시킬 수 있으며, 그 정도에 따라서 얼마든지 다양한 소리를 만들어 낼 수 있다. 아리스토텔레스가 말한 분절이 한글에서는 수학의 집합론으로 만들어짐을 알 수 있다.

김기항 교수가 밝힌 바 있는 한글의 집합론적 구조는 요소에서 부류 그리고 부류의 부류를 만드는 구조로 되어 있다. 이런 구조로 휴대전화의 문자판이 만들어진다. 이는 훈민정음 서문의 글과 일치하는 것이기도 하다. 후음의 경우 소리의 강도에 따라 ㆆ이 ㅇ보다 실하기 때문에 점 하나를 더했다. ㅋ이 ㄱ보다 강하기 때문에 선 하나를 더 그었다. 나무의 무성함 정도에 비유하기도 한다. 후음은 목에 속하는데, 나무의 무성함에서 ㄱ이 ㅋ보다 그리고 ㅋ보단 ㄲ이 더 무성함을 상징한다. ㄴ·ㄷ·ㅌ, ㅁ·ㅂ·ㅍ, ㅅ·ㅈ·ㅊ, ㅇ·ㆆ·ㅎ도 사정은 마찬가지다. 이들은 각각 셋이 한 다발이 되어 한 부류를 이룬다. 그리고 이들은 순서대로 목·화·토·금·수의 오행에 속한다. 그래서 초성 열일곱 자는 태극과 음양·삼재·오행의 원리를 종합한 것이다.

구강 안의 발음 부위를 다섯 개로 나누고 각각의 발음기관의 형상을 본떠 다음 소리의 변화에 따라 획을 더하여 부위마다 세 층씩 만든다. 이를 음양오행도에 넣어 보면 다음과 같다(이정호, 1996, 8~9). 데리다에 따르면 모음 중심의 남방 언어는 어조적이고, 자음 중심의

---

10) 이상 김기항 교수의 글은 The Korean-American University Professor, Vol. IX, No. 1(Spring, 1999, 26-28쪽에 실린 글을 요약한 것임.

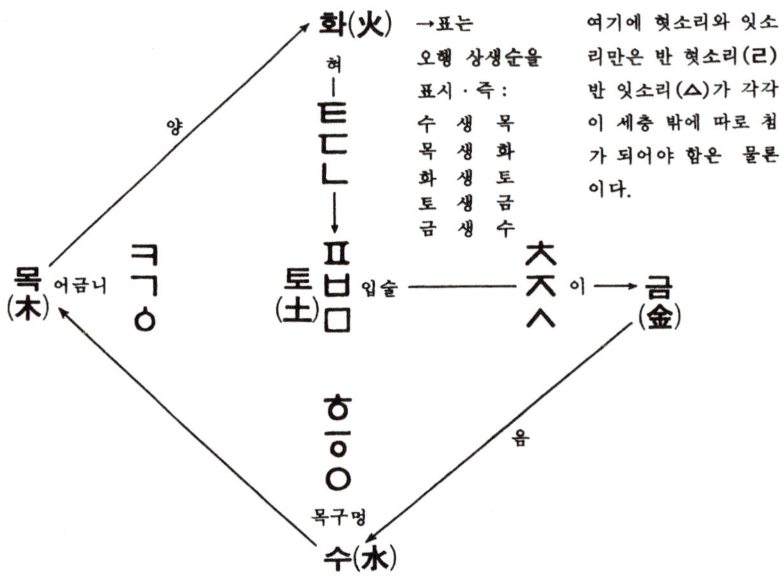



〔그림 6-1〕 한글 자음의 구조와 하도

북방언어는 분절적이다. 그러나 한글의 경우는 자음과 마찬가지로 모음도 분절적임을 알 수 있다.

모음의 구조 역시 음양오행의 원리를 따르고 있음은 자음과 마찬가지다. 여기서 자음과 모음 하나하나를 모두 데리다가 말하는 종자(le semence)라고 하자. 이 말은 라틴어 'semen'에서 나왔는데, 이는 희랍어의 'semainein'(의미하다)과 같다.[11] 데리다의 산종이란 다함이 없이 흔적의 연쇄성을 만들어 가는 것을 뜻한다. 이 말에 따르면 문자는 하나의 용어 속에 여러 실들을 짜게 하여, 그 실들을 잡아당기면 거기서 모든 내용을 풀 수 있는 그런 것이 아니다. 각각의 문자는 자기 자

---

11) '세마이네인'은 로고스의 작용이고, '델룬'은 목소리의 작용이다. 그러나 아리스토텔레스는 두 말을 구별하지 않고 사용한다.

성이 없는, 다만 흔적으로서 연쇄적 고리를 만들 뿐이다. 세계 문자들 가운데 데리다가 정의한 문자에 대한 견해는 우리 한글에 가장 적합하리라고 본다. 각 문자는 파르마콘 같이 음양 대칭 구조로 되어 있으며 오행의 원리 속에서 연쇄 고리를 만들고 있다. 한글에서는 어느 하나의 문자로 다른 모든 것을 끄집어낼 수 있는 것이란 없다. "모든 것이 반복되고 다시 오고, 반복되고 아직도 다시 온다. 그리고 당신들은 흙과 공기와 불과 피와 돌의 사슬 속에 이끌려져 있고, 당신들은 여자든 남자든 어지러운 교환 속에 붙잡혀 있다"(김형효, 1997, 250).

정음은 표음문자이기 이전에 표의문자요, 또한 상형문자다. 즉, 정음은 표음과 표의 그리고 상형을 동시에 구비하고 있는 간결한 문자다(이정호, 1996, 20). 한글은 소리가 있으면 그 소리에 해당하는 '자리(place)'가 있다는 사실을 알았다. 자리는 삼재(三才) 사상에 기초한다. 하늘·사람·땅이 그것이며, 이런 삼재 사상은 당연히 단군 신화에 근거를 두고 있다. 역의 괘가 삼효로 되어 있는 것도 모두 삼재 사상에 일치한다. 한글은 삼재 사상에 근거하여 소리가 위치한 자리를 글자의 경우 초성·중성·종성이 있어야 한다고 생각했다. 역에서는 상을 천·지·인에서 본뜬 것으로, 삼재가 모두 구비되어 팔괘가 그려졌다고 한다.12) 그런데 한글에는 자리는 있으나 소리가 없는 경우가 있다. 그것이 바로 ㅇ음이다. 이를 ㆁ와 구별한다. 예를 들어 '강'은 kang으로 읽어야 하지만 'ㅇ강'은 ka로 읽어야 한다. '아' 의 경우도 ㅇ이 자리는 지키고 있지만 소리 음가는 없다. 오늘날 ㆁ을 없애고 ㅇ으로 통일한 것은 큰 잘못이다. 이는 한글이 창제된 철학적 의미를 모두 말살한 처사다. 하루 속히 ㆁ을 복원해내야 할 것이다.

한글의 집합론적 성격에서 공집합을 무시하고 말았다고 지적하지 않을 수 없다. 이 말은 ㅇ은 수학의 0과 같은 것으로서, 한글에 공집

---

12) 取象於天地人而三才之道備矣 聖人始畫八卦.

합의 개념이 있음을 뜻한다. 집합론이 나오기 전까지는 수가 어떻게 만들어지는가를 생각하지 못했었다. 그러나 수는 '다음에(successor)' 란 개념에서 만들어진다는 사실을 안 것은 현대 수리철학 덕분이다. 그렇다면 '1'은 무엇 다음인가? 이런 질문 앞에 수학자들은 0이란 수를 새삼 의식하게 된다. 그래서 집합론에서는 수에도 수의 자리가 있어야 한다는 점을 알게 되어 아무것도 없는 자리를 { }로 표시하게 되었으며, 그 자리에는 아무 것도 없고 그것을 0으로 표시하게 된다. 그러면 { }의 다음 차례에 공집합 {0}이 생기게 되고 공집합의 개수는 1이다. 그러면 {0, 1}의 집합이 생기고 그 개수는 2다. 이렇게 수가 만들어지며 집합론의 기초는 공집합이라는 사실을 알게 된다. 현명하게도 세종대왕은 글에도 이런 공집합에 해당하는 것이 있어야 한다는 점을 깨닫고 ㅇ음을 창제하셨다. {ㅇ}의 집합 개수가 ㅇ음이다. { }은 ㅇ이고, {ㅇ}은 ㅇ이다. 그런 뜻에서 ㅇ음은 모든 음의 처음에 두어야 마땅하다.13)

앞에서 본 것처럼 한글을 창제할 당시 이미 무와 유의 개념을 알고 있었다. 다시 말해, '자리'와 '소리'를 구별한 것은 화가가 바탕(ground)과 그림(figure)을 구별한 것이나 마찬가지다. ㅇ은 자리고, ㅇ은 그 자리의 소리와 같다고 할 수 있다. 소리의 발성 기관의 모양에서 글자가 만들어졌고, 만들어진 글자는 다시 초·중·종성의 삼재 원리로 배치된다. 이는 존재론적으로 생각할 때 유와 무의 관계와 같다. 자리는 무고 소리는 유다. 유무상생의 원리는 우리 민족 경전의 '일시무시(一始無始)'에 따른 것이라 추리할 수 있다. 유와 무가 동시적이라는 존재론은 도가나 유가의 사상과도 다른 것으로 한민족의 독특한 사상이다. 유무 동시사상과 삼재 사상이 결합되어 한글이 만들어졌다. 데리다의 코라는 다름 아닌 동양의 무나 공 사상과 상통하는

---

13) 북한과 남한 학자들 사이에 ㅇ을 배치하는 순서를 두고 논란이 있었다. 나의 생각으로는 집합론 상으로 볼 때 당연히 처음 자리에 두어야 한다.

것으로, 우리는 한글의 구조에 나타난 것과 같은 유무의 차연 관계를 한눈에 볼 수 있다.

데리다는 이렇게 말할 것이다. 인간은 '존재한다'는 말 자체가 바로 글을 '쓴다'와 같다고. 이것을 그는 '에크리튀르'라고 했다. 한국어에서 '글을 쓰다'라고 할 때 '글'은 '그림'에서 유래하며 이는 '그리움'과 어원이 같다. 데리다에 따르면, 이 세계 자체가 그림으로 써넣어진 구성물에 지나지 않는다. 그래서 아담의 이름 짓기는 바로 이러한 그림의 써넣기다. 그래서 그는 세계의 구성물을 만들어 나간 것이다. 빈자리에 글을 써넣는 작업이 창조의 첫 작업이다. 그러나 인간은 글을 쓰면서 글의 원래 자리를 잊고 말았다. 한글을 통해 우리는 이 잊어버린 자리를 다시 찾아야 한다.

다음 장에서 우리는 데리다가 생각했던 코라의 구조가 거짓말쟁이 역설과 연관하여 그가 생각했던 것 이상으로 복잡하다는 사실을 알게 될 것이다. 코라의 구조 그것은 바로 역설의 구조다.

Ⅱ부

역의 수 개념과 러셀 역설

# 7. 거짓말쟁이 역설의 발단과 해의

## 7.1. 러셀 역설의 해부

　양치기 소년이 갑자기 마을에 나타나 "내가 하는 말은 모두 거짓말이오"라고 말했다고 하자. 양치기가 하는 말은 모두 거짓말이라고 마을 사람들이 믿고 있던 터라 처음에 사람들은 이 말마저 거짓말일 것이라고 생각하고 말았다. 그러나 마을 사람들은 잠시 뒤에 큰 혼동에 빠졌다. 지금 양치기가 한 말이 종전의 "늑대가 나타났다"는 거짓말과는 다른 거짓말이기 때문이다. 늑대가 아니고 "여우가 나타났소" 하고 말했다면 아무런 혼동도 없을 것이다. 늑대와 같은 경우의 거짓말로 다루어도 상관 없다. 그러나 만약에 거짓말쟁이 양치기가 "내가 하는 말은 모두 거짓말이오"라고 한다면 상황이 달라진다. 한 부류의 사람들은 늑대나 여우의 경우와 같이 같은 거짓말로 여길 것이고, 다른 한 부류의 사람들은 이제 드디어 양치기가 참말을 했다고 여길 것이다. 밤새도록 마을 사람들은 격론을 벌였지만 새벽까지 결론을 내리지 못했다. 결국 마을 사람들이 처음에는 어리둥절하다가 이렇게 두 부류로 나뉘어 양치기의 말이 "참말이다"고 하는 쪽과 "거짓말이다"고 하는 쪽으로 갈라지게 되었다. "거짓말이다"라고 한 부류의 사람들은 지금까지 양치기가 거짓말을 해 왔으니 지금 하는 말도 거짓말이라는 것이다. "참말이다"라고 하는 사람들은 지금까지 거짓말을 해 왔는데, 자기 말이 "거짓말이다"고 실토했으니 결국 참말이라는 것이다. 이는 분명하게 흔히 말하는 역설이다. 그리고 여기서부터 '거짓말쟁이 역설(The Liar Paradox)'은 시작된다.

이렇게 마을 사람들 사이에 혼동이 생긴 이유는 다음과 같다. 마을 사람들 사이에 생긴 이 거짓말쟁이 양치기 소년에 관하여 생긴 가상 논쟁은 사실 인간 만사는 물론 우주의 구조에까지 속속들이 나타나 혼동을 일으키는 성격의 것이고, 인간 사고의 본질에 관한 매우 심각한 문제다. 무릇 동서양의 모든 철학과 종교가 이 혼동 속에서 생긴 것이며, 이 혼동 현상을 해결하는 해법 과정에서 여러 다양한 철학이 발생하게 되고, 역도 그 예외가 아니다. 그러면 우선 이 혼동의 구조를 파악해 두는 것이 필요하다.

"늑대가 나왔다"(A)는 거짓말과 "여우가 나타났다"(A′)고 하는 말은 사실 같은 성격의 그리고 같은 위상의 말이다. 그러나 이 말에 대한 말은 같은 위상의 것이 아니다. 말과 '말의 말'의 차이다. 이를 위상적 차이라고 하자. 일단 여기서는 쉽게 위상이 다른 말은 영어 알파벳 순서로 그 위상의 순서 차이를 표시하기로 하자. 그렇다면 양치기가 "내가 하는 모든 말은 거짓말이다"(B)라는 말은 '말의 말'이다. 논리학에서는 전자(A와 A′)를 대상 언어 그리고 후자(B)를 메타 언어라고 한다. 대상과 메타의 차이를 위상의 차이로 표시하기로 한다. 그리고 같은 위상끼리는 같은 영문 알파벳을 사용하기로 한다. 그렇다면 마을 사람들이 이렇게 서로 의견이 양분되는 이유는 두 말 사이를 어떻게 연결하느냐의 차이 때문이라고 할 수 있다.

다시 말해서 B를 A와 같은 위상의 언어, 즉 대상 언어라고 본다면 B는 거짓말이 된다. 이는 쉽게 머리 속에서 더하기 작용을 했기 때문이다. 다시 말해서 양치기의 말을 지금까지 해온 여우와 늑대에 관한 거짓말과 같은 위상에 두고 양치기가 한 가지 거짓말을 더했다고 생각했기 때문에 양치기가 나중에 한 말 B를 거짓말이라고 본 것이다. 그러나 다른 한 측의 사람들은 머리 속에서 곱하기로 연결시켰다. B는 '말의 말'이라는 것이다. 더하기는 '와'(and)로 연결시키지만 곱하기는 '의'(of)로 연결시킨다. 3+4는 3과 4이지만, 3×4는 3의 4이다. 더하기는 3과 4를 모두 요원격으로 보지만 곱하기의 경우에는 3을 요원으로 하는 4개의 부류라는 뜻이다. 그래서 전자는 후자에 포함(包涵)되는 관계다. 그래서 요원과 부류라는 차이가 있으며, 이는 부분과 전체라는 차이와 같은 것이다. 그러면 거짓말을 −그리고 참말을 +라고 해 보자. 거짓말(−3)과 거짓말(−4)을 더하면 결국 거짓말(−7)이 된다. 거짓말의 수가 더 늘어날 뿐이다. 마을의 한 부류의 사람들은 바로 이렇게 양치기의 두 말을 더하기 했던 것이다. 그러나 다른 한 부류의 사람들은 곱하기를 한다. 즉 (−3)×(−4)=12가 된다. 다시 말해서 '거짓말과 거짓말'(and)은 거짓말이지만, '거짓말의 거짓말'(of)은 참말이 된다. 이렇게 초등학생도 할 수 있는 수학 정도로 양치기의 거짓말을 정리해 둘 수 있다.

이를 다시 반복하면 다음과 같다. 대상 언어와 메타 언어는 사실 위상이 다른 언어다. 대상에 대하여 메타는 항상 전체적 성격을 갖는다. 그래서 만약에 B 속의 '모든'이라는 말 속에 말 A 전체를 포함시킨다면 "내가 말하는 '늑대가 나왔다'는 거짓말이 거짓말이다"(C)가 된다. 그래서 C는 참말이 된다. A와 B는 부분과 전체의 관계이며 그래서 'A of B'라고 표현해야 한다. A와 B는 같은 위상에 있지 않고 포함(包涵) 관계다. 다시 말해 A가 B에 포함된 관계이다. A의 말과 B의 말은 서로 다른 위상에 속한 것으로 그 의미가 다른 말이다. 이렇게 서로 의미가 다른 말 사이에 생기는 역설을 의미론적(semantic)이라 한다. 이와는 달리 A를 요소격으로 보고 B를 부류격으로 보아 서로 포함 관계로 볼 때 생기는 역설을 논리적(logical)이라고 한다. '역설

(逆說)'이라는 말은 "말에 반역한다"는 뜻이다. 불교에서는 이를 두고 '상위(相違)'라고 한다. 영어의 parpa+doxa 역시 '반역(para)'과 '말(doxa)'의 합성어다. 그런 점에서 차이가 없어 보인다. 의미론적 역설과 논리적 역설이라는 두 가지는 성격이 결국 같다. 왜냐하면 의미론적 역설은 자기가 한 말을 자기가 언급하고, 논리적 역설은 자기의 부류 속에 자기 자신을 포함하고 있는데 두 경우가 모두 **자기언급적**(self referencial)이기 때문이다. 그래서 역설의 최대 변수는 자기언급이다. 역설이 모순이나 아이러니와 다른 점은 전자가 자기언급을 반드시 내용 속에 가지고 있어야 한다면 후자는 그럴 필요가 없다는 점이라 하겠다.

## 7.2. E형 논리의 유래 : 에피메니데스(Epimenides)와 유블레이데스(Eubuleides)

기독교 사상의 공헌자 사도 바울은 사실상 바보 바울이었다. 왜냐하면 그는 자기가 하는 말의 중요성을 자기가 알지 못했기 때문이다. 그는 자기의 편지 〈디도서〉 1장 2절에서 "크레타 사람들 가운데 어떤 선지자가 말하되 '모든 크레타 사람들은 거짓말쟁'라고 했다"고 하면서 크레타 사람들을 향해 '악한 짐승, 배만 위하는 게으름뱅이' 등 악담을 퍼붓고 있다. 복음을 받아드리지 않아 홧김에 한 말 같다. 이는 마치 부시가 이란·이라크·북한을 '악의 축'이라고 한 것처럼 감정 섞인 표현으로 보인다. 그러나 바울이 이 말을 할 때는 지중해 연안에 "모든 크레타 사람들은 거짓말쟁이다"라는 경구가 파다하게 퍼져 있었던 것 같다. 바울은 다만 이 경구를 인용하고 있을 뿐이다. 그런데 이 경구를 말한 사람이 다른 나라 사람이 아닌 크레타의 선지자 에피메니데스였다는 데 문제의 심각성이 있다. 만약에 다른 나라 사람들

이 이렇게 말했다면 아무런 논란거리가 될 수도 없기 때문이다.[1]

마치 거짓말쟁이로 소문난 양치기 소년 자신이 "나의 모든 말은 거짓말이오"라고 하듯이 자기언급을 했기 때문에 문제가 되는 것이다. 그래서 문제의 관건은 자기언급이다. 그리고 말 속의 '모든'이라는 말은 전칭 판단이다. 전칭 판단과 자기언급만 없었더라면 이 경구는 그렇게 지금까지 전해지지도 않았을 것이다. 한국어는 대상 언어와 메타 언어를 구별하는 중요한 표현이 있다. 그것은 '다'와 '라'에 따른 구별이다. "'모든 크레타 사람들은 거짓말쟁이다'라고 크레타 사람인 에피메니데스가 말했다"고 한다. 대상(다)이 메타(라)가 되고 다시 메타의 메타(다)가 되는 것을 한눈에 볼 수 있다. 이와 같이 대상과 메타가 순환 반복하는 데서 역설이 발생한다. para란 바로 이렇게 말이 자기언급을 순환 반복하는 것을 두고 하는 말이다.

그러면 지금부터 에피메니데스의 역설을 분석해보기로 한다. 만약에 바울이 자기가 한 말에 대하여 다음과 같은 논리적 성찰을 했더라면, 기독교 신학이 지금의 것과는 하늘과 땅 사이만큼이나 달라졌을 것이고, 이 책에서 말하는 동양의 논리와 기독교 신학은 일치점을 찾는 계기도 만들어졌을 것이다. 왜냐하면 서양의 아리스토텔레스 논리는 '다라다'의 순환 반복을 수용하지 않지만 동양 사상 전반은 이를 수용하기 때문이다. 역설을 해결하는 해법에서 순환과 비순환으로 나뉘는 이유도 바로 동서양의 논리적 차이 때문이다. '모든'이라는 말 속에 에피메니데스가 지금 자기가 한 말 자체를 한번 넣어 보자. 양치기 소년 때와 같은 경우다. 다시 말해서 '모든 크레타 사람들'이라는 말 대신에 에피메니데스를 대치하면 "에피메니데스는 거짓말쟁이다"가 된다. 그러면 에피메니데스라는 선지자는 하루아침에 거짓말쟁이가

---

[1] 영화 〈야간기습〉에서도 크레타 섬에서 생포당한 독일 장교가 자기를 생포한 영국 군인들을 향해 크레타 사람들을 믿을 수 있느냐고 한다. 그러나 영국 군인들은 크레타 사람(에피메니데스)에게서 너희 철학이 나오지 않았느냐고 반문한다.

되고 다른 크레타 사람들은 누명에서 벗어나 정직한 참말 하는 사람들이 된다. 에피메니데스가 정직하게 참말을 하는 사람인 한에서 크레타 사람들은 거짓말쟁이가 된다. 그래서 에피메니데스가 '모든' 속에 포함되어 있는 한 참말을 하면 거짓말이 되고 거짓말을 하면 참말이 된다. 이에 근거하여 바울은 다음과 같이 논리적 추리를 해보았어야 할 것이다. 에덴동산에서 뱀이 바로 이런 논리를 전개한다.

1. '모든 크레타 사람들은 거짓말쟁이다'는 거짓말이다(말의 부정).
2. 그래서 '모든 크레타 사람들은 거짓말쟁이다'는 사실이 아니다(사실의 부정).
3. 적어도 에피메니데스 자신만은 참말을 하고 있어야 한다.
4. 그래서 모든 크레타 사람들이 거짓말쟁이라는 말은 아니다.
5. 다시 말해서 에피메니데스 같은 예외도 있기 때문에 모든 크레타 사람들이 거짓말쟁이인 것은 아니다.
6. 고로 어떤 크레타 사람들은 거짓말쟁이가 아니다.
7. 다시 말해 어떤 크레타 사람들은 참말을 한다(야마오카, 2004, 25).

에피메니데스의 말이 성립하자면 그 자신은 '모든'에서 제외되어야 한다. 만약에 '모든' 속에 참여하면 에피메니데스는 자기 말을 자기가 부정하게 된다. 자기가 한 거짓말이 참말이 되기 때문이다. 그래서 그는 '어떤'이라고 자기는 제외하고 말했어야 한다. 양치기 소년의 경우는 '모든'이라는 말 속에는 자기자신밖에 없다. 그러나 "내가 하는 모든 말"이라고 하면 같은 역설에 빠진다. 크레타 사람들의 경우도 "모든 크레타 사람들"이라 하지 않고 "어떤 크레타 사람들의 모든 말들"이라고 했더라면 사정은 달라진다. 그러면 에피메니데스는 크레타 사람들 가운데서 제외될 수 있다. '모든' 사람들을 거짓말쟁이라고 하느나 아니면 '어떤' 사람들이 하는 모든 말은 거짓말이라고 하느냐에 따라서 사정은 정반대로 달라질 수 있다. 에피메니데스가 자기 말 속에 자기를 포함시켰는지, 아니면 자기를 제외하고 한 말인지 에피메니데스 자신도 모르고 한 말인 것 같다. 마치 "모든 한국 사람들은 거짓말쟁이다"라고 할 때 말하는 사람 자신이 포함되는지 안 되는지는 말하는 자신도 모르고 하는 말일 수 있기 때문이다.

그래서 "모든 크레타 사람들은 거짓말쟁이다"라는 말의 부정이 "모든 크레타 사람들은 거짓말쟁이가 아니다"라고 판단하기 쉽지만 그것의 부정은 "어떤 크레타 사람들은 거짓말쟁이가 아니다"이다(야마오카, 2004, 26). 이 말은 에피메니데스 자신만은 자기가 한 말 속의 '모든'에 포함되지 말아야 함을 뜻한다. 다시 말해서 "모든 크레타 사람들은 거짓말쟁이가 아니다"라는 말 속의 '모든'에 에피메니데스를 포함시켜 보자. 그가 포함되는 순간 에피메니데스의 말은 참말이 되어 "모든 크레타 사람들은 거짓말쟁이다"라는 말이 참말이 되어 거짓말이 참말이 되어버리고 만다. 그래서 전칭 판단(모든)의 반대는 특칭 판단(어떤)이 된다. 이렇게 거짓말쟁이 역설은 해결하기 어려운 뇌관이 그 속에 숨어 있다. 이 뇌관을 바울은 피해갔거나 아니면 무지해서 자기가 한 말을 자기도 모르는 바보가 되었거나 했던 것이다. 아니 그는 이 뇌관의 폭파를 두려워했는지도 모른다. 메가라 학파의 피르라테스라는 철학자는 이 거짓말쟁이 역설로 밤새 번민하다가 새벽에 자살하고 말았다. 칸토어와 괴델 등 이 역설의 뇌관을 건드린 자는 같은 피해를 입었다. 동양의 역을 만든 자 역시 예외는 아니었을 것이며, 이 역설의 해법을 찾는 과정에서 불후의 작품 역이 만들어진 것이다. 역의 진가는 거짓말쟁이 역설의 해의에서만 드러난다.

위 양치기의 말 "내가 한 모든 말은 거짓말이다"는 가장 단순한 거짓말쟁이 역설이며, 이는 밀레토스 학파의 유블레이데스로부터 유래한다. 유블레이데스의 역설은 자기가 한 말을 자기 스스로 부정하는 것으로, 불교에서는 이를 자어상위(自語相違)라고 한다. 예를 들어

"나의 어머니는 불임녀"라고 말하는 것과 같다. 자기가 존재하는 것 자체가 자기 어머니가 있어야 가능한데, 자기 어머니를 불임녀라고 하는 것은 자기 말에 자기가 어긋나는 것이다. 유블레이데스 역설은 위 문장에서 보는 것과 같이 내 말이 참이라고 가정하면 내 말은 거짓이 되고, 거짓이라고 하면 참이 된다. '다라'의 관점에서 볼 때 '라'를 참이라고 하면 '다' 즉 "내가 한 모든 말은 거짓말이다"는 거짓말이 된다. 반대로 '라'를 거짓이라고 하면 '다' 즉 "내가 한 모든 말은 거짓말이다"는 부정되기 때문에 참이 된다. 이것은 '다'에 귀류법을 적용한 경우라고 할 수 있다. 다의 주장에 반대 주장을 내세웠을 때 결국 "내 말은 참이 아니다"가 된다. 이에 대하여 다시 귀류법을 적용하면 내 말은 거짓이 아님이 증명된다. 그러면 "참도 거짓도 아니다"라는 결론이 성립하며 불교에서는 이를 부정(不定)으로 처리한다.

고대 그리스 사회에서는 이 역설의 곤혹스러움 때문에 자살하는 사람까지 나올 만큼 메가라 학파와 밀레토스 학파에서는 집중적으로 다루었다. 그러나 안타깝게도 아리스토텔레스로 말미암아 이 역설에 관한 논쟁이 마감을 하게 되었으며, 중세기에 오컴 같은 학자들 덕분에 잠시 등장했다가 19세기 칸토어 때까지 침묵할 수밖에 없었다. 그리스 철학에서 역설에 관한 논쟁이 가장 치밀하게 진행된 것은 엘레아 학파인 파르메니데스의 제3의 인간 역설에서다. 에피메니데스와 유블레이데스는 그들의 이름이 모두 E로 시작하기 때문에 이들이 논하던 거짓말쟁이 역설 논리를 E형 논리라고 부르기로 한다. E는 동시에 Eastern을 뜻하기도 하니, E형 논리는 동양의 논리이기도 하다. 이와는 달리 E형 논리를 파괴한 아리스토텔레스의 논리를 필자는 그의 이름 첫 자를 따서 A형 논리라고 부르기로 한다.

## 7.3. 문장 속의 역설

역의 관점에서 볼 때 제3의 인간 역설의 두 결과물은 태극이 무극과 자기언급을 하여 음양이 생기며 음양은 사상을 낳는다. 그러면 사상을 묶는 부류격이 필요하고 그 부류격은 사상의 부류이면서 요원이다. 그래서 오행이 생긴다. 이런 부류격이 바로 '토'다. 그래서 거짓말쟁이 역설은 음양오행의 유래를 설명하는 데 더없이 소중한 도구가된다. 목이 화를 생하면 목은 부류격, 그리고 화는 요원격이 될 것이다. 그러나 화 다음에는 이미 비동일성의 결과가 나타나 목은 그것을극하지 않으면 안 된다. 마치 화폐가 남발되면 인플레이션처럼 과부하 현상이 발생하는 것과 같다고 할 수 있다. 그러면 이미 돈은 돈이아니다. 동음이의 현상이 생긴다. 물건에 대해 돈은 메타다. 화폐가 인플레이션이 된다는 것은 메타의 메타가 된다는 것, 즉 메타화한다는것을 뜻한다. 이렇게 과부하한 화폐는 억제되지 않으면 안 된다.

이러한 현상은 마그리트의 작품 〈이것은 파이프가 아니다(Ceci n'est pas une pipe)〉에 비유할 수 있을 것이다. 그림으로 그려진 파이

〔그림 7-1〕 이것은 파이프가 아니다(마그리트 작(作))

프는 실제 파이프와는 다르다. 그러나 그림으로서 파이프에 대해서도 우리는 엄연히 '파이프'라고 한다. 이를 두고 자기비동일성이라고 한다. 오행 안에는 이런 자기서술과 자기비동일성이란 현상이 나타나며 그래서 상생 상극 작용이 일어난다. 기표와 기의 사이는 어느 하나가 다른 것에 견주어 비대해지면 과부하 현상이 생긴다. 기표와 기의는 서로 심각한 권리 다툼을 한다.

동양의 E형 논리는 제3의 인간 역설 그 자체지만, 서양의 A형 논리는 앞에서 보는 것처럼 제3의 인간 역설을 파괴시키는 데서 발생한다. 동양의 E형 논리 역시 그 출발점은 서양과 마찬가지로 제3의 인간 역설에 있다. 이러한 주장의 근거는 역이 발생하는 과정을 보면 바로 알 수 있다. 거짓말쟁이 역설에서 말하는 '참(T)'과 '거짓(F)'을 양과 음이라고 하자. 그러면 음양의 구조는 거짓말쟁이 역설에서 발생하는 TF 사슬과 구조가 같다는 사실을 알 수 있다. 현대 철학자들의 역설 해결 과정에서 나타난 두 가지 방법은 그대로 A형 논리와 E형 논리의 차이를 드러낸다.

러셀 역설은 여러 가지 방법으로 그 변형을 만들어 표현할 수 있다. 역설은 "부류가 자기 자신을 요원으로 담[힙슘]을"(Russell, 1960, 181) 경우 발생하는 것이라고 정의할 수 있다. 이발사가 자기 자신의 머리를 깎는 것이기 때문에 이를 '자기언급(self-reference)'이라고 한다. 아울러 부류가 자기 자신을 부정하고 스스로 요원화했기 때문에 '자기부정(self-annihilation)'이라고 한다. 전자가 바로 블라스토스가 말하는 자기서술이고, 후자가 자기비동일성이다. 그래서 러셀 역설의 필수 조건은 그 안에 자기언급과 자기부정을 갖는 것이다. 자기언급과 자기부정은 곧 자기를 조직하는 유기적인 상호 연관 관계를 만든다. 그래서 '자기언급'과 '자기부정'은 현대 과학이나 동양 철학에 러셀이 응용될 경우 매우 중요한 화두가 된다. 우리는 이 두 가지 현상이 동시에 일어나는 것을 문장을 통해 손쉽게 발견할 수 있다. 언어적 전환을 만들어 역설의 구조를 파악하자는 것이다.

문장 속에서 대상 언어는 부분이기 때문에 소문자로 그리고 메타 언어는 전체이기 때문에 대문자로 표시한다. 그러면 소문자를 대문자로 바꾼다는 것은 곧 부분과 전체가 되먹임한다는 것을 의미한다. 거짓말쟁이 역설은 다음 문장에서 보는 것처럼 대문자와 소문자가 되먹임하는 데서 발생한다.

<문장 1> "below sentence is False" is Above sentence.
<문장 2> "above sentence is True" is Below sentence.

여기서 큰 따옴표 안의 말은 상대방의 문장을 언급하는 대상 언어이며, 소문자 'below'와 'above'는 상대방 문장을 지시한다. 그러나 대문자 'Above'와 'Below'는 자기 문장 자체를 지시한다. 대문자는 글을 쓰고 있는 종이의 위치로 보았을 때 하는 말이다. 그래서 전자를 '대상 언어(object language)'라고 하고, 후자를 '메타 언어(meta language)'라고 한다. 대상은 부분적 성격을, 그리고 메타는 항상 대상에 대해 전체적 성격을 갖는다. 그래서 러셀 역설은 전체와 부분의 문제다. 램지는 의미론적 역설과 논리적 역설을 구별했지만, 그러나 그 구별이 그다지 의미가 있다고는 생각하지 않는다. 왜냐하면 메타는 대상에 대해 전체적 성격을 지니고 있어서 결국 전체와 부분으로 환원해서 생각할 수 있기 때문이다. 그렇다면 문자의 의미론도 집합론으로 생각해볼 수 있다. 이제 편의상 몇 개의 기호를 다음과 같이 만들어 사용하기로 하겠다.

Above sentence → A
Below Sentence → B
above sentence → a

below sentence → b

True → T

False → F

is → =

<문장 1>과 <문장 2>를 이 기호에 따라 표시하면 다음과 같다.

<문장 1> bF=A

<문장 2> aT=B

대문자는 종이 위에 문장이 놓인 위치를 두고 하는 말이라고 했다. 여기서 자기언급이란 곧 같은 알파벳으로서, 대문자가 소문자를 또는 소문자가 대문자를 언급하는 것이다. 다시 말해서, 'Above'가 'above'를, 'Below'가 'below'를 지시할 때 자기언급이라고 한다. 그렇다면 <문장 1>과 <문장 2>에서 대문자와 소문자를 서로 등호를 중심으로 바꾸어보자. 여기서는 <문장 2>의 대문자 'B'를 <문장 1>의 소문자 'b'와 서로 바꾸어보겠다.

<문장 3> aTF=A

이 <문장 3>을 일상 언어로 옮겨보면 다음과 같다.

"'above sentence is True' is False" is Above sentence("'위 문장은 참이다'는 거짓이다"가 위 문장이다).

지금 여기서 자기언급 현상과 자기부정 현상이 동시에 일어나는 것을 발견할 수 있다. "'<위 문장이 참이다>는 거짓이다'가 위 문장이다"는 분명히 역설적이다. 자기[Above Sentence]가 자기[above Sentence]를 언급하며 동시에 부정하기 때문이다. 그렇다면 이런 규칙에 따라 소문자와 대문자를 계속 대입할 때, 이는 문장의 피라미드(Pyramid of Sentence)를 이룬다. 이런 형식의 시리즈를 'TF 시리즈' 또는 'TF 사슬'이라고 부르기로 하자. 러셀은 소문자와 대문자를 '유형(logical type)'적 차이로 보았다. 그리고 러셀은 유형적, 위계적 층위만 혼동하지 않으면 역설을 피할 수 있다고 보았다. 다시 말해서, <문장 1>의 TF를 <문장 2>의 TF와 혼동하지 말라는 것이다. 그러나 혼동은 제3의 인간 역설에서 보는 것처럼 불가피하다. 어떻게 큼 자체의 속성이 개별적인 큼들의 속성과 다를 수 있겠는가? 그렇다고 해서 또 그것들을 같다고 할 수 있겠는가? 만일 이런 문제가 없다면 역설이라는 것은 아예 발생하지도 않았을 것이다. 역의 괘들이 발생하는 방법은 이렇게 참과 거짓의 2진법적 구조로 되어 있다. 이 사슬 구조는 존재론적인 문제인 동시에 인식론적인 문제이며, 그 종류 역시 다양하다(야마오카, 2004, 15~36). 이 역설은 우주의 구조 안에도 나타나고 인체의 구조 안에도 나타나며, 한의학의 경맥 구조와 음양오행 구조도 모두 이 역설 때문에 생긴 것이다.

이 피라미드는 논리가 발생하는 출발점이다. 여기서 발생하는 역설에 대처하는 과정에서 두 가지 논리 유형이 나타나기 때문이다. 러셀과 같이 TF 사슬을 상하로 일관성 있게 나누고 위계를 혼동시키지 않으면 역설이 사라진다는 주장과, 반대로 사슬을 순환시켜 비일관적으로 해야 한다는 주장이 있다. 동양의 역은 오랫동안 이 문제로 고심해왔으며, 그 결과 역의 괘와 그 괘를 배열하는 방법이 나오게 되었다. 이는 오랜 시간 세 번의 큰 변화를 겪었다. 복희의 하도(河圖), 문왕의 낙서(洛書), 김일부의 정역(正易)이 바로 그 변화 과정에서 만들어진다. 나는 이어서 러셀 역설을 기하학적 도형인 뫼비우스(Möbius) 띠를 통해 더 자세히 살펴볼 것이다. 대상과 메타는 위상의 문제이며,

위상은 차원(次元)의 문제로서 위상기하학과 뗄 수 없다. 역은 동양사상의 빌미이며 역의 일관된 내용은 바로 역설의 해법 문제다. 역의 세 가지 도상들은 역설을 어떻게 해결하는지 보여주는 상징과도 같다.

## 7.4. 토폴로지와 러셀 역설

이 책이 의도하는 목표는 철두철미 인간 정신사에서 풀기 어려운 최대 난제인 역설에 도전하는 것이다. 고대 그리스 철학에서부터 현대 철학에 이르기까지 이 난제는 아직 우리에게 숙제로 남아 있다. 이 책은 역을 통해 도전을 시도한다. 역설이란 절벽 앞에 여러 가지 방법을 동원해본다. 여기서는 위상기하학을 러셀 역설과 연관해서 보고 그 다음에 위상기하학을 역과 연관시킴으로써 역설 해의의 한 방법을 모색해본다. 역의 도상들의 구조와 뫼비우스 띠 그리고 러셀 역설의 삼자를 연관시켜 살펴보자는 것이 이 책의 주된 목적이다. 그렇게 함으로써 역의 위상수학적 구조와 논리성이 밝혀질 수 있기 때문이다. 그 일환으로 우선 여기서는 거짓말쟁이 역설과 뫼비우스 띠의 구조를 연관시키려 한다. 위상수학적 접근이 중요한 이유는 역설이 차원의 문제와 상관되어 있다는 것이며, 결국 러셀의 유형이란 다름 아닌 차원의 문제라는 점이 밝혀지기 때문이다. 그렇다면 역설은 극복의 대상이 아니라는 것이다.

우리는 지금 3차원 공간 속에 살고 있다. 그러면 우리는 도저히 2차원의 평면 세계로 돌아갈 수는 없다. 그렇다고 4차원의 세계도 진입불가의 세계다. 그리고 역의 괘가 음양·사상·팔괘로 발전하는 것도 차원의 문제이고, 1차원 횡도, 2차원 방도, 4차원 원도 등도 차원의 문제다. 물론 이 부분은 역의 구조를 설명하는 17장에서 더 자세하게 다시 언급한다.

거짓말쟁이 역설이 성립되자면 두 가지 조건인 자기언급과 자기부정이 필수적이라고 했다. 이 두 가지 원리가 어떻게 위상기하학에 응용되는지를 살펴보자. 지금 눈앞에 사각형 종이가 하나 있다고 하자. 여기서 자기언급이란 사각형이 자신의 한쪽 끝을 다른 쪽 끝에 가져다 붙이는 것과 같다. 이런 행위가 곧 사각형이라는 평면의 자기언급이라고 할 수 있다. 이때 만들어지는 것이 '원기둥'이다. 그러면 자기부정이란 무엇인가? 그것은 사각형을 180도 비튼 뒤 방향을 반대로 바꾸어 마주 붙이는 것과 같다. 이것이 '뫼비우스 띠'다. 자기언급과 자기부정을 동시에 할 때 그것은 곧 사각형의 거짓말쟁이 역설이 된다. 이제 실험적으로 사각형을 가지고 자기언급을 하게 하든지 180도 비틀든지 다양한 방법을 한번 고안해보자. 사각형에는 전후·좌우·상하, 이렇게 세 쌍의 대칭이 있는데, 전후를 두고 비트는 방법에는 상하와 좌우를 비트는 두 가지가 있다. 그러면 좌우나 상하 가운데 어느 하나만 비트는 경우(뫼비우스 띠), 어느 하나만 비틀고 다른 것은 그냥 마주 붙이는 경우(클라인 병), 전후와 상하를 모두 비트는 경우(사영 평면)를 생각할 수 있다.

여기서는 이를 특히 위상범례(topological paradigm)라고 한다. 다시 말해서, 위상범례란 하나의 사각형이 자기언급과 자기비동일성이라는 자기 비틀림을 해나가는 단계적 과정을 뜻한다. 사각형-원기둥-토루스(torus, 도넛모양을 의미)-뫼비우스 띠-클라인 병-사영 평면으로 변하는 과정을 범례적으로 본 것이라는 말이다. 먼저 비틀지 않고 그냥 마주 붙이면 그것은 원기둥이다. 비틀지 않을 경우에는 화살표의 방향이 같게 표시된다. 그러나 만약에 상하나 좌우의 어느 하나를 180도 회전시켜 비틀어 마주 붙이면 어떻게 될까? 이는 자기언급과 자기부정이 모두 생긴 경우이다. 그러면 이상한 고리가 하나 만들어지는데, 이를 '뫼비우스 띠'라고 한다. 즉, 비틀지 않고, 즉 자기부정 없이 그냥 붙이면 원기둥이 되고, 비틀어서 마주 붙이면 '뫼비우스 띠'

가 된다. 우리는 여기서 거짓말쟁이 역설이라는 논리적 문제를 눈에 보이는 도형을 통해 확인할 수 있다. 거짓말쟁이 역설은 원기둥과는 무관하며, 뫼비우스 띠와 서로 관련이 있는 것으로 드러난다. 왜냐하면 원기둥에는 자기부정이 없고 자기언급만 있기 때문이다. 역의 도형에서 괘를 비틀어 마주 붙이면 그것이 원도가 된다. 자기언급과 반대일치가 동시에 일어난다.

그러면 거짓말쟁이 역설에서 본 것과 같은 TF 사슬을 과연 '뫼비우스 띠' 속에서도 발견할 수 있는지 묻지 않을 수 없다. 원기둥의 경우는 면을 따라 가위로 2등분을 하면 두 개의 고리로 완전히 나누어진다. 그러나 '뫼비우스 띠'의 경우는 그렇게 나누어지는 것이 아니라 서로 연결되는 단곡면(單曲面)의 띠가 생겨난다. 이를 아무리 많이 등분하더라도 서로 연결된 채 분리되지 않는다. 그래서 '뫼비우스 띠'는 원기둥과는 달리 앞뒤가 분리되지 않는 단곡면이라고 한다. 그리고 상하·좌우·전후 3차원의 대칭점들이 모두 만나며 서로 일치한다. 그러나 변은 아직 만나고 있지 않다는 점에 유의해야 한다. 사각형의 대칭점들을 'T(참)'와 'F(거짓)'으로 바꾸어 생각해보자. 여기서 문장 안의 소문자와 대문자를 바꾼다는 말은, 사각형 종이의 경우와 비교해볼 때 다름 아닌 180도 비튼다는 말과 같다. 차원을 달리한다는 말과 같다고 할 수 있다.

문장 및 사각형과 관련하여 다음 세 가지 경우를 생각해볼 수 있다. 이는 러셀 역설과 위상기하학을 연관시켜 설명할 수 있는 좋은 예가 된다. 문장의 피라미드를 사각형 종이 위에 표시하면 다음에 보는 그림과 같다(요사마사, 1993, 85). 사각형을 횡으로 2등분하고 거기에다 먼저 말한 문장을 쓴다. 그리고 2등분 된 사각형의 위를 T로 그리고 아래는 F로 한다. 왼쪽과 오른쪽 그리고 앞과 뒤를 각각 T와 F라고 해도 무방하다. 그런 다음 원기둥과 '뫼비우스 띠'를 만들었을 때 어떤 현상이 나타나는지 살펴보기로 하자.

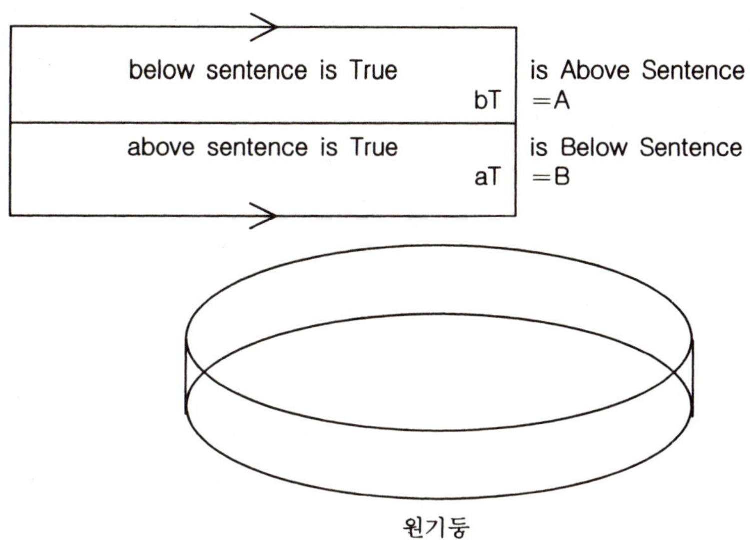


〔그림 7-2〕 문장 피라미드와 원기둥

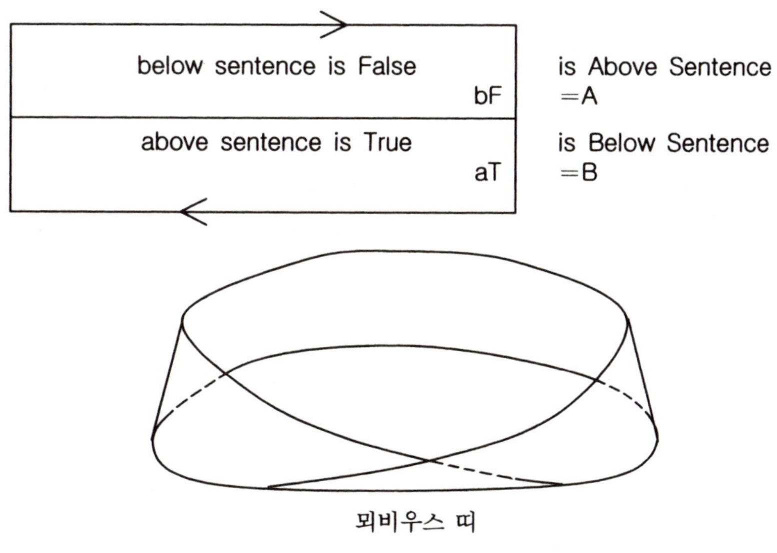


〔그림 7-3〕 문장 피라미드와 뫼비우스 띠

소문자는 사격형 안에, 대문자는 사각형 밖에 적혀 있다. 사각형이 도형(圖形)이라면, 사각형이 놓여 있는 자리는 공간(空間)이다. 전자가 대상이라면 후자는 메타다. 그러면 문장의 소문자는 도형에, 대문자는 이 도형이 놓여 있는 백지 공간에 속한다. [그림 7-2]는 바로 원기둥의 경우인데, 마주보고 있는 두 쌍의 변 가운데 어느 한 쌍이 비틀림 없이 같은 화살표 방향대로 마주 붙어 있다.

그러나 [그림 7-3]에서 보는 사각형은 마주보는 한 쌍의 방향이 반대로 되어 있다. b와 a가 서로 상반되는 주장을 하기 때문이다. 바로 이런 것이 도형과 공간이 서로 교환되는 경우라 하겠는데, 대문자와 소문자를 서로 교환하는 경우와 비교할 수 있다. 소문자 'below'나 'above'는 대문자 'Above'나 'Below' 속에 있는 부분적 단어다. 그래서 공간은 도형을 그 속에 포함(包涵)하고 있다. 공간은 전체 부류격이고 도형은 부분 요원격이다. 여기서 공간을 도형과 교환한다는 것은 곧 부류와 요원, 그리고 전체와 부분이 되먹임 한다는 말과 같다. 이때 원기둥의 경우에는 bTT=B 나 aTT=A와 같지만, '뫼비우스 띠'의 경우에는 bFT=B나 aTF=A와 같은 현상이 생긴다. 우리는 여기서 거짓말쟁이 역설이 위상기하학적으로 표현될 수 있음을 알 수 있다. "b가 거짓말을 하면 참말이다"라고 B가 말한다와 같다.

다시 사각형의 경우로 돌아와 생각해보자. 사각형에서 마주보는 두 쌍의 방향에 대해 다음 두 가지를 더 생각해볼 수 있다. 즉, '⟷'의 경우는 원기둥×뫼비우스 띠다. 한 쌍은 원기둥과 같이 비틀지 않은 채 붙이고, 다른 쌍은 뫼비우스 띠와 같이 비튼 다음 붙인 경우다. 이를 **클라인 병**(Klein Bottle)이라고 한다. 다음으로 두 쌍의 방향을 '⟷'과 같이 모두 비틀어 붙이는 경우가 있다. 즉, 뫼비우스 띠×뫼비우스 띠의 경우다. 이것이 바로 **사영 평면**(projective plane)이다. 이 두 가지 경우는 3차원 공간에서는 도저히 만들 수 없다. 과거로 여행 가능한 시간 차원을 덧붙이지 않고는 불가능한 공간이다. 이는 차원의 상승을 뜻한다. 다시 말해서, 원기둥이 3차원의 공간이라면, 뫼비우스 띠와 클라인 병은 시간의 역방향을 고려하지 않으면 만들 수 없는 4차원의 공간이다. 사영 평면도 마찬가지이다. 원기둥×뫼비우스 띠(클라인 병)나 뫼비우스 띠×뫼비우스 띠(사영 평면)는 시간이라는 요소가 가미되지 않고서는 불가능한 공간이다.

우리는 여기서 러셀 역설의 해결 방안으로 '차원'과 '시간' 문제의 도입이 필요함을 알 수 있다. 뫼비우스 띠에서는 전후·좌우·상하 세 대칭의 꼭지점이 모두 일치한다. 클라인 병에서는 꼭지점과 두 변이 일치한다. 사영 평면에서는 꼭지점·면·변의 대칭이 한 점에서 일치한다. 이를 통해 거짓말쟁이 역설에서 발생하는 참과 거짓의 대칭이 위상공간에서는 차원이 높아지면 모두 일치함을 발견할 수 있다. 일치하는 데는 차원의 문제와 시간의 문제가 필수적으로 따라야 함을 또한 발견하게 된다. 비틀어서 붙인다는 것은 '자기부정'과 '자기언급'을 뜻한다. 거짓말쟁이 역설에서 참과 거짓이 되먹임(사상)하는 것은 초공간에서는 자연스러운 일이다. 이렇듯 높은 차원의 공간에서는 낮은 차원에서 보이는 참과 거짓의 대립이 모두 일치함을 발견하게 된다. 다시 말해서, 2차원 평면상의 대칭은 3차원 공간에서 해소되고, 3차원상의 대칭은 4차원에서 해소된다. 2차원 세계에서는 참과 거짓이 양립할 수 없으나, 3차원 세계에서는 둘이 양립할 수 있게 된다. 더욱이 사영 평면에서는 점·면·변의 모든 대칭이 사라지고 만다. 원기둥의 대칭은 뫼비우스 띠에서 사라지고, 뫼비우스 띠의 대칭은 클라인 병에서 사라지며, 클라인 병의 대칭은 사영 평면에서 사라진다. 결국 TF 사슬 고리가 메타화할수록 대칭은 사라져버린다. 이는 매우 자연스러운 현상이다. 위 차원의 자연스러움이 아래 차원에서는 부자연스럽게 보인다.

앞으로 역의 도상 구조를 이해하는 데서, 하도·낙서·정역도 같은 이러한 위상 공간 구조는 많은 도움이 됨을 발견하게 된다. 즉, 도상의 논리적 구조를 밝히는 데 도움이 됨을 알 수 있다. 도상의 순환 구조는 사각형 위의 모든 대칭점들이 사라지는 사영 평면과 같은 구조를 가지고 있기 때문이다. 그러나 지금까지 역에서는 위상기하학적 고찰을 시도해본 적이 없었기 때문에 논리적으로 그 까닭을 설명하지 못했을 따름이다. IV부 17장에서 이 문제와 연관하여 역의 도상역을 다시 거론하겠다.

# 8. 서양의 수 개념과 역

## 8.1. 극한에서 무한으로

중세기 서양 사람들은 자기들이 말하는 것의 전제가 무엇을 뜻하는 지를 몰랐고 의문시하지도 않았다. 르네상스 시대 사람들은 관찰하는 행위 자체의 타당성을 문제 삼지 않았다(로버트슨, 2005, 15). 동양에서 역을 언급한 사람들이 역의 대전제들에 대해 문제 삼지 않았다는 점에서 중세기 사람들과 같아 보인다. 그러나 동양에서는 놀랍게도 관찰하는 행위 자체의 타당성에 대해서는 늘 의문시해왔던 것 같다. 이러한 결과물로 나온 것이 역이라고 본다. 역에서는 관찰자 자신을 관찰하는 탈현대적 기법이 발달해왔다. 그런가 하면 서양은 이러한 동양의 뒤를 따라오고 있다. 그 출발점이 바로 칸토어의 집합론이다.

동양에는 문명이 바뀔 때마다 제일 먼저 바뀌는 것이 역이다. 역의 도상이 그려지는 것과 동시에 시대와 사회 변천이 일어난다. 19세기 는 문명사에서 반역의 세기라고 할 만큼 동서양 문명사에 일대 전환 이 일어났던 시대다. 이전의 문명을 거꾸로 뒤집는 세기였다. 19세기 이전까지 동양에는 하도와 낙서가 있었다. 그러나 19세기 말 한국에 서 정역도가 새롭게 작도되었다. 정역도는 수의 개념을 바꾸고, 건곤의 위치를 바꾸고, 괘의 위치를 전환함으로써 하도와 낙서와는 비교가 안 될 변화를 일으켰다. 남녀의 평등과 물질과 정신의 가치관적 위상을 전면으로 바꾼 정역도 만큼이나 서양에서도 지각변동 차원의 대변혁이 일어났다. 이를 역에서는 후천개벽의 시작이라고 한다. 19세기는 실로 후천개벽의 세기라고 할 정도다.

서양에서는 19세기에 다윈, 프로이트 그리고 마르크스가 문명 전환의 주도적인 구실을 한다. 수학에서도 예외는 아니었다. 유클리드 기하학에서 굳게 지켜졌던 공리의 절대성이 흔들리게 되었다. 17세기와 18세기에서 이미 미분 적분학에서[1] 무한소와 무한대의 개념을 다루면서 수학에 '역설'이라는 개념이 등장하기는 했다. 역설은 이런 무한의 문제와 일란성 쌍둥이라 할 정도로 무한 또는 절대의 문제와 함께 동반 출생한다. 무한의 개념이 도입되면서 미분학과 적분학이 등장하게 되었고, 이는 오늘날 대입 수험생들에게는 가장 어려운 문젯거리가 되었다. 미적분학은 실로 수학의 기초학문에서 제왕격이라 할 수 있다.[2]

'무한'을 묻는 순간 수학의 위기는 예정된 것이나 마찬가지다. 무한이라는 개념을 처음 끌어들인 사람들은 뉴턴과 라이프니츠였다. 그러나 그들은 무한이 갖는 마력이 무엇인지도 모르면서 무한을 말해버렸다. 이른바 무한급수란 무한이 더해가는 수열이라는 뜻이다. 요즘 유치원생도 알 만한 수학의 무한급수 문제가 천재 수학자들을 곤경에 처하게 만든다. 다음과 같은 간단한 무한급수마저 수학의 위기를 조장하고 있다(힐버트, 2002, 282-309).[3]

---

1) 서양에서 미적분학은 뉴턴(1642-1727)과 라이프니츠(1616-1716)가 창안했다.

2) 그러나 한국에서는 실험대학이 실시된 뒤로 수학과에서 수학사나 기초론 등을 제외시키고 있는 실정이다. 수학을 하나의 기능학문으로 보고 계산에 필요하지 않는 수학의 기초이론을 무시하려는 경향이다(김용운, 2000, 346).

3) 베나세랖 외/박세희 옮김, 《수학의 철학》, 서울 : 아카넷, 2002.

$$s = 1\text{-}1 + 1\text{-}1 + 1\text{-}1 + \cdots\cdots$$

이러한 간단한 무한급수를 다음과 같이 괄호로 묶어 표시하면 그 결과는 놀랍다.

$$s = (1\text{-}1) + (1\text{-}1) + (1\text{-}1) + \cdots\cdots = 0$$
$$s = 1\text{-}(1\text{-}1)\text{-}(1\text{-}1)\text{-}(1\text{-}1)\text{-}\cdots\cdots = 1\text{-}0\text{-}0\text{-}0\cdots\cdots = 1$$

이처럼 괄호로 묶는 방법에 따라 답은 얼마든지 달라진다. 역에서는 이미 이러한 사실을 알고 있었는데 역의 괘(卦)라는 것이 생겨나는 배경도 이와 다르지 않다. 즉, 역에서는 --(음)과 -(양)으로 나누고 이를 만약에 1과 -1로 바꾸어 생각한다면 이를 다양하게 괄호로 묶는 방식에 따라서, 수천수만 가지의 변화를 만들 수 있다는 사실을 알고 있었다. 이는 모두가 궁극적으로 수학에 나타나는 무한이 만들어내는 역설에 대처하는 방안의 하나로 고안된 것이라 할 수 있다.

19세기와는 달리 그 앞의 과학자들과 수학자들은 역설이라는 불청객을 그렇게 대수로운 존재로 생각조차 하지 않았다. 그들은 역설에 대하여 낙관적이었다. 그러나 그들 나름대로의 대안을 제시하지 않은 것은 아니다. 그 간단한 대안들 가운데 하나가, 무한급수의 값이 정해지지 않으면 받아들이지 않고, 값이 정해지는 것만을 적절한 것으로 받아들이는 것이었다. 무한소의 문제의 경우, 뉴턴은 물리학으로 넘어가서 해결책을 찾는다. 해결책이란 다름 아니라, 수학의 무한소 같은 것을 더 나눌 수 없는 입자(particle)라고 단정함으로써 무한소급을 피하는 것이었다. 물론 차이는 있지만, 라이프니츠는 그것을 단자(monad)라고 명명했다. 사실 뉴턴의 입자 개념은 아리스토텔레스의 무한에 대한 다른 이름이라고 할 수 있다.

유클리드의 다른 공리와는 달리 제5공리만은 무한의 문제를 그 속에 담고 있다. 무한한 "두 평행선은 무한히 만날 수 없다"는 제5공리에 대하여 "만날 수 있다"는 것이 비유클리드 기하학의 핵심 내용이며, 이는 또 다른 수학의 위기를 예고하고 있다.[4] 18세기 수학자 오일러는 위의 식에서 보는 것과 같이, 무한급수에서 발생하는 모순된 결과마저 수학이 그대로 받아들일 수 있다고 생각했다. 그러나 모순 없는 정확한 수학을 모색하려는 수학의 엄격주의는 하나의 편집증처럼 19세기 수학자들의 마음을 사로잡았다.

달랑베르는 무한히 작아진다는 무한소의 개념을 "주어진 어떤 양보다도 어떤 수에 가까이 갈 때"라는 말로 바꾼다. 그는 무한소라는 개념 대신 극한(極限)이라는 개념을 사용한다. 이러한 '극한'의 개념을 19세기 수학자 코시(B. A. Cauchy)는 '수렴(收斂)'이라는 말로 바꾸고, 그 반대를 '발산(發散)'이라고 했다. 결국 무한이란 수렴과 발산의 양극 사이에 주어지는 어떤 값이다. 코시의 공헌은 실체로 존재하는 듯한 명사 개념인 '무한소'를 수학에서 '극한'과 '수렴'이라는 동사 개념으로 추방한 것이라고 할 수 있다. 그러나 '무한소'와 '어딘가로 무한히 간다'는 극한의 개념이 어떻게 다른가는 아직 명확하지 않다.[5] 이렇게 19세기 수학자들에게 무한소는 두려움과 공포의 대상이었다. 그들은 미분과 적분학을 통하여 어느 정도 안식처를 찾기는 했지만,

---

4) 유클리드의 공리 가운데 유독 이 공리에서만 위기가 생기는 까닭은, 이것이 '무한'의 문제를 다루고 있기 때문이다.

5) 우리 민족의 겨레 경전에서는 이미 무한급수의 문제를 다루고 있었다. 여기서는 무한소에 대하여 '하나가 나뉘어 삼극[一析三極]'이라고 했으며, 무한대에 대하여 '하나가 쌓여 열[一積十鉅]'이라고 했다. 삼극이란 무한소의 극과 무한대의 극 그리고 그 가운데의 극을 두고 하는 말이다. 특히 무한소를 무극이라고 하고 무한대를 태극이라고 하며 그 가운데의 극을 황극이라고 한다. 그리고 무한을 삼극의 관계 속에서 형성되는 것으로 파악했다. 이는 현대 수학의 관점에서 보더라도 놀라운 착상이 아닐 수 없다. 서양의 19세기 수학자들은 위의 식에서 보는 것처럼 무한소에서 발생하는 난점들을 뒤늦게야 깨달았는데, 라그랑주 같은 수학자는 무한소나 무한대의 개념을 사용하지 않고 미적분학을 전개하려고 했다. 이는 코시 수학의 연장이며, 오늘날 중·고등학교에서 다루는 수학은 이런 결과의 수학이다(이진경, 2000, 159).

그것은 임시 대피소일 뿐이었다. 19세기 수학자들은 수학의 안전한 기초를 마련하려고 안간힘을 쓰게 된다. 수학적 지식의 근원과 그 확고한 기초 확립이 무엇보다도 절실했다.

역에서도 이러한 극한의 개념을 다룬다. 역에 이러한 극한의 개념을 처음으로 도입한 인물은 공자다. 공자는 역 〈계사전〉에서 "태초에 태극이 있었다"고 했다. 노장에서는 '태극' 대신에 '무극'을 사용한다. 11세기 신유학은 양자를 결합하여 '무극이태극(無極而太極)'이라고 했다. 이는 서양의 수학사에서 보는 것과 같은 무한과 그리고 그 무한 너머의 문제가 동양 사상가들을 괴롭히고 있었다는 점을 단적으로 보여준다. 그러나 역에서 말하는 '극'이라는 개념은 서양 수학의 그것과는 다르다. 앞에서 말한 서양 수학자들은 한결같이 무한을 끝의 개념으로 보고 있다. 그러나 역에서는 오랜 과정을 거쳐 극을 순환적으로 이해하는데, 극이란 더 갈 수 없는 끝의 개념이 아니고 차라리 '전환(turning point)'과 같은 개념으로 이해한다. 서양의 수에서 무한의 문제가 거론된 이상 역설을 피할 길은 없다.

서양의 수학에 위와 같은 무한급수의 문제가 나타난 뒤로 150여 년 동안 무한급수의 문제를 대수롭지 않게 여긴 이유는 그들이 아직은 수학 자체의 확실성에 대한 신념을 가지고 있었기 때문이다. 그리고 엄밀한 산술적 계산에 따라 위의 난제들이 쉽게 해결될 수 있을 것이라고 믿었기 때문이다. 그러나 이 시기 수학자들의 무의식과 뇌리 한 구석에는 수학의 엄밀성에 대한 불안감이 자리 잡고 있었다. 그래서 가우스를 비롯한 수학자들은 수학 자체의 안전한 기초를 확보하려고 노심초사하지 않을 수 없었다.

17세기의 뉴턴에게 수학이란 우주의 질서를 연구하거나 표시하기 위한 단순한 계산 기술이었다. 그러나 19세기 초반의 수학은 우주의 질서 그 자체였다. 이는 동양적인 수학 개념에 훨씬 가깝다. 수학은 우주의 질서와 마찬가지로 확실한 질서 그 자체, 즉 확고하고 안정된 기반 위에 선 진리이고 질서라야 한다. 역에서 다루는 수는 단순히 계산하는 개념으로서 수가 아니라, 우주와 사회 그리고 역사뿐만 아니라 인체의 본질 그 자체와 같다. 그래서 천문학과 역사뿐만 아니라 의학에서도 수는 필수적인 몫을 담당한다.

궁여지책으로 불안감을 해소하기 위한 두 방향의 대책이 나온다. 가우스를 중심으로 하여 라그랑주·르장드르·코시 등은 수의 질서 속에서 확실성을 찾으려고 했다. 그리고 조지 불이나 드 모르강 그리고 피콕 등은 수학적 구조 속에서 불변하는 확실성을 찾으려고 했다. 특히, 불은 수학을 논리화하는 추상화 작업을 통하여 수학에 나타난 모순과 역설을 제거하려고 했다. 19세기 후반에 이르러 무의식에 잠재되어 있던 불확실성에 대한 불안은 수학자들의 의식 위로 부상하게 되는데, 이 시기에 잠시 해석학에서 무한소 같은 개념을 몰아내는 방법이 등장했다. 이를 해석학의 산술화라고 하는데, 바이어슈트라스가 주도한 이 방법은 일단 성공하는 것처럼 보였다. 오늘날 표준해석학으로 알려진 것이 바로 그것이다. 다른 한편 비유클리드 기하학에서 불안정성은 기하학의 대수화로 나타났다. 클라인과 페아노가 이 작업을 맡았는데, 여기서 말하는 기하학의 대수화는 데카르트가 했던 작업과는 판이하게 다르다.

17세기에 데카르트가 행한 도형의 대수화 작업은 쉽고 간편하게 계산하고 증명하려는, 즉 직관적인 내용을 수로 환원하려는 정도였다. 그러나 19세기 후반에 등장한 대수화는 근본적으로 수학에서 불안정한 요소, 즉 불확실성을 제거하려고 했다. 그런 점에서 수학을 추상화하여 대수의 구조 또는 수의 논리적인 구조를 연구하려는 것이었다. 정확하고 확실한 것을 찾으려는 이른바 **데카르트의 불안(Cartecian Anxiety)**은 적어도 그의 수학에는 해당되지 않았다. 그는 수학만은 확실한 학문으로 보았다. 이처럼 19세기 초반부터 등장한 수학의 정확성에 대한 불안은 후반기에 와서 두 가지 상이한 방법으로 그 해결

책이 나타났다. 그러나 그것들은 미봉책이었을 뿐, 칸토어가 판도라의 상자를 열자 수학은 기초부터 흔들리게 되었다. 이러한 혼란은 막상 뚜껑을 연 칸토어 자신도 주체할 수 없는 독화살과 같았다. 판도라의 상자란 바로 집합론이라는 상자인데, 이제는 중고등학교의 교과서에 다반사로 실려 있는 내용이다. 판도라의 상자와 같은 것이 역의 트로이카이며 역의 도상들이다. 하도, 낙서 그리고 정역도를 중심으로 한 수많은 역의 도상들이란 다름 아닌 역설이 고스란히 담겨져 있는 판도라의 상자로, 이 상자가 열리기만 하면 온갖 일들이 벌어진다. 길거리에서 점쟁이들이 역의 도상들을 펼쳐 놓고 역설적인 실존 앞에 불안에 떨고 있는 사람들의 마음을 유혹하고 있는 것도 실상 역설의 위기 앞에 인간들이 아직 그것을 극복할 수 있는 지혜를 수학자들이 찾고 있지 못하기 때문이다. 즉, 역설의 위협 앞에 가장 전율한 사람들은 수학자들이었다.


## 8.2. 라이프니츠 : 극한과 수의 기호화

에덴동산 중앙에 있는 나무의 과일은 '무한'과 '전체'라는 과일일 것이다. 인간이 이런 과일에 손을 대는 순간 역설은 피할 수 없게 된다. 그것은 학문의 영역에 상관없이 모든 분야에 걸쳐 그러하다. 수학은 17세기부터 서서히 이 중앙의 무한이란 나무에 접근하기 시작한다. 데카르트의 해석기하학이 그 효시다. 해석기하학이란 기하학적 도형을 산술화할 수 있다는 것이다. 역의 언어로 말하면 상을 수로 바꿀 수 있다는 것이다. 즉, 기하학적 도형에서 쉽게 알 수 없는 관계들을 전개하는 수단으로서 대수학적 기술을 사용한 것이다. 이것은 보통 **해석기하학**(analytic geometry)으로 알려져 있다. 존 스튜어트 밀 (1806-1873)은 나중에 데카르트의 이러한 업적을 두고 그의 어떤 철학적 업적보다도 위대한 발견이라고 평가했다(로버트슨, 2005, 29). 그러나 밀의 이러한 평가가 해석기하학의 발견이 후대에 역설의 발견이라는 데 미칠 영향까지 고려한 것이라고 보고 싶지는 않다. 왜냐하면 아직 역설의 징후가 해석기하학 자체에서 나타날 것으로는 보이지 않기 때문이다. 해석기하학은 수학의 큰 진전을 뜻하나 한편 수학의 큰 화근을 안겨준다. 도형(상)과 수의 만남이란 점에서 심상치 않은 일이 예측되고 있다. 상·수·사의 만남이 어떤 위기를 초래하느냐는 서양 수학사에서 분명해진다.

　해석기하학이 도형을 대수화하기는 했으나 모양이 울퉁불퉁한 도형의 면적을 측정하기는 어렵다. 이런 비정형적인 도형은 크기가 다른 직사각형을 수없이 그림으로써 근사치에 접근하는 측정치를 구하면 된다. 이렇게 해석기하학은 도형을 변화시키지는 못했던 것이다. 다시 말해서 모양이 여러 형태로 변하는 도형을 다룰 수는 없었다. 이런 도형의 크기를 측정하려면 많은 단위로 그림을 분할하여 나누면 된다. 변화의 과정을 축적하면 된다. 여기서 미분 적분학이 18세기 뉴턴과 라이프니츠의 창안으로 가능하게 되었다. 그런데 우리의 관심은 미분 적분학은 '무한히 나눈다[析]'와 '무한히 쌓는다[積]'는 문제에 직면하지 않을 수 없다. 그러나 이들에게는 아직 무한이 그렇게 심각한 문제는 아니었다. 무한이란 말 대신에 '극한(極限)'이란 말을 사용했기 때문이다. 참 값에 가까운 근사치에 접근하는 극한 개념은 수학자들을 무한의 문턱까지 끌고 간다. 일련의 이러한 미적분학의 기법은 극한 조작(limit processes)의 기법이다. 극한 조작이란 원하는 답에 체계적으로 점점 가까워지는 근사치들을 이용하여 문제를 푸는 방법이다(데이비스, 2005, 20). 역은 일종의 태극을 2진법이란 극한 조작을 통해 황극에 도달하도록 하는 방법이다. 극한 조작에서는 근사치가 더 많은 항을 포함할수록 점점 참 값에 접근한다. 역은 수학과 같이 무한 분할에 관심을 돌려 $2^6$에 그쳐 64괘로서 만물을 관찰한다.

직사각형의 면적의 합을 상한 극한값이라고 한다. 직사각형의 수가 많을수록 극한값은 줄고, 근사치는 본래 면적의 값에 더욱 가까워진다. 같아지기 위해서는 사각형의 수를 늘려야 한다. 그래서 절대 극한값에 이르게 된다. 이러한 절대 상한값은 두 말할 것 없이 오직 하나이어야만 한다. 그 이유는 다음과 같다. 여기에 두 번째로 얻어낸 극한값이 있다고 하자. 첫 번째와 이 두 번째 극한값의 차이를 d라고 하고, 실제 면적의 근사치가 d/2보다 더욱 작게 나오도록 충분히 많은 수의 직사각형을 만들어 사용하자. 두 극한값 사이의 간격이 d이고, 실제 면적과 근사치의 차이를 d/2보다 작게 만들어 나가면, 두 극한값이 둘일 수 없다는 결론이 나온다. 그 가운데 어느 하나가 실제 값과 같아지고 실제 값은 하나이기 때문이다. 그래서 결국 두 개의 극한값 가운데 하나는 실제값이다. 두 개의 극한값 가운데 한 개만이 그 조건을 충족시킬 수 있기 때문이다. 다시 말해 두개 가운데 어떤 것이든 그것이 극한값임에 틀림없다. 그래서 극한값이 최대한 근접해지면 그 극한값은 유일무이한 값이 된다(로버트슨, 2005, 56-7). 로버트슨은 달랑베르의 이 발견이 수학의 가장 귀중한 발견들 가운데 하나이고 이것을 아는 것은 수학의 거의 모든 것을 아는 것이나 마찬가지라고 할 정도로 높이 평가한다.

'태극'의 '극'은 극한 개념이며 '태'는 '하나'의 개념이다. 역의 효를 귀납적으로 나누어 절대 상한값에 이르도록 하는 방법을 취하면 이 상한값을 태극이라고 할 수 있다. 어느 절대 상한값을 얻고 제2의 상한값이 있다고 할 때 그 사이의 차이값을 d라고 하고 태극과의 가까운 근사치를 d/2보다 작게 만들어 나가도록 효를 나누면 결국 두 개의 극한값 가운데 어느 하나는 결국 태극일 수밖에 없어진다. 여기서 중요한 것은 두 개의 상한값을 정하고 그것의 가운데 값을 정하면 태극이란 개념을 얻을 수 있다. 이를 두고 '일석삼극(一析三極)'이라고 한다. 하나가 세 극으로 나뉜다는 뜻이다. 뉴턴과 라이프니츠는 극한의 과정이 무엇을 뜻하는지를 스스로 몰랐다. 버클리마저 미적분학의 철학적 기초에 대하여 비판적이었다. 달랑베르의 발견 이전의 수학자들과 철학자들은 무한소라는 개념이 0보다 크고 어떤 양수보다는 작은 좀 이상한 수 정도로 평가절하했다. 버클리는 이를 두고 죽은 양의 유령들이라고 불렀다(로버트슨, 2005, 55). 18세기의 이러한 극한 개념은 19세기에 들어와 무한히 작은 수들이 실제로 존재할 것이라는 칸토어의 '실무한'의 개념을 가능하게 했다. 다시 말해서 유한한 길이 속에 무한한 점이 들어 있을 수 있다는 유한 속의 무한이라는 실무한 개념을 가능하게 만들었다. 다시 말해서 유한수들 이외에 다른 어떤 것을 끌어들이지 않고도 무한 극한에 대하여 말할 수 있게 되었다(같은 책). 라이프니츠는 미분 적분학 뿐만 아니라 역과 직접 상관이 되는 2진법 개발의 선구자였고, 그 무엇보다도 수를 기호로 바꾸는 기호 논리학의 선구자이기도 했다. 그 다음 조지 불이 논리학을 수리화하는 작업을 함으로써 아리스토텔레스 이후 최초로 수와 기호가 만나게 된다. 역에서 수와 기호가 결합되는 이유와 수학에서 수와 기호가 결합되는 이유는 궁극적으로 같다. 다름 아닌 아포리아의 문제, 그리고 이를 해결하기 위함이다. 역에서 수를 상징 기호로 바꾸는 것과 같은 작업을 서양에서는 드디어 라이프니츠가 최초로 시도했다.


## 8.3. 수의 기호화와 조지 불


수학사에서는 수를 기호로 바꾼 최초의 인물이 라이프니츠다. 데카르트가 도형을 대수화하였다면 라이프니츠는 수를 논리 기호화하여 논리 대수를 제시했다. 역에서는 이미 오랫동안 수와 기호 상징 및 말의 상·수·사를 일치시켜 왔다. 역을 이미 알고 있었던 라이프니츠가 처음으로 수를 기호화하는 작업과 2진법을 거론했다는 것은 우연의 일치만은 아니라고 본다. 역과 연관되는 다른 한 가지는 그가 포함(包含)의 논리를 처음으로 거론하지 않았나 하는 것이다. 우리는 역과 관련하여 이 점에 대하여 집중적인 거론을 여기서 해두려고 한다. 라이프니츠가 개발한 정의와 공리 그리고 명제를 소개하면 다음과 같다 (데이비스, 2005, 32).

<정리 3> : A가 L에 속하거나, L이 A를 포함(包涵)한다는 것은, A를 비롯한 다수의 항들이 합쳐진 것과 일치하게 L이 만들어질 수 있다고 말하는 것과 같다. $B \oplus N = L$은 B가 L에 속하고 B와 N이 함께 L을 합성하거나 구성한다는 것을 뜻한다.[6]

<공리 1> : $B \oplus N = N \oplus B$

<공리 2> : $A \oplus A = A$

<명제 5> : 만약 A가 B에 속하고 A=C이면 C는 B에 속한다.

<명제 6> : 만약 C가 B에 속하고 A=B이면, C는 A에 속한다.

<명제 7> : A는 A에 속한다.


우리의 관심사는 라이프니츠가 포함(包含)과 포함(包涵)을 구별할 수 있었느냐 하는 점이다. <명제 7>은 바로 E형 논리의 자기언급적 포함(包含) 논리를 나타내는 것이라 본다. 이에 대한 자세한 설명은 다음과 같다. <정리 3>에서 우리는 'A를 비롯한'이란 말에 유의해야 한다. 이 말은 A는 $A \oplus A = A$에 속하기 때문에 <명제 6>에 따라 "A는 A에 속하게 된다". 이는 자기가 자기 속에 포함(包含)되는 것을 뜻하는 것으로 큰 의미를 갖는다. 그는 두 개의 묶음을 하나로 결합하는 $\oplus$라는 기호를 최초로 개발했다. 이는 현대 집합론의 합집합의 기호에 해당한다. 수의 덧셈에서는 2+2=4이지만 이를 기호화할 때는 자

---

6) 合成은 包含을, 構成은 包涵으로 이해할 수도 있다.

기가 자기를 결합하면, 새로운 어떤 것도 나오지 않는다는 $A \oplus A = A$ 라는 논리를 개발했다. 2+2=4의 논리는 포함(包涵)의 논리고 부분의 합이 전체라는 논리다. 그러나 라이프니츠는 $\oplus$라는 기호를 사용해 부분의 합도 부분과 같다는 포함(包含)을 표시하기 위해 $\oplus$라는 기호를 사용한 것이다. 실로 $\oplus$는 자기언급의 기호다. 그래서 $2 \oplus 2 = 2$라는 결론이 가능함을 보여준다. 라이프니츠가 한자의 두 포함을 구별하는 데서 이러한 것이 가능하지 않았나 유추해 본다. 19세기 중엽 조지 불이 라이프니츠의 이러한 업적을 계승했는지 않았는지는 모른다. 라이프니츠의 이런 기호는 칸토어의 실무한 논리와 궁극적으로 같다고 볼 수 있는데, 자신의 모나드 이론의 논리이기도 하고 화이트헤드의 사실 존재(actual entity)의 논리이기도 하다. 칸토어 집합론의 멱집합에서 자기언급을 할 경우 자기 자신에 자신을 더하더라도 결국 합은 같아진다. 이는 이미 라이프니츠가 현대 집합론을 예견하는 것이라 할 수 있다. 그렇다고 그가 멱집합의 원리를 알고 있었다고 단정할 수는 없다. 그러나 그의 모나드 이론은 멱집합 원리의 선구자적인 것이라 할 수 있다.

이제 19세기 중엽 불은 라이프니츠의 논리 대수를 이어 수를 논리 기호로 표시하는 작업을 본격적으로 시작한다. 여기서 우리는 수학 자체의 역사를 고찰하기 위함이 아니라, 수와 기호의 만남을 통해 역이 왜 수와 괘상을 일치시키고 다시 괘명과 일치시키는지 그 이유를 알아보기로 한다. 불은 수의 이론이 막상 몇 개 안 되는 사고 법칙에 따른다는 사실을 알게 되었으며, 이런 사고 법칙은 수가 아닌 기호로 표시될 있다는 사실에 착안하게 된다. 수학의 일차적 메타화라 할 수 있다. 수의 기호화는 힐베르트의 수가 다시 초수학을 통해 일상 언어로 메타화하기 위한 전단계의 작업이라고 할 수 있다. 그러나 불의 수학이 아직도 아리스토텔레스의 논리학을 극복했다고는 볼 수 없다. 그는 여전히 모순율을 따르고 있기 때문이다. 그러나 그는 수를 기호화하는 데 결정적인 구실을 한다.

불은 수 자체에 대한 관심보다는 수를 운영하는 사고의 법칙에 더 많은 관심을 가졌다. 그래서 그의 주저도 32세 때 발표한 《사고의 법칙(The Law Of Thought)》이다. 그는 라이프니츠가 옳다고 생각했으며, 수학을 사고의 법칙으로 표시하면 몇 개 안되는 기호로 나타낼 수 있다고 확신했다. 그런데 역에서는 수많은 괘와 효라는 기호를 열 개의 수로 바꾸는 작업을 해왔다. 그러나 다음 괴델에서 보겠지만 괴델은 괴델수를 만들어 기호를 다시 수로 바꾼다. 그래서 수와 기호는 서로 순환적임을 알아야 한다. 실로 상·수·사의 트로이카는 수학사에서도 그대로 나타난다. 상·기호·언어의 트로이카는 수학사를 점철하고 있다. 고대인들은 수를 상징 기호로 사용했다. 사라졌다고 생각한 기호가 다시 나타났다. 불은 '살아 있는', '하마', '사람' 같은 낱말로 서술되는 개체들 '모두'의 집합에 관심을 갖는다. 이제 앞으로 집합론에서 역설이 나타나는 중요한 이유는 다름 아닌 집합론에서 '모두'라는 말을 사용하고 있기 때문이다. '무한' 또는 '모두'라는 말은 역설의 안방과 같기 때문이다. 이제 불은 수학자들을 이 안방으로 모셔오고 있으며, 수학자들은 그들이 역설의 바이러스에 걸릴 것이라는 사실을 감지조차 하지 못한 채 끌려 들어오고 있다. 불은 고대 그리스 철학자들이 고민하던 보편자의 문제를 집합론으로 돌려놓고 있다.

우리는 이미 라이프니츠에게서 수를 기호로 표시하면 더하기의 의미가 달라진다는 사실을 알았다. 자기가 자기를 더하면 자기가 된다는 사실 말이다. 불은 양들의 집합을 $y$라고 할 때 $yy$는 무엇일까, 그것은 $yy=y$라는 사실을 깨닫는다. 집합론에서는 같은 부류의 것은 더하더라도 같은 것으로 다루기 때문이다. 이는 라이프니츠에게서 밝혀졌다. 이는 일종의 포함(힘숨)의 논리 그 자체다. 한 쌍의 항에 적용될 때, 즉 한 항과 그 항 자신에 적용될 때 그 결과는 바로 그 항 자체를 낳는다는 포함(힘숨)의 논리가 집합론의 기호와 함께 불가피하게 따라 나온다. 이는 이미 고대 그리스 철학에서 제시된 자기서술의 문제다. 집합론에서는 자기서술이 자연스럽다. '뿔(x)달린 흰(y) 양(z)'은 집합론상으로 xyz로 표현될 것이지만 yy＝y이기 때문이다.

불은 교집합과 합집합을 고안해냈다. x가 남자들의 집합이고 y가 여자들의 집합이면 x＋y는 모든 사람들의 합집합인 것이다. x에는 속하지만 y에는 속하지 않는 것들의 집합을 x－y라고 했다. 그는 철저하게 아리스토텔레스의 모순율을 숭상하여 형이상학을 인용하면서 모순율을 궁극적 판단의 기준으로 삼았다. 그는 아리스토텔레스의 추리론마저 수용하여 X 안에 속한 모든 것은 Y에도 속한다고 하여 X에 속하지만 Y에 속하지 않는 것은 없다고 말한다. 그는 칸토어와는 달리 멱집합의 원리도 수용하지 않는다. 우리가 그에게서 기대할 수 있는 것은 수의 기호화라는 작업뿐이다. 그 이상의 것은 아리스토텔레스의 논리 구조를 그대로 따르고 있기는 하나, 그의 논리학을 능가한 면도 있다. 그러나 그의 기호화 작업은 차라리 라이프니츠의 작업을 후퇴시킨 면이 있다.

A⊕A＝A를 불이 xx＝x로 한 것은 그가 라이프니츠를 계승한 측면이다. 그러나 불이 아리스토텔레스의 논리 법칙을 무모하게 그대로 수용한 측면 때문에 그가 라이프니츠를 몰랐을 가능성을 제기하지 않을 수 없다.[7] 라이프니츠는 동양의 역을 안 유일한 인물이며, 그가 아리스토텔레스 논리학의 틀에서 벗어난 사고를 할 수 있었던 이유도 바로 그가 역의 영향을 받았기 때문이라 볼 수 있다. 실로 ⊕는 역의 ☯의 변형이라고 볼 수 있을 것이다. ＋는 A형 논리에, ⊕는 E형 논리에 근접한다.

---

7) 라이프니츠의 글들이 19세기 후반에 다시 출판된 것으로 보아 불은 라이프니츠의 전모를 몰랐다고 할 수 있다.

## 8.4. 프레게에서 페아노까지

불이 일반 대수에서 출발하여 이를 논리 기호화하려고 했다면 프레게는 수학이 성립하는 기초를 마련하여 수학의 윗부분을 안전하게 만들려 했다. 이것이 이른바 '수학의 기초론' 또는 '수학론'이다. 수학론은 수학과는 다른 개념으로서 수학의 기초 이론에 해당한다. 이런 점에서 역은 수학이 아니며 수학의 기초이론이라 할 수 있다. 이미 수학론은 수학의 한계를 넘어선 철학의 존재론과 접근한다.

프레게는 '모든'이란 말에 중점을 두어 All에서 A를 뒤집어 ∀라고 했다. 이 기호는 '모든'을 뜻하는 동시에 '무엇이든지'를 뜻하기도 한다. 반면에 '어떤' 또는 '얼마'는 E를 좌우로 돌려 ∃라고 했다. 전자를 **보편 양화**(universal quantifier)라 하고, 후자를 **존재 양화**(existential quantifier)라고 했다. '이면 이다'와 '이고 이다'를 각각 ⊃와 ∧로 표시했다. 이 정도의 기호로 일상 언어의 대부분을 기호로 표시할 수 있다고 생각했다. 예를 들어서 "모든 말들은 포유동물이다"와 "어떤 말들은 순종이다"를 각각 (∀x)(X는 말이다⊃x는 포유동물이다)와 (∃x)(x는 말이다∧x는 순종이다)로 표시할 수 있게 되었다. 여기서 말(h), 포유동물(m), 순종(p)을 기호로 바꾸면 일상 언어 없이 완전히 기호로 문장 전체를 바꿀 수 있다. 이것은 프레게가 인간 언어 역사에서 완전히 새로운 언어를 창조한 것과 같다고 할 수 있다(로버트슨, 2005, 77). 프레게의 이러한 불후의 노작에도 불구하고 수학은 점점 역설이라는 바이러스에 걸려들어 간다. 프레게의 '모든'이라는 기호가 감염의 매개체다.

프레게는 이렇게 수학의 모든 영역을 논리 기호화하려 했다. 그래서 그의 수학을 논리주의라 하는데, 그의 논리주의는 현대 전산망 구축에 결정적인 공헌을 한다. 지금 우리가 사용하고 있는 전산기 속에는 그가 만든 기호들이 그 회로망을 만들어준다. 집합론으로 돌아와 생각하면 프레게의 경우 수 '3'은 원소가 세 개인 모든 집합들의 집합을 뜻한다. "일반적으로 주어진 집합에 있는 원소들의 수는 주어진 집합과 일대일로 대응될 수 있는 모든 집합들의 모임이라고 정의될 수 있다"(로버트슨, 2005, 82). 그러나 이렇게 일대일 대응과 모임의 모임이 집합이라는 말을 사용하는 순간 역설을 피할 방도는 없다. 이러한 역설을 처음으로 프레게에게 알려준 인물이 바로 러셀이다. 1902년 러셀이 프레게에게 보낸 한 장의 편지는 집합의 집합은 쉽게 역설에 직면할 수 있음을 지적한다. 이에 대한 자세한 설명은 다음 장에서 하겠다. 러셀의 편지는 러셀 이전의 칸토어 수학을 전제하지 않으면 이해될 수 없는 배경을 가지고 있다. 그래서 나는 장을 별도로 하여 칸토어의 수학을 소개할 필요가 있다고 본다. 프레게는 러셀의 편지에 망연자실했고, 자기가 8년 동안 써놓은 탈고 직전의 수학 기초론을 폐기처분하지 않을 수 없다고 했다. 수학의 확고한 기초를 마련하려고 했던 그의 꿈은 산산이 부서지고 만다.

역에서도 상·수·사의 트로이카를 사용하는 한 역설을 피할 수는 없다. 수학이 기호를 사용하다가 집합의 집합이라는 말 앞에서 역설에 직면하듯이 역도 그런 위기를 모면할 수는 없다. 여기서 상과 수만을 중요시하는 상수학파가 등장하거나 사만을 강조하는 의리학파가 등장한다. 그리고 다시 도상역이 등장하기도 한다. 이 모든 일련의 비교는 역이나 수학이 다같이 무한이나 모든 것의 영역에 접근하려 했기 때문이다. 태초에 낙원에서 신이 인간에게 금기의 실과를 설정한 것은 다름 아닌 아포리아라는 실과의 위험성 때문이다. 생명나무 또는 지혜의 나무란 다름 아닌 수학의 '집합의 집합'과 같은 것이라 할 수 있다. 역에서는 '태극', 수학에서는 '무한'과 '모두'가 바로 이런 개념에 해당한다고 할 수 있겠다.

역의 〈계사전〉에 따르면 '태극'이 음양을 낳는다. 공자가 〈계사전〉에서 '태극'이란 말을 처음 사용했다고 한다. 이것은 논란의 여지가 있지만 여기서는 이를 쟁점으로 삼지는 않으려 한다. 마치 그리스 철학에서 잡다한 현상계를 묶을 일자의 개념이 필요할 즈음, 동양에서도 같은 차축시대에 해당하는 춘추전국 시대에 태극 개념이 나타난 것이다. '이데아'가 그 일자이고 태극이 그러하다고 할 수 있다. 수학의 '1'에 해당하는 개념 말이다. 그러나 수학자들은 그 1이 어떻게 만들어지는가를 유클리드 이후 한 번도 생각해본 적이 없었다. 19세기에 이르러 그에 대한 의문을 갖기 시작했으며, 집합론은 이에 결정적인 공헌을 한다. '하나'는 개별자로서 그리고 전체로서 양방향으로 생각하는 역설적 개념이다. 개별자로서 1을 생각할 때는 1의 유래에 대하여 문제가 생기고, 전체로서 생각할 때는 그 전체가 또 다른 하나의 집합이라는 역설을 만나게 된다.

그런데 문제는 태극을 '극한' 개념으로 볼 것인가 아니면 '무한' 개념으로 볼 것인가에 있다. 태극은 귀납적으로 팔괘-사상-음양에서 무한히 도달할 수 있는 극한 개념이다. 그리고 태극을 미분하면 효와 괘들이 나오며 다시 그것을 적분할 때 태극이 나온다. 그러나 극한이 무한이란 개념으로 바뀔 때 역설은 피할 수 없게 된다. 이렇게 태극이 극한에서 무한으로 바뀐 것은 11세기 주렴계를 비롯한 성리학자들을 거치면서부터다. 그리고 서양 수학의 경우는 19세기 칸토어를 거치면서 바뀌게 된다. 다시 말해서 태극에 대응하는 무극이 등장하고 가무한에 대한 실무한이 등장하면서부터다. 가무한은 무한히 접근하는 극한 개념이다. 공자의 태극은 이러한 가무한과 실무한 가운데 어디에 가까운 개념인지 논할 차례다. 이제 20세기로 접근하면서 수학자들은 역설의 문턱에 서 있게 되는데, 11세기에 역도 같은 처지에 놓인다.

이러한 가무한의 개념이 고대 그리스 철학자들을 사로잡았으며, 아리스토텔레스는 가무한의 매니아였다. 개별자는 형상에 접근은 하지만 그것이 형상일 수는 없다. 그의 '부동의 동자(unmoved mover)'는 이러한 극한 개념이다. 철학의 존재론에서도 같은 문제가 제기되면서 무한과 유한의 문제를 놓고 엘레아 학파 사람들이 심도 있는 토론을 진행했음은 이미 고찰했다. 역에서 태극이 나타나기 전에 음양 이분법에 따른 괘들이 존재했다. 괘는 효들로 만들어지며 괘의 모음이 태극이다. 이는 상당히 귀납적이라 할 수 있다. 이러한 귀납적인 현상이 있었는데, 이를 '수학적 귀납'이라 하며 이러한 추리를 처음으로 수학의 기초론에 도입한 인물이 페아노다. 즉, 수란 무엇이며 1은 어떻게 생기는가에 질문을 가진 인물이 페아노였다. 하나의 근원에 대한 페아노의 의문은 사실 파르메니데스 같은 엘레아 학파가 던진 하나의 질문에서 비롯한다고 하겠다.

그러나 〈계사전〉에는 공자가 파르메니데스가 했던 것과 같은 그러한 문제 제기를 하고 있지는 않다. '태극'이란 사전적으로 '큼'과 '하나'라는 뜻을 갖는다. 그렇다면 분명히 아포리아 문제를 제기하여야 할 것이다. 그러나 우리는 〈계사전〉에서 파르메니데스에서 보는 것과 같은 그러한 고민을 하는 흔적을 발견할 수 없다. 그 이유는 아마도 동양의 경우 태극이라는 일자 개념이 나타나기 전에 이미 '음양'이라는 반대일치 개념이 있었기 때문이다. 일자 개념은 블라스토스에서 보는 것과 같은 자기서술과 반대일치를 조장한다. 그러나 동양의 경우에는 반대일치 개념이 있었고 그것을 '자연'으로 수용했기 때문에, 아니 E형 논리에 따른 사유를 해왔기 때문에 엘레아 학파적이라기보다는 헤라클레이토스적이었다. 엘레아 학파는 제논의 역설에서 보는 것과 같은 다자를 부정한다. 제논의 역설은 극한 분할의 개념이며, 이는 역의 음양 분할과 그리 먼 개념이 결코 아니다. 그러나 역에서와 같이 음양이 태극에서 나온 것임을 수용하지는 않는다. 이러한 수용은 차라리 신플라톤주의에서 가능하게 된다.

공자가 제기한 태극론은 이러한 존재론적인 문제점들을 안고 있다. 즉, 그것은 극한 개념이지 무한 개념은 아니었다. 여기서 남겨진 문제는 태극과 음양의 관계다. 엘레아 학파 같이 아예 일자와 다자의 단절을 전제하면 상관이 없지만, 연속을 말하는 이상 하나와 여럿 사이에 벌어지는 파르메니데스의 길고 지난한 논쟁은 피할 수 없게 된다. 음양이란 서로 상반 개념인데, 역에서는 서로 대대한다고 본다. 반대가 일치한다는 뜻이다. 반대일치는 반드시 자기서술을 전제한다. 그렇다면 태극이 자기서술을 해야 하며 그러자면 태극은 무극을 대대하지 않으면 안 된다. 이는 마치 1은 공집합을 전제하지 않으면 안 되는 것과 같다고 할 수 있다. 노장사상과 불교 사상은 이 점을 유교에 지속적으로 주장한다. 그 결과 송명대의 신유학은 '무극이태극'으로부터 음양이 나온다고 본다.

19세기 수학자들은 수의 토대 또는 근거가 무엇인지 묻게 된다. 수학의 세 파 가운데 형식주의와 논리주의는 특히 이 문제에 관심을 갖게 되었으며, 이런 토대를 만들지 않으면 수학은 역설의 공략에 허무하게 무너지고 말 것임을 직감했다. 여기서 수학을 우선 순수 자연수 이론으로 환원하는 작업이 필요했다. 우리가 흔히 사용하는 자연수의 기초부터 마련하는 것이 시급했다. 이는 마치 공자에게 그 당시 사용하던 괘들의 기초 확립이 필요했던 것과 같다고 하겠다. 그런 이유로 〈계사전〉이 씌어진 것이다. '태극에서 음양이 나오고'라는 말 자체가 괘의 기초를 마련하려는 고뇌 속에서 나왔다고 할 수 있다. 수에서 이런 고뇌를 최초로 한 사람이 페아노다. 이른바 수학자 페아노가 고안한 **페아노 공준**(Peano Postulate)으로 알려진 다섯 개의 공준은 매우 간결하고 강력한 수학의 기초이론이다. 마치 〈계사전〉의 그것과 같은 효력을 갖는다. 다섯 개의 공준은 다음과 같다

1. 0(zero)은 수다 : '0'
2. 어떤 수의 바로 다음 원소는 수다 : 's'(~의 바로 다음 수, successor)
3. 두 개의 수가 똑같은 바로 뒤의 원소를 가지지 않는다.
4. 0은 어떤 수의 바로 뒤의 원소가 아니다.

    5. 만일 수의 집합이 0과 모든 수의 바로 뒤의 원소도 포함한다면, 그것
       은 모든 수를 포함한다.

    페아노의 이 다섯 개 공준이 가지고 있는 함의는 대단하다. 마지막 공준은 '수학적 귀납법'으로 알려져 있다. 제1공준(0은 수)은 수학의 창세기를 선언하는 것과 같다. 0이 수이면 최소한 한 개의 어떤 수(0)는 있다. 그 '어떤 수의 바로 다음의 원소는 수'이기 때문에 0의 바로 다음의 원소는 수다. 우리는 그 수를 1이라고 한다. 그 다음 1도 다음의 수를 갖는다. 그 수를 2라고 한다. 그리고 "두 개의 수가 똑같은 바로 다음의 원소를 갖지는 않는다". 이런 원칙에 따라 3이 2의 다음일 수는 있어도 1의 다음일 수는 없다. 그리고 "0은 어떤 다음의 원소가 아니다"라고 한다. 그래서 0은 첫 번째 수다. 페아노의 공준이 공자의 〈계사전〉과 어찌 다르다고 할 수 있겠는가? 1의 근원을 묻는다는 점에서 말이다.

    다른 공준과 달리 제5공준은 마치 유클리드의 제5공리와 같이 '모든' 그리고 '포함'이란 말이 들어 있다. 그렇다면 이 공준이 역설을 불러일으킬 것은 불을 보듯이 뻔하다. 〈계사전〉은 태극으로부터 시작을 한다. 여기서 우리는 〈계사전〉을 페아노 공준과 연관하여 생각해 보지 않을 수 없다. 그 이유는 '다음에'라는 말과 0 그리고 1이라는 수 때문이다. 태극은 태일(太一)이라고 하여 일자다. 그리고 태극 '다음에' 음양이, 음양 다음에 '사상'이 나온다고 하기 때문이다. 〈계사전〉은 1이 무엇의 다음이냐는 질문에 답하지 않을 수 없다. 역은 송명대에 이르러 이런 질문을 피할 수 없게 되자, 태극과 무극을 병치하여 '무극이태극'이라고 한다. 0을 1과 함께 생각하지 않을 수 없게 된 것이다. 물론 무극과 태극의 선후에 관한 논쟁을 여기서 할 필요는 없다. 노장의 경우는 《도덕경》 42장에서 보는 것처럼 무가 태극보다 상위 계념이고 태극은 무극의 다음이다. 여기서 페아노의 제5공준을 적

용하여 보자. 수의 집합이 무극과 모든 만물의 바로 뒤의 원소도 포함한다고 하면서 그것이 모든 만물을 동시에 포함한다고 해 보자. 이는 '모든'이라는 말 속에 자기 자신의 '모든' 역시 포함되는 자기언급적이 된다. 페아노는 "두 개의 수가 똑같은 바로 뒤의 원소를 가지지 않는다"는 원칙을 세워 이런 역설을 피하려 한다. 그러나 멱집합의 원리에 따른 역설은 피할 수 없게 된다. 주자학과 양명학 사이에 오랫동안 벌어진 무극과 태극의 논쟁이란 다름 아닌 이런 자기언급에서 발생한 역설의 문제였던 것이다.

역에도 공준에 해당하는 수의 원리가 있다. 즉, 그것은 (1) "수는 음수와 양수가 있다"와 (2) "수는 성수와 생수가 있다" 그리고 (3) "수는 순환한다"이다. 수에서 역설이 발생하는 근본적인 이유는 이미 페아노의 수에 대한 정의에서도 나타나 있다. 즉, 수를 '다음에'로 정의함으로써 결국 무한이 수에 나타날 수밖에 없다. 그리고 다음에는 '모든'이라는 집합을 이미 예견하고 있다. 그러나 역에서 말하는 수는 음수와 양수 그리고 생수와 성수로 대대시키며 수는 순환한다고 본다. 이러한 수에 대한 이해의 차이로 말미암아 역설에 대한 근본적인 이해도 동서양에서 서로 달라진 것이다. 역의 이러한 수 개념은 마지막 장에서 거론하겠다.

# 9. 역의 방도와 역설의 발생

## 9.1. 수들의 함(函) 크기

19세기에 들어와 수학자들이 역설 앞에 당황하는 이유는 2500여 년 전에 이미 예고된 경고를 무시해왔기 때문이다. 다시 말해서 수학에 등장한 역설은 결코 새로운 것이 아니며, 거짓말쟁이 역설로 고대로부터 알려진 것이다. 그러나 아리스토텔레스의 A형 논리는 이를 묵살해왔다. 하지만 동양에서는 역을 통해 그 대처 수단을 적극적으로 마련해 왔다. 이 점이 바로 서양과 동양을 다르게 만든 이유다. 서양에서 라이프니츠가 18세기에 비로서 역을 접하기까지 서양은 A형 논리에서 그 기틀이 전혀 변하지 않았다.

그러나 서양에는 이미 A형 논리와는 전혀 다른 논리가 있었으니 이를 E형 논리라 하며, E형 논리는 에피메니데스(Epimenides)의 '거짓말쟁이 역설'로 일찍부터 알려지기 시작했다. 아리스토텔레스도 이 거짓말쟁이 역설의 위력을 알고 있었으나, 그는 자신의 논리학인 A형 논리로 그 위력을 상쇄시키려고 했다. 이러한 그의 노력은 2,500여 년 이상 그 효과를 거두어왔다고 할 수 있다. 자기 논리에 맞지 않는 논리들에 대한 무자비한 탄압을 통해서 말이다. 그러나 19세기 칸토어

같은 용기 있는 수학자들의 노고로 E형 논리는 빛을 보기 시작했다. 데데킨트(1831~1916)와 칸토어, 이 두 수학자가 집합론을 거론한 지 얼마 안 되어 나타난 것이 바로 '역설'이다. 모순과 역설을 철저히 배제해온 서양 수학사에 다시 역설이 찾아온 것은 의외의 사건이었다.

수는 크게 기수와 서수로 나눌 수 있다. 기수는 주어진 집합 안에 몇 개(個)가 들어 있느냐이고, 서수는 몇 번(番)째이냐를 묻는다. 부랄리-포르티(Burali-Forti)는 서수에서 역설을 발견한 첫 번째 수학자이다. 다음으로 기수에서 역설을 발견한 수학자가 바로 칸토어다. 그래서 전자를 부랄리-포르티의 역설이라 하고 후자를 칸토어의 역설이라고 한다. 이때까지만 하더라도 수학자들은 역설을 한갓 지나가는 과객 정도로만 여기고 쉽게 쫓아 버릴 수 있다고 생각했다. 1902년, 러셀을 찾아온 이 역설은 이른바 러셀 역설(Russell's paradox)로 알려지면서 수학자들뿐만 아니라 철학자들을 포함한 많은 사상가들에게 큰 충격을 던져주었다(임정대, 1986, 1).

동양의 역은 수에 나타난 역설을 해결하려고 노력하던 끝에 발전된다. 이런 점에서 서양의 수학자들이 수를 다루다가 역설을 발견한 것과 유래가 같다고 할 수 있다. 불교의 경우도 그 철학이 성립하는 배경에서 수와 무관하다고 할 수 없다. 부처(기원전 563~483)의 전기인 《불소행찬(佛所行讚)》을 보면, 그는 어린 시절에 쉰일곱 단위의 수를 암산할 수 있었다고 한다. 우리 민족 고유의 대종교 경전인 《천부경》은 세계에서 유일하게 수로 구성된 경전이다. 1억이 아홉 단위임을 생각해보면, 부처가 암산한 수의 단위가 얼마나 높았는지 짐작할 수 있다. 불교에서는 인간의 추리 작용을 양(量)이라고 한다. 그러나 이러한 불교의 양 개념을 서양의 계산 기능과 같은 것으로 보아서는 안 된다. 동양의 그것은 수학에 대하여 수학의 기초이론 또는 수학론이라고 하는 것이 타당하다. 수의 기초에 관한 수학이다.

인지과학자 레이코프는 《수학의 기원(*Where Mathematics Comes*

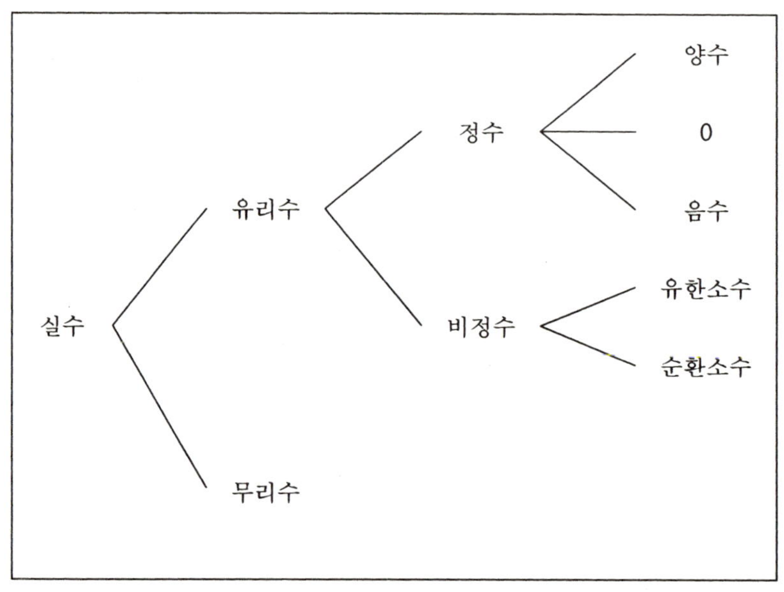



〔그림 9-1〕 수의 **함형식**

*From*)》에서 수학적 언어도 모두 은유(metaphore)에 지나지 않는다고 했다. 또한 수학적 사유 구조도 다른 사유 구조와 마찬가지로 은유이므로 수학을 다른 영역으로 바꾸어 생각할 수 있다고 했다(Lakoff, 2000, 1). 즉, 은유 사이의 비유와 비교가 가능하다는 뜻이다. 수가 종교나 철학과 밀접한 관계가 있는 이유도 그 은유적 성격 때문이다. 여기서는 물론 수와 의식 사이의 은유적 비교를 말하고 있다. 그러나 수는 의식뿐만 아니라 모든 영역에서 가장 보편성을 띠는 은유를 지니고 있다. 레이코프는 수학에서 가장 중요하고 가장 일반적인 은유는 **함형식**(函形式, Container Scheme)이라고 했다(Lakoff, 2000, 30). 함형식이란 작은 것을 큰 것 속에 집어넣었다가 꺼내기도 하는 형식을 일컫는데, 레이코프는 "함의 개념은 모든 수학에서 중심이 되는 개념이다"(Lakoff, 2000, 33)고 말할 정도였다. 그는 함형식을 수학의 은유로 바꾸면 집합론이 된다고 보았다. 함형식은 바탕/그림(ground/figure)의 관계와도 같다.

함과 거기에 담기는 것 그리고 다 담길 때 개체와 전체의 경계 문제 같은 것이 역설을 조장한다.

이러한 함형식에 근거하여 수들의 크기를 한번 살펴보자. 현행 중학교 1학년 수학교과서를 펼치면 첫 쪽에 수의 크기를 양에 따라 [그림 9-1]과 같이 나타내고 있음을 알 수 있다. 이를 수들의 '함형식'이라고 한다. 그리고 이제 함 속에 들어 있는 이들 수의 크기와 양을 재 보려는 시도가 이어진다. 유클리드 이후 한번도 수들의 크기가 측정된 적이 없었는데, 칸토어는 처음으로 이러한 시도를 한다. 그 결과 함 속에서 곤혹스러운 것들이 튀어나왔다. 그 크기가 생각했던 것과는 달랐기 때문이다. 짝수(음수)와 홀수(양수)의 크기 및 유리수와 자연수의 크기 그리고 문제가 되는 실수와 유리수의 크기를 각각 비교하는 가운데, 칸토어는 스스로 풀지 못할 문제들을 만나게 된다. 드디어 칸토어는 자기가 발견한 난제들을 세기를 넘겨 다음 세대의 수학자들에게 남기고 말았다. '칸토어 역설'이라는 풀지 못할 문제를 남긴 것이다. 그리고 스스로 이 역설 때문에 불행해지지 않을 수 없었다.

직관적으로 볼 때는 마치 수들이 함 속에서 위계적 질서를 만들고 있는 것처럼 여겨질 수도 있다. 큰 함 속에 작은 함이 들어가는 식으로 보이기 때문에 집어넣기에 아무런 이상이 없을 듯하다. 그러나 그것은 해가 뜨고 지는 것을 보면서 해가 움직인다고 여기는 것처럼 매우 단순한 생각이다. 단순하게 보인다는 것은 부류와 요원 그리고 부류의 부류가 위계적인 것처럼 보인다는 뜻이다. 그래서 전체집합은 '수'이고, 그 속에 실수와 허수가 있으며, 실수 속에 다시 유리수와 무리수가 있는 것처럼 보인다.

이제 칸토어는 수의 체계, 즉 계통수의 줄기와 가지와 뿌리를 모두 잘라 '한' 단에 묶어 다발(bundle)을 만들어버린다. 여기서 특별히 '한'이라는 말을 강조하는 이유에 유의해야 한다. 왜냐하면 사전에서 볼 때 우리말 '한'은 전체와 부분을 동시에 정의하고 있기 때문이다. 그러니까, 칸토어는 수의 체계에서 전체수와 부분수의 의미를 제거한 것이다. 칸토어는 수가 '가지(strand)' 모양을 하는 것이 아니라 마치 배추처럼 하나의 '다발' 모양을 하고 있다는 것을 증명했으며, 실제로 수를 '한 다발'로 묶어버렸다. 다발은 하나 속에 다 들어 있는 것을 뜻한다. 칸토어 당시 수학자들은 함형식을 하나의 절대적인 수의 위계질서로 믿고 있었다. 이렇게 계통수의 위계질서가 무너지고 다발 형태로 바뀌면서 생긴 현상이 다름 아닌 역설이라고 할 수 있다.

역설은 수를 계산에 따라 정량적(定量的, quantity)으로 볼 때 빚어진 결과다. 이러한 정량적 체계가 무너지면서 수학의 기초 자체가 문제로 되기 시작했는데, 수학에 대하여 이를 수학론이라고 부른다는 것은 이미 말했다. 수학론은 수학이 성립되는 근거를 논하는 것으로서, 이는 정량적이 아니라 정성적(定性的)이다. 여기서 정성적이라는 것은 수학의 논리적이고 철학적인 배경 같은 것을 다룸을 뜻한다. 수학론이란 수학의 철학이라고 할 수 있다. 수학을 이렇게 정성적으로 파악한다면, 불교의 양론과 동양의 역이 수학론과 직접 만날 수 있는 길이 열리게 된다. 불교의 양론은 '지식의 근원'을 찾는 것이라고 했다. 단지 셈을 하기 위한 수를 벗어나서 수의 본질이 무엇인지 묻는다면, 불교 논리가 그랬던 것처럼 수학 역시 양론을 만나게 된다. 다시 말해서, 불교의 양론과 수학의 수학론은 모두 지식이 성립되는 근원을 묻는다는 점에서 같다고 할 수 있다. 역의 수는 인간의 내적 지식의 세계뿐만 아니라 우주 자연의 총체적 이론 즉 모든 것의 이론(theory of everything)을 제공한다. 실로 역은 이런 뜻에서 인간이 창출해낸 최고 지성의 꽃봉오리와 같다고 하겠다.

수학이 수학론으로 바뀌면서 수의 기초에 관한 세 가지 주요 학설, 곧 논리주의·직관주의·형식주의가 등장한다. 앞에서 말했듯이 수학이 정량적인 것에서 정성적인 것으로 바뀐 동기는 집합론 때문인데, 집합론에 나타나는 역설의 문제는 그 성격이 철학적이며 논리적이다.

그리고 집합론이 정성적인 철학으로 발전한 이유는, 수학자들도 신학자들이 다루던 '무한'의 문제에 직면했기 때문이다. 수학자 웨일(Henry Weyl) 같은 경우는 "수학은 무한에 관한 학문이다"라고 말할 정도였다. 무한에 대한 이해는 수학의 방법론에 관한 기본적인 문제라고 할 수 있다(임정대, 1986, 2). 고대 그리스 수학자들이 무한의 문제와 수학의 기초에 관하여 다루지 않았던 것은 아니다. 그러나 20세기 수학자들 앞에 등장한 집합론의 역설은 당시 수학에서는 볼 수 없었던 것이었으며, 실로 판도라의 상자에 견줄 만한 성격의 것이었다. 수학의 근거를 흔드는 위기 의식을 느낀 수학자들은 1850년경부터 이를 수학의 기초이론이라고 부르게 되었다. 수학의 기초이론의 세 가지 중요한 과제는 (1) 어떠한 근거에서 '무한'의 개념을 이해할 수 있는가, (2) '집합'을 무엇이라고 정의해야 하는가, (3) 수학이란 도대체 무엇인가(같은 책, 3)였다.

이러한 수의 근본 문제가 제기되면서 수학의 바벨탑은 이윽고 무너지기 시작한다. 실로 수학에서 집합론의 등장은 철학에서 칸트가 등장한 것 만큼이나 위력적이었다. 칸토어는 이러한 새로운 수학을 두고 수를 '신의 건축재(God's buiding blocks)'라고 했다(로버트슨, 2005, 100). 새롭게 등장한 수학론과 함께 역에서 말하는 무한의 근거가 태극인가 무극인가? 괘들은 2진법적 수의 집합과 같은 것인가? 도대체 역이란 무엇인가? 서양의 수학론보다 더 수의 기초를 논하는 것이 역의 수 개념이다.


## 9.2. 비둘기 구멍과 역의 수

19세기 수학자들은 역설이 오리라는 예감을 하고는 안정된 기초를 마련해야 한다는 초조감에 쫓기게 되었다. 구성주의 수학자들은 역설이 무한에서 오기 때문에 유한만을 수학에서 다루자고 한다. 그러나 그 당시 수학자들은 루비콘 강을 건너고 말았으며, 무한의 다리에서 건너올 수 없는 상태였다. 칸토어[1]를 평생 적대시해온 당대 수학계의 대부 크로네커는 "나는 무한을 하나의 완결된 양으로 사용하는 것에 반대한다. 그러한 것을 사용하는 것은 수학에서 결코 허용되지 않는다"고 했다. 칸토어를 의식하여 한 말이라고 할 수 있다.[2] 이는 아리스토텔레스의 가무한 개념을 그대로 수학에 적용한 말이라 할 수 있다. 아리스토텔레스가 이데아를 피하려 했지만 다시 그것을 만나고 말았듯이 수학자들은 무한 앞에 직면하지 않을 수 없었다. 공자도 무한을 의식적으로 외면하려 '무극'이란 말을 피하려고 '태극'만을 말했던가? 차축시대의 유혹 그것은 '무한'이었다.

아리스토텔레스는 무한을 가무한 또는 **잠재적 무한**(potential infinity)과 실무한 또는 **사실적 무한**(actual infinity)으로 나눈다. 잠재적 무한이란 논리적으로 가능한 무한일 뿐 현실 속에는 없는 무한이고, 사실적 무한이란 구체적인 사실태로 나타난 무한을 말한다. 다시 말해서, 사실적 무한은 '1, 2, 3, 4 ……'와 같이 반복적으로 끝없이

---

1) 1845년 3월 3일, 러시아의 상트페테르부르크에서 부유한 상인의 아들로 태어난 칸토어는 선배 수학자인 베를린 대학의 크로네커 때문에 비운의 길을 걷게 된다. 칸토어의 아버지는 유대교에서 개신교로 개종했으며 그의 어머니는 구교 교인이었다. 여러 가지 자료들을 볼 때, 그의 부모는 유대인으로 생각된다. 칸토어의 수학 사상은 가정의 이러한 혼합적인 종교 분위기와 무관하다고 할 수 없다. 어린 시절에 칸토어는 신학에 관심을 가지고 신학자가 되려고 했다. 그가 무한에 관심을 갖게 된 이유도 이러한 신학적 배경 때문으로 보이는데, 특히 유대교의 신비주의인 카발라(kabbalah)로부터 받은 영향이 컸을 것이다. 그의 무한에 대한 이해는 신비주의 일반의 그것과 은유적으로 같기 때문이다.

2) 그때부터 크로네커는 칸토어의 논문이 《클레레》(당시의 수학 전문지)에 실리지 못하도록 방해를 했으며, 칸토어가 베를린 대학으로 오는 길도 막았다. 그래서 칸토어는 평생 지방의 할레 대학에 있을 수밖에 없었다. 그러나 칸토어의 논문은 1874년에 친구인 데데킨트의 도움으로 발표되었다. 당시 그의 나이는 29세였다. 이제 칸토어는 '무한'의 개념을 경천동지할 정도로 바꾸어놓는다. 무한의 문제가 곧 신학적 문제임을 안 그는 늘 교회를 의식하지 않을 수 없었다.

셈으로 진행되는 무한을 뜻하며, 잠재적 무한은 아무리 멀리까지 셈한다고 하더라도 유한의 개수밖에 세지 못하기 때문에 그 결과로 상정할 수밖에 없는 무한으로, 자연수 전체의 집합 같은 것이다(모리스 클라인, 1997, 5). '헤아릴 듯'한 잠재적인 것을 모두 세어 확정된 전체 무한을 만들면 그것은 사실적인 것이 된다. 우리는 보통 수를 하나하나 더해가는 가산법을 사용하여 잠재적 무한을 셈하려고 한다. 이것은 '수학적 귀납법'이라는 것으로, 1654년에 철학자 파스칼이 이 방법을 사용했다. 그러나 파스칼의 가슴속에는 처음 시작한 1이라는 수와 '다음에 다음에'라는 말만 남았을 뿐 무한한 수 자체는 잡지 못했다. '잡힐 듯'할 뿐이었다. 파스칼은 감성적으로도 무한을 생각했지만, 귀납법 같은 것을 사용하여 무한을 헤아리고자 이성적 방법도 사용했다. 그러나 감성적 방법을 사용한 것이 도리어 칸토어의 무한 개념에 더 가깝다. 그 이유는 무엇일까? 역이 무한을 잡는 방법은 과연 무엇인가?

아리스토텔레스 이후의 철학자와 수학자들은 이러한 사실적 무한을 거부하려고 했다. 이들이 인정하고자 한 무한은 잠재적 무한이다. 아무리 세어도 끝나지 않으며, 끝이라고 생각되는 어떤 수를 택하더라도 이보다 하나 더 큰 수가 있다고 여겨지는 것, 이것이 바로 가무한 또는 잠재적 무한이다. 그래서 잠재적 무한 또는 가무한에서는 '완결된 무한'이란 있을 수 없다. 칸토어 당대 수학의 왕자였던 가우스마저도 친구 슈마허에게 보낸 편지에서 "무한이라는 말을 마치 어떤 완성된 것을 가리키는 말인 양 쓰는 것에 나는 아주 강력하게 반대한다"고 했다. 가우스 역시 가무한 개념을 가지고 있었으며, 무한이란 곧 말하는 방식일 뿐이라고 했다(오승재, 1994, 370).[3] 가무한을 상정

---

3) 수학의 천재라는 가우스도 이러한 가무한의 개념을 가지고 있었다. 그는 "나는 무한을 완결된 것으로 사용하는 데 반대한다. 이러한 사용은 수학에서 결코 허용될 수 없다. 무한이란 단지 **말하는 방식**(manner of speaking)에 불과하다"고 했다.

하는 방법은 신학자들이 신을 상정하는 방법과 같기 때문에 문제의 심각성은 더하다.

다시 정리하면, 우리는 자연수를 얼마든지 셀 수 있지만, 그럼에도 유한의 개수만 셀 수 있다. 그래서 아리스토텔레스는 "무한은 잠재적으로만 존재한다. 사실적 무한은 앞으로 없을 것이다"라고 했다. 아리스토텔레스의 이 말을 충실히 따라, 갈릴레오도 전자만을 인정하고 후자는 부정했다. 이를 두고 **갈릴레오의 실수**(Galileo's Mistake)라고나 할 수 있겠다. 만약 이를 부정하지 않았더라면, 그는 지동설 이상으로 역사에 큰 업적을 남겼을 것이다. 그런데 칸토어는 후자마저 가능한 것으로 만들었다. 칸토어의 수학 사상은 이들 아리스토텔레스 후예들의 '무한' 개념을 정면으로 반대하는 데서 출발한다. 그것은 역설에 대한 근본적인 이해 차이에서 일어난 현상이라고 할 수 있다. 이러한 집합론에 근거하여 칸토의 무한에 대한 이해를 살펴보면 다음과 같다. 칸토어 이전까지 사람들은 '무한'을 오직 수의 의미로만 생각했다. 모든 수보다 더 큰 어떤 수로만, 즉 잠재적 무한으로만 생각했다. 그러나 칸토어는 (1) 잠재적 무한, (2) 사실적 무한, (3) 초한수(transfinite number)−즉, 증가 가능한 사실무한, (4) 절대무한−증가할 수 없는 실무한 등으로 무한의 종류가 다양하다고 보았다. 초한수란 무한을 제한한다는 뜻으로 칸토어의 독창적인 개념이다. 칸토어의 초한수는 잠재적 무한과 사실적 무한의 두 개념을 통합시킨 개념이다. 정수를 0, 1, −1, 2, −2, 3, −3,…과 같이 배열하면 두 무한이 같아진다. 이는 마치 역에서 수를 음수와 양수로 배열하면 음수의 수와 양수의 수가 그 양에서 같아진다고 하는 것과 같다고 할 수 있다. 역에서는 수를 반드시 양수와 음수 그리고 생수와 성수와 같이 두 집합으로 나누어 본다. 이때 두 집합의 수가 모두 무한을 만들 수 있다는 것을 알고 있었다. 이는 수를 칸토어와 같이 초한수 개념으로 파악하고 있었음을 뜻한다. 그래서 가무한을 처음부터 배제한다.

칸토어는 하나의 무한만이 있다는 전통적인 관점에서 벗어나 여러 종류의 무한이 있다고 생각했다. 아울러 이들 여러 종류의 무한은 그 성격이 상이하며, 무한에도 위계가 있어서 큰 무한이 있고 작은 무한이 있다고 보았다. 그래서 유한수들이 비교되듯이 무한도 서로 비교될 수 있다고 보았다. 무한이 오직 하나이며 그것이 곧 신이라고 여겨오던 터에 칸토어의 이러한 견해는 당시 수학계뿐만 아니라 신학계에도 위기와 긴장을 초래했으며, 이것이 결국 그의 생애를 비극적으로 마치게 하는 원인이 되었다. 그러면 칸토어는 어떻게 잠재적 무한과 사실적 무한이 같다는 사실을 이끌어냈는가? 그는 하나의 집합 원소들을 다른 집합 원소들과 짝지음으로써 수를 세는 이른바 '**비둘기 구멍**(pigeon-hole)'이란 일대일 대응 방법을 사용한다. 이 방법으로 무한에 크고 작은 차이가 있고, 그 위계 또한 있다는 사실이 드러나게 된다. 칸토어의 일대일 대응 방법이 결코 역에서는 새로운 것이 아니다. 양수와 음수의 일대일 대응 그리고 생수와 성수의 일대일 대응은 역이 성립하는 근간이 되기 때문이다. 아마도 비둘기 구멍 방법은 역에서 시작되지 않았나 의심될 정도다. 하도와 낙서는 모두 수의 일대일 대응으로만 가능한데 칸토어가 이 기법을 사용한다. 칸토어가 역의 영향에서 과연 자유스러울 수 있을까?

'무한'의 개념에 대하여 처음으로 새로운 발상을 한 인물은 갈릴레오다. 그는 자연수 '만큼 많은' 자연수의 제곱수를 처음 알았던 인물이다. 자연수 '만큼 많은' 제곱수가 있다면 두 집합은 결국 같다고 했다. 삼백 년이 지난 뒤 칸토어는 '만큼 많은'이라는 갈릴레오의 말 속에 '같음'과 '같은 개수'라는 두 가지 개념이 내재한다는 사실을 발견하게 된다. 그리고 나서 칸토어는 일대일 대응을 다음과 같이 정의한다.

'두 개의 집합 M과 N이 대등하다'는 말은……어떤 일정한 법에 따라 둘 가운데 어느 한 집합에 속한 각 원소에 다른 집합의 유일한 원소가 상호간 일대일 대응이 될 수 있을 때를 말한다.

칸토어의 이 정의를 만족시킬 때 대등하다 또는 기수가 같다고 할 수 있다. 실로 칸토어의 대응에 관한 위의 정의는 수학의 근본 사상을 완전히 바꾸어놓았다. 일대일 대응의 위력이 어떠한지는 다음에 이어지는 글에서 밝혀질 것이다. 양수와 음수 그리고 생수와 성수를 각각 M과 N 이라고 할 때 M과 N은 대등하다고 역은 보고 있다.

통상적으로 이런 일대일 대응 기법은 유한한 양에만 적용된다고 생각해왔다. 그러나 칸토어는 과감하게 이것이 무한에도 적용될 수 있다는 사실을 믿게 되었으며, 드디어 이를 위해서는 유한과 대립되는 무한집합에 대하여 특단의 정의가 필요하다고 생각하기에 이르렀다. 칸토어는 갈릴레오가 자연수와 그 자연수의 제곱수 사이에 일대일 대응이 가능하다고 한 데서, 즉 기수가 같다고 한 데서 세기적 발상을 하게 된다. 그러나 갈릴레오와 같은 방법으로 그의 발견이 진행된 것은 아니다. 칸토어는 마침내 무한집합을 다음과 같이 정의한다. 일대일 대응에 따른 초한수의 크기가 같다는 발상은 칸토어가 처음으로 하지만, 이미 동양에서는 역의 수를 생각할 때 이러한 대응을 필수 조건으로 여겨오던 터였다. 일대일 대응 기법의 동양적 연유에 대한 선행 연구가 있는지는 아직 알려져 있지 않다.

"무한집합은 자신이 부분의 한 요소가 되는 진부분집합과 일대일 대응이 성립할 수 있는 집합이다."

칸토어의 이 정의는 무한집합에만 적용될 뿐이며 유한집합에는 적용되지 않는다. 그러나 갈릴레오는 이 사실을 몰랐다. 만약 알았더라면 그는 현대 수학의 선구자가 되었을 것이다.

자연수와 그 제곱의 경우 10보다 작은 경우에는 일대일 대응이 된다. 그러나 자연수가 4인 경우 그 제곱이 16이 되는 것처럼, 10을 넘어버리면 일대일 대응 자체가 불가능해진다. 다시 말해서, 일대일 대응이 자연수 4만 넘으면 불가능해진다. 그러면 왜 갈릴레오가 무한집합을 발견하는 데 실패했을까? 나는 그 실패를 일컬어 '갈릴레오의 실수'라고 앞에서 말한 바 있다(Aczel, 2000, 59~78). 그 이유는 다른 데 있지 않고, 2,500여 년 동안 지켜온 유클리드 공리, 곧 '전체는 부분보다 크다'에 충실하려고 했기 때문이다. 그런데 만약 칸토어가 내린 무한집합에 대한 정의대로라면 전체는 부분과 같아져야 한다. 그러나 갈릴레오는 전체[자연수]가 부분[모든 제곱수]과 같다고 말함으로써 유클리드 공리를 차마 부정할 수 없었다(리드, 1997, 209). 그는 길이가 다른 두 선분을 놓고 한 선분 위의 점들을 다른 선분 위에 있는 점들에 일대일 대응시키면 두 선분의 길이가 다름에도 같은 개수의 점을 가진다는 사실을 알았다. 이는 그 역시 무한집합의 성격을 알고 있었음을 뜻한다. 그러나 갈릴레오는 "완성된 무한집합은 제거되어야만 한다"고 결론을 내린다.

'부분이 전체와 같다'는 논리는 전형적인 E형 논리로서, 만물이 신과 같다는 논리이기도 하기 때문에 종교적으로도 용납될 수 없는 것이었다. 물론 역에서는 다반사로 쓰이는 논리이지만 말이다. 갈릴레오는 교황청의 압력 때문이 아니라 자기 스스로 실무한을 거부하는 실수를 저지른다. 갈릴레오는 전체와 부분이 '같다'는 것을 무제한 사용해서는 안 된다고 했다. 그러나 칸토어는 '같음'이 무한한 양에도 적용될 수 있다는 혁명적인 발상을 내놓았다. 전체가 부분보다 크다는 논리를 유한 양에 적용할 때는 모순이 발생되지 않지만, 무한 양에 적용할 때는 모순이 발생한다. 칸토어는 바로 위에서 정의한 무한에 대한 이해에 따라 무한집합을 유한집합과 일대일 대응시킴으로써, 오랫동안 무한의 문제에 숨어 있던 비밀을 들추어냈다.

유한집합의 경우에는 기수를 쉽게 셈할 수 있지만, 무한집합의 경우에는 사정이 다르다. 칸토어는 무한집합의 기수를 특히 초한기수 (transfinite cardinal)라고 일컬었다. 이러한 초한기수를 '$\aleph$(알레프)'로 나타냈다.[4] 단 $\aleph$는 1, 2, 3,…과 같이 1에서 멀어진다는 데 차이가 있을 뿐이다. 이는 양의 정수가 초한기수에 가까워진다는 뜻이다. 그러나 아무리 큰 양의 정수를 선택한다고 하더라도 무한대에 '더 가까이' 접근할 수밖에 없다. 아무리 접근한다고 하더라도 그 수와 무한대 사이에는 양의 정수만큼 무한한 정수가 얼마든지 존재하기 때문이다. 칸토어는 이렇게 무한대를 끝없이 진행하는 것이 아니라 '존재'하는 어떤 것으로 상정함으로써, 무한을 유한수처럼 더하고 곱하는 등 셈할 수 있게 만들었다. 따라서 무한수도 '2×3'처럼 계산할 수 있게 된다. 칸토어의 이와 같은 발상에 반대했던 수학계도 그가 타계한 1918년 무렵에는 그 이론을 널리 받아들였다(리드, 1997, 215). 우리는 역에서 이러한 수 개념을 만나게 된다.

칸토어는 위와 같이 무한한 양을 정의한 뒤, 무한에 관하여 다음과 같은 중요한 명제를 만든다.

> 양의 정수 전체의 기수는 가장 작은 초한수다. 모든 초한기수에 대해서 그 다음으로 큰 초한기수가 존재한다(같은 책).

즉, 초한기수 가운데 가장 작은 양의 정수 전체 기수의 개수는 알레프 아래 0이라는 첨자를 붙여 '$\aleph_0$'로 표시한다. 다음으로 큰 초한기수는 $\aleph_1$이다. 다음은 물론 $\aleph_2$, $\aleph_3$, $\aleph_4$, ……처럼 계속된다. 그런데 문제는 이렇게 연속되는, 즉 $\aleph_0 > \aleph_1 > \aleph_2 > \aleph_3 > $ ……과 같은 $\aleph$만 있다고 생각해서는 안 된다는 것이다. 여기서부터 무한의 문제는 사실상 시작한다. 왜냐하면 이런 $\aleph$의 합인 수가 존재하기 때문이다. 무한을 합한 수가

---

4) 유대교 신비주의 카발라의 '아인 소프(Ein Sof)'와 같은 개념으로, 신마저 넘어선 개념이다.

존재한다는 것이다. 칸토어는 "이것 이외에 똑같은 방법으로…… 그 다음으로 크고…… 한없이 계속해서 진행하기 때문이다"라고 했다. $\aleph_0$ 보다 더 큰 무한이 있을까? 이 말은 양의 정수들과 일대일 대응이 성립되지 않는 무한이 있을까 하는 문제와 같다고 할 수 있다. 이렇게 정의된 초한기수를 바탕으로 이제부터 우리의 논의는 무한의 다른 차원을 향해서 가게 된다. 서양 수학의 문제점은 수를 직선상의 계열로 세운다는 것이다. 그러나 역은 수가 일대일 대응할 뿐만 아니라 순환한다고 본다. 이 점에서 역설 처리의 차이점을 드러내고 있다.

# 10. 방도와 칸토어 대각선 정리

## 10.1. 사상(四象)과 대각선 정리

칸토어 수학에서 대각선 정리는 꽃과 같다. 수학 연구를 거의 그만두고 초한수에 관한 연구도 그만둘 무렵인 1874년 칸토어는 세기적 발견인 대각선 정리를 내놓는다. 대각선 정리는 후대 과학의 중요 장면마다 나타난다. 괴델 정리를 비롯하여 튜링의 이론에도 대각선 정리는 필수적이다. 그러나 내 생각으로는 대각선 정리는 역에서 기원했으며, 그것이 라이프니츠를 통해 칸토어에게 전달되지 않았나 싶다. 역의 방도는 이미 대각선 정리의 기초를 마련했다고 보기 때문이다. 대각선 정리의 위대함에 견주면 역의 위대성은 오늘날에 더욱 높은 평가를 받게 될 것이다. 대각선 정리는 지식의 토대를 허물어 탈현대로 가는 길목 구실을 한다.

대각선 정리는 여러 방법으로 설명될 수 있다. 여기서는 몇까지 방법을 소개함으로써 이해를 도우려 한다. 방도는 64괘로 만들어진다. 우선 먼저 4상만으로 대각선 정리를 설명하기로 한다. 사상은 태음(⚏), 소음(⚎), 소양(⚍), 태양(⚌)이다. 마틴 데이비스는 이 사상 대신에 트럼프 카드를 사용했다(데이비스, 2005, 109). 그는 사상을 한 벌의 패라 보고 그 사상 하나 하나를 자기 '이름표'로 하는 네 개의 '꾸러미'를 만든다. 멱집합의 원리를 이용하여 이름표로 사용된 것은 꾸러미에 들어 있는 것과 정확하게 같은 한 종류의 것이다. 이는 곧 자기언급을 말한다. 그러면 각 꾸러미에는 [표 10-1]과 같이 네 개의 패가 몇 개씩 들어 있다. 이 네 개의 꾸러미를 '사상꾸러미'라 하자.

| | 꾸러미 I | 꾸러미 II | 꾸러미 III | 꾸러미 IV |
|---|---|---|---|---|
| 괘 | == | == | == | = |
| 이름표 | 태음 | 소음 | 소양 | 태양 |
| 사상꾸러미 | {소음, 소양} | {소음, 태양} | {소음, 소양, 태양} | {태음, 소음} |

〔표 10-1〕 사상꾸러미의 이름표

어떤 패가 사상꾸러미 { }안에 있을 때는 +를, 없을 때는 −를 사용해서 위와 같은 정보를 [표 10-2]와 같이 나타낼 수 있다.

| | | 태음 | 소음 | 소양 | 태양 |
|---|---|---|---|---|---|
| I | 태음 == | ⊖ | + | + | − |
| II | 소음 == | − | ⊕ | − | + |
| III | 소양 == | − | + | ⊕ | + |
| IV | 태양 == | + | + | − | ⊖ |
| V | 대각선반대꾸러미 | + | − | − | + |

〔표 10-2〕 사상꾸러미 대각선화

[표 10-2]에서 좌측 세로축에는 네 개의 '이름표'가 나열되어 있고, 꾸러미의 '내용물'은 위 가로줄에 따라 나열되어 있다. 여기서 이름표와 내용물의 구별은 매우 중요하다. 이 구별은 앞으로 방도에서 설명할 해결자와 구성자와 같으며, 메타와 대상, 술어와 주어와 같은, 지금까지 철학에서 다루어 온 주요 목록들을 모두 대변한다고 할 수 있다. 그렇다면 철학의 난제거리들이 이 표 속에서 그 어떤 주요한 단서를 찾을 수도 있다. 즉, 사상이 스스로 이름표도 되고 내용물도 된다. 자기언급을 한다는 말이다. 이름표가 될 때에는 고딕으로 구별했다. 이제 세로줄 이름표 속에 가로줄에 있는 내용물이 들어 있으면 +를, 없으면 −로 표시하여 [표 10-2]를 만든다. 대각선 방향의 +와 −는 강조를 위해 원으로 둘렀다. 대각선 기법이란 새로운 꾸러미를 하나 만드는 것을 뜻한다. 새 꾸러미에는 새 이름표와 내용물이 담긴다는 것을 뜻한다. 그러면 과연 새로운 꾸러미가 만들어졌는지를 살펴보자.

이제 각각의 패에 대해 대각선에 있는 부호와는 반대되는 부호를 삽입하여 새로운 표를 만들어 보자. 그러면 태음은 −이므로 그 반대인 +를, 소음은 +이므로 −를, 소양도 +이므로 −를, 태양은 −이므로 +를 갖는다. 이렇게 하여 아래와 같이 [표 10-3]을 만들었다.

| | == | == | == | = |
|---|---|---|---|---|
| | 태음 | 소음 | 소양 | 태양 |
| 반대부호 | + | − | − | + |
| 대각선부호 | − | + | + | − |

〔표 10-3〕 대각선부호와 반대부호의 대조표

이 새로운 꾸러미는 다름 아닌 {태음, 태양}이라는 것을 쉽게 알 수 있다. 이를 꾸러미 V라고 한다. 이 꾸러미를 내용물로 하여 이를 가로줄에 놓고 먼저 했던 것과 같이 위의 [표 10-2]로 되돌아가 같은 방법으로 +와 -를 찾아보면 된다. 그러면 다음과 같은 새 꾸러미가 나온다. 이름표 태음(==)은 +, 소음(==)은 -를, 소양(==)은 -를, 끝으로 태양(=)은 +를 가진다. 이렇게 새 꾸러미가 {태음(==), 태양(=)}임이 확인된다. 대각선에서 나온 +와 -를 다시 세로줄에 놓으면(꾸러미V) 역으로 새로운 꾸러미가 나온다. 다시 말해서 [표 10-3]에서 보는 것처럼 대각선을 가로줄로 하여 그것의 부호를 반대로 한 다음 [표 10-2]의 가로줄 이름표에서 +와 -를 검토하면 +되는 것은 태음과 태양뿐이다. 그래서 이 새 꾸러미V의 내용물은 {태음, 태양}이다.

그러면 이 새 꾸러미는 이미 있는 네 개의 꾸러미와는 다른 완전히 새로운 것이라 할 수 있는가? 이것이 문제의 관건이다. 이 새 꾸러미(꾸러미V)의 이름표는 무엇이라고 할 것인지 문제다. 모든 꾸러미는 이름표가 있었기 때문에 이 새로운 꾸러미에도 이름표가 필요하다. '태음'이 이름표일 수는 없다. 왜냐하면 태음(Ⅰ)은 본래 사상꾸러미 속에 들어 있지 않고(-) 새 꾸러미 속에 들어 있기(+) 때문이다. 소음도 아니다. 이름표 소음(Ⅱ)은 사상꾸러미 속에는 들어 있고(+) 새 꾸러미 속에는 들어 있지 않기(-) 때문이다. 이름표 소양(Ⅲ)은 본래 사상꾸러미 속에는 들어 있고(+) 새 꾸러미 속에는 안 들어 있다(-). 이름표 태양(Ⅳ)은 사상꾸러미 속에는 안 들어 있고(-) 새 꾸러미 속에는 들어 있다(+). 그래서 사상꾸러미와 새 꾸러미에서 어느 하나가 -이면 +이고 +이면 -이다. '이면 아니고, 아니면 이다'와 같다. 여기서 완전히 거짓말쟁이 역설의 구조가 드러난다.

꾸러미란 집합의 다른 말이다. 이름표 붙이기란 비둘기 구멍 기법으로 집합과 원소를 일대일 대응시킨다. 이 기법은 유한집합이든 무한집합이든 상관없이 적용될 수 있다. 즉, 어떤 집합 속의 각각의 원소들을 그와 똑같은 원소들의 일부로 이루어진 어떤 하나의 특정한 집합에 이름표를 붙이는 데 사용한다면, 대각선 방법은 이름표를 붙였던 모든 집합들과 다른 어떤 새로운 집합을 얻는 데 사용될 수 있다(데이비스, 2005, 110). +이면 −이고, −이면 +인 이 구조는 러셀 역설과 거짓말쟁이 역설의 결정판이다. 역은 이 문제에 직면하여 어떤 해의를 제시하고 있는가?

여기서 꾸러미들은 물론 집합을 두고 하는 말이다. 유한집합 또는 무한집합에 상관없이 집합의 각 요소들은 그와 똑같은 원소들의 일부를 어떤 하나의 특정한 집합에 이름표를 붙이는 데 사용한다. 그러면 대각선 방법은 이름표를 붙였던 모든 집합들과 어떤 다른 새로운 집합을 얻을 수 있다. 사상꾸러미는 음과 양, 즉 0과 1이라는 2진수로 꾸려진 꾸러미다. 그러나 자연수 1, 2, 3, ……과 같은 자연수 집합의 경우도 사정은 마찬가지다. 그러면 이 자연수들의 일부를 꾸러미 안에 넣는다고 상상을 해본다. 꾸러미의 이름을 무엇으로 정할 것이냐고 할 때 이 이름표마저 자연수 자체로 한다. 이 점이 매우 중요하다. 꾸러미에 담기는 것도 그것의 이름표도 모두 자연수다. 자기언급적이다. 이제 역의 방도에서 팔괘명이 가로에도 세로에도 같이 배열된다는 것과 비교하면서 생각해야 한다. 이제 아래와 같은 무한한 배열과 같이, 자연수 자신을 이름표로 사용한다고 하자(같은 책).

$$
\begin{array}{ccccc}
1 & 2 & 3 & 4 & \cdots\cdots \\
\updownarrow & \updownarrow & \updownarrow & \updownarrow & \cdots\cdots \\
\\
M_1 & M_2 & M_3 & M_4 & \cdots\cdots
\end{array}
$$

여기서 $M_1$, $M_2$, $M_3$, $M_4$는 각각 자연수의 꾸러미 이름표이다. 이들 이름표를 사용하여 위에서 한 것과 같은 대각선 방법을 사용하면 이 집합과는 전혀 다른 새로운 집합 M이 생겨난다. M은 $M_1$과 다르고, $M_2$와 여타의 것과 다른 자연수의 집합이 된다. 여기서 $M_1$, $M_2$, $M_3$,

$M_4$ ……는 수 1, 2, 3, ……과 '자연수로 이루어진 집합들(sets of natural numbers (SNN))' 사이의 가능한 모든 일대일 대응을 나타내므로, 그와 같은 어떤 대응도 '자연수들의 모든 집합들(all sets of natural numbers(ASNN))'을 포함할 수 없음을 알게 된다. 여기서 두 ' ' 속의 말을 비교하여야 한다. 후자의 것(ASNN) 속에는 '모든(all)'이란 말이 들어 있다. 이 말에 주의하여야 한다. 무한의 문제와 연관되기 때문이다. 이 '모든'이란 말 속에는 이 말 자체도 포함된다는 사실을 명심해야 한다. 여기서 전자(SNN)는 "자연수를 가지고 만들 수 있는 '모든 집합,' 즉 전체 자연수의 집합의 모든 부분 집합"을 말한다. 이들 집합들은 자연수를 가지고 만들 수 있는 모든 집합, 즉 전체 자연수 집합의 모든 부분 집합을 뜻한다(데이비스, 2000, 111).

다른 말로 하면, 모든 자연수 집합들의 집합의 기수는 자연수 전체의 집합($\aleph_0$)보다 크다. 이 기수를 바로 C라고 한다.[1] C는 실수 전체의 전체 집합의 기수다. 대각선 방법은 자연수보다 크다는 사실을 증명한다. 이것이 다음에 말할 칸토어 대각선 정리의 핵이다. 우리는 실수로 이름 붙인 실수 꾸러미를 생각할 수 있으며 그래서 대각선 방법은 그와 같은 어떤 이름표 붙이기도 실수로 이루어진 모든 집합들 모두를 포함할 수 없다는 것을 보여준다. 따라서 그런 모든 집합들의 집합의 기수는 실수의 집합의 기수 C보다 크다. 그리고 거기서 멈출 아무런 이유도 없다. 이것이 역의 64번 째 괘가 미제(未濟)로 끝난 진정한 이유라고 본다. 포대 화상의 자비의 꾸러미 속은 아무리 담아도 모자란다는 것이 이를 두고 하는 말은 아닌지? '모든' 집합 속에 모든 그 자체를 담을 때 그것은 이미 전체가 부분보다 작아지는 역설이 벌어진다. 이것이 바로 칸토어 역설이다.

여기서 우리는 고대 그리스 철학으로 되돌아가 제3의 인간 역설을

---

1) C는 'Cantor'의 첫 글자에서 유래했다고 한다.

대각선 정리 차원에서 한번 생각해 볼 필요가 있다. 이름표를 '이데아'라 하고 그 내용물들을 개별자들이라고 할 때 이름표에 개별자가 참여하는, 즉 이름표가 개별자에 참여하는 관계를 고찰해 보자. 고대 철학자들은 지금 우리가 여기서 한 것과 같은 대각선에 조작과 비둘기 구멍 기법을 몰랐던 것이 확실하다. 만약 이들이 여기서 한 것과 같은 과정을 알았고 그 과정을 거쳐 그들의 존재론을 구성했더라면, 괴델 증명은 이미 오래 전에 나왔을 것이다. 대각선에 나온 +와 −의 부호를 반대로 바꾸고 그것으로 새로운 꾸러미를 만든 다음에 다시 본래의 꾸러미와 새 꾸러미 사이의 +와 −의 표를 만들면 역설이 튀어나온다는 사실을 알게 된다. 본 꾸러미에 있으면(없으면) 새 꾸러미에는 없는(있는) 현상이 발생한다. 그래서 제3의 수가 나타난다. 결국 칸토어의 대각선 정리는 괴델 정리로 가는 길을 준비한다. 그러면 과연 역은 대각선 기법을 알고 있었는가 묻게 되며 그렇다고 대답할 수 있다. 이데아(형상)와 개별자 사이에는 대각선 정리가 있었다. 그러나 플라톤은 이 점을 알고는 있었지만 수용은 하지 못한 것 같다. 그래서 결국 꾸러미의 이름과 대상을 분리하고 만다. 이름표를 '본'이라 하고 대상물을 '보기'라 할 때에 우리말 '본보기'는 바로 양자 사이에는 대각선 정리가 이루어지고 있음을 뜻하는 것이 아닐까 한다. 이는 실로 거짓말쟁이 역설이 대각선 정리와 그 구조가 같음을 한 눈에 보여준다. 우리는 역의 방도에서 대각선 정리를 다시 발견할 것이다. 위상기하학이 거짓말쟁이 역설과 일치함은 7. 4.에서 밝힌 바와 같다. 이제 대각선은 칸토어에 와서 다시 등장한다.


## 10.2. 방도와 수들의 함 크기

역의 방도는 사각형 안에 64괘를 모두 배열하는 방법이다. 소강절이 처음 작도했다고 한다. 그런데 이 방도에서 괘를 배열하는 방법은 서양 수학사에서 가장 중요한 업적이라 할 수 있는 칸토어의 수들의 함 크기와 나아가 괴델의 불완전성 정리에 결정적인 공헌을 한 대각선 정리에서 수를 배열하는 방법과 정확히 일치한다. 방도의 수 배열 방법은 첫째로, 유리수와 자연수의 함 크기 비교에서 그 크기가 같다는 것을 증명하고, 나아가 실수(C)와 자연수($\aleph_0$)의 크기에서는 전자가 후자보다 크다는 것을 증명하는 데 사용되고 있다. 칸토어가 과연 방도를 알고 있었는가는 자세하게 알려져 있지 않지만 그가 라이프니츠를 알았을 뿐만 아니라 그의 철학을 좋아했다는 기록으로 볼 때 직간접적으로 역을 알았을 것으로 보인다. 유리수와 자연수의 함 크기 비교 때는 방도의 수를 Z자 형으로 배열하고서 모든 유리수를 자연수와 일대일 대응을 시키고, 실수와 자연수를 비교할 때는 대각선 위의 수를 자연수와 일대일 대응을 시킨다. 그런데 괴델은 불완전성 정리에서 이 두 가지 방법을 동시에 사용한다. 이제부터는 3단계로 나누어 유리수와 자연수의 함 크기 비교, 실수와 자연수의 함 크기 비교, 마지막으로 괴델 정리로 옮겨가기로 한다. 이에 앞서 자연수들 즉 우수와 기수의 함 크기로부터 비교를 시작한다.

　도대체 칸토어는 어디에서 대각선 정리의 기법을 배웠을까? 과연 그의 독창적인 발견일까? 이제 잠시 동양의 역으로 눈을 돌려보면 칸토어가 한 것과 같은 방법으로 역에서 수를 그렇게 배열하고 있는 것을 발견할 수 있다. 세 개의 효가 모여 한 개의 괘가 만들어진다. 효가 3차원에 걸쳐 제곱을 했기 때문에 8개의 괘가 만들어진 것이다. 그러나 n차원 일 때는 2의 n승만큼의 괘가 만들어진다. 그러나 편의상 2의 6승으로 64괘를 만든다. 이렇게 만들어진 64괘는 일단 직선상에 횡으로 배열된다. 그러면 좌측으로 향할수록 음이, 우측으로 향할수록 양이 집결돼 양극화 현상이 나타난다. T와 F가 양극화해 조화가 안된 상태를 드러내고 있다.

  이렇게 좌우와 상하로 향하는 순서가 그대로 방도 안의 방향을 결정하는 서차 번호가 된다. 직선상 횡도의 양극화를 극복하기 위해 괘를 정사각형 안에 배열하는 것을 두고 방도(方圖)라고 한다. 횡도가 1차원 직선이라면 방도는 2차원 사각형이다. 64괘를 원 주위에 배열하는 것은 원도(圓圖)라고 한다. 소강절은 원도 속에 정사각형으로 된 방도를 그려넣었다. 방도는 64괘를 사각형의 우하단 건괘로부터 시작하여 8개 단락으로 나누어 배열한다. 그런데 이 방도의 배열 방법이 칸토어가 대각선 정리에서 수를 배열한 방법과 완전히 같아 우리의 비상한 관심을 모은다. 왜냐하면 수학사에서 대각선 정리의 중요성을 안다면 이는 초미의 관심이 아닐 수 없다. 대각선은 사각형 속에서만 볼 수 있기 때문이다. 이제 소강절의 64괘수도에 눈을 돌려보자. 이 방도를 8괘 꾸러미로 생각해보자. 가로열을 이름표 그리고 세로열을 내용물이라 하면 될 것이다. 그러면 대각선상의 괘들은 이름표와 같아진다. 그러면 이 대각선상의 괘를 가로열로 하면 그것의 이름표는 무엇인가?

  칸토어의 그것과 비교하기 전에 먼저 방도의 구조를 Z. D. Sung의 《*The Symbol of Yi King*》을 통해 자세히 알아보기로 한다. 먼저 가로로 괘를 배열한 것을 횡도(橫圖)라고 한다. 횡도에 서차 번호를 건 1-태2-이3-진4-손5-감6-간7-곤8과 같이 정한다. 이렇게 직선 위에 8괘를 배열하는 것을 횡도 혹은 다항식적(polynomial)이라 한다. 다항식 속에는 8괘의 방향과 등급이 매겨 있다. 8괘 전체의 방향은 굵은 화살표이고, 그 속의 괘들의 등급은 가는 화살표다. 하나의 굵은 화살표 안에는 8개의 등급이 매겨 있다. 굵은 방향선에서 아래에서 위로 향하는 것(↑)은 하괘가 향하는 방향선이고, 오른쪽에서 왼쪽으로 향하는 것(←)은 상괘가 향하는 방향선이다. 횡도 속의 8괘는 64괘의 기본을 결정한다. 그래서 이를 기본항(basic term)이라 부르기로 한다. 기본항은 자기가 자기 자신에 결합하여 서로 상하 괘가 된다. 바로 이를 결정자(resultant)라고 한다. 이 결정자들을 방도 위에서 볼 때 대각선에 배열돼 있다. 우하에서 좌상으로 향해 배열돼 있다. 이 결정자들의 괘 명칭은 기본항의 괘 명칭과 같다. 이는 전체가 부분과 그 명칭이 같음을 뜻하는 것으로 집합론적으로 각별한 의미를 지닌다. 먼저 소강절이 작도한 방도와 원도 그리고 64괘수도를 도상으로 소개한다(소강절, 2002, 57).

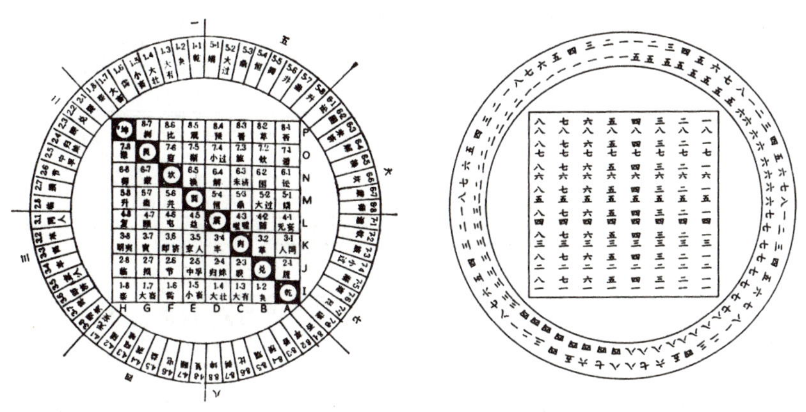

〔그림 10-1〕 소강절의 원도와 방도          〔그림 10-2〕 소강절의 64괘수도

　　결정자들은 모두 자기언급을 하는 괘들이다. 그리고 이들은 모두 사각형의 대각선 위에 배열돼 있다고 했다. 64괘 가운데 결정자 8괘를 뺀 나머지 56괘는 모두 상하에 자기와는 다른 괘와 결합되어 있다. 이는 타자언급적이다. 그리고 이들 56괘를 모두 구성자(component)라고 한다. 상괘와 하괘는 그 방향이 전자는 상하로 후자는 좌우로 정해져 있다. 방도를 하나의 집으로 비유할 때 괘 하나하나는 방과 같다. 방 속에는 문이 두 개 있다. 하괘문은 왼쪽에서 오른쪽을 향해 열려 있고, 상괘문은 위에서 아래로 열려 있다. 그런데 집 전체의 대문 역시 두 개가 있다. 하나는 왼쪽에서 오른쪽으로, 그리고 다른 하나는 위에

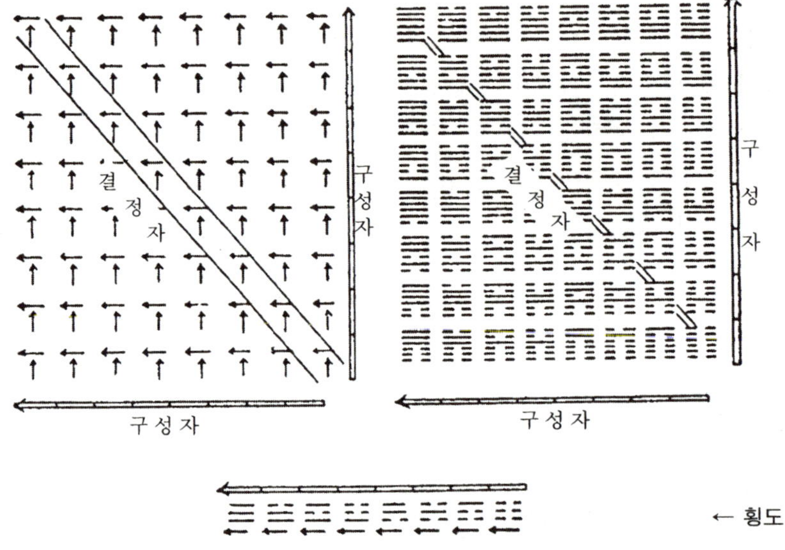



〔그림 10-3〕 64괘의 구성자와 결정자

서 아래로 열려 있다. 이는 대문 속에 방문이 또 있는 것과 같은데, 마치 프랙털과도 같다. 소강절은 이 프랙털 기법으로 방도를 그렸다 (Sung, 1969, 54~56).

소강절은 이런 프랙털 기법으로 방도를 그렸는데, 이 기법이 그대로 19세기 수학자 칸토어의 대각선 정리에 나타난다. 물론 방도에서는 자연수만을 다루고 칸토어는 유리수를 다루었지만, 상괘와 하괘를 각각 분자와 분모라고 한다면 자연수는 바로 유리수로 바뀔 수 있다. 즉, 분모($m$)를 하괘(또는 내괘), 분자($n$)를 상괘(또는 외괘)라 한다. 이렇게 바꾸어 놓으면 사각형의 아래로부터 가로줄의 첫 번째 열은 모두 1을 분모로 하는 분수들, 즉 자연수들이다. 가로줄 두 번째 열은 2를 분모로 하는 분수들이다. 이렇게 한 열 안에서 분수들은 순서대로 크기에 따라 배열되어 있다. 그러면 칸토어가 유리수를 만들기 위해 사각형 안에 자연수를 분모와 분자로 나누어 배열한 것과 완전히 일치를 보게 된다. 물론 칸토어는 **좌우단**에서 시작해 아래로 배열했지만 방도는 **좌하단**에서 시작했다. 이 점은 매우 중요하다. 왜냐하면 라이프니츠가 역의 방도를 칸토어가 한 것과 같이 좌우단에서 시작하여 그렸기 때문이다. 이에 대해서는 다음 11. 2에서 자세히 거론된다. 그 방향은 별 큰 문제가 되지 않는다. 그리고 방도는 64괘로 제한하였기 때문에 사각형이 닫혀 있지만, 칸토어의 경우는 무한으로 열려 있는 것이 다를 뿐이다. 역에서 공간을 닫은 것은 편의상 그렇게 한 것일 뿐, 2의 누승에 따라 무한대로 괘의 수를 확장시킬 수 있다(남회근, 1998, 75).

칸토어의 수학이 역과 또 한 가지 다른 점은 64괘의 상괘와 하괘의 관계를 분수의 관계로 보아 분자와 분모로 나누어 유리수체계로 처리했다는 점이다. 그리고 유리수들은 가부번화(可附番化)시켜 결국 유리수의 함과 실수의 함 크기가 같다는 사실을 증명했다. 수를 배열한 구조가 같기 때문에 64괘도 칸토어가 했던 것과 같이 방도의 함 속에서 유리수들을 순서대로 골라낼 수 있으며 동시에 가부번화시킬 수도 있다. 그러면 방도 안에서 유리수의 크기와 실수의 크기는 같다는 것이 증명될 수 있다. 추리컨대 칸토어는 라이프니츠에게서 일단 수를 배열하는 방법을 배워 그것을 유리수체계와 무리수체계로 나누어 본 것이라 결론 지어본다. 중요한 것은 수의 배열법이지 상괘와 하괘를 분자와 분모로 나누어보는 것은 사실상 부수적이기 때문이다. 아무튼 역에서는 상하괘를 분수 개념으로 본 기록을 발견할 수 없다.


## 10.3. 방도의 수직 이동과 수평 이동

[그림 10-1]로 돌아가서 방도의 구조를 좀 더 살펴보는 것으로 결

론을 대신하려 한다. 대각선 정리는 방도의 결정자를 구성자로 또는 반대로 사상시키는 원리를 이용한다. 즉, 사각형의 대각선상의 수를 사각형의 가로 구성자로 바꾼다. 이렇게 바꾸는 것을 통해 실로 칸토어는 무한에도 크고 작은 차이가 있음을 증명하는 것으로서, 수학사에 이만큼 큰 비중을 차지하는 발견도 없을 것이다. 실수 전체의 무한이 유리수 전체의 무한보다 크다는 것을 증명한다. 자연수 무한과 유리수 무한은 일대일 대응이 되어 크기가 같다. 그러나 유리수와 실수는 일대일 대응이 안 된다. 그러면 결정자는 무엇인가? 그것은 기본항 8괘가 자기언급을 한 것이 방도의 대각선을 만든 것이었다. 이 대각선을 사각형의 가로 구성자로 만들면 실수의 무한이 유리수의 무한보다 크다는 결과가 나온다. 칸토어에 따르면 유리수 전체를 가부번화할 때 대각선 위의 수를 구성자로 하면 이 수만은 절대로 사각형 안에서 가부번화할 수 없다. 그래서 실수 전체는 유리수 전체보다 항상 클 수밖에 없다. 8괘 꾸러미에서는 거짓말쟁이 역설이 나타난다.

다시 방도를 64괘를 통해 살펴보자. 사각형의 우하단에서부터 가부번이 붙여진다. 가부번에는 건1, 태2, 이3, 진4, 손5, 감6, 간7, 곤8과 같은 괘의 고유한 이름도 순차적으로 붙는다. 우하단에서 좌하단으로 이동하다 다시 우하단으로 지그재그 방향으로 괘들이 이동한다. 그 이유는 모든 괘들이 만들어질 때 효가 아래에서 위로 그려 올라가기 때문이다. 먼저 우하단에서 좌하단으로 향하는 꼴을 보기로 한다. 편의를 도모하기 위해서 가로 세로 줄에 모두 영어 알파벳을 부여해놓았다. 수평이동을 하는 첫 가로줄과 세로줄의 수 배열하는 방법이 바로 칸토어의 대각선 정리에서 수 배열하는 방법과 같으며 여기서 괴델 정리는 탄생한다. 그러면 1. (1, 1)[곤(坤)][2], 2. (2, 1)[박(剝)], 3. (3, 1)[비(比)], 4. (4, 1)[관(觀)], 5. (5, 1)[예(豫)], 6. (6, 1)[진(晋)], 7. (7,

---

2) 상괘는 좌에 하괘는 우에 둔다.

1)[취(萃)], 8. (8, 1)[비(否)]이다. 지그재그로 움직이는 순서에 따라서 새로운 순서수 번호가 주어진다. 이는 부류의 부류격에 해당하는 메타격의 수라 할 수 있다. 64괘에 모두 이러한 순차에 따르는 고유한 번호가 있다. 64괘를 모두 이러한 방법으로 배열했을 때 대각선 위에는 8괘와 같은 괘명칭이 부여된다. 이는 64괘와 8괘가 같게 된다는, 전체 즉 부분이라는 역설이 생기는 것을 뜻한다. 다음 장들은 이에 대한 주석이라고 할 수 있다.

이제 수직 이동을 하는 첫 번째 세로줄을 같은 방법으로 검토하면, (1, 1)[곤(坤)], (2, 1)[겸(謙)], (3, 1)[사(師)], (4, 1)[승(升)], (5, 1)[복(復)], (6, 1)[명이(明夷)], (7, 1)[림(臨)], (8, 1)[태(泰)]이다. 이와 같이 우리는 64괘를 모두 사각형의 방도에서 이름을 붙일 수 있고 순서수도 부여할 수 있다. 그리고 그 속에는 일정한 규칙성이 있음을 발견할 수 있다. 8괘를 소괘라 하고 64괘를 대괘라 하는데, 대괘에는 새로운 번호가 부여되어 부류의 부류격임을 보여준다. 효 하나를 요소라 할 때 소괘 하나는 부류이고 대괘는 부류의 부류격이다.

여기서 칸토어는 상괘와 하괘의 일대일 대응을 유리수의 분자와 분모로 만들어 결국 유리수와 자연수가 일대일로 대응이 가능한 즉, 가분번화할 수 있는 것으로 보아 함의 크기가 같다고 보았다. 그러나 만약에 상하괘의 수를 소수점 이하의 자리수로 본다면, 다시 말해서 유리수로 본다면, 그 사정은 매우 달라질 수밖에 없다(11. 3에서 상론). 수들을 방도 안에서 수평-수직의 지그재그 형식으로 배열하지 않고, 만약에 하나의 원 둘레 위에 이들을 모두 배열한다면 어떤 결과가 나올까? 바로 원둘레 위에 배열하는 것을 두고 방도에 대하여 원도라고 했다. 이제 칸토어가 사각형 속의 대각선을 만나 실수와 유리수 전체의 연속과 불연속의 문제에 부딪히고 드디어 칸토어 역설 앞에 당황하게 된다. 그러면 역은 어떻게 이런 경우를 만나고 처리하는가?3)

칸토어의 발견이 잇따라 만드는 연쇄 현상이 역에도 그대로 나타나는가? 나타난다고 할 수 있다. 우선 방도에서는 64개의 칸 하나하나에 상하괘를 나누어 괘들을 배열한 것이 방도다. 그러나 역의 도상은 지금부터 다양한 변화를 겪는다. 방도에 이어 원도는 64괘를 둘로 나누어 1~32번까지는 시계바늘과 반대 방향(순방향)으로, 그리고 33~64번까지는 시계바늘과 같은 방향(역방향)으로 배열한다. 8괘의 경우 1~4는 순방향, 5~8은 역방향으로 배열을 한다. 이것이 태극기의 배열 방법이다. 그리고 이른바 복희 8괘도 역시 이와 같다. 그러나 역의 도상은 이어 문왕 8괘 또는 낙서라는 배열법이 나오고, 19세기 말에는 한국에서 정역도가 그려진다. 실로 동양의 역사는 역의 역사라 해도 지나친 말이 아닐 정도다. 역의 도상은 변화가 다양하나 궁극적으로는 음과 양의 대칭성을 극복하는 조화에 있다고 본다. 물론 거짓말쟁이 역설에서는 거짓과 참으로 대치되지만 말이다.

우리에게 남겨진 질문은 유리수가 가부번화를 하여 자연수와 일대일 대응이 됨으로써 함의 크기가 같아지듯이 과연 무리수의 경우에도 가부번화할 수 있는지 하는 물음이다. 이것이 이른바 다음에 말할 대각선 정리로 증명이 된다. 바로 무리수는 가부번이 되지 않는다. 그래서 유리수와 무리수의 합인 실수는 유리수(자연수) 전체보다 크다.

---

3) 원도는 태극도이며, 태극도에서 대각선은 바로 가운데 음양선이다.

# 11. 자연수와 유리수의 함 크기와 역수

## 11.1. 자연수들의 함 크기

칸토어의 공헌은 수학을 전혀 모르는 사람들도 어려운 무한의 개념을 쉽게 이해할 수 있도록 한 것이다. 자연수와 실수 가운데 어느 것이 더 많고 적은가? 자연수의 집합과 실수의 집합 가운데 어느 집합이 더 큰가? 수의 함형식으로 볼 때 실수는 자연수보다 상위 부류에 속하므로 실수의 집합이 자연수의 집합보다 더 크다. 그러면 실수의 무한은 자연수의 무한보다 크다고 할 수 있을 것이다. 그렇다면 무한에도 서로 크기가 다른 무한이 있다는 말이 된다. '무한'이라는 그 개념 자체가 셀 수 없음을 말하는 것인데, 어떻게 '크다'거나 '작다'고 하는 또는 '같다'고 하는 비교를 할 수 있는 것인가? 칸토어가 발견한 것은 무한을 셈하는 것의 본질이 무엇인가 하는 것이다.

가우스는 무한을 한갓 말하는 방식에 지나지 않는다고 했고, 무한을 완결된 것으로 보아서는 안 된다고 했다. 그러나 칸토어는 무한을 담고 있는 완결된 무한 상자가 있다고 생각했으며, 그러한 무한 상자가 여러 개 있어서 그 상자 속에 들어 있는 개수[기수]끼리는 일대일 대응을 시킬 수 있다고 생각했다. 이제 다시 함형식으로 눈을 돌려보

자. 제일 먼저 실수와 자연수[1]의 관계를 살펴보겠다. 계통수에서 실수 전체는 자연수 전체보다 커야 한다. 그런데 칸토어는 그렇지 않다는 사실을 증명해냈다. 그러나 그의 앞에는 당시 수학계의 거물인 크로네커가 칸토어를 지켜보며 서 있었다. 이 거물은 "신은 자연수를 만들었다. 다른 모든 수는 인간이 만들었다"는 말로 유명하다. 그는 정수론자로서, 자연수와 자연수로 만들어진 수가 아닌 것은 모두 '거짓수'라고 보았다. 1, 2, 3, 4 …… 같은 자연수 외의 것들이 수가 아니라고 한다면 미분과 적분에 나타나는 모든 수들은 수가 될 수 없다. 그러나 칸토어에 따르면, 자연수는 정수와도 같고 양의 정수 안에는 짝수와 홀수가 있는데, 자연수 전체를 짝수나 홀수 하나하나에 일대일로 대응시킬 수 있다고도 보았다.

반지름이 다른 두 원주의 경우, 이 두 원주는 길이가 다름에도 원둘레가 같은 개수의 점들을 갖는 현상이 발생한다. 자연수 전체와 홀수 전체의 경우 분명히 전자가 후자보다 큰 집합이지만 그 농도는 같다. 이러한 현상에서 자연수 전체와 정수 전체의 농도가 같다는 결론이 자연스럽게 도출된다. 그러니까 양자의 일대일 대응 관계에서 같다는 것이다. 이런 문제가 역에서도 대두되는 것을 막을 수 없다.

| 자연수(N) | 1 | 2 | 3 | 4 | 5 | …… |
|---|---|---|---|---|---|---|
| 홀수(O) | 1 | 3 | 5 | 7 | 9 | …… |
| 짝수(E) | 2 | 4 | 6 | 8 | 10 | …… |

〔표 11-1〕 칸토어의 자연수 · 홀수 · 짝수 대응관계

어느 것이 다른 것에 포함되지만 그 포함된 농도가 같다는 것을 불

---

1) 자연수란 '자연스럽게' 사용할 수 있다는 뜻이다. 그래서 0은 자연수에 포함되지 않는다. 가장 자연수다운 수란 그래서 1, 2, 3,……이다.

교는 이미 잘 알고 있었으며, 이를 '상위(相違)'라고 한다. 상위란 역설의 다른 표현이다.

역에서는 1, 2, 3, 4, 5의 다섯 개 자연수를 생수(生數)라고 한다. 생수 하나하나에 5를 더한 6, 7, 8, 9, 10을 성수(成數)라고 한다. 여기서 중요한 구실을 하는 수는 5이다. 5는 전체를 뜻하는 수다. 그래서 생수와 성수는 같은 수준에 있는 수가 아니다. 생수를 전체 수와 더해 메타화한 것이 성수라는 뜻이다. 이러한 생수와 성수를 역은 일대일 대응을 먼저 시킨다.

| 1 | 2 | 3 | 4 | 5 | 생수 |
|---|---|---|---|---|---|
| 6 | 7 | 8 | 9 | 10 | 성수 |

〔표 11-2〕 역의 생수·성수 대응관계

생수와 성수의 일대일 대칭은 곧 역이 출발하는 근원의 샘과 같다. 생수와 성수의 구분과 일대일 대칭은 하도와 낙서 그리고 정역도 모두에 해당하는 역의 비밀을 모두 함의하는 곳이다. 그래서 앞으로는 1-6, 2-7, 3-8, 4-9, 5-10과 같이 생수와 성수는 하나의 쌍둥이 수같이 다루어야 한다. 칸토어와 다른 점은 일대일 대응이 역에서는 생성의 비밀을 지니고 있다고 생각한 점이라 할 수 있다. 역이 이렇게 생성으로 수를 분류한 이유를 우리는 다음에 칸토어가 수를 일대일로 대응시켰을 때 직면한 곤혹스러운 모습들을 보면, 알게 된다.

자연수와 그것의 무한집합 사이의 일대일 대응은 1638년에 갈릴레오가 〈두가지 새로운 과학(Two New Science)〉이라는 제목으로 발표한 글에서도 언급되는 내용이다. 그러나 그는 이러한 무한집합의 역설이 '사실적'인 것으로 존재해서는 안 된다고 했다. 이는 또 한 번의 그의 실수다. 여기서 칸토어의 '집합'에 대한 정의를 다시금 들어보자. 즉, 집합이란 우리들의 직관 또는 사고를 통해서 일정하게 잘 분별된 대상을 하나의 전체로서 종합한 것이다. 여기서 말하는 '하나의 전체로서 종합한 것'이란 '하나의 모임', 곧 집합을 뜻하며, 그것은 '우리들의 직관 또는 사고를 통해서 일정하게 잘 분별한다'는 것이다. 이는 동시에 '어떤 대상이 그 모임의 구성원이 되느냐 되지 않느냐를 판가름할 수 있는 기준이 명확히 제시되어야 한다'는 것을 뜻한다.[2]

독일어의 '개념'은 Begriff다. 이 말은 동시에 '집합'을 뜻하는 말로도 쓰인다고 할 때, 집합을 결정할 때는 직관과 추리라는 두 가지 방법이 모두 동원되어야 함을 뜻한다. 집합에서는 직관적으로 보아 그 안에 몇 개의 '개수'가 있는지 결정해야 한다. 집합론에서는 '개수'라는 말 대신에 농도(power)라는 말을 사용한다. 그래서 자연수의 농도라거나 실수의 농도라는 말들이 가능해진다.

두 유한집합 사이에 일대일 대응이 존재하면 같은 수의 원소를 가지게 되며, 그렇지 않은 경우에는 같은 수의 원소를 갖지 않게 된다. 무한집합과 자연수 사이에 일대일 대응을 시키는 것은 집합에서 원소를 끄집어내어 차례로 자연수 1, 2, 3, ……에 번호를 붙여가는 것이다. 마치 어린아이가 손가락 하나에 사과 하나하나를 일대일 대응시켜나가듯이, 그리고 인디언들이 구슬 하나를 동전 하나하나에 대응시켜나가듯이 말이다. 그러면 그 집합의 농도와 자연수의 농도는 같아진다. 이처럼 자연수와 일대일 대응을 시켜 번호를 붙일 수 있는 집합을 가부번집합(可附番 集合, denumerable set)이라고 한다. 또는 가산집합(可算集合)이라고도 하는데, 이것 역시 칸토어의 대담한 시도들 가운데 하나라고 할 수 있다.

그렇다면 역에서 음과 양을 0과 1이라고 할 때 괘는 곧 음양의 농도를 나타내게 된다.[3] 다시 말해서 건괘는 111, 태괘는 110, 이괘는

---

2) 예를 들면, 1보다 큰 자연수들의 모임은 집합이 되지만, 그냥 큰 자연수들의 모임은 집합이 아니다. 왜냐하면 전자는 모임의 구성원이 되는지를 판가름할 수 있는 기준이 명확히 제시되어 있지만 후자는 그렇지 못하기 때문이다(이종우, 2000, 79).

101, 진괘는 100과 같다. 이에 대하여 역은 괘 하나 하나에 번호를 부여하여 건1, 태2, 이3, 진4, ……라 한다. 이렇게 부여한 수는 다름 아닌 가부번집합의 수다. 효를 요소로, 괘를 부류로 한 집합의 번호다. 정수의 집합과 유리수의 집합은 가산집합이다. 여기서 칸토어는 가부번집합 또는 자연수 전체의 집합을 특히, 초한기수(超限基數, transfinite cardinals)라고 하여 $\aleph_0$로 표시했는데, 이것이 최초의 초한수가 된다. 무한 가운데서 가장 작은 무한이라는 뜻이다.

역에서는 5를 '모든 다 집합'으로 본다. 집합론에서는"한 집합이 오른손 손가락 수와 일대일로 대응하는 원소를 가지고 있으면, 그 집합은 '5'를 포함(包含)한다"라고 말한다. 가부번 집합을 만드는 것이다. "그 집합이 '5'를 포함했는지 안 했는지는 오른손 손가락이 자기 옆에 완전한 상태로 있는 이상 모호할 것이 없다. 이런 경우 그의 손은 집합이 '5'를 포함했는지 안 했는지를 결정하는 기준이 된다. 이는 매우 합리적인 논법이다"(오승재, 1994, 379).

칸토어는 손 대신에 자연수 N을 사용하여 모든 수들을 가부번화함으로써 모든 초한수들을 비교할 수 있게 했다. 그는 $\aleph_0$를 원형적 집합으로 놓고 자연수 N을 기수로 하는 집합으로 봄으로써, N=E=Z=$\aleph_0$라는 경이로운 결과를 끌어냈다. 여기서 E는 짝수를 뜻하고 Z는 홀수를 뜻한다. 그러나 수 전체 함 속에는 아직 유리수와 무리수가 남아 있다. 과연 은하수의 잔별과 같이 매우 조밀하다고 여겨지는 유리수와 무리수의 기수들도 가부번집합일 수 있을까? 유리수는 그렇다고 할 수 있다. 그러나 무리수로 오면 수의 빅뱅이 일어난다. 칸토어는 이른바 대각선 증명이라는 방법을 사용하여 무리수가 다른 어떤 수의 집합보다 크다는 사실을 발견한다. 대각선 증명은 방도의 수 배열과 같은 방법으로 사각형 안에 배열하고 대각선에 해당하는 수를 자연수

---

3) 역에서 음수는 짝수, 양수는 홀수 전체를 뜻한다.

와 일대일로 가부번화하는 방법을 가리키는 말이다. 방도의 이러한 수 배열을 통해 우리는 유리수와 자연수의 함 크기 그리고 실수 전체와 자연수의 함 크기를 비교할 수 있게 된다.

## 11.2. 유리수와 자연수의 함 크기와 방도

[그림 10-3]에서 수를 수평(←)과 수직(↑)으로 배열하는 방법은 칸토어 수학에서 무한의 수 속에 들어 있는 함의 크기를 파악하는 데 결정적인 공헌을 한다. 그 결과 아리스토텔레스가 생각했던 것과 같이 하나의 가무한이 있는 것이 아니라 수많은 실무한이 있다는 사실이 밝혀졌다. 이는 서양 수학사에서 경천동지할 만한 사건이다. 코페르니쿠스의 지동설 이상으로 놀라운 발견이다. 그런데 그 발견의 도구로 방도의 수 배열 방법과 같은 것이 사용되었다.

실수 속에는 유리수와 무리수가 있고 유리수 속에는 정수와 정수 아닌 소수가 있다. 정수는 양의 정수, 0 그리고 음의 정수가 있다. 소수는 유한 소수와 순환 소수가 있다. 먼저 유리수 전체와 자연수 전체(양의 정수 전체)가 일대일 대응이 되는지를 알아본다. 그러면 유리수 전체를 한곳에 모두 나열할 수 있어야 하고, 그것을 다시 자연수와 일대일로 대응시켜 보면 된다. 여기서 일대일 대응이 된다는 것은 가부번임을 입증하는 것이나 마찬가지다.

이제 유리수 전체를 나열하자면 다음처럼 방도의 그것과 같이 자연수를 분자와 분모로 나누어 수직이동과 수평이동을 하면 된다.

이 배열 방법은 방도와 같이 첫 번째 행은 1을 분모로 하는 분수들 즉, 자연수들이다. 두 번째 행은 2를 분모로 하는 분수들이다(한 행 안에서 분수들은 크기에 따라 배열되어 있다). 이제 칸토어는 이 배열 안에서 다음과 같이 움직이면서 수들을 세어나간다.

| | | | | | | | | | | | |
|---|---|---|---|---|---|---|---|---|---|---|---|
| 1/1 | 2/1 | 3/1 | 4/1 | 5/1 …… | | 1/1 → 2/1 | | 3/1 → 4/1 | | 5/1 … |
| 1/2 | 2/2 | 3/2 | 4/2 | 5/2 …… | | 1/2 | 2/2 | 3/2 | 4/2 | 5/2 … |
| 1/3 | 2/3 | 3/3 | 4/3 | 5/3 …… | | 1/3 | 2/3 | 3/3 | 4/3 | 5/3 … |
| 1/4 | 2/4 | 3/4 | 4/4 | 5/4 …… | | 1/4 | 2/4 | 3/4 | 4/4 | 5/4 … |
| 1/5 | 2/5 | 3/5 | 4/5 | 5/5 …… | | 1/5 | 2/5 | 3/5 | 4/5 | 5/5 … |

〔표 11-3〕 유리수의 가부번화

　앞의 내용을 요약하면 다음과 같다. 분모들을 m이라 하고 분자들을 n이라 하자. 분모 가로줄을 보면, 분자는 모두 첫째 세로줄에서 1이고 둘째 줄에서 2이며 셋째 줄에서 3이다. 이런 순서대로 분모 배열을 결정한다. 분모를 아래 방도에서는 하괘 또는 내괘라고 한다. 그리고 분모를 결정하는 데서는 가로줄의 첫째줄을 모두 1로 하고 둘째 줄을 2로 하고 셋째 줄을 3으로 하는 식으로 분수를 만들어나간다. 그러면 무한한 분수, 즉 유리수를 만들 수 있다. 그런데 문제는 가로줄의 첫째 줄은 분모가 모두 1이기 때문에 분자 1, 2, 3, 4, 5, ……가 되어 분수값은 이 분자값과 같아진다. 그러면 다른 아래 분수들과 정확하게 일대일 대응이 이루어진다. 다시 말해 가부번화가 이루어진다. 그렇다면 자연수의 농도와 유리수의 농도는 같다고 할 수 있다. 그래서 유리수의 농도가 자연수의 농도보다 클 것이라는 우리의 상식적인 판단은 시정될 수밖에 없다. 이렇게 수의 함에 이상한 현상이 발견되기 시작한다. 유리수 속에 자연수가 포함(包涵)될 것이라는 판단은 잘못된 것임이 드러났다. 이제 유클리드의 전체와 부분에 관한 공리는 수정을 피할 수 없게 되었다. 결론적으로 말해 유리수의 함과 자연수의 함은 그 크기에서 같다.

　유리수의 집합의 요소 즉 개수와 자연수의 집합의 요소 또는 개수는 같다는 사실이 증명되었다. 상식적인 생각으로는 유리수가 자연수보다 훨씬 많을 것이라 생각했는데, 결국 그 개수의 농도가 같다는 사실이 증명된다. 큰 별이나 작은 별이 모두 그 개수가 같다고 한다면 쉽게 납득이 되질 않듯이 지금 우리는 당황함을 금할 수 없게 된다. 그러나 이는 엄연한 수학의 법칙이다. 칸토어가 이를 증명해 낸 것이다. 유리수의 무한집합을 자연수와 일대일 대응시킬 수 있게 되었으며, 유리수는 가부번 집합임이 증명된다. 모든 유리수는 정확하게 자연수의 집합과 일대일 대응이 가능하게 되며 유리수는 가부번집합이 된다. 즉, '번호를 붙일 수 있는 집합' 또는 '셈을 할 수 있는 집합'이 된다. 이와 같이 가산집합 또는 가부번집합은 자연수와 그 농도가 같게 된다. 칸토어는 유리수 전체와 자연수 전체는 같다는 사실을 발견하고, "나는 그것을 보고 있다. 하지만 믿을 수 없다"는 유명한 말을 남겼다. 역의 방도라는 도상을 통해 볼 때 칸토어가 여기에 도입한 기법이 전혀 새로운 것이 아니다. 수를 괘로 바꾸어 놓고 분모와 분자의 개념을 괘의 하괘와 상괘의 개념으로 바꾸어 놓기만 하면 역은 칸토어의 노력을 무위로 돌려놓고 말지도 모른다.

여기서 우리는 칸토어와 라이프니츠와의 관계에 관한 결정적 단서를 발견한다. 그것은 라이프니츠가 방도의 배열 순서를 좌상단에서 시작하고 있는데 칸토어가 바로 그렇게 하고 있다. 라이프니츠는 방도에 수를 적어 넣고, 그에게 그림을 소개한 부베(Bouvet)는 위($\alpha\nu\omega$)와 아래($\kappa\alpha\tau\omega$)라는 그리스어를 적어 넣었다. 라이프니츠는 괘의 발생 순서를 소강절과는 반대로 했다. 소강절의 것은 "중국인의 습관에 반하는 것"이라고 하면서 말이다.

라이프니츠는 자기의 2진법과 방도가 일치하는 것에 스스로 놀랐다. 그는 임의대로 [그림 11-1]에서 보는 바와 같이 상좌단에서 괘수 0으로 시작한다. 그러면서 소강절이 우하단에서 시작하는 것을 두고는 "중국인의 습관에 반하여, 효를 아래에서부터 세는 것 같다. 이것

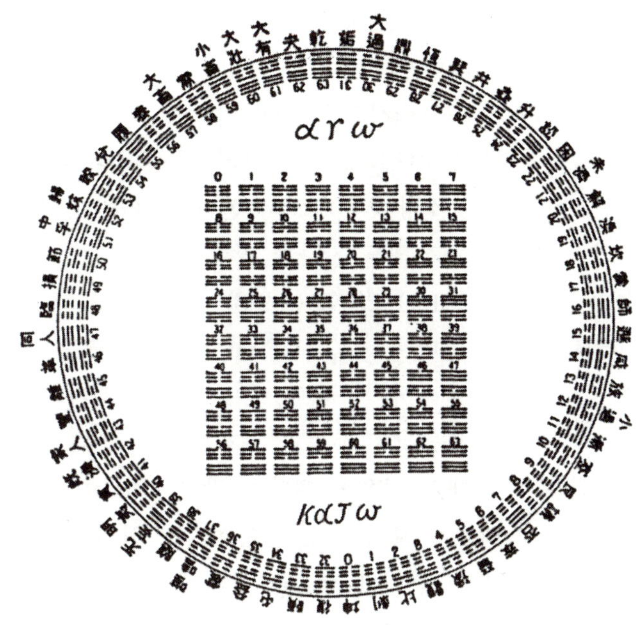

〔그림 11-1〕 라이프니츠의 64괘수도

은 아마도 원의 경우에도 중심에서 가장 가까운 효에서부터 비롯하여 언제나 아래에서 위로 세어나갔던 것에 따른 것이다"(다가나, 1993, 39-40)라고 했다. 이 말은 1701 또는 1702년에 그가 선교사 부베에게 보낸 편지의 내용이다. 여기서 그가 말하는 '중국인의 습관에 반하여' 는 오해일 뿐이며 나의 판단으로는 소강절이 수를 아래에서 위로 배진(背進)한 것은 칸트의 의도와 일치한다고 본다. 즉, 무한 퇴행의 오류를 막기 위함이다. 이에 대한 자세한 내용은 《판비량론 비교연구》 (지식산업사, 2004)를 참고하기 바란다. 여기서 우리는 라이프니츠가 역의 방도와 원도를 알고 있었다는 것과 수를 서양의 전형적인 수 배열법대로 좌우단에서 시작하고 있다는 점을 지적하자는 것이다. 이 점이 바로 [표 11-3]에서 보는 칸토어의 수 배열법과 완전히 일치한다는 사실을 입증하자는 것뿐이다. 칸토어의 대각선 정리는 괴델 증명으로 이어지고 괴델 증명은 탈현대적 기초를 닦고 있다. 그렇다면 두 그림표 사이의 일치는 예사로운 일이 아니다. 탈현대의 논리는 실로 대각선 정리에서부터 시작하였으며 그리고 이 대각선 정리가 라이프니츠의 방도 그 너머 소강절의 방도와 연관된다면 서양의 탈현대는 역으로부터 시작하였다고 해도 지나친 말이 아니다.

유리수의 집합에는 1(1/1), 2(4/2), 3(9/3) ……와 같은 자연수 그 자체를 포함(힘숨)하고 있다. 이는 사상꾸러미에서 이름표가 꾸러미의 내용물과 같아지는 것이라 할 수 있다. 가부번 수 자체가 가부번 대상의 수에 포함되어 있다는 것은 후자가 전자보다 더 크다는 것을 뜻하며, 전체와 부분이 일대일 대응이 된다는 말과 같다. 다시 말해서 가부번 수는 가부번 되는 수보다 적은 부분이지만 일대일 대응이 된다는 것이다. 이는 부분이 전체와 같음을 뜻하게 된다. 이는 마치 방도에서 8괘 결정자가 구성자 속에 포함되는 것과 같다고 할 수 있다. 결정자는 자기 자신이 결정하면서 결정되어진다. 이를 두고 멱집합의 원리라고 한다. 앞으로 말할 괴델 정리에서 이러한 멱집합의 원리는 매우 중요한 의미를 갖는다. 가부번수＝결정자＝이름표는 메타이며, 가번번수의 대상＝구성자＝내용물은 그 메타의 대상이다. 여기서 사상꾸러미와 관련시키면 가부번이란 다름 아닌 '이름표' 붙이기다. 이름표를 내용물과 일대일 대응시키듯이 자연수와 다른 수를 대응시키는 것을 가부번이라 한다.


## 11.3. 실수와 자연수의 함 크기 : 대각선 정리

방도의 위력은 실수와 자연수의 함 크기의 비교에서도 나타난다. 칸토어는 유리수와 자연수의 함 크기를 비교한 다음 실수와 자연수의 함 크기 비교를 시도한다. 두 유리수 사이가 아무리 가까워도 그 사이에는 또 다른 유리수가 존재하기 마련이다. 이 조밀한 유리수의 집합이 정수의 집합과 같은 농도를 갖는다면, 수의 집합은 모두 같은 농도들을 갖게 될 것이라 속단하고 싶은 충동을 누구나 느끼게 될 것이다. 그러나 어느 경우에나 속단은 금물이다. 만약에 실수 전체의 집합은 유리수 전체의 집합보다 크다는 점을 대각선 정리를 통해 증명해 내자면 실수 전체를 나열할 방법을 찾아야 할 것이다. 하지만 그것마저 칸토어는 방도의 수 배열 방법을 택했다는 것이다. 그런데 유리수 때와는 달리 사각형의 대각선을 선택한다는 것과 분자와 분모를 소수점 이하의 수로 만들어 버린다는 점이 근본적으로 다르다. 그러나 그 이전에 수를 수직과 수평으로 배열한다는 점에서는 같다.

　방도에서 상괘(분자 n)와 하괘(분모 m)는 수직 이동과 수평 이동[4]을 각각 하고 있다. 칸토어는 상괘와 하괘를 각각 분자와 분모로 하여 열려진 사각형 안에서 같은 수직 이동과 수평 이동을 하면서 배열을 하고 있다. 이 점에서 소강절과 칸토어의 수 배열 방법은 동일하다. 우리의 관심사는 칸토어의 최대 업적 가운데 하나인 대각선 증명을 방도와 구체적으로 연관시키는 데 있다. 유리수의 경우도 그렇지만 과연 칸토어가 동양의 역으로부터 대각선 정리를 배워간 것은 아닐까 하는 의심을 더욱 짙게 만드는 대목도 바로 그의 대각선 정리라고 할 수 있다. 수의 일대일 대응법과 자연수에 따른 가부번화법을 비롯하여 사각형의 가로와 세로에 수를 수직과 수평으로 엇배열 대응시키는 법 등은 방도의 그것과 완전 일치하기 때문이다.

　유리수는 셀 수 있는 가산집합이다. 그러면 우리는 실수 전체(R)도

_______________

4) 수평 이동과 수직 이동은 각각 자연 현상 그대로 반영한 것이라 본다. 하늘과 땅 사이의 기는 상하 수직운동을 하면 구름과 비를 만든다. 그리고 최근 지진 현상에서 보는 것과 같이 지각은 수직 이동과 수평 이동을 한다. 지각의 수직운동은 큰 해일을 가져온다는 사실도 알려졌다.

또한 가산집합인지 묻게 된다. 그러나 문제는 실수는 그렇지 않다는데 있다. 0과 1 사이에 있는 실수만으로도 자연수보다 더 큰 농도를 만들 수 있기 때문이다. 다시 강조해 두면, 자연수의 집합과 같은 농도를 갖는 집합을 가부번 집합이라고 했다. 가부번 집합이란 하나, 둘, 셋 …… 하고 셈을 할 수 있는 집합이라는 뜻이다. 이보다 농도가 짙어 낱낱이 번호를 매길 수 없는 것의 집합을 비가부번 집합이라고 한다. 이제 칸토어는 0과 1 사이[0, 1]의 수에서 이러한 수로 번호를 매길 수 없는 비가부번의 수가 있음을 발견한다. 그는 0과 1 사이의 실수 안에서 이를 증명한다. 위에 따르면, 무한집합은 모두 가부번일 것처럼 보인다. 그래서 모든 수가 자연수와 일대일 대응이 되는 것처럼 보인다.

자연수 1, 2, 3, 4, ……는 가장 단순한 수다. 이들 자연수의 집합은 무한이고, 하나의 선분 안의 점을 메우고 있는 모든 점의 모임도 하나의 무한이다. 그런데 후자의 무한이 전자의 무한보다 더 많다는 것이 증명되었다. 이는 부분이 전체보다 크다는 것이 증명됨을 뜻한다. 자연수 전체는 가부번인데, 칸토어는 이보다 짙은 농도를 가진 비가부번 집합이 존재함을 증명했다는 것이다. 칸토어는 1874년에 〈모든 대수적 수 총체의 특성에 관하여〉라는 논문에서 이를 증명해낸다. 세기적인 증명을 일명 '칸토어의 대각선 증명(Cantor's Diagonal Proof)'이라고도 하는데, 이는 나중에 연속체 가설과 칸토어 정리 그리고 러셀 역설과 괴델 정리로 이어지는 계기를 만들게 할 만큼 중대한 발견이다. 사실 갈릴레오가 먼저 이와 같은 증명을 할 뻔했는데, 그는 그만 기회를 놓치고 말았다. 수학사에 이만큼 중요한 발견도 없을 것이다. 그 내용은 실수(R) 구간 (0, 1)과 열린 구간 I=(0, 1)과의 일대일 대등 관계를 통해 알아볼 수 있다.

먼저 칸토어는 1891년에 일반인들도 쉽게 이해할 수 있도록 0과 1 사이의 소수 전체의 집합과 양의 정수의 집합 사이에 일대일 대응이 성립하지 않는다는 사실을 다음과 같이 증명했다.

| 1 | ↔ | 0. | 3 | 5 | 2 | 4 | 1 | ⋯ |
| 2 | ↔ | 0. | 4 | 9 | 1 | 5 | 3 | ⋯ |
| 3 | ↔ | 0. | 5 | 3 | 2 | 8 | 2 | ⋯ |
| 4 | ↔ | 0. | 6 | 9 | 9 | 9 | 1 | ⋯ |
| 5 | ↔ | 0. | 7 | 4 | 2 | 6 | 5 | ⋯ |
| ⋮ | | | | | ⋮ | | | ⋱ |
| | | 0. | 9 | 1 | 9 | 1 | 9 | ⋯ |

〔표 11-4〕 소수의 가부번화

대각선 증명의 핵심 내용은 실수 전체와 자연수 전체가 일대일로 대응될 수 없다는 것이다. 그런데 앞에서 본 것처럼 칸토어는 자연수와 유리수가 일대일로 대응이 가능함을 증명했다. 그렇다면 실수 구간 (0, 1)과 자연수가 일대일 대응이 안 된다는 것은 실수의 크기(C)가 자연수의 크기($\aleph_0$)보다 크다는 것을 뜻한다. 실수는 구간 (0, 1)보다 더 크기 때문이다. 이 증명을 하기 위해서 칸토어는, (0, 1) 사이의 수를 두고 어떤 정렬을 하더라도 그 정렬 속에 포함되지 않는 수가 적어도 반드시 하나는 있음을 발견해낸다. 위의 정렬에서 대각선을 하나 그어보자. 그 결과는 어떠한가?

0과 1 사이의 모든 실수는 무한소수로 나타낼 수 있다. [표 11-4]에서 보는 것처럼, 첫 번째 무한소수는 첫째 줄에 그리고 두 번째 무한소수는 둘째 줄에 놓는 식으로 정렬을 해나간다. 그리고 그 순서에 따라 자연수를 일대일로 대응을 시킨다. 여기서 자연수는 정렬의 왼쪽에 그리고 대응하는 실수는 그 오른쪽에 나열해 놓았다. 그러면 자연수와 실수는 일대일로 무한히 대응이 된다. 칸토어는 어떤 정렬을 만들더라도 거기에 속하지 않는 실수가 한 개는 있음을 증명한다. 사상꾸러미에서 한 것과 같이 대각선 위의 수를 가로로 만든다.

그 증명 방법은 다음과 같다. 위의 정렬에서 대각선을 그어 첫 번째 수에서는 첫 번째 자리의 수를, 두 번째 수에서는 두 번째 자리의 수를, 세 번째 수에서는 세 번째 자리의 수를 뽑는다. 그러면 위의 정렬 리스트에서는 <열 1>과 같은 수들이 뽑힌다. 그리고 이렇게 뽑힌 수들을 다시 다른 수로 바꾸는 작업을 <열 2>와 같이 한다. 소수점 이하의 숫자 가운데 9는 1로 바꾸고 9가 아닌 수는 모두 9로 바꾼다.

    0. 3 9 2 9 5 …… <열 1>
    0. 9 1 9 1 9 …… <열 2>

그러면 이렇게 새로 만들어진 <열 1>의 수는 적어도 원래의 정렬 리스트에서 볼 때 첫 번째 수에서는 첫 번째 자리가 다르고, 두 번째 수에서는 두 번째 자리가 다르며, 세 번째 수에서는 세 번째 자리가 다르다. 이렇게 모든 자리 수에서 해당하는 수의 순서 자리 수가 다르게 된다. 그렇다면 이렇게 새로 생겨난 수는 정렬 리스트에 절대로 들어가 있지 않는 수다.5) 왼쪽 세로줄에 있는 자연수와는 일대일 대응이 되지 않는 수다. 그렇다면 자연수보다 더 큰 실수가 있다는 결론이 나오게 된다. 이 대각선 증명은 칸토어의 독창적인 정리로서 가장 칭송받을 만한 것이다(Lakoff, 2000, 210). 그러나 역의 방도를 알고 보면 그의 독창적인 발견이라는 데 의심을 갖게 한다. 일반인을 위해 앞의 증명 방법을 좀 더 일반화하여 역의 방도와 연관해서 설명을 하기로 한다.

　[표 11-3]의 상괘(외계)와 하괘(내괘)를 분자와 분모로 나누어 대응시키지(n/m) 않고, 이번에는 소수점 이하 첫 자리와 둘째 자리로 이를 나눈다(0.nm)는 것이다. 그런데 앞에서 본 것처럼 칸토어는 자연수와 유리수의 경우 일대일로 대응이 가능함을 증명했다. 그렇다면

---

5) The result is an infinite decimal that is not on the list, since it must differ every infinite decimal on the list in at list one decimal place(Lakoff, 2000, 210).

실수 구간 (0, 1)과 자연수가 일대일 대응이 안 된다는 것은 실수의 크기가 자연수의 크기[$\aleph_0$]보다 크다는 것을 뜻한다. 이 증명을 하기 위해서 칸토어는 (0, 1) 사이의 수를 두고 어떤 정렬을 하더라도 그 정렬 속에 포함되지 않는 수가 적어도 반드시 하나는 있음을 찾아냈다. 실로 놀라운 착상이 아닐 수 없다. 위의 방도의 정렬에서 대각선을 하나 그어보자. 그 결과는 어떠한가? 요사마사는 이런 칸토어의 대각선정리를 다음과 같이 쉽게 설명한다(요사마사, 1993, 53~54).

0과 1 사이의 모든 실수는 무한소수로 나타낼 수 있다. 칸토어가 전개한 방법론을 단계적으로 밟아나가 보기로 한다. 여기에 실수 전체의 집합(R)을 x 축으로 하고, 열린구간 I=(0, 1)을 y축으로 하는 좌표계를 하나 만든다. 그러면 다음 그림에서 보는 것과 같이 그 대등성은 명백하다. 즉, P와 P' 그리고 Q와 Q'는 일대일로 대응을 한다. 이렇게 하여 x축의 모든 점들은 y축의 모든 점들과 일대일 대응을 한다. 그렇다면 I와 자연수 N과는 대등하지 않다는 것을 보여주면 된다. 우선 I 구간(0, 1)을 무한소수로 전개해둔다.

"I와 N은 대등하다"고 가정 1을 세운 다음, 귀류법에 따라서 "I와 N은 대등하지 않다"는 가정 2를 증명한다는 것이다. 가정 2가 증명이 되면 가정 1은 부정이 된다. I와 N이 일대일 대응이 되는지 안 되는지를 증명하기 위하여 몇 단계의 과정을 거쳐 증명을 해간다.

바로 [그림 11-5]와 방도의 구조가 같다. 즉, 방도에서와 같이 수를 수직과 수평으로 나누어 배열한다는 것이다. 위의 순서에 따라 전개하면 다음과 같다.

1. y축 I 위의 모든 점들을 1, 2, 3, ……과 같이 가부번화한다. 그리고 I 안의 모든 점들을 $a_1$, $a_2$, $a_3$, ……이라고 한다. 그리고 이들 점들은 무한 소수다.

2. 이들 무한소수의 소수 자리를 문자로 나타내면 $a_{nm}$과 같다. 여기서 n은 상괘, m은 하괘의 수에 해당한다. 그리고 여기서 nm은

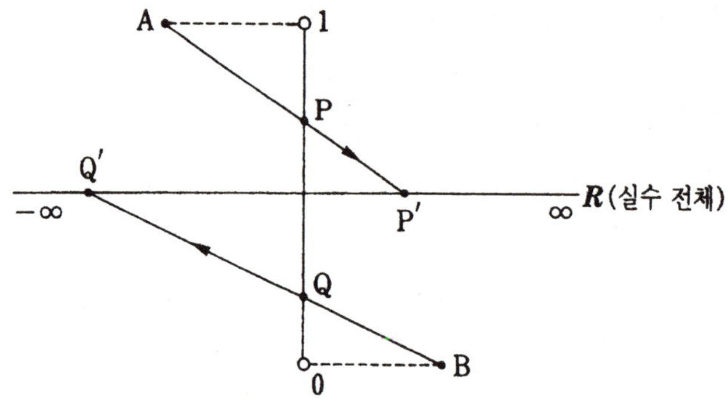

P와 P′, Q와 Q′를 대응시킨다.

〔그림 11-2〕 XY선상의 가부번화

$$1 \longleftrightarrow \alpha_1 = 0.\ a_{11}\ a_{12}\ a_{13}\ a_{14}\ a_{15}\ \cdots\ \cdots\ \cdots$$

$$2 \longleftrightarrow \alpha_2 = 0.\ a_{21}\ \boldsymbol{a_{22}}\ a_{23}\ a_{24}\ a_{25}\ \cdots\ \cdots\ \cdots$$

$$3 \longleftrightarrow \alpha_3 = 0.\ a_{31}\ a_{32}\ \boldsymbol{a_{33}}\ a_{34}\ a_{35}\ \cdots\ \cdots\ \cdots$$

$$4 \longleftrightarrow \alpha_4 = 0.\ a_{41}\ a_{42}\ a_{43}\ \boldsymbol{a_{44}}\ a_{45}\ \cdots\ \cdots\ \cdots$$

$$5 \longleftrightarrow \alpha_5 = 0.\ a_{51}\ a_{52}\ a_{53}\ a_{54}\ \boldsymbol{a_{55}}$$

〔그림 11-3〕 무한소수의 가부번화

즉, $a_{12}$, $a_{23}$, ……등과 같이 모두 0, 1, 2, 3, ……9 자연수 가운데 어느 한 숫자로 나타낸다. 칸토어가 이 단계에서 $a_{nm}$을 만드는 방법이 바로 다음에 설명할 역의 방도에서 역을 정렬하는 방식과 완전히 같다. $a_1$의 경우 $a_{nm}$에서 $am$은 모두 $a_1$으로 한다. 그러나 $a_n$은 1, 2, 3, 4, ……와 같은 서수의 순서대로 한다. 그러면 $a_1$은 $a_{11}$, $a_{12}$, $a_{13}$, $a_{14}$, $a_{15}$, ……와 같아지고, $a_2$는 $a_{21}$, $a_{22}$, $a_{23}$, ……과 같고, $a_3$은 $a_{31}$, $a_{32}$, $a_{33}$, …… 과 같아진다. 이 정렬 방법은 역의 방도에서 그대로 적용된 것과 같고, [표 11-3]에서 유리수를 정렬하는 방법과도 같다. 소숫점 이하 첫 자리(m)는 수직으로, 둘째 자리(n)는 수평으로 이동한다. 분자와 분모를 소숫점 이하 첫 자리와 둘째 자리로 바꾸어 놓은 차이뿐이다.

3. 다음으로 [그림 11-3]에 기초하여 새로운 숫자 베타를 다음 규칙에 따라서 구성한다.

$\beta = 0.b_1,\ b_2,\ b_3,\ …\ b_n….$

$\beta_n = 7(0 \leq a_{nn} \leq 4$일 때)

$2(5 \leq a_{nn} \leq 9$일 때)

4. 이제 [그림 11-3]의 대각선에 눈길을 돌린다. 대각선 위의 숫자들을 뽑아보면 $a_{11}$, $a_{22}$, $a_{33}$, ……과 같아진다. 이들은 방도의 결정자들이고 나머지는 구성자들이다. 그러면 $a_n$은 소수점 이하 n 자리에서 $\beta_n$과는 상이한($b_n \neq a_{nn}$) 수가 생겨난다. 그 이유는 3에서 $\beta$를 규정한 약속 때문이다. 다시 말하면 $a_{11}$, $a_{22}$, $a_{33}$, $a_{44}$일 때는 모두 7이고, $a_{55}$에서 $a_{99}$까지는 모두 2다. 그렇다면 $\beta$가 0이나 1이 되는 경우는 절대로 없다. 그러면 [그림 11-2]로 돌아가 볼 때 $\beta$가 Ⅰ 구간에서 0이나 1은 아니기 때문에 이 선분 구간에서 처음이나 끝이 되는 경우는 없음을 뜻하고, 이는 다름 아닌 $\beta$가 Ⅰ 구

간 안에 포함(包含)된다는 것을 뜻한다.

5. 그 결과 가정 1로부터 $\beta$는 $a_1$, $a_2$, $a_3$, ……의 어느 것과 반드시 일치하게 된다. 잠정적으로 그것을 $a_n$이라고 하자. 즉, $\beta_n = a_n$이 된다. 그러면, $b_1 = a_{n1}$, $b_2 = a_{n2}$, $b_n = a_{nn}$, ……이 된다.

6. 그런데 이 결과는 4에서 가정한 $\beta$의 구성법 $b_n \neq a_{nn}$ 과는 정면으로 배치된다. 이는 가정 1을 부정하는 것이 된다.

7. 그러므로 "I와 N은 일대일로 대응하지 않는다"가 증명되었다.[6]

이 증명은 칸토어의 대각선 증명으로 알려지게 되었다. 그는 이 증명을 통해 실수의 무한은 무리수의 그것보다 더 크다는 사실, 즉 무한에도 크고 작은 것이 있다는 사실을 증명했다. 이는 경천동지할 만한 증명이며 이 증명으로 그는 자신을 불행하게 만드는 결과를 초래하기도 했다. 무한에도 크고 작은 차이가 있다면, 실수의 무한(C)과 자연수의 무한($\aleph_0$) 사이에 끼어 있는 무한이 있는가? 다시 말해 두 무한 사이는 연속인가 비연속인가를 증명해 내야 할 과제를 안게 되었다. 이를 이른바 연속체 가설이라고 한다. 그뿐만 아니라 무한수들 사이의 크고 작은 차이는 곧 역설의 문제로 이어지게 된다. 유한집합과 달리 무한집합은 '모두 다'라는 집합을 전제하지 않을 수 없으며, 그럴 경우에 바로 '모두 다'라는 집합도 모두 다라는 집합에 포함되느냐 마느냐의 문제가 제기되는데, 이를 두고 '칸토어 역설'이라고 한다. 칸토어 역설은 20세기로 넘어오면서 러셀 역설로 변하고 만다.

그러면 과연 역에서도 현대 수학이 직면했던 것과 같은 연속체 가설의 문제와 칸토어 역설의 문제를 거론하는가? 있다고 할 수밖에 없다. 아니 더 심각하게 거론하고 있다고 할 수 있다. 20세기에 들어와 수학은 칸토어 역설을 해결하기 위해 3파전으로 각축전이 벌어진다.

---

6) 이상의 증명은 요사마사의 《괴델 불완전성 정리》 51~53쪽을 따름.

괴델의 불완전성 정리에 이르기까지 말이다. 칸토어 역설을 역의 방도는 어떻게 보고 처리하고 있는지 살펴보기로 한다. 먼저 방도에서 대각선 방향에 있는 괘들을 관찰한다. 64괘 다른 괘들은 상하괘가 결합되어 제3의 이름이 붙어 있는데, 방도의 대각선 위에 있는 괘들은 8괘의 명칭과 같다. 다시 말해서 $a_{11}$은 건, $a_{22}$는 태, $a_{33}$은 이, $a_{44}$는 진, $a_{55}$는 손, $a_{66}$은 감, $a_{77}$은 간, $a_{88}$은 곤이다. 이는 무엇을 뜻하는가? 이는 일종의 칸토어 역설을 뜻하는 것이라 볼 수 있다. 멱집합의 역설을 그대로 보여주는 것이라 할 수 있다. 8괘가 자기언급을 하는 것을 뜻한다. 64괘 속에 8괘가 자기 자신 부분의 한 요소가 되는 전형적인 역설 현상을 두고 말하는 것이라 볼 수 있다는 것이다. 그렇다면 역에서도 현대 수학의 가장 중요한 화두인 멱집합의 역설 문제를 알고 있었다는 것을 뜻한다.

그러면 무리수는 가부번인가? 이것은 쉽게 증명이 될 수 있다. 실수는 유리수와 무리수의 합인데, 실수가 비가부번임이 증명되고 유리수는 가부번임이 증명되었다. 그렇다면 무리수는 자연히 비가부번일 수밖에 없다. 왜냐하면 가부번과 가부번이 더하여 비가부번이 될 수는 없기 때문이다. 그렇다면 무리수는 유리수보다 그 숫자가 엄청나게 더 많다고 할 수 있다. 보통 상식으로 속단할 때에는 무리수가 몇 개 되지 않을 것으로 알고 있다. 그러나 사실은 그 반대다. 실수 전체가 비가부번이므로 무리수 역시 비가부번이지 않을 수 없기 때문이다. 참으로 수의 세계는 알다가도 모를 일들이 많이 있다.

# 12. 칸토어 역설과 러셀 역설

## 12.1. 멱집합의 원리와 대각선 정리

칸토어는 자신의 대각선 증명을 두고 신이 자기에게 내려 준 영감이라고 생각했다. 증명을 끝내고 매우 만족스러워 하면서 "매우 단순해서 놀랍다"고 했다. 초등학생 정도의 이해 수준에서 할 수 있는 일을 해낸 것이다. 그러나 역의 방도를 미리 알고 보면 칸토어의 발견은 결코 새로운 것이 아니다. 앞으로 라이프니츠를 통해 역이 어떻게 칸토어에게 전달되었는지 역사적으로 조사해 보아야 한다. 이것은 또 하나의 다른 연구 작업일 것이다. 다만 여기서는 라이프니츠가 방도를 새로 작도하였고, 그것이 칸토어의 대각선 정리에 그대로 나타난다고 밝힐 뿐이다.

대각선 정리에서는 수의 정렬이 무엇보다 중요하다. 정렬이 끝난 다음 n/m으로 보느냐 아니면 0.nm으로 보느냐에 따라서 위와 같은 소득을 얻을 수 있었다. 사각형 안의 0과 1 구간 사이에 있는 수를 배열해 놓고 사각형의 상좌단에서 하우단으로 대각선을 그어나가는 이 증명 방법은 실수를 어떻게 대응시켜도 일대일 대응을 만들 수 없음을 보여준다. 실수 구간 (0, 1)은 결국 비가부번이기 때문에 유리수보다 더 많은 점을 가지고 있는 무한집합이라고 볼 수 있다. 이 말은 (0, 1)의 기수가 $\aleph_0$이 아님을 의미한다. 대각선 증명이 2,500여 년의 수학사에 던진 파문은 실로 그 필설로는 다 표현할 수 없을 정도다. 이는 핵폭탄과 같은 위력을 갖는 증명이라고 할 수 있다. 무한은 '하나'이며 그 크기는 '같다'고 생각해 오던 터에, 이 사건으로 말미암아 더 큰 무한이 있을 수 있다는 사실이 처음으로 알려졌기 때문이다. '대각선 증명'이란 곧 '무한의 정도(degree of infinity)'가 있다는 사실을 알려주는 증명이다. 이러한 무한 가운데 가장 작은 무한을 초한기수[$\aleph_0$]라고 한다. 초한기수는 물론 자연수의 집합이다. 역은 이런 초한기수를 사용하고 있다. 그러나 괘의 서차 번호를 자연수라고 할 때에 괘 안의 효 역시 수로 표시한다. 그렇다면 효가 갖는 수는 자연수보다 적은 무리수나 유리수 같은 것일 것이다. 이렇게 역에는 수의 체계에서 상하 등급이 있다.

다시 정리하면, 0과 1 사이의 대각선 위에 생긴 새로운 소수의 계열(이를 효의 수라 하자)은 '모든' 소수의 가정된 계열에 포함될 수 없다. 왜냐하면 이 수는 대각선 정리에서 보는 바와 같이 적어도 한 자리에서는 반드시 그 계열과는 다르기 때문이다. 이런 방법으로 실수의 무한(C)이 자연수의 무한($\aleph_0$)보다 더 크다는 사실이 밝혀졌다. 이러한 두 무한집합은 일대일 대응이 성립하지 않는다. 소수들의 집합이 더 크기 때문에 이 집합의 기수도 더 커야만 한다. 칸토어는 두 번째로 생긴 이러한 초한기수를 자연수의 무한 $\aleph_0$과 같다고는 할 수 없다고 생각했다. 그리고 실수의 무한을 칸토어는 연속체 개수(number of continuum)라고 했다. 그리고 이를 구별하고자 알파벳 C로 달리 표시했다(리드, 1997, 223). 같은 $\aleph$로 표시하지 않은 이유는 $\aleph$ 계열 가운데 C가 있을 위치를 찾을 수 없었기 때문이다. 이 문제는 그를 곤혹스럽게 만든다.

칸토어는 자연수의 초한기수인 $\aleph_0$이 가장 작은 초한기수라고 보았다. 그 다음으로 큰 초한기수를 $\aleph_1$, $\aleph_2$ ……로 표시한다. 여기서 칸토어는 후대 사람들에게 크나큰 숙제를 안겨놓은 채 죽고 만다. 가령, 모든 초한기수가 $\aleph$ 계열에 속한다고 하자. 그러나 실수들의 연속체 속에서 같은 $\aleph$ 계열에 속하지 않는 C가 있다. 그렇다면 이 C가 과연 $\aleph_0$ 다음의 $\aleph_1$과 같은 것일까, 다른 것일까? 이 질문은 현대 수학의 최대의 화두다. $C=\aleph_1$가 과연 성립할 수 있는지 없는지 이를 어떻게 증명할 수 있는가? 물론 칸토어는 $C=\aleph_1$라고 믿었다. 양자가 연속이 되는지 안 되는지 또는 양자가 같은지, 이것이 수학계에 고민거리로 남게 되었다. 이를 연속체 가설(continuum hypothesis)[1]의 문제라고 한다. 후배 수학자들은 이 문제를 해결하는 데 온갖 정력을 쏟게 된다.

다음으로 무한의 크기 정도 문제는 멱집합의 문제에서도 쉽게 나타난다. 어느 집합의 부분집합에 해당하는 멱집합은 부분집합 요원의 수에 대한 승으로 표현한다. 만약 부분집합의 개수가 세 개이면 $2^3$으로 표시한다. 그래서 n개의 요원이 있는 집합의 경우 $2^n$으로 표시한다. 그렇다면 문제는 $\aleph$개라는 요원을 갖는 무한집합의 멱집합은 $2^\aleph$이라는 결론이 나오게 된다. 그런데 어느 집합에 대한 그 멱집합은 항상 그 집합보다 크다. 그렇다면 $\aleph_0$의 멱집합은 그것보다 크다. 즉, $2^{\aleph_0}$가 된다. 여기서도 무한에 크고 작은 등급이 생기게 되는데, 지금 살펴본 것처럼 벌써 세 개의 크고 작은 무한의 등급이 생겼다. C와 $\aleph_0$과 $2^{\aleph_0}$이 바로 그것이다. 마지막으로 남은 질문은 C와 $2^{\aleph_0}$ 사이의 크기 문제다. 대각선 정리를 통하여 이제 무한에도 키 재기가 있고 무한의 멱집합에도 같은 키 재기가 있다는 사실이 극명하게 드러났다.

그런데 칸토어의 집합론은 다음과 같은 놀라운 역설을 그 안에 품고 있다. 칸토어 역설은 다음과 같다. 모든 집합의 집합을 M이라고 하고 M에 대한 멱집합을 P(M)이라고 할 때 M의 기수는 멱집합

---

1) 괴델은 이렇게 말했다. "칸토어의 연속체 문제는 단순히 다음과 같은 물음이다 : 유클리드 공간의 한 직선 위에 얼마나 많은 점들이 있는가?"(캐스티, 2002, 725).

P(M)의 기수보다 작다.

$$M < P(M) \quad \text{<식 1>}$$

그러나 M의 정의, 즉 '모든 집합'이라는 정의로부터 'P(M)'도 그 '모든 집합 M'이라는 말 속의 한 원소이므로, 'P(M)'의 기수는 M의 기수보다 같거나 작아야 한다. 즉, 다음과 같이 되어야 한다.

$$M \geq P(M) \quad \text{<식 2>}$$

<식 1>과 <식 2>는 서로 포섭관계가 뒤바뀌어 있다. 다시 말해서, 역설적이다. 그렇다면 초한수 $\aleph_0$의 멱집합, 즉 $2^{\aleph_0}$인 경우를 생각해볼 수 있다. 초한수 $\aleph_0$보다 더 큰 초한수가 생겨났다. 그렇다면 이 새로 생긴 초한수는 C보다 큰가 아니면 작은가? 또는 같은가?

이 사실을 바탕으로 부랄리-포르티는, 가능한 모든 집합을 원소로 갖는 집합을 택할 경우 분명히 이 집합보다 더 많은 원소를 갖는 집합은 존재하지 않는다고 했다. 그러나 만약 이것이 사실이라면, 이 집합의 초한수보다 더 큰 초한수를 갖는 집합이 존재할 수 있겠는가? 우리는 이미 러셀 역설에 대한 언급을 통해서 이 두 역설이 얼마나 고약한 독화살 같은 성격을 가지고 있는지 충분히 알아보았다. 왜 책의 앞부분에서 거짓말쟁이 역설과 러셀 역설에 대한 이해를 강조해두었는지 이제 그 이유를 새삼 알 수 있을 것이다.


## 12.2. 러셀과 화이트헤드의 역설에 대한 도전 : 《수학원론》

러셀은 역설에 대한 기초 논리학을 만드는 과정에서 칸토어를 발견한다. 1902년에 그는 두 개의 집합군을 만들었는데 하나의 집합은 자기 자신을 포함하지 않는 집합의 군이고, 다른 하나는 자기 자신을 원소로 포함하는 집합의 군이다. 이런 전제 아래 러셀은 아래와 같은 글을 그의 친구 프레게에게 써 보냈다. 우리는 이미 사상꾸러미에서 연습을 해두었기 때문에 아래 글에 당황하지 않는다.

자기 자신의 원소가 되는 집합들의 전체집합을 M, 그렇지 않은 집합들의 전체집합을 N이라고 하자. 이제 집합 N이 자기 자신의 원소가 아닌지를 따져보자. 만약 N이 자기 자신의 원소라면 N은 M의 원소이고 N의 원소가 되지 않는다. 반면에 N이 자기 자신의 원소가 아니면 N은 N의 원소이고 M의 원소가 아니다(Rucker, 1995, 193~194).

이 역설은 수학에 치명적인 상처를 줄 수 있는 것으로, 만약에 이 역설을 해결하지 못하면 수학의 기초는 다 무너지는 것으로 판단하여 러셀은 이 역설을 극복하는 방법의 일환으로 화이트헤드와 《수학원론(*Principia Mathematica*)》을 쓰게 되었다. 그리고 이 역설을 극복하기 위하여 논리주의라는 한 학파를 형성한다. 수의 역설은 수를 논리적인 언어로 바꿈으로써 극복될 수 있다고 보았기 때문이다. 노이먼이 발명한 컴퓨터는 바로 이 논리주의의 결과다. 그러나 역설은 여전히 해결되지 못한 채 남았다. 오늘날 컴퓨터가 완전하지 못한 것은 결국 이 역설의 미해결 때문이라고 해도 지나치지 않다.

러셀은 위와 같은 내용의 글을 프레게(1848~1925)에게 보냈고, 1902년 6월 16일 프레게에게 전달되었다.[2] 그 편지 한 장으로 10여

---

2) 그 편지는 프레게에게 비참한 것이었다. 프레게는 필생의 작업으로서 집합론의 개념을 광범위하게 적용시킨 《산술의 기초》를 1893년과 1903년 사이에 출판했다. 프레게가 러셀의 편지를 받았을 때는 제2권의 원고가 출판사에 넘어가 있던 상태였다. 프레게의 반응은 낙망 그 자체였으나, 새로운 진실 앞에서 택한 그의 솔직한 태도는 칭찬할 만하다. 프레게의 말을 들어보자. "과학자가 논문을 완성하자마자 그 논문의 기초가 무

년 이상의 노력이 수포로 돌아가고 말았다. 이와 같이 역설은 한 생명을 앗아가듯 학자들의 학문적 기초를 완전히 허물어버렸다. 1908년에 체르멜로(Ernst Zermelo)도 역설 박멸의 최전선에 선다. 1922년에 프렌켈에 의하여 보충되어 체르멜로-프렌켈 정리가 나온다. 근본적으로 체르멜로의 이론은 역설을 배제하는 것보다 어떻게든 역설을 피해 가려는 데 의도가 있었다. 체르멜로는 먼저 역설이 '집합의 집합의 집합……'처럼 집합을 무한 퇴행시킨 데서 발생한다고 생각했다. 제3의 인간 망령이 다시 나타난 것이다. 그래서 그는 원소와 집합의 관계를 고정되고 절대적인 관계로 보지 말고 가변적이며 상대적인 관계로 보자고 제안한다.

그래서 체르멜로는 집합을 구성하는 아주 단순한 방법을 고안해내어 '집합의 집합……'처럼 무한대로 집합이 적용되는 것을 제한하면 역설이 사라진다고 생각했다. 러셀 역설이란 집합이 자기가 자신의 원소가 되는 데서, 즉 자기언급의 상황에서 발생하는 것인데, 만약 집합의 수를 제한한다면 그러한 역설이 사라지지 않겠는가 하는 것이다. 그런데 러셀 자신은 집합의 수를 제한하려고 하지는 않았으며, 집합의 계열을 유형별로 위계적이고 일관성 있게 구분하면 역설이 사라질 것이라고 보았다. 그러나 어느 집합이 있다고 할 때 그 집합에 속하는 모든 요소를 다 만들 수는 없다. '학생'의 집합을 말할 때 어느 학교를 제한하지 않는 학생 '모두'를 요소로 삼을 수는 없다는 것이다. '모두'라는 말 속에 '모두'를 요소를 넣을 때 역설이 발생하므로 그것만 막으면 될 것이라 생각했다.

이를 막기 위해 어떤 집합 안에서 원소를 선택한다고 하여 체르멜로는 이를 선택 공리(axiom of selection)라고 했다. 체르멜로는 집합이 너무 크고 너무 많은 요소를 가지고 있기 때문에 역설이 발생한다

너지는 것을 안 것보다 더 슬픈 일은 없을 것이다. 내 책의 인쇄가 거의 끝나가고 있을 때, 러셀 씨로부터 한 통의 편지를 받았다."

고 생각했다. 칸토어와 부랄리의 역설 모두 '모든 집합의 집합'을 다룬 것에 문제가 있다고 보았다. 예를 들면, 어떤 집합의 멱집합은 그 집합보다 더 큰 집합을 만들었기 때문에 생긴다. 그러나 체르멜로는 이러한 '집합의 집합' 같은 메타집합은 집합이 아니라고 본다. 왜냐하면 선택 공리는 이렇게 터무니없이 큰 집합을 만들 수 없도록 집합의 크기를 선택적으로 제한하기 때문이다. 존재하는 집합의 부분집합만으로 집합을 만들 수 있도록 제한하고 있는 것이다. 따라서 '모든 집합의 집합'처럼 너무 큰 집합은 집합이 되지 못하도록 제한하여 집합론을 체계화함으로써 칸토어 역설과 부랄리-포르티 역설[3]을 극복하려고 했다(이종우, 2000, 138).

그러나 이것이 진정한 역설 해법의 실마리가 될 수 없음은 명백하다. 이는 이솝 우화의 신포도 비유에서 여우가 나무가 너무 높아 포도를 먹을 수 없다고 자위하는 것과 같다. 역설의 사다리가 너무 높아 올라갈 수 없으니 사다리를 작게 만들 것을 제의하는 것과 같다. 역설은 사다리의 높고 낮음에서 발생하는 것은 결코 아니다. 역설의 사다리, 즉 TF의 사다리가 많을수록 불교에서는 그것이 깨달음과 상관되어 축복된 것이라 여긴다. 이제 역설을 통해 "수학자들이 깨달은 것이 있다면 모순 없는 체계를 발전시키는 데 직관에 의존하기에는 사고가 너무나 허약한 갈대라는 교훈이었다"(네이글, 2003, 37~38)

이제부터 수학의 광야에서는 이 역설을 놓고 해법의 공방전이 벌어지기 시작하며 결국 3파전이 벌어진다. 역은 과연 '모든 집합'의 문제를 어떻게 해결하고 있는가? 서양은 수의 종류를 여러개로 나누기는 했지만 역에서와 같이 생수와 성수, 음수와 양수처럼 나누지는 않았다. 서양은 수를 직선적으로 배열했지만 동양은 순환적이었다.

---

3) 서수의 역설로서 한 집합의 서수의 마지막 수는 다른 집합의 처음이 된다는 역설.

## 12.3. 역과 수학의 트로이카

현대 중국의 주류 과학자들과 심지어는 역을 연구하는 학자들마저
도 동양이 서양에 뒤진 이유가 바로 역학이 수학의 발달을 가로막았
기 때문이라고 이구동성으로 역의 비과학성을 규탄하고 있다. 즉, 중
국의 이론물리학자 양전닝은 최근 "《역경》이 중국에서 근대 과학의
발달을 가로막았다"면서 역에는 귀납법만 있지 연역법이 없기 때문이
라고 그 이유를 설명했다. 이에 대하여 중국의 《역경》 연구가 류단쿤
은 역에는 연역법도 있고 귀납법도 있다고 양의 주장을 반박했다.4)
《주역의 강은 어디로 흘러갈 것인가》의 저자 이신은 "역수를 끌어들
인 것은 수학에 무궁무진한 재난을 가져왔다"(이신, 1995, 210)고 한
다. 역이 과학의 발달에 저해적이라는 말이다. 중국 학자들의 역과 현
대 과학에 대한 위와 같은 주장은 모두 '과학' 또는 '수학'의 두 가지
상반된 흐름을 잘못 읽은 결과라고 본다. 과학도 뉴턴의 고전과학과
아인슈타인 등의 신과학이 있듯이 수학에도 유클리드 수학과 비유클
리드 수학으로 나뉜다. 수학의 경우 전자를 '수학'이라고 한다면, 후자
는 '수학론' 또는 수학의 기초 이론이라고 한다.

동양에도 수학의 기초론이 있었다고 할 수 있다. 역에서 이해하는
수 개념은 페아노가 수를 정의하는 공리를 내세운 데서 극명하게 그
차이가 드러난다고 했다. 즉, 동양에서는 음양 변화와 생성 원리로서
수를 이해한다. 그래서 열 개의 수로 모든 수를 대대관계로 표현한다.
이 점에서 동양의 수학은 서양의 그것과 다르다. 역에서 상·수·사
의 트로이카를 사용하고 있다고 했다. 서양 수학사의 3파인 논리주
의·직관주의·형식주의 역시 궁극적으로는 수에 논리기호와 일상
언어가 결부되면서 발생하는 역설을 극복하기 위한 것이다. 동양에서

---

4) 《한겨레신문》, 2005년 1월 11일 20면.

도 상과 수를 중요시하는 상수학은 한(漢)대에 발달하였으며, 사를 강조하는 의리역은 위진시대에 발달하여 철학으로 전개되었다. 결국 인간이 수와 사물을 언어와 연관시키면서 역설이 발생했다는 점에서 우리는 고대 그리스 철학으로 되돌아가 생각해보지 않을 수 없었다.

신과학이나 수학론의 경우는 역의 수 이해에 많이 접근하고 있다. 컴퓨터에 2진법이 적용된 것은 차치하고라도 앞에서 보는 것과 같이 역의 방도에서 수를 정렬하는 방법은 칸토어의 대각선 정리에 직접적인 영향을 주었다고 할 정도로 가깝다. 다시 말하면 역에서 말하는 수는 '수학(數學)'이 아니고 '수론(數論)'이다. 수론이란 수학에 관한 이론 또는 이치라고 할 수 있다. 한마디로 메타의 메타수학이라고 하겠다. 17세기와 18세기의 수학자들은 우주를 계산하기 위한 수를 다루었다. 이것을 '수학'이라고 한다. 그러나 수론은 19세기 수학자들에게서 보는 것과 같이 수 자체가 우주의 질서 자체다. 이를 수학에 대하여 수론이라고 하는 것이다. 그런 뜻에서 역은 수학이 아니고 수론을 다루고 있다. 소강절은 《황극경세서》에서 수학은 "세상사를 경영하고 만물을 분류하는 것"이라고 했으며(이신, 1995, 209), 명대의 정대위는 하도 낙서가 수학의 원리라고 했다. 즉, "수는 어디서 시작하는가? 그것은 하도·낙서에서 시작되는가?"라고 했다.

그런데 진구소는 《수서구장》〈서〉에서 이러한 수의 본질을 떠나 신명에 통하고 성명에 따르는 일을 하지 않고 오직 작은 일만 하는 수학을 '대연구일수(大衍求一數)'라고 했다. 이는 다름 아닌 서양 현대 수학의 연립일차방정식 풀이와 같은 것이다. 한마디로 말해서 '수학'에 해당하는 말이다. 이는 동양에서는 수학과 수학의 본질을 다루는 수학론을 분별할 줄 알았음을 뜻한다. 그래서 하도와 낙서에서 다루는 수는 "신명에 통하고 성명에 따르는" 메타의 메타수론에 해당한다. 전자는 역설에 직면하지 않지만, 후자는 역설을 만나는 것이 전자와 다른 점이다. 셈하는 수와 수의 본질을 다루는 수학론은 다르다고 본 것이다. 중국의 현대 과학자들과 심지어는 역경학자들마저도 수학과 수학론의 구별을 하지 못하고 있다.

19세기 말까지만 하더라도 서양에서는 수를 수학으로만 다루어왔다. 그러나 집합론에서 '역설'을 만나면서부터는 수의 본질 또는 수가 성립하는 근거에 대하여 관심을 기울이게 되었다. 이를 수학에 대하여 수학론이라고 부르게 되었다. 앞에서 이야기한 것처럼, 수학론은 수학과는 달리 (1) 논리적으로 참이란 무엇인가, (2) '무한'을 인식하는 근거는 무엇인가, (3) '수학'이란 도대체 무엇인가와 같은 문제를 다루고 있다. 그런 면에서 역에서 다루는 수학은 수학이 아니고 수학론이다. 역의 수는 계산하는 수가 아니고 바로 우주의 구조 그 자체다. 수를 통해 생성론을 말하고 변화를 말한다. 그래서 우주는 수 그 자체다. 이 점에서 역의 수학론은 현대 수학론과 접근하고 있다.

역이 비과학적이라고 지탄의 대상이 되는 또 다른 이유는 중세 이후 상수학이 의리학으로 바뀐 데도 그 원인이 없다고 할 수 없다. 역은 수와 논리 기호 및 글의 삼위일체를 알고 있었다. 수와 논리 기호를 중시하는 것을 상수학파라 하고, 글 즉 사를 중시하는 것을 의리학파라고 한다. 왕필이 주도한 의리역 때문에 결국 역은 과학적 내지 수학적 구조가 파괴되고 말았으며 지식의 토대는 무너지고 말았다. 이는 데리다 같은 학자들이 문자학을 중요시하면서 결국 서양의 표음문자에 따른 글이 이성 중심주의로 흐르게 되었고, 그 결과 말과 현상 사이에 괴리가 생겼다고 하는 것과 비슷한 맥락이다. 데리다가 원시 상형문자에 집착하는 이유도 여기에 있다. 역에서 상수학의 상실은 논리의 상실이며 역을 윤리학으로 해체시키는 결과를 가져오고 말았다. 그렇다면 역의 과학성과 그 골격을 다시 회복하자면 상수학의 복원에 있으며 상수학의 복원은 역의 트로이카를 회복시키는 길이라 할 수 있다.

## 12.4. 직관주의와 형식주의

수학에 나타난 역설을 해결하기 위한 20세기의 세 학파는 직관에 의존하는 직관주의 그리고 추리에 의존하는 논리주의와 일상언어를 사용하는 형식주의가 바로 그것이다. 나중에 논리주의는 형식주의에 흡수되어 2파전이 된다. 역은 처음의 2파전에서 도상역이 등장하여 3파전이 된다. 러셀은 바로 논리주의에 서서 역설을 해결하려고 한다. 브루웨어의 '직관주의'와 러셀의 '논리주의' 그리고 힐베르트의 '형식주의'는 역설 극복이라는 공동 목표 아래 방법론을 두고 다투게 된다. 이는 실로 인간이 낙원에서 역설이라는 과일을 따먹은 뒤로 걸머진 아포리아다. 성경을 만약에 윤리적으로 해석하지 말고 이와 같이 논리적으로 해석한다면 성서의 위력은 대단해질 것이다.

수학의 기초론에서는 우선 실수(實數)가 갖는 몇 가지 성질을 찾아내고, 그것을 기초로 삼아 공리를 세우며, 다시 그 공리에서 정리를 연역해 내는 방법으로 고도의 추상적인 개념들을 끌어낸다. 그런데 지금까지의 수학은 공리 자체의 타당성에 대해서는 한번도 문제 제기를 하지 않았다. 사고하는 전제에 의심하지 않는 것이 중세기의 특징이라면, 사고의 내용 그 자체를 의심하지 않는 것이 근대인들의 한계다. 그러나 수학론은 그와 같은 추상적인 개념이 어째서 타당한가에 질문을 던지며 인간 사유의 본질과 그 활동적 성격을 근본적으로 들추어낸다. 이 점이 종전의 수학과는 다른 점이다. 역은 이미 그러한 작업을 수천 년 동안 해왔다.

수학론이나 역은 모두 수학이나 논리학의 테두리를 넘어서서 인간 지식체계 전체에 연관하여 그 뿌리를 들추어보자는 데서 같은 것이다. 여기서 인식론과 존재론의 문제에 직면하게 된다. 하이데거가 논리학을 존재론과 동일시하는 이유가 여기에 있다. 역설을 공략하기 위하여 1910년 중반까지 이들 3파는 모두 전열을 정비한다. 그리고 역설을 공략하는 방법에서 수학의 3파는 각각 다른 관점을 취했다. 1920년대부터 3파는 역설이라는 성을 향해서 일제히 공략을 시작한다. 그 가운데 논리주의는 형식주의와 연계하게 되고, 결국 직관주의와 형식주의는 끝까지 자웅을 겨루게 된다. 마치 불교의 직관적인 현량과 추리적인 비량이 끝까지 남는 것과 같다. 그러나 불교의 경우에는 두 양을 모두 지식을 얻는 근원으로 받아들이지만, 수학에서는 양측이 대립을 한다. 먼저 러셀의 논리주의부터 고찰을 해보자.

논리주의는 라이프니츠로부터 시작한다는 점에 대해서는 이미 지적했다. 그는 역을 알고 있었는데, 추리하건데 그가 수학에 논리적 기호를 도입한 것은 다분히 역에서 배워온 점이 있다고 보며, 결코 우연의 일치가 아니라고 본다. 논리주의는 칸토어처럼 직접적으로 '무한'을 다루지는 않는다. 그러나 '무한의 공리'와 같은 약간 인공적인 공리들을 만들어 사용한다. 그래서 수학을 논리학의 일부로 간주하고 만다. 이미 19세기 초에 조지 불 등이 수학의 논리적 구조를 찾으려고 한 데서 20세기 논리주의는 시작되었다. 이른바 지금도 기호논리학(symbolic logic)이라고 불리는 논리학에서 사용하는 기호란 모두 러셀과 같은 논리주의자들이 고안한 것이다. 이렇게 숫자 대신 논리적 기호를 사용한 이유는, 숫자만 하더라도 일상의 대상언어에 밀착되어 있어서 보편적이고 추상적인 언어가 될 수 없다고 생각했기 때문이다. 논리는 결국 수학의 보편화를 위한 것이다. 이와 같이 수학에서도 플라톤주의는 여전하다. 많은 수가 결국 몇 개의 기호로 운용될 수 있다는 사실을 라이프니츠는 발견한다.

와일은 직관주의와 형식주의 사이에서 고민한 수학자인데, 논리주의에 대해서는 "수학을 논리학이 아니라 논리주의라는 낙토 위에 건설하려고 했다"며 비판했다. 그러면 과연 논리주의가 찾던 그러한 낙토란 있는가? 이러한 낙토를 찾아 러셀은 화이트헤드와 공동으로 1910년에서 1913년까지 《수학원론(*Principia Mathematica*)》이라는 세기적 명작을 저술하였다. 그들은 이 책에서 수학을 모두 ⊂, ∪, ⊐,…… 등과 같은 논리적인 부호로 바꾸어 놓으려고 했다. 자연수로부터 시작하여 실수론과 해석기하학을 모두 논리학의 기초 위에 건립해보려고 했던 것이다. 이제 각 학파들의 구체적인 주장을 소개하면 다음과 같다.

**직관주의**[5] : 우리는 수를 '1, 2, 3, 4, ……'와 같이 전진하면서 세다가 다 셀 수 없는 부분을 '……' 표시로 처리하고 만다. 바로 이 점(點) 부분을 집중 공략하는 것이 수학의 직관주의다. 직관주의자 브루웨어는 이 점 부분을 두고 "1을 더한다" 또는 "다음 단계로 향한다"를 암시적으로 표시하는 기호라고 했다. 우리는 이 부분을 통해서 무한을 눈으로 보듯이 직관적으로 인식한다는 것이다. 점선 부분을 직관적으로 받아들이지 않고서는 자연수 전체의 이해가 불가능하다고 직관주의자들은 말한다(임정대, 1995, 10).[6]

브루웨어의 직관주의 학자들이 그들의 지론을 강변하는 데는 다음과 같은 이론적 근거가 있다. 그들은 역설이 발생하는 원인을 A형 논리의 배중률 때문이라고 생각했다. 그래서 배중률만 없어지면 역설은 사라질 것으로 보았다. 그러나 힐베르트는 배중률을 수학자의 손에서 빼앗는 것은 마치 망원경을 천문학자의 손에서 빼앗는 것과 같다고 브루웨어를 비판한다. 그러나 브루웨어는 가까운 별의 관측에는 망원경이 소용이 있지만, 무한히 먼 거리에 있는 별의 관측에는 소용이 되지 않는다고 말한다. 즉, 배중률이 유한수에는 쓸모가 있더라도 무한

---

5) 논리주의는 직관주의와 결합, 결국 직관주의와 형식주의만 남는다.

6) 직관주의를 말할 때면 등장하는 유명한 일화가 있다. 물리학자 디락이 기차 여행을 하는데 차창 밖의 양떼들을 본 옆 친구가 "저기 저 아름다운 흰 양들을 좀 보십시오"라고 했다. 그때 디락은 "아, 이쪽의 한쪽만 희게 보이는 양들 말이지요"라고 대답했다. 이 일화는 수학의 직관주의를 설명하기 위한 한 표본이 되고 있다. 사실상 자기 눈에 보이는 쪽의 흰 양만 보고 마치 무리의 양들 몸 전체가 희다고 생각하는 것이 직관주의라는 것이다. 그럴 때 보이지 않는 쪽은 직관으로 처리할 수밖에 없다. 마치 보이는 '1, 2, 3'만 시각으로 처리하고, 보이지 않는 '……' 부분은 직관으로 처리하듯이 말이다.

수에는 아무 도움이 되지 못하며, 결국 무한수에까지 배중률을 사용하다보니 역설이 생겼다는 것이다. 은하계 깊숙한 곳에 있는 별들은 구름 무리처럼 그 구분이 명확하지 않다. 이것은 현대 퍼지 논리학이 등장하는 배경과도 일치한다. 그러나 직관주의자들은 애매모호성이 역설 때문에 생긴다는 사실을 놓친다. 그리고 역설은 쉽게 제거할 대상도 아니라는 사실도 지나쳐버린다. 그런데 어떻게 배중률을 거기에 사용한다는 말인가? 추억·사랑·동경 같은 별에는 배중률을 사용하기가 어렵다.7) 그렇다고 배중률을 배제함으로써 결국 배중률에 따라 만들어지는 수많은 바른 추리마저 포기하는 것은, 힐베르트 같은 형식주의자들의 관점에서 볼 때 수학 자체를 포기하는 것이나 마찬가지였고, 이들을 분개시키기에 충분한 것이었다.

**형식주의** : 19세기부터 수학이라는 권좌의 토대가 흔들리기 시작했으며, 도대체 수학의 기초가 무엇인지에 관한 질문이 제기되기 시작했다. 그 가운데 가장 큰 질문은, 과연 공리와 공준 자체가 (1) 독립적인가, (2) 완전한가, (3) 무모순일 수 있는가 하는 3대 질문이었다. '독립적'인가 하는 것은 공리가 다른 공리로부터 그 증명을 보장받을 필

---

7) 가령 원주율($\pi$)의 경우, 그것을 소수점 이하로 나타낼 때 "연속적으로 0이 백 개 나타난다"는 명제를 S라고 하고, 반대 경우인 "연속적으로 0이 백 개 나타나지 않는다"는 명제를 ~S로 한다면, 이 두 명제 사이에 과연 배중률이라는 것이 있는가 묻게 된다. 브루웨어는 결코 없다고 한다. 왜냐하면 아무리 컴퓨터가 발달해도 아직 원주율에 백 개의 0이 연속적으로 계속되는 것을 발견하지 못했기 때문이다. 직관주의자들은 이러한 예를 볼 때 한 명제가 무한집합과 연관된 추론일 경우, 배중률에 근거해서는 그 명제가 참이나 거짓이라는 양자택일적 귀결을 결코 얻을 수 없다고 주장한다. 비결정적 '부정(不定)'이라고 할 수 있다. 이렇게 비결정적이고 부정적인 것들은 직관으로 다룰 도리밖에 없다는 것이 브루웨어의 주장이다. 그러나 직관주의자들은 '부정'이란 것도 여러 요소들 가운데 하나라는 사실과, 부정적인 것이 아닌 경우는 배중률이 유효할 수 있다는 사실을 알아야 한다고 본다. 브루웨어는 원주율의 두 명제가 '참'으로도 '거짓'으로도 결정되지 못할 것이라고 보았다. 결국 거짓말쟁이 역설은 참과 거짓을 정확하게 구별한 즉, 배중률을 남발한 데서 생긴 결과일 뿐 아무것도 아니라는 것으로 귀결된다. 부정인(否定因)은 배중률로 결정할 수 없는 것인데, 그것을 배중률로 결정해버렸기 때문에 역설이 생긴다고 본 것이다.

요가 없을 정도로 독자적인가 하고 묻는 것과 같다. 만약 어느 공리가 다른 공리로부터 증명을 받아야 성립될 수 있다면, 그 공리는 공리가 아니고 정리가 된다. '완전'하다는 것은 그 공리가 모든 정리를 증명해 낼 만큼 완전하다는 말이다. 마지막으로 '무모순성'이란 서로 모순되는 명제가 공리계 속에 들어 있지 않다는 것을 뜻한다(김용국, 1993, 422). 이 세 가지 조건이 충족되어야 공리가 공리로서 성립된다. 이런 공리가 만들어져야 수학이 안전한 울타리를 유지할 수 있는데, 만약 이러한 울타리를 마련하지 못한다면 수학이라는 건물은 큰 위기를 맞게 된다. 여기서 힐베르트는 공리를 통해서만 안전한 울타리가 가능하다고 한다. 그래서 그의 형식주의를 두고 일명 공리주의라고도 한다. 유클리드의 공리들을 의심 없이 믿어온 것이 결국 이런 수학의 위기를 초래한 원인이 되었다.

아리스토텔레스만큼 공리의 필연성을 절감한 인물도 없다. 그는 모든 학문은 논증 불가능한 공리로부터 출발해야 하고, 만약에 그렇지 못할 때는 논증이 '논증의 논증'을 받아야 하는 악순환에 빠질 것이라고 예측했다. 그리고 그의 A형 논리는 철저하게 악순환을 막는 데 뒷받침했으며, 유클리드 기하학은 아리스토텔레스의 논리에 충실했다. 여기에 수학과 논리학 그리고 철학은 하나의 강한 동맹관계를 유지하면서 서양세계의 전 영역을 지배하게 된다. 역에서 상·수·사의 트로이카를 만든 이유도 이와 다르지 않다. 칸토어 역설은 수학의 위기를 초래했으며, 힐베르트의 다음과 같은 말은 유클리드 공리에 조종을 울리는 것과도 같았다. 아울러 힐베르트는 전혀 다른 공리를 개발하여 수학을 확고한 반석 위에 올려놓으려고 했는데, 그는 "평면·직선·점 대신에 책상·의자·맥주잔이라는 말을 써도 기하학은 성립한다"고 했다. 얼핏 평범한 말처럼 들리기도 하지만, 이 말 한마디는 힐베르트의 수학 사상이 무엇인가를 두고 상징적으로 하는 말이라고 할 수 있다. 힐베르트의 이 말은 사물들의 성질은 아무 의미가 없고 그 사물들 사이의 관계만이 중요하다는 것과 같다. 관계가 규정됨으로써 기능적 의미가 결정되고 아울러 수학적 진리가 결정된다는 것이다.

유클리드 기하학이 점·선·면과 같은 명사에 관심을 쏟은 데 견주어, 힐베르트는 '결합한다' 또는 '~와 ~의 사이에 있다' 등과 같은 관계사에 더 관심을 갖는다. 이러한 발상 전환을 한 결과 힐베르트는 유클리드 기하학의 모든 공리들이 자명한 것이 아니라, 다른 것으로 바꾸어놓을 수 있는 것이라는 사실을 알게 된다. 공리가 있기 때문에 신이 있다고 한 칸트 같은 철학자가 있는 터에, 이는 감히 신의 영역을 범한 것이나 마찬가지다. 수학을 '관계성'이라는 관점에서 본 것은 수학을 한 단계 높은, 즉 초수학이라는 관점에서 본 것이다. 초수학은 이미 철학이나 신학의 영역과 같았다. 힐베르트는 유클리드의 아성을 허물고 전혀 새로운 수학의 집을 짓도록 했으며, 이는 실로 니체가 신의 죽음을 선포한 것에 비견될 수 있을 정도였다(요사마사, 1993, 109). 효들의 관계적인 관점에서 사물을 관찰해온 역에 서양 수학이 접근해 오고 있다.

초수학은 새로운 공리, 즉 자명한 공리가 아니라 위의 세 가지 조건에 근거하여 진리성이 보장되는 한계 안에서만 공리가 된다. 그러한 가정적 조건을 전제한 공리에 기초하여 수학을 새롭게 구축한다. 그래서 이를 '공리주의'라고 하며, 관계로 구축된 순수 형식만을 다루기 때문에 형식주의라고도 한다. 이제부터 힐베르트에게 남겨진 과제는, 그렇다면 어떻게 이 공리의 3대 조건을 만드느냐 하는 것이다. 힐베르트는 공리라는 벽돌을 세 가지 원칙에 따라 쌓음으로써 형식주의라는 바벨탑을 구축하기 시작한다. 과연 그의 시도는 성공할 것인가?

무모순에 관하여 직관주의자들은 비교적 안일한 태도를 가지고 있었다. 그들은 안일하게도 모순 또는 역설을 직관으로 쉽게 가려낼 수 있다고 생각했다. 설령 역설이 나타난다고 하더라도 그것은 사소한 일이며, 어떤 규칙에서 역설이 발생했는가를 알아내고 그 규칙을 수

정하거나 제거하면 역설은 쉽게 사라질 것이라고 생각했던 것이다. 여기에 직관주의의 위험성이 있다. 이제 이러한 직관주의자들은 힐베르트의 형식주의와 끝까지 싸우게 된다. 힐베르트는 칸토어 역설이 위협적이라는 사실까지는 알고 있었다. 그러나 그 역시 이런 역설이 쉽게 극복될 수 있다고 생각한 낙관론자들 가운데 하나였다. 형식적인 공리를 사용함으로써 낙원을 회복할 수 있다고 쉽게 판단해 버린 것이다. 다시 말해 힐베르트는 직관주의의 안일한 태도로는 수학을 튼튼한 기초 위에 세울 수 없다고 판단하여, 철저한 공리체계라는 토대 위에 형식적 건물을 세우려고 했다. 그의 낙관주의는 1900년 드디어 힐베르트 프로그램을 내놓기에 이른다. 그는 1899년에 출간한 《기하학의 기초》에서 이미 형식주의의 청사진을 마련한다.

우리는 이미 데카르트가 기하학적 도형을 대수화한 사실을 기억하고 있다. 이제 힐베르트는 그것의 완성에 도전한다. 데카르트 자신은 막상 자기가 하는 작업의 의미를 몰랐다. 지금 힐베르트의 해석기하학적 시도는 다름 아닌 대수에 나타난 역설을 피하기 위해 기하학으로 가고 있는 것이다. 힐베르트는 만일 산술이 완전하고 무모순적이라면 기하학도 그러할 것이라는 사실을 증명함으로써 역설을 피하려 한 것이다. 수에 나타난 역설을 도형을 통해 극복하려고 한 것이다. 일련의 이러한 현대 수학자들의 갈등은 수와 논리적 기호 그리고 일상 언어 사이에서 발생한 것으로서 다음 장에서 말할 역의 삼파전을 방불케 한다.


## 12.5. 힐베르트 프로그램과 《수학원론》

힐베르트 프로그램이 갖는 목표는 러셀과 화이트헤드의 《수학원론》에 나타난 자연수론의 이른바 러셀 역설을 철저하게 제거하고, 동시에 브루웨어의 직관주의도 극복하자는 데 있었다. 《수학원론》은 모든 수학과 철학을 논리학에 포함시키겠다는 공동 목표를 가지고 출발했지만 그들은 서로 다른 방향을 제시했다. 칸트는 수학이 논리학과 상관없다고 생각했으며, 수학은 단지 논리학에만 그 근거를 둘 수 없다고 보았다. 힐베르트는 《수학원론》을 두고 수학적 논리를 위한 하나의 형식적 공리체계 정도로 생각하고 말았다. 그러나 러셀과 화이트헤드는 논리학의 보편 타당성을 주장한다. 논리학을 통해 역설을 제거하고 무모순성에 도달할 수 있다고 믿었다.

러셀은 《수학원론》을 통해 이른바 유형론으로 알려진 집합을 부류의 부류의 연속이란 시리즈를 만듦으로써 역설을 해결하려고 했다. 러셀이 여기까지 도달한 간단한 역사는 '칸토어의 집합의 집합에서 역설의 나타남→프레게의 수학 전 논리 환원으로 피난처 찾음→그러나 러셀이 자기언급을 하는 집합의 발견으로 프레게의 꿈 좌절→러셀의 유형론적 해결 방안'과 같다. 러셀과 힐베르트가 여기서 한 가지 하지 못한 생각이 있다. 그것은 공리체계 안에서 참 또는 거짓으로 증명될 수 없는 참인 진술이 존재한다는 생각을 결코 하지 못했다는 점이다. 이런 생각을 처음으로 한 사람이 괴델이다. 그 이유는 그가 피타고라스나 플라톤, 칸트와 거의 비슷하게 수학이 수나 모양 같은 영원한 원형을 다룬다고 믿었기 때문이다(로버트슨, 2005, 216). 로버트슨은 괴델이 이런 생각을 하게 된 이유는 집단 무의식적 원형 때문이라고 한다. 플라톤과는 2500여 년 그리고 칸트와는 한 세기의 차이가 있었지만 "집단적 무의식에 대한 원형 개념이 이 오랜 기간에 걸쳐 인간의 정신 안에 서서히 나타나기 시작했다"(같은책, 216). 원형이란 순환적 우로보로스 같은 상징을 두고 하는 말이다. 앞으로 보겠지만 괴델 증명은 융 심리학의 우로보로스 상징같이 뱀이 자기 입으로 자기 꼬리를 물고 있는 것과 같다. 우리는 여기서 괴델과 역이 만나는 대단원을 발견하게 된다. 우로보로스가 다름 아닌 역의 원도이기 때문이다. 하도와 낙서 그리고 정역도로 이어지는 동양의 3개 우로보로스 원형은 괴델과의 역사적 만남을 이룩하게 한다. 융과 괴델의 관계에 앞서 융은 역을 연구한 바 있다. 그렇다면 역과 괴델의 연구는 자연스럽게 연관시켜 볼 수 있으며 이 책이 그 작업을 하고 있다. 라이프니츠로부터 원도를 전수받은 결론이라고 보고 싶다. 융마저 우로보로스를 역의 원도와 일치시키고 있지 않는가?

이제 다시 수학으로 돌아와 생각해보자. 공리계의 추상화 작업은 바로 논리주의와 직관주의를 동시에 극복할 수 있는 첩경이라고 힐베르트는 생각한다. 그래서 힐베르트의 프로그램을 두고 메타수학[초수학] 또는 증명론(proof theory)이라고 부른다. 초수학에서 사용되는 기호와 용어는 논리주의자들의 그것보다 더 추상화되어 어떠한 뜻도 없으며, 오로지 상징적인 기호로만 사용될 뿐이다. 논리주의보다 더 추상화했다고 할 수 있다. 논리주의자들이 옥상옥을 만들었다면, 형식주의자들은 옥상옥의 옥탑방을 만든 꼴이다. 그들은 수학을 '형상화한 체계(formalized system)' 이상으로 보지 않았다. 이렇게 형식화한 체계 안에서는 기호들 사이의 조합이란 한갓 게임처럼 보인다.

힐베르트의 형식주의는 아리스토텔레스 논리에 철저하게 따르자는 것이다. 나아가 그는 배중률의 사용을 통해서만 형식주의가 가능하다고 굳게 믿었다. 힐베르트는 '대상언어'와 '메타언어'를 구별한다. 힐베르트는 두 언어 사이를 엄격하게 구별해야 한다고 생각했는데, 그의 형식체계 안에서 두 언어 사이의 위계는 분명하다. 그의 이러한 생각은 다분히 러셀의 논리유형론에서 가져온 것이다. 이런 점에서 그는 A형 논리에 근거하여 형식주의라는 건물의 축조를 시도했다. 나중에 괴델도 이러한 형식주의를 사용한다. 그러나 힐베르트는 내용 없는 형식만을 지상의 것으로 여겼다. 초언어인 메타언어는 초수학을 만들기 위해서 건물의 벽돌처럼 중요한 것이었다. 그리고 초언어는 그의 초정리(meta theorem)를 증명하기 위한 토대가 되었다(임정대, 1995,

52). 초정리란 다름 아닌 어느 정리에 대한 정리, 즉 '정리의 정리'인 것이다. 힐베르트는 증명을 통해서 수학의 무모순성을 끝까지 추리해 내려고 했다. 실로 힐베르트는 수학의 무모순성을 증명하려는 사명을 띠고 이 세상에 태어났다고 할 수 있을 정도로 수학의 무모순 증명에 강박관념을 가지고 있었다. 아직 데카르트의 불안이 서구 지성계를 이렇게 사로잡고 있었다. 1900년에 열린 국제수학학회에서 그는 20세기 수학의 최고 과제 가운데 하나인 산수의 무모순성 증명을 들고 나왔다. 처음에 그는 매우 희망적인 생각을 가지고 수학의 무모순성을 증명해낼 수 있다고 생각했다. 그래서 그는 수학 전체를 새롭게 탄생시켜 내적으로 자기완결적인 의미에서 수학의 절대적인 진리성을 쟁취할 것이라는 포부를 가지고 있었다. 마치 데카르트가 《방법서설》을 쓸 때와 같은 확신을 가지고 있었다(요사마사, 1993, 144).

그러나 2년 뒤인 1902년에 러셀 역설이 발표되자 사태는 급변하고 말았다. 힐베르트에게 러셀 역설이란 실로 수학의 무모순성에 대한 꿈을 꺾어버리는 것과도 같았다. 이로 말미암아 수학의 기초 개념에서부터 그 정확성이 위협받고 있다는 사실을 깨달았다. 하지만 1922년에 그는 수학의 절대적 진리성 확보가 가능하다는 생각을 정리하여, 그 가능성이 형식화·초수학화(증명론)·유한의 입장에 있다고 보고, 다시 수학의 절대성이라는 유토피아를 향해서 돛을 올리게 되었다. 그 이전인 1917년에 힐베르트는 프로그램의 원형이라고 할 수 있는 네 가지 제안을 다음과 같이 들고 있다. (1) 모든 수학의 문제는 원리적으로 해결 가능한가? (2) 수학을 증명하는 데서 그 간명성을 찾아내는 기준은 있는가? (3) 수학적 서술에서 내용과 형식의 관계는 무엇인가? (4) 수학의 문제를 유한 과정 속에서 해결할 수 있는가?

힐베르트는 모든 수학을 형식화하려고 했다. 마치 유클리드가 공리를 통하여 수학을 모두 공리체계 속에 넣으려고 했듯이, 힐베르트도 일견 유클리드와 같은 작업을 한 것이다. 힐베르트는 러셀의 논리주의를 받아들여 논리기호를 사용한다. 그러나 논리주의자들이 논리를 절대적으로 본 것과는 달리 힐베르트의 형식주의에서는 논리기호를 하나의 놀이 규칙 정도로 본다. 경기장에는 경기를 하는 동안 경기의 규칙이 필요할 뿐이다. 마찬가지로 형식주의 역시 기호나 공리가 모두 사용되는 한도 안에서만 작용하는 기능성 이상으로 보지 않는다.

힐베르트는 점과 선 같은 것이 갖는 의미를 제거하고 그것을 의자나 집 같은 것으로 바꾸어도 좋다고 생각함으로써, 철저하게 사물들의 관계 형식, 즉 규칙으로만 수학을 만들어 나가려고 했다. 증명론이란 타르스키가 그랬던 것처럼 대상언어와 메타언어 사이를 유기적으로 연관시키는 것이라고 할 수 있다. 가령, "눈이 희다"는 말(메타언어)과 사실로서 눈이 흰 것(대상언어)을 일치시키는 것이라고 할 수 있다. 이 문제는 간단해 보이지만 여간 어려운 작업이 아니다. 비트겐슈타인 역시 초기에는 이 작업에 쉽게 접근하지만, 양자의 관계는 쓰임(useful)을 근거로 결정될 수밖에 없다고 했다. 사전적 정의와 같이 말과 사물의 관계가 쉽게 결정되지는 않는다는 뜻이다.

일반적인 뜻에서 지금까지 수학이라고 불린 것은 다름 아닌 비형식적 수학이다. 그리고 힐베르가 말하는 초수학은 공리적으로 형식화된 '형식적 수학'을 뜻한다. 두 수학의 관계는 다음과 같이 설명된다. "형식적 수학은 비형식적 수학을 형식화함으로써 얻어지고, 비형식적 수학은 형식적 수학을 해석함으로써 얻어진다. 그리고 그 정당성은 형식적 수학의 무모순성에 의하여 가능해진다"(요사마사, 1993, 149).

힐베르트는 여전히 철저하게 아리스토텔레스의 A형 논리 위에 서서 수학의 형식화를 시도했다. 다시 말해서, 배중률의 원칙을 어기지 않으려고 했다. 그가 수학에서 무모순성을 제거하기 위해서 형식주의를 택했다는 것 자체가 벌써 아리스토텔레스 논리를 전제하고 있는 것이다. 그의 형식화는 수학의 절대성을 찾자는 것이 시작이요 마지막이기 때문이다. 힐베르트가 수학적 모든 업적의 영광을 괴델에게 넘겨줄 수밖에 없었던 원인도 바로 그가 아리스토텔레스의 A형 논리학에서 한발도 더 나가지 못했기 때문이다.

이렇게 힐베르트는 자기가 해놓은 작업 자체가 무엇인지 모른 상태에서 죽고 만다. 드디어 1930년대에 힐베르트의 제자 괴델은 삼국을 평정하고 3파전의 종지부를 찍는다. 그의 불완전성 정리는 3파전이 서로 벌인 싸움이 결국 불필요한 것이었음을 증명한 것이다. 한마디로 말해서, 괴델 정리란 A형 논리에서 탈피하여 E형 논리로 이동하면서 발견한, 전혀 기틀이 다른 발상을 통하여 가능해진 것이다. 다음 괴델의 말은 아리스토텔레스 이후 그렇게 서양 사상사을 괴롭혀 온 아포리아에 대한 종언을 고하는 말과 같다. 힐베르트도 러셀도 이 사실을 모르고 죽는다.

> 언어 A에 대한 완전한 인식론적 기술은 똑같은 언어 A로 주어질 수 없다. 왜냐하면 A 문장의 진리 개념은 A 안에서는 규정될 수 없기 때문이다 (로버트슨, 2005, 214).

이는 라이프니츠 이후 수를 논리 기호화해온 작업에 대한 종지부 선언과 같다. 괴델은 한 체계 안에서 그 체계 자체에 대하여 주장하는 표현을 개발하고, 다음으로 같은 명제를 그 개발된 표현 안에서 표현했다. "표현하는 것을 표현한다"와 "자신의 체계에 모순이 없다"는 명제를 그 체계 안에서 표현하고, 그 명제가 그 체계 안에서는 증명이 불가능함을 증명했다는 것을 표현했다. 따라서 그가 얻은 결과는 "자기 자신이 모순됨을 자기 자신은 증명할 수 없다"는 괴델의 말로 세간에 잘 알려져 있다. 서양 지성사에서 볼 때는 이런 표현 자체가 생소한 것이다. 그때까지는 자명한 진리를 그냥 공리로 받아들이면 되었기 때문이다. 그러나 동양에서는 괴델의 말 자체가 자명하게 받아들여진다. 불교의 화두라는 어법(語法)이 모두 괴델이 지금 한 말과 같은 어법이 아닌가? 이 어법의 원시적 상징이 바로 우로보로스라는 것이다. 다시 말해서 자기를 지시하는 자기지시 또는 자기서술 말이다. 이름표와 그 이름의 대상과의 관계, 방도에서 결정자와 구성자의 관계가 마치 우로보로스와 같다. 제3의 인간 논증에 나타난 역설이 다름 아닌 융의 원형이며, 그것이 다시 괴델을 통해 나타났다. 동양의 역은 이러한 괴델의 정리, 다시 말해 우로보로스 원형으로부터 출발한다. 서양 수학이 도달한 결론이 바로 역이 시작된 출발점이었다. 융의 원형이 역의 도상들 가운데 하나인 원도인 것이다.

# Ⅲ부

## 역과 수학의 3파전

# 13. 수학의 3파와 역의 3파

## 13.1. 역의 수(數)와 상(象)과 사(辭)

정리가 진주라면, 그 증명 방법은 진주조개와 같다고 할 수 있다(호프스태터, 1999, 20). 러셀과 화이트헤드는 《수학원론》을 통해서 철저하게 수학 안에 있는 역설을 골라내 제거해 버리려고 했다. 그 방법으로 그들은 숫자를 논리적인 기호로 대치시키려고 했다. 그래서 이를 논리주의라고 한다. 그리고 직관주의와 힐베르트의 형식주의도 궁극적으로는 역설과의 싸움이었다. 그러나 괴델은, 수론에서 모순 없는 공리체계들은 반드시 결정불가능이라는 명제를 포함할 수밖에 없다고 주장한다.

여기서 수학의 3파전과 역을 연관해서 보기로 한다. 역은 직관주의자들과 같이 배중율의 사용에서 역설이 발생한다는 점에 동의한다. 역은 A형 논리와 달리 음과 양의 양극 사이에 수 많은 정도의 차이가 있다는 것을 근간으로 삼기 때문이다. 8괘의 건과 곤 사이에 음양의 정도에 따라서 여러 정도의 차이가 있다고 본다. 이런 점에서 역은 배중률의 배제라는 점에서 직관주의의 기본 관점을 수용한다. 다음으로 역은 논리주의의 관점도 수용한다. 논리주의는 숫자 대신에 추상적인 논리적 기호인 괘상을 사용한다.

역에서는 이러한 괘 대신에 음을 --로 양은 -로 표시한다. 이런 점에서 역도 추상적 기호를 사용하고 있다. 이들 음양 양효를 결합하여 만든 복회 8괘상은 모두 부호화한 것이다. 이를 두고 고회민은 '부호역'이라 부른다. 이들 부호는 자연의 모양 즉, 하늘, 땅, 우레, 바람, 비, 불, 산, 못 같은 데서 딴 것인데, 삼대로 내려오면서 주 문왕 때는 천신, 지저, 인귀가 나타나면서 64괘로 늘게 되었으며 이들에 설명를 가하여 신과 인간의 소통을 점을 통해 꽤했는데 이를 두고 고회민은 '서술역'이라고 한다(고회민, 1994, 26). 이를 두고 천도(天道)에서 신도(神道)로 변한 것이라 하는데, 신도사상도 공자에 와서는 인도(人道)사상으로 변한다. 서술역은 부호역의 응용으로 보아 같은 부류로 볼 수 있다. 그러나 공자가 역을 인간사와 연관시켜 설명한 〈십익(十翼)〉은 큰 변화인데, 이를 '유가역'이라고 한다. 이러한 복회-문왕-공자에 이르는 역의 변화는 부호역-서술역-유가역으로 변천을 가져 왔다.

역의 부호화는 마치 수학에서 논리주의가 그러했던 것과 같다고 할 수 있다. 물론 수학에서는 점과 같은 신비적인 것은 배제된다 하더라도 무모순적인 확정성을 구하려 한 뜻에서는 수학도 점의 취지와 다를 바 없다고 본다. 유가역은 마치 형식주의가 수를 일상 언어로 기술하려는 취지와 비교될 수 있다고 본다. 형식주의자들은 일상적인 언어로 수를 표현한다고 했으며, 이를 초수학이라고 했다. 그런 의미에서 하나의 괘는 논리적 기호가 있는데, 이에 일대일로 대응하는 자연수가 있으며 다음으로 건·태·이·진…… 같은 일상 언어도 두고 있다. 이러한 일상 언어를 사(辭)라 하고 논리적인 기호를 상(象)이라고 한다. 이렇게 하나의 괘는 수와 사와 상이라는 세 가지가 상응한다. 다음에 말할 괴델 역시 이 삼자를 종합하여 세기적 증명인 불완전성 정리를 증명한다. 이렇게 역은 수와 상과 사의 삼위일체로 이루어진다. 상은 논리 기호와 같고 사는 일상 언어와 같다. 그렇다면 역은 현대 수학의 3파전을 모두 종합한 것과 일면 같다고 할 수 있으며, 괴델은 바로 3파의 특징적인 한 면들을 종합함으로써 자기의 불완전성 정리로 간다. 상·수·사의 삼자 가운데 어느 하나를 더 강조하느냐에 따라서 역학도 상수파·의리파·도상파의 3파로 나뉜다.

물론 역학에서는 이들 세 학파가 서양의 수학과는 그 전개하는 방법론에서 다른 점도 있지만, 특히 상수학파 같은 경우는 점술학의 발전과 맥을 같이한다. 그러면 점술학이 역설과 상관이 없는가 하면 그렇지는 않다. 수학자들이 수학에서 역설을 제거하려는 궁극적인 목적도 역설이 인간 삶에 불안정성과 불안을 조성하는 원인이기 때문이다. 마찬가지로 점술학이 추구하는 목표도 궁극적으로 인간 지식의 예측 불가능함과 불완전성 때문에 어떤 확실성을 담보하려는 데 있다. 그렇다면 수학자들이나 점술학자들은 그 동기와 추구하는 목표가 같다고 할 수 있다. 수학 3파의 공통적인 추구 목표는 수학에서 무모순성과 독립성을 찾기 위해서라는 것은 위에서 지적한 바 있다. 이런 점에서 역의 점술학 역시 그 동기에서 같다고 할 수 있다.


## 13.2. 역의 세 물줄기 : 상수역과 의리역


**상수파** : 한(漢)대에 상수역이 등장한 배경에는 직간접 원인이 있다. 고회민은 한대에 상수학파가 등장한 근본적인 이유는 "산도 똑바로 보면 고개지만 옆에서 보면 봉우리처럼 보인다. 이렇게 산은 산이지만 고개도 되고 봉우리도 되는 것은 각자가 서 있는 위치가 다르기 때문에서이다"(고회민, 1994, 87)고 했다. 같은 산이 상반되게 보일 수 있다는 말은 객관은 없고 주관에 따라 객관의 모습이 결정된다는 것으로, 이는 결국 같은 괘를 놓고도 공자의 주역이 서로 상반된 서술을 할 수 있기 때문에 역이라는 지식의 토대가 위험스럽게 되었다는 말과 같다. 이러한 역의 지식적 토대에 대한 위기의식에서 새로운 역이

나타나지 않을 수 없었다. 이는 마치 수학에서도 수에서 역설이 나타나면서 이 역설을 극복하기 위해 3대 학파가 나타나는 것과 같다고 할 수 있다. 그러면 상수학은 이런 위기를 극복할 수 있는가?

상수학파의 대표적인 인물은 한대의 우번(虞飜)과 그 이전의 순상(荀爽)이고 순상 이전에는 경방(京房)이 있다. 경방의 대표학설은 비복설(飛復說)인데, '비'란 드러남이고 '복'은 숨은 것이다. 그는 건이 드러난 것이라면 곤은 숨은 것이고, 곤이 드러난 것이면 건이 숨은 것이라 했다. 그래서 경방은 괘의 상이 생긴 모양에 따라 64괘를 모두 비복 관계로 분류한다. 그러면 건과 곤, 진과 손, 감과 리, 간과 태가 비복 관계이다. 나머지 56괘가 모두 이런 비복 관계로 대립된다고 보았다. 이는 역설에서 서로 상반되는 참과 거짓을 대립시킨다는 말과 같다고 할 수 있다. 비복설은 괘의 상이 생긴 모양에 따라 그 구조가 서로 대립적이라는 점에 착안하여 사물을 관찰한다. 삶 속에 죽음이 있고, 선 속에 악이 숨겨져 있다는 등 역의 상대적 세계관을 괘의 상을 통해 묘사하려고 했다. 비복설은 A형 논리의 모순율, 배중율, 동일율에 전면 배치된다. 직관 주의자들이 역설은 배중률을 강하게 적용하는 데서 발생한다고 한 말을 기억할 것이다. 경방은 질서를 숨겨진 질서와 나타난 질서의 대대성으로 파악하려 했다.

같은 상수학파의 순상은 '건승곤강설(乾乘坤降說)'을 주장하여 양은 상승하고 음은 하강한다고 했다. 음양이 제대로 승강하는 데 따라서 길흉이 결정된다고 보았다. 이때 6개의 효 가운데 제2효와 제5효의 음양관계에 따라서 음양의 승강이 결정 나며 따라서 길흉도 점쳐진다고 보았다. 이는 TF 사슬고리에서 TF의 위치에 따라서 길흉이 점쳐진다고 하는 것과 일견 같다고 할 수 있다. 우번은 '변괘설'을 주장하여 64괘 가운데 각각 건괘(☰)와 곤괘(☷)의 제2와 제5효의 위치 변화에 따라서 만상의 변화가 생긴다고 보았다. 춘추시대에는 상수학파 가운데 '호체설'을 주장하는 학파가 있었다. 호체설에서는 6괘 가운데 2·3·

4효가 한 조를 이루도록 하고 다시 3·4·5효가 한 조가 되도록 하여 종래의 괘 조합 방법을 임의로 바꾸어 버렸다.

비록 이들이 이러한 괘상의 변화를 통해 점술을 꾀하기는 했어도 TF 사슬 고리 또는 역의 괘가 조합될 수 있는 다양성을 한눈에 보여 주었다는 점에서는 큰 공헌을 했다고 할 수 있다. 이들이 서양의 논리주의와 같이 수를 괘상으로 바꾸어 놓았다 하더라도 논리주의자들이 철저하게 모순율을 어기지 않으려 한 것과는 달리 음과 양의 상반적 대립성을 서로 과감하게 대립도 시키고 대대도 시키면서 사물의 무한한 변화를 설명해 내려 했다는 점에서 높은 평가를 해 주지 않을 수 없다고 본다. 사실상 역의 논리성은 이들에 의하여 발달하였다고 할 수밖에 없으며, 다음에 설명할 의리학파는 차라리 시대에 뒤진 것과 같은 느낌을 우리에게 주고 있는 것이 사실이다. 역은 본래 수론학이다. 그러나 중세 이후 역은 수와 괘에 의미를 부여하는 의리역이 되면서 오도되기 시작했다.

**의리파** : 수학의 3 학파가 역의 3 학파와 정확하게 그 성격이 일치하느냐고 할 때 확답을 내리는 것은 금물이다. 역설은 추상화, 다시 말해 메타화와 함께 자기언급을 동반하는 데서 발생한다고 했다. 수학의 3 파가 갖는 공통된 특징은 역설 극복에 있으며, 그 방법으로 수를 추상화시킴으로써 역설 극복이 가능하다고 보았다. 직관주의를 제외하고 논리주의는 형식주의와 추상화를 통해 역설 극복을 시도했다는 점에서 결국 마지막에는 직관주의와 형식주의만 남게 된다. 역에서도 사물에서 상을 추상화하고 상에서 수를 추상화한다. 이런 노력이 상수역 학파를 만든다. 추상화는 필수적으로 역설을 동반하기 때문에 결국 역이 다루는 궁극적인 문제는 역설 문제라 할 수 있다. 상수역을 다시 추상화한 것이 바로 의리역(義理易)이다.

역에서 상이란 구체적인 사물의 모양에서 본뜬 것이다. 그래서 이를 '취상(取象)'이라고 한다. 취상은 구체적 사물을 괘의 모양과 대응시켜 건상은 하늘, 곤상은 땅, 손상은 바람이라고 한다. 이러한 취상 작업이 춘추시대 이전부터 이루어졌다. 역에서는 이러한 괘상을 한대부터 다시 추상화하기 시작한다. 괘에 어떤 의미를 부여하는 일상언어로 단어와 문장을 만든다. 예를 들어 건괘는 '강건하다' 그리고 곤괘는 '유순하다'고 한다. 이를 두고 뜻을 취한다고 하여 '취의(取義)'라고 한다.

역설은 대상과 메타가 서로 교환되는 데서 발생하는 것을 보았다. 상이란 사물의 구체적인 모양을 본뜬 것이다. 파이프에 대한 그림과 같다고 할 수 있다. 그런데 그 그림 밑에 "이것은 파이프가 아니다"라는 글을 적어 놓는다고 하자. 그 순간 역설 즉 거짓말쟁이 역설이 발생한다. 이는 마그리트의 작품 "이것은 파이프가 아니다"의 주제인 동시에 푸코의 말기 책 이름이기도 하다([그림 7-1] 참조). 화가들과 철학자들 사이에 이 주제가 중요한 이유는 다름 아닌 사물의 상과 상에 대한 글의 역설적 관계 때문이다.

이는 마치 역에서 지금 말하고 있는 취상과 취의의 문제와 같다고 할 수 있다. 상이 생기면 그 상에 대한 의미가 붙기 마련이다. 이는 대상과 메타의 관계다. 〈설괘전〉이란 바로 괘의 상에 대한 의미를 설명해 놓은 것이다. 설괘전에는 괘의 상에 대한 설명으로 가득 차 있다. 그래서 얼마나 역학이 상과 그 상의 의미를 놓고 고심했는가를 알려면 설괘전을 읽어야 한다. 그러면 과연 취상과 취의는 일치할 수 있는가? 그 일치점을 찾기 위해 비트겐슈타인이 바로 《논리철학 논고》를 썼다. 쉽게 일치점이 찾아질 것이라 시작한 작업이 수포로 돌아가자 《철학적 탐구》를 다시 썼다.

그만큼 취상과 취의를 일치시키기는 어렵다. 최근 기호학에서 소쉬르 등이 취상을 기표(시니피앙)이라 하고 기의를 소기(시니피에)라 하여 이를 일치시키려 노력하는 것도 그 일환이라 하겠다. 점이란 다름 아닌 기표와 대해 기의의 일치점을 찾는 기술이라 할 수 있다. 《좌전》이나 《국어》에서는 당시 사람들은 아직 이 둘을 구분하지 않았다. 인간들은 여러 개의 구체적인 사물을 인식하고 거기서 그 사물의 공통된 하나의 성질이나 상호 관계 같은 것에 관심을 갖게 되었다. 이 과정을 거쳐 드디어 '다'와 '일'이라는 추상적 개념이 생겨나게 된다. 이것이 바로 취상설과 취의설이 나온 배경이다(이신, 1995, 85).

사회가 더 복잡해지면 괘의 상만으로는 뜻을 다 설명해낼 수 없기 때문에 괘 안의 효의 위치에 따라 의미를 부여하기 시작하는데, 이를 '효위설(爻位說)'이라고 한다. 효의 위치에 따라서 사회의 상하 질서나 신분의 차이를 의미하기도 하고 나아가 자연의 질서를 그 속에 부여하기도 한다. 효위설이 생기는 이유는 괘상에서 상위적 이율배반이 나오면서 이러한 상위를 극복하기 위해 괘 속의 효를 통해 괘 상의 역설을 극복하기 위함이다. 그러나 상위는 효에서도 기다리고 있었다. 왕필은 《주역주》에서 건괘 구사(九四) 효의 위를 놓고, 이 효의 위치는 가장 존귀한 위치인 제5효에 붙어 있다고 했다. 그러나 이러한 왕필의 해석은 자의적인 것으로, 이에 대하여 얼마든지 자의적으로 정반대의 해석을 할 수도 있다. 결국 왕필의 의리역은 숙명적으로 역설을 만나지 않을 수 없고, 역을 큰 혼란에 빠뜨릴 위험성마저 있다. 다른 예를 들어 보면, 곤괘 육오(六五)효의 경우, "황색 옷을 입었으니 매우 길하다"고 해석했지만, 이를 두고 현대 중국의 이신은 "노동자의 지위가 낮다는 것을 의미한다"고 했다. 결국 의리역은 지식 기반을 흔들어 놓았으며 주역 자체를 포기할 지경에까지 가게 했다.

드디어 의리역은 정이에 와서 그 꽃이 만개하는데 주희는 《주역본의》를 지어 주역의 본래 뜻을 다시 찾으려 했다. 이는 의리역이 그 종착역에 도달해 주역의 본래 취지와는 많이 멀어지고 있었음을 보여준다. 그러면 과연 어느 지식체계에 '본의(本義)'라는 것이 있는가? 수학자들도 '본의'를 찾기 위해 수학론이 대두한다. 그러나 지식은 강과 같으며 역도 그 예외는 아니다. 공자의 본의, 왕필의 본의, 주자의 본의,

다산의 본의와 같이 시대의 강물 흐름 속에 상이란 본의가 있을 뿐이다. 그래서 주자가 찾은 본의라는 것은 고작 전국시대 이전의 역학 발전에 해당하는 부분적인 것에 지나지 않는다(이신, 1995, 93). 결국 역의 강물이나 수학의 강물은 그 흐름 자체만 있을 뿐이다. 수학이 괴델을 만나 암초를 발견하고 강물이 그 흐름을 멈추면서 이 암초 둘레를 지금 소용돌이 치고 있다.

수학의 강물도 흐르는데, 현대 수학자들은 수에서 역설이 생긴다고 이를 논리화했고, 다시 논리를 일상의 글로 바꾸었다. 괘 하나를 1≡ 건이라고 할 때 이는 수와 논리 기호 및 글을 동시에 표현한 것이라 할 수 있다. 그러나 중세에 주역이 재편성되면서 숫자는 근거가 없다고 하여 버려 버리고, 글만이 근거가 된다고 하여 글의 내용으로만 주역이 이루어지고 말았다. 이는 역의 오도라는 것이다. 역의 윤리화 내지 형이상학화는 마침내 역을 과학과는 멀게 만들고 말았다. 우리말 '글(writing, 상)'이 '그림(picture, 사)'에서 나온 것이고 보면 양자는 서로 불가분리적이다. 이는 기표와 기의의 일치를 의미하는 것이다. 글과 그림의 분리 즉 취의와 취상의 분리는 최대의 비극이다. 데리다에 따르면, 표음문자 때문에 인간의 이성이 생겨났고, 이성은 결국 비극을 초래 했다는 것이다. 그래서 그는 중국의 상형문자를 높이 평가하고 있다.

고서의 다음과 같은 기록은 글이 수를 대신하게 된 유래를 잘 말해준다. 즉, "한나라와 진나라 시기에 주역을 설했던 자들은 대개 상수는 주역의 흐름이 되지 못하고 …… 수나라 당나라 이후는 오직 왕필이 홀로 행하여 상수학을 파하니[漢晉間 說易者 大皆 象數之 末流也 …… 隋唐後 惟王弼 孤行 爲其能破]", 그 이후로 주역의 근거는 모두 글이 되어 상수로는 작괘 등 모든 것을 짓지 않게 됨으로써 말과 비교할 때 부족한 것이 되어버렸다고 소상히 적고 있다. 왕필이 글로만 한 역이 주종을 이루나 그 이후 모든 선비들이 역을 연구해도 역의 본 뜻을 모르게 되었다. 주역 상권을 보아도 "중간에 불공정하게 편저되어 글로서만 겨우 이해 가능하게 되어 모든 선비들이 혼란에 직면하게 되었다고 했다[中間頗爲諸儒所亂]". 그러면 수가 글로 변하면 어떤 폐단이 있는가? 그 폐단이란, 수는 추상적인 것이기 때문에 많은 상상력을 발휘할 수 있지만 글은 그 뜻이 명확하여 더 이상 거론의 여지가 없어지고 만다. 그러한 이유로 바로 역이 현대 과학으로 발전하는 데 저해가 되었다는 것이다. 그러나 의리역에서는 상수학이야말로 점복술로 흘러 결국 비과학적이 되고 말았다고 비판하고 있다. 현대 수학사에서 3파전은 마치 역의 3파전을 재현하는 것처럼 보인다. 3파전의 원인 제공을 상·수·사 트로이카가 하고 있다.

## 13.3. 역의 세 물줄기 II : 도상역

**도상파(圖象派)** : 송대에 들어와 역학파들은 더 이상 상수역과 의리역에 연연하지 않았다. 이들의 역은 새로운 기틀을 찾기 시작했다. 상수나 의리역에서는 더 찾을 것도, 더 할 일도 없어졌기 때문이다. 그러나 이런 역학파들이 폐기처분되었다는 것은 아니다. 더 좋은 상수와 의리역이 가능했을지라도 찾을 만한 새로운 기틀이 없었기 때문이다. 그래서 송대의 역학파들은 역을 도상에서 찾기 시작했는데, 이를 도상파라고 한다.

그러면 여기서 역에서는 왜 이렇게 다른 학파들이 생겨나는지 그 근본적인 이유부터 다시 묻기로 하자. 나는 그 이유를 근본적으로 기호학에서 찾고자 한다. 기호학에서 찾는다는 것은 결국 기표와 기의 또는 능기와 소기의 문제에 원인이 있다는 것이다. 인간이 최초로 만든 문자는 상형문자다. 사물의 모양을 그대로 본떠서 문자를 만드는 것이다. 그러나 상형문자를 추상화해 표음문자가 생겨나는 순간 사물과 문자 사이에는 괴리가 생기게 된다.

　나는 우리말의 글과 그림 그리고 같은 운을 가지고 있는 '그림자'에서 역의 근원을 찾아보려고 한다. '그림자'란 다름 아닌 '상(象)'이고 '그림'은 '도(圖)'다. 그리고 '글'은 '자(字)'다. 그러면 도대체 괘란 무엇인가? 그것을 바로 '문(文)'이라고 한다. 문이란 상과 자 사이 즉 그림자와 글 사이에 있다. 다시 말해서 기표와 기의의 중간자 같은 것이 바로 괘다. 그렇다면 괘의 상 즉 대상의 그림자와 문은 같다. 그렇다면 동북아 문화권에서 역이 생긴 이유는 근본적으로 현대 기호학이 추구하는 근본적인 문제성과 같다고 할 수 있다. 다시 말해서 괘는 기표와 기의를 매개하는 절묘한 수단인 것이다. 괘상이라는 서예를 통해 자(字)를 문(文)으로 바꾸려 한다. 데리다가 서예에 대해 예찬한 이유가 바로 여기에 있다.

　그렇다면 글이란 표음문자의 전형적인 결과물로서 데리다가 혐오하는 이성중심주의 또는 남성중심주의 문화의 온상이다(Shalain, 1998, 1~7). 서양은 상형문자에서 아무런 매개 없이 표의문자로 넘어가면서 이성중심의 가부장제 문화의 폐단을 조장하고 말았다. 이렇게 생각해 볼 때 역에서 괘를 만들어 낸 발상은 기발하다고 할 수 있다. 그러나 이렇게 만들어 놓은 괘에서 나온 상을 다루는 상수학파는 위에서 보는 것과 같은 한계를 드러낸다. 그리고 이러한 한계를 극복하기 위해서 글을 통한 자의 의미인 기의를 다룬 의리역 역시 같은 한계에 직면한다. 이는 마치 현대 수학자들이 역설을 극복하기 위해서 자연수에서 논리적 기호를 만들어내고 다시 일상 언어로 돌아왔으나 거짓말쟁이 역설을 만나는 것과 같은 여정이다. 괴델은 결국 이들을 모두 종합하여 불완전성 정리를 도출해 낸다.

　이제 송대에 들어와 역학파는 도상을 통해 역의 새로운 돌파구를 찾는다. 그렇다고 여기서 말하는 '그림' 즉 도(圖) 라는 것이 구체적인 사물을 그대로 그려내는 구상적인 것으로 이해해서는 안 된다. 이러한 의미의 도는 송대 이전에도 얼마든지 있어 왔다. 송대에 말하는 도란 하도, 낙서, 태극도 같은 것을 두고 하는 말인데, 이들 도상들은 말 그대로 도와 상 다시 말해 '그림'과 '그림자'를 결합한 것으로, 매우 높은 단계로 메타화한 것이다. 그러면 여기서 송대 이전에 말한 도라는 것이 무엇인지 그 실례를 들어 송대의 도상역이 그들과 무엇이 다른가를 보여주기로 한다. 우리의 한글은 바로 역의 이런 도상에 의하여 제작되었다.

한대의 위서(緯書)는 서한 말 경서에 기탁하여 미래 일을 설명한 책으로 〈칠위〉가 있다. 이런 위서를 위도(緯圖)라고 했다. 이는 그 당시에도 도가 있었다는 것을 알려준다. 인간의 뇌는 좌우 구조로 되어 있는데, 좌뇌는 글에 익숙하고 우뇌는 그림에 익숙하다. 난삽해진 글을 한눈에 패턴으로 인식하는 방법 가운데 하나가 글을 그림으로 표시하는 것이다. 그러나 그림이 우뇌의 소산이기 때문에 이를 금기시해온 서양에서는 글을 그림으로 나타내는 것을 꺼렸다. 그림은 추상화하는 데 방해가 되고, 추상화가 안 되면 이성이 발달하지 못한다고 생각했기 때문이다. 이것이 존재신학의 종지다. 그러나 동양에서는 좌뇌와 우뇌의 균형적 발달을 신장시켜 왔는데, 괘상과 괘상을 조합한 도상은 양쪽 뇌의 균형 발전의 소산이며 그 이상도 이하도 아니라고 보면 되겠다.

역의 3대 의미 가운데 '쉽다'를 의미하는 '간역'은 다름 아닌 좌뇌에 익숙한 글을 그림으로 그려 놓은 괘상을 보면 이해하기가 쉬워진다는 뜻이다. 괘상과 도상은 분명히 우뇌의 편의를 위해 고안된 걸작품이라고 할 수 있다. '변한다'는 좌뇌의 글은 그 뜻이 다양하게 변할 수 있지만, '불변한다'는 글의 그림은 변하지 않는다는 뜻일 것이다. 그래서 이는 좌뇌와 우뇌의 성격을 그대로 말한 것이라고 본다. 이는 역의 세 가지 의미를 전혀 새롭게 해석한 것이라 할 수 있다. 기호학적으로는 기의는 변하지만 기표는 변하지 않는다는 말과도 같다.

　　그러나 송대 역에서 나타난 도상은 한대의 그것들과는 판이하게 다른 것들이었다. 수대 이전에 명당도, 삼례도, 이아도, 효경도 같은 것들이 있었지만, 이들은 모두 구상적으로 집이나 동식물의 모양들을 그린 것들이었다. 형상이 있는 물건의 모양에 더욱 주의를 기울여 사물들과 그 모양이 같도록 하는 데 주력했다. 심지어 한대에 지었다는 공영달의 《주역정의권수》 같은 책도 형상을 빌려서 역을 그린 것들이다. 이런 것들을 도상에 대하여 도형(圖形)이라 하여 구별하려 한다. 지도 같은 것이 전형적인 도형에 해당할 것이다. 현대 분석철학의 화두인 "지도는 땅이 아니다(Map is not territory)"는 도형과 대상의 관계가 얼마나 복잡한가를 지시하는 말이다. 그러나 도형에 대하여 도상이라 할 때는 하도와 낙서를 대표적으로 이른 말이라 할 수 있다.

　　하도를 대표적인 도상이라 할 때 하도는 적어도 다음의 세 가지 특징 때문에 도형과 구별된다 :

1. 단서(端緖)를 제공한다.
2. 괘의 그림자(상)이다. 즉, 괘상(卦象)이다.
3. 반드시 글을 겸한 녹도(綠圖)이어야 한다.

여기서 말하는 단서란 도형이 직접적으로 물체의 모양을 그려내는 것인데, 도상은 다만 그 도형을 다시 메타화한 것으로, 실제 물체의 실마리 단서만 있을 뿐이지 구체적인 구상이 아니다. 물상의 단서가 되는 것이 바로 괘상이라는 것이다. 도상의 괘상들은 반드시 글을 동반한다. 한대까지는 아직 괘를 분해하여 괘 안의 효의 위치에 따라서 다양한 글로 의미를 천착하는 데 머물렀다면, 송대에 들어와서는 괘상들을 여러 방법으로 다양하게 배열하였는데, 이를 도상역이라 한다.

　　드디어 이렇게 역학의 강물은 흘러 다시 도상파에 이르렀다. 기표와 기의는 조화되어야 하는데, 이를 두고 기호학에서는 에크리튀르

(기예)라고 한다. 데리다는 표음문자가 이성중심주의(logo-centrism)를 조장했다고 보면서 원시 문자로 회귀함으로써 이성중심주의를 극복하려고 했다. 역도 왕필의 의리역에서 보는 것과 같이 윤리의 극치에 이르게 되었는데, 논리적으로는 상위 결정 앞에 무력할 수밖에 없었다. 그 결과 역은 새로운 강물의 돌파구를 찾아야만 했다. 여기서 데리다와 같이 원시 문자 같은 상수역으로 되돌아가는 것이 아닌 탈출구가 바로 도상역(圖象易)이다. 실로 도상역은 마치 에크리튀르와 같은 효과를 갖는다. 위 도상의 3대 의의는 바로 현대 기호학에서 추구하는 기예다. 이는 동양사상의 최대 자랑스러운 결산이라 하겠다.

혹자는 《수서》〈경적지〉에 근거하여 숙자정의 《주역계사의소》, 양대의 《건곤삼상》, 《주역신도》, 《주역보현도》, 당대의 《대영현도》 같은 책들은 모두 그 이름을 볼 때 도상과 관계가 있는 것처럼 보인다고 한다. 이런 책들이 드디어 도형에서 벗어나 도상이 생기는 시작이 아닌가 추측해 볼 수 있다. 그러나 이 책들은 한때 유행하다 끝나버리고 말았다. 북송에 들어와 의식적으로 주역을 추상화하기 위한 작업이 본격적으로 시작되었다. 남송의 진단도 도상역의 비조라 볼 수 있는데, 그의 도상역은 그 뒤 세 갈래의 강 물줄기로 나뉘어진다(이신, 1995, 102). 그 세 물줄기는 1. 진단-종방-이개-허견-범악창-유목, 2. 진단-종방-목수-이지개-소강절, 3. 진단-종방-목수-주돈이와 같다. 세 물줄기의 마지막 주자들인 유목, 소강절, 주돈이는 모두 후대에 큰 영향을 준 인물들인데, 특히, 주돈이와 소강절은 신유학이라는 새로운 큰 물줄기를 만든다. 그런데 이들이 모두 도상역에서 사상적 효시를 찾았다는 것은 도상역이 얼마나 중요하다는 점을 한눈에 보여준다. 주돈이의 〈태극도설〉이 도상역의 후신이라고 보면 도상역의 공헌은 실로 지대하여 이 책에서는 도상역을 위상역으로 이해하는 방법을 17장에서 다룬다.

## 13.4. 도상역의 예들

유목과 소강절은 서로 다른 하도와 낙서를 그렸다. 유목의 상수역은 괘 하나 하나에 대한 의미 부여는 했을지 몰라도 그것이 너무 간략하고, 괘와 괘의 상관 관계의 구도는 잡지 못했다(이신, 1995, 103~104). 그래서 그는 괘들을 연결시켜 하도와 낙서를 다음과 같이 그렸다. 이 하도 낙서야말로 주역의 결과가 아니고 시작이자 출발이라고 보았다. 그래서 도상역은 시초의 역이라는 것이다. 도상이 있고서 괘상도 나오고 그 의미도 나온다고 보았다. 도상역이 비록 후대에 나왔어도 도상이 바로 역의 시작이란 뜻이다.

이는 마치 닭이 먼저냐 계란이 먼저냐고 하는 것과 같다. 이는 좌뇌와 우뇌 가운데 어느 것을 활성화해서 말하느냐와 같다고 볼 수 있다. 다시 말해서 우뇌로부터 사고를 하면 도상이 먼저 있다고 할 것이고, 좌뇌로부터 사고를 하면, 글이 먼저 있다고 할 것이다. 그런데 유목의 하도와 낙서는 도형이 이미 아니라는 점이다. 아니 기표와 기의가 조화된 기예라고 할 수 있다는 것이다. 기예는 이미 특정한 대상 하나만을 구상화한 것이 아니기 때문에 인간과 우주 만상을 모두 포괄적으로 뜻한다. 하도와 낙서가 바로 동양역사에 나타난 기예라는 것이다.

다른 한 물줄기인 소강절은 《황극경세》에서 1이 10을 생하고 2가 12를 생한다고 보아, 10은 천간이고 12는 지간이라고 했다. 이 천간 지지의 배합으로 천지 만물의 수가 생성되고, 하도 낙서의 수가 바로 이런 그의 철학의 기초라는 것이다. 남송의 주희와 채원정은 소강절의 설을 지지하여 먼저 말한 《주역본의》에서 소옹의 하도 낙서를 책 첫 머리에 둘 정도였다. 이러한 연유로 후대 사람들은 유목의 하도 낙서보다는 소강절의 것을 도상역의 정통으로 삼아 버렸다. 그래서 우리가 지금 다투려고 하는 것도 소강절의 것일 수밖에 없다. 소강절은 하도 낙서뿐만 아니라 팔괘 방위도를 지어 복희 팔괘도를 '선천도'라

하고, 문왕의 팔괘방위를 '후천도'라 했다. 이 도상 역시 주역본의 첫
머리에 실려 있어서 후대 도상역의 정통이 되었다. 소강절은 실로 수
와 도상을 접목시킨 공헌자다.

우리는 여기서 이 도상들을 보는 우리 시대의 눈을 가지고 있어야
한다.[1] 그것은 수학의 집합론과 역설을 처리하는 눈인 것이다. 이 도
상들에서 눈여겨보아야 할 점은 다름 아닌 도상의 중앙이다. 하도이
든 낙서이든, 그것이 유목의 것이든 소강절의 것이든, 5를 중앙에 배
치하고 있다. 5는 '전체'를 뜻하는 수로서 생수를 성수로 매개하는 수
다. 우리 말 '다섯'은 '다(all)'의 의미로 전체적 부류격을 뜻한다. 그렇
다면 주위의 다른 수들은 전체 수의 요소격이다. 그렇다면 전체와 부
분이 자기언급을 하는 데서 역설이 발생한다고 할 때 도상에서 숫자
배열을 통해 역이 역설 처리를 어떻게 하고 있는가를 눈여겨보아야
한다.

강물의 세 번째 줄기는 바로 주돈이의 태극도다. 역에서는 역에 태
극이 있고, 태극이 음양을 낳으며, 음양이 사상을 낳는다고 했다. 주돈
이의 태극도는 역의 이 말에 대한 도해라 할 수 있다. '사상'이라는 요
소들과 그 위 부류격인 음양과 태극이라는 전체 부류격과 어떤 관계
를 설정할 것인가의 문제가 발생한 것이다. 전체를 무엇이라고 정의
할 것이냐고 할 때 불가와 도가에서는 그것을 '무극'이라고 했다. 그렇
다면 칸토어에서 보는 것과 같이 무한이 두 개가 생겨난다. 태극도 전
체고 무극도 전체다. 그렇다면 이 두 개의 무한 가운데 어느 것이 더
큰 무한인가? 육상산 형제는 이를 두고 옥상옥의 오류라고 한 것이다.
칸토어가 실수의 무한이 유리수의 무한보다 더 크다는 사실을 발견했
을 때 이 두 무한 사이에 끼여 있는 무한이 있는가 없는가의 문제에
빠져 고민하다 생을 마친 예를 기억할 필요가 있다. 물론 칸토어는 그

---

1) 이 책의 17장에서 나는 위상역을 개발하여 하도와 낙서 그리고 정역도를 위상기하학
   적으로 재조명하려 한다. 거기서 도상들의 구체적인 모습들을 보게 될 것이다.

것이 없다고 보았다. 그러나 그것은 쉽게 대답될 수 없는 문제인 것이다. 송대 유학자들이 **빠진** 고민도 이와 다를 바가 없는 성질의 것이다. 그들은 새로운 '다'의 개념을 창출했으니 그것이 바로 '무극이태극'이다. 두 무한 사이에 끼여 있는 것은 있지도 않고 없지도 않다는 연속이며 동시에 불연속임을 의미한다. 그리고 이는 유학을 노불사상과 연관시키는 절묘한 방법이기도 한 것이다.

이러한 문제성에서 출발한 주돈이는 음양 다음에 발생한 사상을 처리하는 문제와 그것을 통일시키는 요소를 생각하지 않을 수 없었다. 다시 말해 '무극이태극'을 사상(四象)과 어떻게 처리하고 그것을 어디에 둘 것이냐고 할 때에 사상을 일단 오행의 목화금수로 가운데 태극을 토로 보았던 것이다. 그리고 이 토를 중앙에 배열하고 다른 4행들을 그 주위에 배열한다. 그래서 전체와 부분의 애매한 관계 즉, 멱집합의 역설을 해결하려고 한다. 이는 조지 불의 집합론에서도 아직 불가능했던 것을 칸토어가 전체를 부분의 한 요소로 집어넣는 것과 같다고 할 수 있다.

위 주돈이의 태극도설은 오랜 동안 유행되지 않았다. 그러다가 남송시대에 들어와 주진이 이 도상을 나라에 바치게 되었고, 드디어 이 도상을 본 주희의 상상력을 자극시켜 신유학의 큰 강 물줄기가 새로 생겨나게 되었다. 실로 이는 본래의 강 물줄기보다 더 큰 것이었다. 이 도상을 놓고 주자와 육상산 형제들 사이에 아호에서 벌어진 이른바 아호논쟁은 세기적인 것이었다. 이를 태극논쟁이라고도 하는데, 한국에서는 조한보와 이언적 사이에 이 논쟁이 재연된 것으로 유명하다 (4. 주돈이의 태극도설과 '제3의 인간 논증' 참고).

그런데 태극도의 참된 저작자는 진단(陳摶)이라는 것이 정설로 알려져 있다. 진화론이 다윈의 것이 아니 듯이 태극도의 원저작자는 주돈이가 아니라 진단이라는 것이다. 그러면 이 도상은 어디서 왔느냐고 할 때 도가사상에서 기원했다는 설 또한 있는 것이 사실이다. 그러나 아무튼 주돈이가 유가에 이 도상을 적용했기 때문에 과거에 아무 리 그것이 먼저 있었다고 하더라도 주돈이에게 학문 전통상의 권위를 줄 수밖에 없다. 만약에 단순한 도형이었다면 그렇게 사상사에 큰 영 향은 줄 수가 없었을 것이다. 다시 말해 한갓 기표에 그쳤다면 아무런 상상력도 만들어 낼 수 없었을 것이다. 태극도는 기표가 아니고 그 속 에 이미 기의가 가미된 기예다. 도형이 아니고 도상이다. 이 태극도를 본 사람들은 온갖 도상들을 나름대로 만들어 내어 이를 '도묘황홀지 도'라고까지 했다. 중용의 경지에까지 이르렀다고 하여 '중화도(中和 圖)'라고도 했다.

그러나 이러한 고래의 의미 부여에도 오늘에 사는 우리에게 의미를 가지려면 수학의 집합론적 성격 없이는 안 된다. 부분전체론의 문제 즉, '한'의 부분과 전체의 관계를 창의적으로 표현하지 않았다면 아무 런 의미가 없다. 태극도라는 기예가 나타난 이후부터 역의 역사에서 추상적인 개념은 사라지고, 의리역의 번쇄한 해석도 줄어드는 한편 주역에 대한 해석상의 제한도 받지 않게 되었던 것이다. 중세기 윌리 엄 오캄은 스콜라 형이상하적 번쇄한 설명을 모두 면도칼로 잘라내 버려야 한다고 하여 유명한 '오캄의 면도칼(Ockam's Razor)'란 말을 남겼다. 그러나 그는 언어의 번쇄성을 극복하기 위해 또 다른 언어를 사용할 수밖에 없었다. "말로서 말 많으니 말 많을까 한다"는 우려가 바로 역의 의리학파에서 생긴 것이다. 이런 의미에서 의리역은 역의 스콜라주의였다. 도상파는 실로 면도칼로 번쇄한 역을 간결하게 만들 어 인간의 새로운 상상력을 자극시켰던 것이다. 주자가 이에 공헌을 한다. 그러나 서양에는 역의 도상 같은 것이 나타나지는 않았다. 좌우 뇌의 불균형 때문일 것이다.

도상역의 세 물줄기는 서로 다른 차이점도 있었지만 한 가지 공통 점은 부분전체론의 문제였다. 태극과 무극 논쟁에서 보여 준 두 개의 무한이라는 전체를 모두 인정하지 않을 수 없는 것은 칸토어 집합론이 등장한 배경과 일치한다. 그리고 유가에 처음으로 오행이라는 개념을 가져 온 이유도 바로 4상을 하나로 묶을 때 묶는 그것 자체가 또 하나의 행이 되는 멱집합의 역설이 세 줄기에 모두 나타난다는 것이다. 역학의 남은 과제는 과연 송대에 나타난 이 도상역들이 과연 러셀 역설의 문제를 다 보았고 해결했느냐 하는 점이다.

서양 현대 수학사로 되돌아가 생각해 볼 때에 수에서 먼저 역설이 생겨 그것을 논리화했으며, 초수학은 다시 이를 글로 표현하다가 거짓말쟁이 역설에 직면하고 말았다. 그렇다면 수와 논리적 기호 그리고 글이 모두 그 자체만으로는 역설을 막을 수 없다는 결론에 도달하게 된다. 그렇다면 3자의 삼위일체적 접근만이 필요하다는 결론에 도달한다. 바로 이런 결론에 도달하여 3자를 함께한 수학자가 바로 괴델이다. 그러면 괴델은 어떤 결론에 도달했는가? 그가 도달한 결론을 다음에 말할 차례다. 3자를 일치시켰을 때 도달한 결론은 다름 아닌 불완전성 정리다. 도상역은 3자의 통합에서 나온 것이며, 괴델은 수학사에서 통합을 이루어 낸 인물이다. 그러나 그의 통합은 러셀 역설에 대한 해결이 아닌, 하나의 해의에 그친 불완전성 정리다.

# 14. 원도와 괴델의 불완전성 정리

## 14.1. 괴델과 3파전의 종결

수학의 3파전을 중원에서 평정하는 인물이 바로 괴델이다. 그는 세 파가 가지고 있는 장단점을 꿰뚫어 들여다보고 있었다. 그는 세 파의 장점을 모두 수렴함으로써 수학의 마왕의 자리에 올라앉는다. 그는 논리주의의 논리 기호와 형식주의의 초수학적 문장 언어를 수학에 모두 받아드림으로써 세기적 불완전성 정리를 이룩해 낸다. 다시 말해, 괴델은 논리주의자들이 그랬던 것처럼 수를 논리적인 기호로 대치하는 것을 받아들인다. 그러나 그는 논리주의자들과는 달리, 수의 논리화 자체에 목적이 있는 것이 아니라 그것을 방법론적으로 사용하기 위해서 그렇게 할 뿐이다. 즉, 논리주의자들의 논리화가 무모하다는 점을 증명하기 위해서 논리기호를 사용하고 있을 뿐이라는 것이다. 그러나 러셀 같은 논리주의자는 논리적 기호를 통해 역설 자체를 해결하려고 했던 것이다. 괴델은 같은 논리를 사용하기는 했어도 논리주의자는 결코 아니었다. 괴델이 만약에 러셀보다 먼저 태어났더라면 아마도 논리주의자가 되었을 것이다. 호프스태터는 정확하게도 "이러한 코드 처리는 우리가 수론상의 명제들을 한편으로는 수론의 명제로, 다른 한편으로는 수론의 **명제에 대한 명제로**"(호프스태터, 1999, 22)[1] 상이한 두 층위에서 해석하기 위하여 그 사용이 불가피하다고 했다. 여기서 주의하여 읽어야 할 대목은 수론에 대한 '명제와 명제'에 대한 명제라는 부분이다. 이는 대상명제와 메타명제를 구별하는 것이라고 본다. 논리주의자들은 후자를 전자에 대하여 상위의 유형에 속한다고 본다. 자연수에서 발생하는 역설이 논리화를 통해서 제거되리라고 본 것이다. 그러나 괴델은 '수에 대한 명제'와 '명제에 대한 명제' 사이에서 자유롭게 왕래 할 줄을 알아 수를 순환적으로 이해하려 했다. 이 점 역시 역에서 수를 이해하는 것과 같다. 역에서는 괘라는 기호에 글자를 붙여 의미 부여를 한다. 괴델도 이런 방식을 택한다.

19세기 말부터, 특히 20세기 초엽부터 서양의 수학자들은 수학에 나타나는 역설을 병균처럼 생각하고 이를 박멸하려고 한다. 역설을 제거해야 할 대상으로 본 것이다. 그러나 괴델은, 역설은 제거해야 할 대상이 아니거니와 제거할 수도 없다고 본다. 이는 주역에서 역설을 이해하는 태도와 같다. 그러나 괴델은 "일단 코드화의 도식을 창안한 이후, 에피메니데스의 거짓말쟁이 역설을 수론의 형식으로 바꾸기 위한 아주 정밀한 절차를 고안해냈다. 궁극적으로 그가 에피메니데스로부터 얻은 것은 이 수론의 명제가 거짓이라는 사실을 증명한 것이 아니라, 이 수론의 어떤 증명도 가리지 않는다[결정할 수 없다]"(호프스태터, 1999, 23)는 것이었다. 즉, 역설은 결정을 할 수 없는 부정(不定)이라는 뜻이다.[2]

사실 괴델이 한 작업은 수학적 논증을 연구하기 위해서 수학적 논증 자체가 무엇인지를 연구하자는 것에 다름 아니었고, 여기에 궁극적인 목적이 있다는 사실을 증명했던 것이다. 그래서 그는 "'무엇이

---

1) 고딕은 필자의 것임

2) 여기서 '부정'이란 '아니'라는 뜻[不正]이 아니라 결정할 수 없다는 것을 뜻하는 데 유의해야 한다.

증명인가'를 증명"하려는 수학자로서 기나긴 노력을 한 학자, 곧 메타수학자였다. 마찬가지로 역도 수학이 아니라 메타수학이다. 그러나 이미 살펴본 것처럼, 가장 간단한 무한급수인 정수 0, 1, 2, 3,…마저 역설 없이는 설명해낼 수 없다는 사실이 알려져 있지 않았던가? 이 마당에 러셀과 화이트헤드는 《수학원론》을 통하여, 수를 논리적인 언어로 바꾸어놓으면 바이러스가 치료될 줄 알았다. 괴델 이전의 수학자들은 이와 같이 모두 낙관론자들이었으며, 수학의 낙토가 발견될 것이라고 믿었다. 그러나 괴델은 낙토를 찾겠다는 수학의 이러한 희망이 불가능하다고 판정을 내렸다. 《수학원론》이란 곧 이 낙토를 찾아가는 방향타를 만들기 위하여 저술된 것이다. 유클리드 이후 2,500여 년 동안 수학이 누려오던 왕자의 자리는 이제 그 근본부터 흔들리게 되었다. 논리주의자들은 역의 역사를 통해 볼 때 이와 같이 상수학파에 견줄 수 있다고 본다. 수를 괘상과 일치시키려는 것이 마치 수를 논리 기호와 일치시키려는 시도와 같아 보이기 때문이다.

괴델은 논리주의의 논리기호와 형식주의의 초수학적 문장을 모두 사용한다. 초수학자들은 일상 언어적 문장을 수학에 사용한다고 했다. 수학에서 수는 구체적이고, 논리기호는 그것을 추상화한 것이며, 문장은 그 논리기호를 다시 추상화한 것이라고 본다. 보통 우리가 이해하는 추상화와는 반대인 것처럼 보인다. 그러면 지금부터 괴델이 어떻게 수와 수의 기호 그리고 일반 문장의 3자를 조합하여 마술을 부리는지 살펴보기로 한다.


## 14.2. 리샤르 역설과 사상꾸러미

괴델 정리에 결정적인 단서가 되는 것은 그것보다 먼저 나온 리샤르 정리다. 1905년 프랑스의 쥘 리샤르(Jules Richard)의 이른바 리샤르 역설은 괴델 정리의 전신이다. 괴델 자신이 고백한 대로 괴델 정리는 그것을 모방한 것이거나 연장한 것이라 할 수 있다. 그런 뜻에서 여기서는 리샤르 역설이 무엇인가를 먼저 아는 것이 무엇보다 중요하다. 그런데 리샤르 역설이 우리가 이미 연습한 사상꾸러미의 역설, 바로 그것이라는 점이다(10.1. 참고).

리샤르 정리는 괴델 정리에서 수를 기호로 그리고 그것을 다시 문장으로 치환하는 기법의 중요한 원인 제공이다. 즉, 괘수와 괘상 및 괘사를 연관시키는 최초의 동기가 리샤르 정리에서 시작한다는 것이다. 이러한 리샤르 정리의 중요한 단서는 대각선화다. 사각형에서 대각선이라는 것의 의미를 다시 한 번 생각해 보자. 대각선은 2차원 사각형에서만 가능하다. 1차원 직선에 대각선이란 없다. 대각선은 가로(열)와 세로(행)가 결합하여 만들어지는 것이다. 그런데 칸토어의 대각선 정리란 다름 아닌 사각형 안의 대각선을 같은 사각형 가운데 있는 하나의 열로 생각함으로써 생기는 현상이다. 그렇다면 대각선이라는 부류격을 열이라는 것으로 요소화시키는 것이 대각선 정리이며 이를 대각선화라 할 수 있다는 것이다. 방도에서도 마찬가지로 8괘라는 결정자를 64괘 대각선 위의 구성자로 만들어 버린다. 이것도 역시 대각선화라 할 수 있다. 더 쉬운 말로 하면 전체를 부분으로 부분을 전체로 사상하는 것을 두고 하는 말이다. 그리고 대각선화는 자기언급 없이는 불가능하다는 사실을 명심해야 한다(Smullyan, 1994, V).

구약 성서의 에스겔은 환상 속에서 '바퀴 속에 바퀴'가 있는 형상을 본다. 이 바퀴가 하늘의 생물과 일대일로 대응을 하고 있다. 생물을 8괘라면 바퀴 속의 바퀴는 마치 괘 속에 괘가 중첩되는 64괘와 같다. 64괘 속의 8괘 명칭은 곧 바퀴 속의 바퀴와 같다. 이제 리샤르 정리와 괴델 정리는 에스겔의 이런 환상과 같은 상상 속에서 이루어지고 있다. 이는 또한 이상한 나라의 엘리스가 자기가 들고 있는 물병 속에 자기가 들어가 버리고 마는 것과도 같다고 할 수 있다. 이런 현상을 두고 현대 과학은 '프랙털'이라고 한다. 거울 속에 거울이 비추는 난경 현상(turbulent mirror)과도 같다. 리샤르 역설을 이해하기 위해서는 이러한 쉬운 예화들이 리샤르의 역설이 주는 난해성 앞에 긴장을 푸는 데 도움이 될 것이다(브리그스, 1989, 참고).

수학에서 어떤 정의가 다른 것의 정의를 받을 필요 없이 그것이 정의로서 성립될 수 있는 정의, 즉 '무정의 용어(primitive term)' 같은 것이 어디 있는가를 한번 찾아보자. 소수(素數)는 "1과 그 자신 이외의 다른 어떤 정수로는 나누어질 수 없는 수"라는 정의를 그 예로 들어 한번 정의해 보자. 여기 종이 위에 적어 놓은 글을 한글 글자 수로 세어 보면 모음 자음 합하여 겨우 24글자에 불과하다. 그렇다면 아무리 긴 정의라 하더라도 그 글자의 길이가 유한할 수밖에 없다. 그렇다면 글자 수에 따라서 정의의 글자 길이를 순서대로 일렬로 세울 수 있다. 만약에 어느 정의의 글자 수가 같을 때에는 글자의 알파벳 순서대로 즉, 사전에 글자가 배열돼 있는 순서대로 순차를 정하면 된다. 이렇게 하여 단 하나의 정수로 모든 정의를 대신할 수 있다. 그러면 그 정의가 전체 순서에서 차지하는 위치의 수를 표시할 것이다.

이를 가장 알기 쉽게 말해주는 것이 바로 역이라는 것이다. 역은 두 가지 방법으로 효와 괘가 배열된다고 했다. $2^n$의 방법과 $8^n$의 방법이다. 전자는 2진법의 경우로서 효를 단위로 각 효가 발생하는 위치에 따라서 아래로부터 위대칭에 해당하는 1, 2, 3, ……의 순서로 음양, 사상, 팔괘가 결정된다. 각 위치마다 음은 6으로 양은 9로서 음과 양을 표시한다. 이렇게 하여 만들어지는 괘들은 한 번도 반복됨이 없이 순차가 결정되어 고유성을 지닌다. 그리고 2진수를 10진수로 바꾸면 정수로 고유한 괘 번호가 결정된다. 다음으로 $8^n$의 경우는 괘를 단위로 하여 이들을 결정자로 보고 정수로 고유번호를 주어 이를 $8^n$의 원리로 괘를 만들어 나가는 방법을 두고 하는 말이다. 64괘란 $8^2$에 따라 만들어진 것이다. 어느 방법이든 리샤르가 시도했던 것과 같은 글자에 정수로 순차 번호를 주는 방법과 같은 것이라 할 수 있다. 이 점에 서 역과 리샤르의 방법은 완벽하게 일치한다.

리샤르의 역설은 이런 정지 작업에서부터 시작한다. 무엇을 정의할 때에는 항상 대상에 대한 정의와 함께 그 정의와 내적 관계가 있는 그 정의 자체를 가리키는 정의가 있다. 이는 일종의 멱집합의 원리에 해당한다. 예를 들어 '짧다'라는 정의의 속성은 의미도 '짧'지만 그 글 자 수(정수)도 작다. 그러나 '길다'는 그 의미 속성은 길지만 글자 수 는 짧다. 또 다른 예를 들어 보자 "1과 그 자신 이외의 다른 어떤 정수 로는 나뉘어질 수 없는 수"라는 정의는 소수에 대한 정의이다. 이 정 의에 해당하는 순차상의 수를 17이라고 하자. 그렇다면 이 '17'은 정의 의 순차 번호인 동시에 소수이기 때문에 위 정의의 속성과도 일치한 다. 즉, '짧다'의 경우다.[3] 그런데 "그 자체가 어떤 수의 제곱이 되는 수"라는 정의의 순서를 15라고 한다면 '15' 자체는 이 정의의 속성에 속하지 않는다. 이런 경우 15라는 것을 두고 리샤르의 속성을 지닌다 고 한다. 반면에 17은 리샤르의 속성을 지니지 않는다고 한다. 리샤르 의 속성을 일반화해 정의를 하면 "x는 순차적으로 나열된 정의의 순 서와 상관관계가 있는 정의가 가리키는 속성을 지니지 않고 있다"와 같다. 여기서 사상꾸러미에서 이름표와 이름표가 지시하는 대상과의 관계에서 거짓말쟁이 역설이 생기는 것을 상기하자.

다시 역의 방도로 돌아와 생각을 하면, 더욱 이해하기가 쉬워진다. 64괘의 경우 리샤르의 속성을 지닌 괘와 그렇지 않는 괘로 나눌 수 있다. 그것은 다름 아닌 방도의 대각선 위에 있는 8개의 괘들은 다른 괘들과 달리 8괘의 괘명 그 자체와 같다. 다시 말해서 결정자와 구성 자의 명칭이 같다는 것이다. 이를 자기언급적이라고 했다. 그렇다면 '리샤르의 속성'이란 자기언급이라는 속성을 지니지 않는 속성을 두고

---

3) 글자 모양도 짧고 내용도 짧다. 그러나 '길건'은 내용은 기나 글자는 짧다.

하는 말이다. 그리고 이를 방도 상에서 본 것과 같은 대각선화라고 할 수 있다는 것이다. 방도의 결정자란 말을 '정의'라는 말로 바꾸어 놓으면 이해가 한결 쉬워질 것이다. 정의자(결정자)가 피정의자(구성자)가 되지 않는 것의 속성을 지닌 것을 두고 리샤르 속성이라 한다는 것이다. 그렇다면 대각선 위에 있지 않는 다른 괘들은 모두 리샤르 속성을 지닌다고 할 수 있다.

이러한 리샤르 속성에서 '리샤르 역설'이 시작된다. 리샤르의 속성을 정의한 문장 "x는 순차적으로 나열된 정의의 순서와 상관관계가 있는 정의가 가리키는 속성을 지니지 않고 있다(*)"도 하나의 정의이기 때문에 정수로 순차 번호를 줄 수 있다. 이는 일종의 '정의의 정의'인 메타 정의라고 할 수 있다. 이러한 '정의의 정의' 자체 역시 다른 정의와 같다고 할 수 있다. 그렇다면 이 '정의의 정의'에도 정수로 순차 번호를 준다. 8괘는 64괘 방도의 대각선 위의 괘명과 같다는 사실을 늘 염두에 두어야 한다. 이제 그 수를 n이라고 하자. 그러면 이상한 질문 "n은 리샤르적인가"라고 묻게 된다. 여기서 역설이 발생한다. 즉, n이 리샤르적인 속성을 전혀 갖고 있지 않는 바로 그 경우에만 리샤르적인 속성을 갖게 된다. 위 (*)에서 리샤르적이라는 정의에 눈길을 돌려 보아야 한다. 그러면 리샤르적인 속성(*)을 가질 때에는 리샤르적이 아니게 된다. 다시 말하면, n이 리샤르적이지 않을 때만 오로지 그 경우에만 n은 리샤르적이다. 따라서 'n이 리샤르적이다'라는 명제는 참인 동시에 거짓이 된다. '정의의 정의'에 관한 정수(n)를 '정의'에 해당하는 정수 계열의 하나로 집어넣어 사상시킴으로 생기는 역설이다. 칸토어의 대각선 정리에서 대각선 위의 수를 사각형 속에 있는 가로나 세로 가운데 있는 하나의 열로 다루는 데서 생기는 역설과 같다. 그렇다면 대각선 정리에서 이미 이 역설은 움트고 있었다. 방도 속에서 대각선 위의 괘를 뽑아 하나의 열(가로)로 만들어 버리면, 이 열은 8괘상의 명칭과 64괘상의 명칭 같은 유일한 괘들이다. 트리그람의 명칭과 헥사그람의 명칭이 같아진다는 것이다. 사상꾸러미에서 이미 본 바다.

　이렇게 방도 위에서 리샤르 역설을 생각하면 문제는 간단해 보인다. 다시 말해서 대각선(메타)을 열 가운데 있는 하나의 열(대상)로 다루는 데서 역설이 발생한다.4) 이는 순차 번호 정수와 정수가 의미하는 속성이 서로 부류격(메타)과 요소격(대상)이 되어 그 격을 상호 뒤바꾸는 데서 생기는 역설이다. 다시 말해 메타 언어(정수)와 대상 언어(속성)가 뒤바뀌는 데서 생기는 역설이다. 역으로 돌아와 보면, 결정자가 구성자로, 구성자가 결정자로 서로 치환 사상되는 데서 생기는 역설이다. 이를 요약하여 대각선화라 할 수 있으며, 이는 궁극적으로 멱집합의 원리에 해당한다. 대각선에서 가로나 세로가 서로 사상하는 데서 생기는 역설이라는 뜻이다. 그래서 대각선 정리와 리샤르 역설 그리고 역의 방도는 서로 연관성을 보여주고 있다.

## 14.3. 리샤르 역설과 역의 대각선 정리

　리샤르 역설은 말의 의미에서 생기는 역설 즉, 의미론적 역설에 해당한다. 간단한 상징으로 이해하면 너무나도 간단한 것이다. 즉, 거울을 다시 거울에 비출 때 생기는 난경 현상(mirror turbulent) 같은 것을 두고 하는 말이다. 그리고 사진을 다시 촬영할 때 발생하는 현상 같은 것을 두고 하는 말이다. 이를 수학적으로 표현하면 다음과 같다. 정수 하나하나의 특성들을 한국어로 표현한다고 하자. 한글 자모는 고작 스물네 개다. 그렇다면 이 지구상의 모든 표현도 결국 스물네 개로 다 표현해 낼 수 있다. 그 배열의 차이 때문에 다양성이 생길 뿐이

---

4) 가로나 세로 가운데 어느 것을 결정자로 보고 구성자로 보느냐는 상대적이다.

다. 모든 문장은 유한개(有限個) 문자열에 지나지 않는다. 이러한 조건이라면 임의의 자연수 n에 대하여 가능한 표현의 전체를 생각해도 그 수는 고작 셀 수 있는 한도 안에 있다. 이를 역으로 돌아와 생각하면 역은 64개의 괘수와 거기에 따르는 일상언어로 된 괘사로 만사를 다 표현해낼 수 있다고 본다.[5)]

괘에 따르는 수 하나하나의 자연수는 각 괘에 해당하는 수이다. 그러한 괘수에는 괘사가 따르고, 괘들은 괘상을 가지고 있으며, 괘상들은 위대칭과 치대칭에 따라 고유한 수를 가지고 있다. 글자 수에 따라 자연수로 순서를 정하고 만약에 같은 글자 수가 나오면 한글의 사전에 나오는 말들의 순서에 따라 서열을 정하면 된다. 그러면 다음과 같이 하나의 서열로 모든 한글 표현들을 나열할 수 있다. 그래서 하나의 서열로 모든 표현을 나열할 수 있을 것이다. 여기서 C를 하나하나의 효에 해당하는 수라고 생각하자. 그러면 자연수 서차 번호는 각 효에 해당하는 위치에 해당하는 서수에 해당한다. 그 서수가 '초 · 1 · 2 · 3 · 4 · 5 · 상'으로 정해진다. 세 개의 효가 모이면 하나의 괘가 된다. 이를 통해 리샤르 정리가 어떻게 설명되는가를 보자.

$$C1, \ C2, \ C3, \ \cdots\cdots, \ Cn, \ (1)$$

만일, 어떤 특정한 수 n의 속성을 나타내는 표현을 Cp라 하고 그것을 "Cp(n)은 참이다"로 나타내기로 하자. 반대로 n의 속성이 Cp가 아니면 'Cp(n)은 거짓이다' 또는 '~Cp(n)이 참이다'와 같이 나타내기로 하자. 숫자 17을 예로 생각하면 이는 17(n)로 표현되고 자기가 자기 속성을 나타낼 때에는 즉, 자기언급적이 될 때에는 'Cn(n)'으로 표현한다. 그래서 'Cp(n)은 참이다'고 할 수 있다. 그러면 15는 그렇지 않

---

5) 예를 들면 원주율 π를 '원주와 그 지름의 비'로 정의하여 표현하는 것과 같다. 그러면 그러한 모든 수에 관한 특성의 표현이 가부번무한집합 범위 안에서 가능할 것이다.

은 'Cp(n)은 거짓이다' 또는 '~Cp(n)이 참이다'가 된다. 그런데 특히, '~Cp(n)이 참이다'에서 만일 n=p이면 즉, 어떤 자연수(n)가 자기 속성(p)과 같으면(자기언급을 하면) 다음과 같다.

"~Cn(n)은 참이다"(*)

Cp(n)에서 n=p로 할 때 이럴 경우 특히, Cp(p)를 Cp(n)의 대각선화라 하며 이를 두고 사상한다고 한다. 또 다른 표현은 자기언급적이 된다는 뜻이다. 역으로 돌아와 생각할 때 n을 결정자로 보고 p를 구성자로 보면 된다. n=p로 본다는 것은 결정자가 구성자로 사상되었음을 뜻한다. 즉, 대각선화하였음을 뜻한다. "트리그람의 건(≡)=헥사그람의 건(䷀)"으로 보는 것과 같다고 할 수 있다. 이는 방도의 열(구성자)과 대각선(결정자)을 일치시키는 것과도 같다고 할 수 있다. 이름표와 대상을 일치시키는 것과도 같다. 다시 말해 방도에서 결정자에 해당하는 8괘(트리그람)가 구성자에 해당하는 64괘(헥사그람)에 해당하는 것과 일치하는 것이라 할 수 있다. 그런 의미에서 n=p가 갖는 의미는 지대하며 이는 사상의 첫 단계이다. 괴델 정리는 리샤르 정리에서 이 점을 배워 온 것이다. 그러나 사상은 한 번에 끝나는 것이 아니다. 또 다른 유형의 사상을 시도하여야 한다.

그런데 위의 성질 (*)도 또 하나의 성질이라는 데 문제의 심각성이 있다. 다음의 예를 살펴보자.

'n이 R-성질을 갖는다'

'n이 R-성질을 갖는다'는 술어는 그 자체가 명확히 자연수에 관한 하나의 속성인데, 이 문장도 한국말과 수학의 기호 몇 가지로 표현되었다. 이 문장도 하나의 속성임에 틀림없다. 이는 '속성의 속성' 또는 '정의의 정의'라고 할 수 있다. 그런데 이러한 속성자체(*)도 정수에 관한 속성이기 때문에 수에 관한 모든 특성들을 나열한 (1) 중에 있는 어느 한 $C_n$과 그 속성의 표현이 일치할 것이다. 그러한 특성을 $C_q$라 하면, "n이 R-성을 갖는다'는 '$C_q(n)$이 참이다"로 표현될 수 있다.

'$C_q(n)$이 참이다'는 '$\sim C_n(n)$이 참이다'와 논리적으로 동치다  (2)

여기서 n은 임의로 정한 하나의 자연수이기 때문에 n=q로 할 수 있어서 다음과 같은 역설을 얻는다.

'$C_q(q)$가 참이다'가 '$\sim C_q(q)$가 참이다'와 논리적으로 동치다  (3)

이것은 분명히 역설이다. 이를 **리샤르의 역설**이라 한다. 이러한 결과가 나온 이유는 n=p=q라는 등식 때문이다. 이는 다름 아닌 사상(mapping)에 해당한다. 그러나 n, p, q는 그 속한 유형이 다르다는 것이 위에서 식을 전개하는 과정에서 분명하게 드러났다. 즉, 대상언어와 메타언어 그리고 메타의 메타언어의 관계다. 그렇다면 유형이 서로 다른 언어가 되먹임으로 사상됨으로써 리샤르 역설이 발생한 것이다. 역에서는 물론 $2^6$에 따른 한계 때문에 헥사그람에서 끝났지만 $2^n$에 의한 효의 증가에 따라서 메타의 메타를 얼마든지 만들어 나갈 수 있다. n에 대하여 p는 메타이며 p에 대하여 q는 메타의 메타이다. 다시 말해 리샤르의 역설은 대상언어와 그 대상언어에 관한 언어 즉, 메타언어를 사상시키는 데서 발생한다. 'R-성질을 갖는다'라는 속성은 대상언어가 아니고 메타의 메타언어임이 분명하다. 왜냐하면, 이 속성은 수 n의 특성 $C_p$에 대한 문법적인 종류의 독자성, 즉, 속성 $C_i$들에 의한 표현에서 지수 p가 변수 n과는 다른 유형의 성질을 나타내는 메타언어적인 말이기 때문이다. 따라서 술어 'R-성질을 갖는다'가 (1)의 특성들 가운데서는 존재하지 않는다. 따라서 리샤르 역설의 추론이 대상언어와 메타언어의 혼돈에서 비롯된 오류임이 밝혀진 것이다.


## 14.4. 저공과 고공비행 사이에서

거짓말쟁이 역설은 한마디로 말해서 '진실 게임(truth game)'이다. 어느 것이 '참'이고 '거짓'이냐의 게임과도 같다. 그런데 리샤르의 역설은 '참'인 것도 '참이 아닌' 것도 모두 가능하다는 '부정(不定)'의 상태로 명제를 이끌어 가고 말았다. 그런데 여기서 괴델은 한 가지 매우 출중한 생각을 한다. 리샤르가 한 것과 같은 추리 과정과 구조는 완전히 그냥 두고 다만 진실 게임을 **증명 게임**(provable game)으로만 바꾸어 놓고 생각해 보는 것이다. 다시 말해서 "그 자신도 그 부정도 **증명할 수 없는**"것과 같은 문장을 바꾸어 놓고 생각해보자는 것이다. 진실이냐 아니냐가 아니라 증명할 수 있느냐 없느냐의 게임이다. 이런 면에서 볼 때 역은 '길흉 게임'이라고 할 수 있겠다.

괴델 정리의 발상은 리샤르의 역설을 극복하는 과제를 증명 게임으로 바꾸는 데서부터 비롯된다. 물론 그 결론은 극복될 수 없음으로 끝나고 말지만 말이다. 그 목적을 달성하기 위해서는 리샤르의 언어를 더 완벽한 형식으로 재구성하지 않으면 안 된다. 그러한 완벽한 형식이 있다고 하고 그것을 S라 하자. 그러면 그 S라는 체계 속에서는 자연수 하나하나마다 갖는 속성 n(하나의 변수를 갖는 명제함수)을 앞에서와 같은 방법으로 다음과 같이 나열한다. 이를 효에 대하여 괘라고 하자.

$$W0(n),\ W1(n),\ W2(n),\ W3(n),\ \cdots\cdots\ Wm(n)\ (4)$$

미리 말해 두면, 여기서도 사상 즉, m=n이 되는 데서 역설이 발생한다. 앞에서 (1)과 (2)의 관계를 설명하는 과정에서 "n이 R-성질을 갖는다"는 "~Cn(n)이 참이다"와 논리적으로 동치다라는 사실을 익혀 두었다. 여기서 만약에 그 표현을 바꾸면 "n이 Wm에 의해 표현되는 특성을 갖지 않는다"가 된다. 다시 말해 n=m에 따라 "n은 n의 특성을 갖지 않는다"와 같아진다.6)

여기서 'n이 R-성질을 갖는다'는 다음과 같다.

"n이 Wm에 의해 표현되는 특성을 갖지 않는다" (5)

와 같다. 그런데 앞에서와 마찬가지로 (5)를 "Wn(n)이 참이 아니다" 또는 "~Wn(n)이 참이다"로 나타낼 수 있다. 그러나 '참'이라는 개념은 수리논리학 특히, 타르스키의 진리론에서 지적한 것과 같이 이를 엄밀하게 규정할 수 없다. 그 이유는 이미 거짓말쟁이 역설이나 타르스키의 진실 게임에서 나타난 것과 같다. 괴델이 '참'이라는 개념을 '증명가능성'이란 말로 대신한 이유가 여기에 있다고 했다. 괴델 정리는 여기서부터 시작된다. '증명가능성'이란 말은 "형식화한 체계 S에서 형식적인 증명가능성"이란 말로 바꾸어 놓을 수 있다. 이는 S의 공리나 정리가 '증명가능임'을 의미한다. '증명가능성'이란 말을 다시 다른 말로 표현하면 "형식화한 체계 S에서 형식적인 증명가능성"이란 말로 된다.

이와 같이 괴델 정리의 발상은 리샤르 역설의 극복에서 출발한다. 리샤르 역설을 극복하기 위해서는 리샤르의 언어를 더 완벽한 형식으로 재구성하지 않으면 안 된다. 그러면 그러한 완벽화한 형식체계가

---

6) Cn을 Wm으로 바꾸어 놓았다고 생각하면 된다.

있다고 하고 그것을 한 번 S라고 해보자. 그 S라는 체계 속에서 자연수 하나하나가 갖는 것들을 앞에서와 같은 방법으로 나열을 한다. 반복적으로 문제로 되는 것은 직선으로 나열하는 것이다. 여기서 순서수의 문제가 늘 따라 다닌다. 그 S 체계가 아래와 같이 있다고 하자.

W1, W2, W3, ……, Wn   (4)

여기서는 'n이 R-성질을 갖지 않는다'라는 말을 바꾸어보자.

'n이 Wn에 의해 표현되는 속성을 갖지 않는다' (5)

그러면 진실 게임을 (5)에도 적용할 수 있을 것이다. 그러면 (5)를 'Wn(n)이 참이 아니다' 로 나타낼 수 있을 것이다. 그러나 참과 거짓을 논하는 진실 게임은 무한정한 게임이기 때문에 괴델은 '증명가능성'이란 말로 말을 바꾸어 증명 게임으로 돌려놓는다. 괴델 정리는 여기서부터 시작된다.

그렇다면 '증명가능성 provable'이란 말을 다시 다른 말로 표현하면 "형식화한 체계 S에서 형식적인 증명가능성"이란 말로 된다고 했다. 이는 S의 공리나 정리가 '증명가능함'을 의미한다. 그렇다면 (5)는 다음과 같은 증명 게임 언어로 표현될 수 있다.

"명제 Wn(n)가 S 안에서는 증명 불가능하다" (6)

여기서부터 난경 현상이 생기기 시작한다. 즉, 프랙털 현상이 생긴다는 뜻이다. 여기서도 마저 (6) 안에 있는 n의 속성을 (4)에 있는 n과 같은 속성으로 여긴다면 리샤르 역설을 피할 수 없게 될 것이다.

그러면 리샤르 역설을 피하기 위하여 대상과 메타 언어 사이를 엄격하게 구분하는 작업을 해야 한다. 그런데 문제는 명제 (6)에는 '명제'라는 말과 '증명가능(혹은 증명 불가능)'이라는 두 개념이 포함돼 있다. 역설이 나타나지 않을까 하는 긴장이 감도는 순간이다. 이 두 개념은 'Wn(n)'을 구성하고 있는 문장의 구문론(즉 형식화한 체계 S에 속하는)인 문장이 제 자신의 구문 속에 있다는 문법적 표현에 지나지 않는다. 이 말은 이 두 말이 체계 S의 대상 언어가 아니고 메타 언어인 것을 의미한다. 이러한 결과로 (6)에 따라 표현된 수 n의 속성은 (4)에 있는 n의 속성과는 같을 수 없게 된다. 그렇다면 "n의 속성은 n의 속성이 아니게" 된다. 이와 같은 모순을 어떻게 해결할 것인가? 괴델 정리란 바로 이 모순에서부터 시작된다. 괴델 정리로 바로 가기 전에 역의 방도와 연관시켜 이 문제를 다시 생각해 보기로 하자.

(4)에서는 메타언어를 대상언어(n)와 동치로 만들어 버렸다. 여기서 발생한 현상이 리샤르 역설이다. 그러나 (6)에서는 메타언어를 대상언어(n)와 동치로 만들지 않았다. 그래서 (4)에서의 n과 (6)에서의 n은 서로 다른 것이 되어져 버렸다. 이를 조종사가 비행 연습을 하는 비유로 말하면, (4)는 저공 연습만을 한 것이고 (6)은 고공 연습만 한 것이다. 전자를 대상화, 후자를 메타화라 할 수 있다. 괴델이 우리에게 남겨준 불후의 업적은 다름 아닌 그가 고공과 저공을 동시에 진행한 것이라 할 수 있다. 그는 스스로 괴델수를 고안하여 그것을 타고 고공과 저공 비행을 동시에 감행한 것이다. 이제 그가 탄 구룡거와 같은 괴델수로 가기 전에 리샤르 역설을 다른 한 방법으로 검토하고 넘어가기로 한다.

진실 게임도 증명 게임도 모두 불확정으로 끝난다. 주역에 유일하게 없는 괘가 있다. 그것은 '진(眞)'이라든지 '위(僞)'라는 괘다. 선(善)과 악(惡)이란 괘도 없다. 진/위와 선/악의 대립이 무의미함을 말하는 것이다. 그 이유는 현대 수학에서 분명해졌다. 괴델 정리는 진위 게임이 무위임을 증명한 것이다. 그래서 역은 진위를 다루는 대신에 '길흉

(吉凶)'을 다루고 있는 것이다. 동양사회에서 진실 게임이 통하지 않는 이유가 여기에 있다. 그렇다고 증명을 중요시하지도 않는다. 아퀴나스의 다섯 가지 신 존재 증명 같은 것이 동양에는 없다. 그 이유는 아마도 리샤르 정리에서 보는 것과 같이 진실 게임이나 증명 게임이 모두 무위라는 것을 이미 알았기 때문이라고 본다. 과연 진실도 없고 증명도 불가능한 세상에 우리는 살고 있는가?

## 14.5. 방도와 리샤르 역설

괴델은 위 Wm(n)에서 n을 자연수(정수)로 생각하지 않고 '논리식'으로 바꾸어 놓고 생각한다. 이 점만 주의하면 된다. 물론 논리식에서는 증명 게임이 문제로 되지 않을 수 없다. 그렇다면 진실 게임이 부정(否定)에 빠지듯이 증명 게임도 그러한가? 괴델은 그렇다고 한다. 논리식이란 고작 대상 기호, 함수 기호, 변수 기호, 논리 기호 정도를 갖는 유한개의 계산할 수 있는 것 밖에는 갖지 않는 식이다. 그렇다면 이러한 논리식은 자연수 n으로 순번이 메겨질 수 있다. 그것을 Wm(n) 대신에 Pm(n)이라고 하자. 그리고 (5)를 아래와 같이 바꾸어 적어 놓자.

$$P_0(n), P_1(n), P_2(n), P_3(n), \cdots\cdots P_m(n) \quad (6)$$

다시 여기서 n과 m은 대상과 메타의 관계라는 점에 주의해야 한다. n과 m이 서로 치환(사상)되는 데서 역설이 발생한다는 사실도 명심해야 한다. 그런데 n과 m을 한 번 [그림표 14-1]과 같이 n은 세로행(수직)으로, m은 가로열(수평)로 배열을 하여 전체 논리식 모두를 [그림표 14-1]과 같이 나열해보자. 그리고 이 전 논리식을 모두를 Po(0)

를 0번째로 하여 한 열로 나열해보자.

평면적으로 배열된 가산개의 Pm(n)에 0, 1, 2, 3, ……으로 번호를 붙여 나가 모든 Pm(n)을 하나도 빠짐없이 일직선상에 배열한다. 유리수 함 크기에서와 같이 지그재그[7]로 화살표 방향을 따라서 순차 번호를 붙여 나가면, 아래 표에서 보는 것처럼 빠짐없이 이 모든 Pm(n)이 오직 오직 일회적으로 나오는 논리식의 무한열을 얻을 수 있다. 이를 우리는 칸토어의 대각선 정리에서 본 바 있다(요사마사, 1993, 167).

위 표를 만드는 과정에서 중요한 요점이 되는 것은 임의의 자연수 k에 대하여 k번째에 어떤 Pm(n)이 오는가를 오직 일회적으로 확정짓

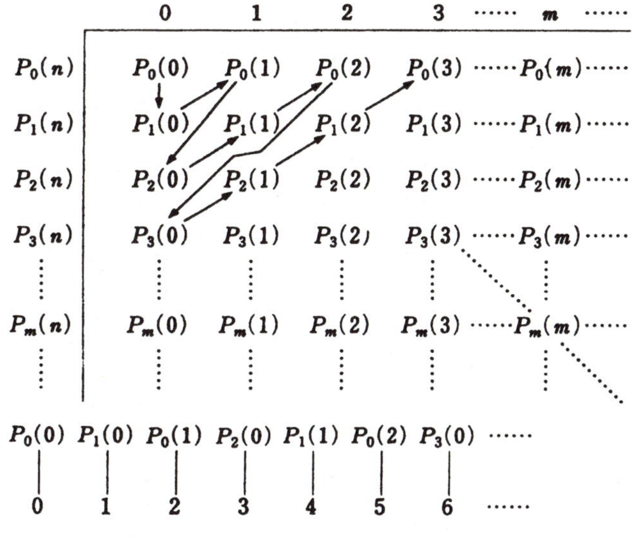

〔그림 14-1〕 리샤르 정리와 대각선화

---

7) 만약에 지그재그로 배열하지 않고 가로열이나 세로행으로 화살표를 진행시키면 모든 수를 다 나열할 수 없다. 왜냐하면 모든 행과 열이 그 자체로서 무한이기 때문이다. 그래서 모든 수를 다 포함된 배열을 할 수 없게 된다.

는 일과, 이번에는 거꾸로 임의의 $Pm(n)$에 대하여 그것이 몇 번째 나오는가, 그리고 일의적으로 결정되는가의 두 가지 관점이라 할 수 있다. 한마디로 말하면, 자연수 전체와 $Pm(n)$ 전체가 어떻게 일대일 대응이 되는가를 알아보는 일이라 할 수 있다. 다시 말해 $Pm(n)$이 가부번화할 수 있느냐 또는 어떤 이름표를 붙일 수 있느냐 하는 문제다.

그런데 다음의 사실을 발견하게 된다. 즉, $Pm(m)$은 $2m2+2m$번째[8]에 등장하는 논리식이라는 사실을 발견하게 된다. 그러면 $Pm(m)$이란 무엇인가? 다름 아닌 대각선 상에 나타나는 논리식이다. 여기서도 대각선이 다시 등장하게 된다. 그리고 [그림 14-1]에서 $n$은 수직으로 그리고 $m$은 수평으로 배열돼 있는 것이 마치 방도의 그것과 완전히 일치하고 있다.[9] 그리고 방도 속의 유리수의 함 크기를 알기 위해서는 방도 속의 모든 수들을 지그재그로 나열하여 자연수와 일대일로 대응을 시켰고, 방도 속의 실수의 함 크기를 알기 위해서는 방도 속의 대각선을 뽑아내 나열하였던 것을 기억하기 바란다. 그런데 괴델은 칸토어가 한 이 두 가지 방법을 여기에서 동시에 모두 사용한다. 그리고 대각선 위의 수 $Pm(m)$과 다른 수들 $Pm(n)$ 사이의 관계를 다음과 같이 관찰한다.

형식적 체계에서는 '증명'도 기호에 속하는 유한열에 지나지 않기 때문에 이들의 논리식 속에는 초수학적 문장 "$n$번째의 논리식은 증명할 수 있다"는 논리식이 있을 수 있다. 이러한 문장을 나타내는 논리식을 $Pprov(n)$이라고 하자.[10] 여기서 한 가지 예에 속하는 어떤 논리식 $Qk$가 $k$ 번째의 것이라고 한다면, "$Q$가 증명될 수 있다"는 문장과 "$Pprov(k)$가 증명될 수 있다"는 문장은 결국 같은 의미를 지닌 문장

---

8) $(2+3+...+2m)+(m+1) = \dfrac{(2m(2m+1)+1)}{2} -1)+(m+1) = 2m^2+2m$

9) 여기서 말하는 방도는 라이프니츠의 방도 [그림 11-2]다.

10) 'prov'는 'Provable'의 약자임.

이라고 할 수 있다. 즉, 아래의 (1)과 같이 적을 수 있다.

$$\neg Qk = \neg Pprov(k) \ (1)$$

이제 위 논리식 (1)에 Pprove(n)의 n에 2m2+2m을 대입하면 그것은 다름 아닌 Pm(m)번째 논리식 Pm(m) 그 자체다. 여기서 Pm(m)의 성격에 대하여 한 번 생각해 보자. 여기서도 n=m이다. 이 말은 대상언어와 메타언어가 일치하는 것을 의미한다. 그리고 그것은 대각선상의 수이다. 이를 논리식으로 표현하면 (2)와 같다.

$$\neg Pm(m) = \neg Pprov(2m2+2m) \ (2)$$

이 된다. 그러면 이 논리식 (2)의 부정은 $\angle Pprov(2m2+2m)$이다. 그런데 이것도 한 변수의 논리식에 해당되기 때문에 어떤 자연수 mo가 존재하며 이를 다음과 같이 표현할 수 있다.[11]

$$\neg Pmo(mo) = \neg \angle Pprov(2m2+2m) \ (3)$$

그런데 (3)에서 m은 자연변수이기 때문에 이 m에 mo를 대입하는 것이 가능하다. 그러면 (4)와 같이 된다.

$$\neg Pmo(mo) = \neg \angle Pprov(2mo2+2mo) \ (4)$$

(4)를 문장으로 풀어 쓰면 좌측의 논리식은 "Pmo(mo)가 증명될 수 있다"는 것을, 우측의 논리식은 "2mo2+2mo번 째 논리식 즉 Pmo(mo)

---

11) ⌐는 '증명될 수 있다'를, ∠는 '증명될 수 없다'의 기호다.

는 증명될 수 있는 것에 대한 부정이 증명될 수 있다"와 같다. 바꾸어 말하면 "Pmo(mo)는 증명될 수 있다"를 의미한다.

리샤르 역설과 같이 결국 Pmo(mo)는 '증명될 수 있다'고 가정하면 "증명될 수 없다"이고, "증명될 수 없다"이면 "증명될 수 있다"이다. 즉, 논리식 Pn(n) 속에는 "증명되는 것도 그것의 부정도 증명될 수 있다는 것도 있다"는 것이 증명된 것이다(요사마사, 1993, 169). 이는 사실상 리샤르 증명에서 '참이다'를 '증명가능'으로 바꾼 것 이외에 그 논리적 구조는 같다고 할 수 있다. 다만 논리식을 방도의 구조와 같이 만든 다음 유리수의 함 크기와 실수의 함 크기를 가부번화할 때의 방법을 동시에 도입한 것이라 할 수 있다. 한마디로 말해서 대각선 논법의 직접적인 응용이라 할 수 있다. 방도는 괘에 순번을 붙였지만 여기서는 논리식에 순번을 붙였다. 우리는 새삼스럽게 방도의 괘 배열 방법의 위력을 발견하게 된다. 마치 판도라 상자와 같이 온갖 괴력이 방도 속에서 쏟아져 나왔다. 그러나 방도는 이러한 역설이란 괴물을 쏟아내는 구실을 할 뿐이다. 소강절은 방도에서 나온 역설을 원도를 통해 처리하고 있는 것이다.

방도가 괴력을 발휘할 수 있는 이유는 두 가지이다. 그 속에는 몇 번째냐 하는 순서수의 원리와 결정자가 구성자로 되는 멱집합의 원리 때문이다. 다시 말해 '부랄리-포르티'의 역설과 '칸토어의 역설'이 근본적인 괴력의 발원지라 할 수 있다는 것이다. 그런데 'R-성질을 갖는다'는 다름 아닌 괘사라고 할 때 괘사는 괘수의 성질을 일상 언어의 문장으로 설명하는 것이다. 리샤르의 역설은 다시 되돌아가 거짓말쟁이 역설 즉, "거짓말을 거짓말하면 참말이다"라는 역설을 재천명하는 것에 지나지 않는다.

그러면 방도는 이 역설을 어떻게 처리하고 있는가? 방도는 역설을 나타내고 있을 뿐이지 이것에 대한 처리를 말하고 있지는 않는다. 그러나 소강절은 이러한 처리를 원도를 통해 하고 있는 것이다. 원도는

64괘(또는 8괘)를 반으로 나누어 1-32는 시계 반대 방향[順]으로, 33-64는 시계 방향[逆]으로 원둘레 위에 배열한다. 다시 말해 순역을 일치시킨다. 순역을 일치시키는 것이 역설을 처리하는 방법인 것이다. 8괘의 경우는 1-4(건태이진)는 순으로, 5-6(손감간곤)은 역으로 배열한다. 그런데 이렇게 배열하는 방법에는 하도, 낙서, 정역의 차이가 있다. 이는 역설 처리의 다양성을 의미하는 것이다. 바로 III부와 IV부에서는 이 점에 대하여 집중적인 토론을 할 것이다. 다음 절에서 말할 내용은 리샤르 역설을 괴델이 어떻게 자기의 불완전성 정리에 응용하고 있는가를 보는 것이다. 이는 구조상에서 리샤르 정리의 연장에 불과하다고 할 수 있다. 실로 동양의 역 사상에서 그 화두가 현대 수학의 그것과 일치하고 있는 것이다. 칸토어의 대각선 정리에서 현대 수학의 난제들이 쏟아져 나왔듯이 역의 방도도 판도라 상자와 같은데, 소강절은 방도 주변에 원도를 그려 방도 속의 아포리아를 해결하려고 한 것이다. 그러나 19세기 한국의 정역은 원도 속의 불완전함을 발견하고 새로운 도형인 정역도를 그렸던 것이다.

## 14.6. 타르스키(Tarski)의 진리론과 TF 사슬고리

괴델의 '증명가능성'은 타르스키의 '참-거짓'의 진실 개임을 개조한 것이다. 이 결과는 의미론적 역설 모두에게 공통되는 것이다. 진리개념을 엄밀하게 정의하기 위해 타르스키는 먼저 정의되어야 할 개념을 다음과 같이 한정시켰다.

첫째, 진리개념이 적용되는 대상으로서 그는 무엇보다도 문장을 최우선으로 삼았다. 보통의 경우 신념, 판단, 또는 명제가 참이라는 뜻으로 적용되지만, 이들이 도대체 어떤 대상이냐에 대해서는 이론이 다양하기 때문에 결국, 진리개념이 적용되어야 할 대상에서 가장 적합한 것은 문장이다.

둘째, 우리가 문제로 삼는 '참'이라는 뜻은 대상과 일치하는 것이어야 한다. 이를 **진리대응설**이라고 한다. 즉, 어떤 문장이 진술하는 것의 대상과 대응이 가능하면 참이고 그렇지 않으면 거짓이다. 그런데 문제는 이러한 진리대응설에서 주장하는 진리의 개념을 어떤 방법으로 정확히 규정하느냐이다.

셋째, 따라서 그는 진리개념의 정의로서 만족할 기준을 정식화하여야 한다고 보았다. 좀 더 구체적인 예로 '눈(snow)은 희다'라는 문장을 생각해보면, (1)과 같은 논리적인 등치식이 성립한다.

'눈이 희다'라는 문장이 참이다 ≡ 눈이 희다 (1)

사실은 이 등치식이 바로 진리대응설의 요체다. 이 식(1)의 좌측에는 문장의 이름 또는 문장을 지시하는 표현이 들어 있고 우측에는 문장 그 자체가 들어 있다. 이를 좀 더 일반화하면 임의의 문장을 대문자 A라 하고 A의 이름 즉, A를 지시하는 것의 표현을 소문자 a라고 하면 다음과 같은 동치관계를 얻는다.

a가 참이다 ≡ A (2)

즉, (2)가 바로 진리개념의 정의에 대응하고 있다. 이를 두고 자기언급이라 한다. a가 A 스스로를 언급한다는 뜻이다.

의미론적인 개념이 어떤 이론에 대체되면, 거짓말쟁이 역설과 같은 의미론적 역설이 반드시 따른다. (2)의 조건을 만족하는 진리의 정의가 역설을 낳게 한다는 사실이 다음 예를 통해 쉽게 이해될 수 있다. 지금 우리는 '참'이라는 개념의 정의를 (2)와 같이 한다고 전제한다. 그러면 다음의 문장을 두고 생각해보자.

"이 문장 (3)은 참이 아니다" (3)

'문장(3)'은 (3)의 문장을 지시하는 이름이다. 자기언급적이다. 그러면 (2)의 조건에 따라, 아래와 같은 모순을 얻게 된다.

'문장 (3)은 참이 아니다' ≡ "문장 (3)은 참이다" (4)

"'문장 (3)은 참이 아니다'라는 문장 (3)은 참이다"와 같다. 여기서 좌측의 문장은 소문자로서의 문장이고 우측의 문장은 대문자로서의 문장인 것이다. 대문자는 소문자를 자기 지시하고 있는 문장이다. 이 역설을 분석하면 다음의 두 가지 사실이 밝혀진다.

( i ) 진리개념을 내포한 언어에는 그 언어 자체의 표현에 대해 주장하는 수단 즉, 언어의 이름이나 문장의 기술 자체 등이 포함되고,

(ii) 이 언어 안에서 충분하게 논리법칙이 정식화되면 이 언어 안에서는 역설이 발생함이 밝혀진다.

이 역설을 극복하기 위해서는 ( i ) 또는 (ii) 조건 가운데 어느 하나를 극복하여야 했다. 그런데, 조건 (ii)는 극복 불가능하므로 오직 가능한 방법은 조건 ( i )를 거부하는 방법뿐이다. 따라서 결론적으로, 어느 정도 이상으로 복잡한 언어 안에서는 그 언어 자체가 참이 되는 문장을 완전하게 정의하는 것은 불가능하다고 할 수밖에 없다. 타르스키는 이 결과를 '정의가능성', '지시관계', '충족가능성' 등과 같은 여러 의미론적 개념으로 일반화할 수 있음을 밝혔다.

우리는 이러한 문장의 역설을 TF사슬을 통해 생각해 볼 수 있었다. 소문자와 대문자가 서로 다음과 같이 뒤바뀜(사상)하는 데서 역설이

발생한다(7. 3. 참고).

"below sentence is false" is Above sentence(문장 1)
"above sentence is true"is Below sentence(문장 2)

여기서 below=b, above=a, false=F, true=T, Below=B, Above
=A라고 기호하면, 다음과 같게 된다.

bF = A 문장 1
aT = B 문장 2

이제 자기언급의 원리 또는 멱집합의 원리에 따라 같은 문자의 소문
자와 대문자를 서로 교환한다. (문장 2)의 B를 (문장 1)의 b와 교환하
면 문장 3이 된다. 같은 방법으로 계속하면 (문장 4), (문장 5), ……
같은 시리즈가 만들어진다.

aTF = A 문장 3
bFTF = A 문장 4
aTFTF = A 문장 5
……
메타화 ⟵⟶ 대상화

좌로 향하는 것은 고공비행의 메타화이고 우측으로 향하는 것은 저
공비행의 대상화이다. 소문자가 서로 교환하는 것은 마치 거울 속에
서 난경 현상(사상)이 생기는 것과 같다고 할 수 있다. 다른 말로 하
면 3차원의 물체를 위에서 내려다보면 2차원 평면으로 보이는 것과도
같다. 메타화란 결국 차원의 문제와 일치한다. 메타의 메타는 **차원이**

높아져 가는 것과 같다. 그렇다면 역설은 고차원이 저차원과 서로 교차하는 데서 생기는 현상이라고 할 수도 있다. 고차원의 물체를 저차원의 위에 사영시키는 것을 특히 사상(寫像, mapping)이라고 한다. 사영이란 거울의 반영(mirroring) 현상이라고 할 수 있다. 아래 위상기하학에서 다루는 사영 기하학에서 사상의 문제를 다시 다룬다. 그런 의미에서 사상과 사영은 같은 의미라 할 수 있다.

그렇다면 우리가 역설을 다루면 반드시 집고 넘어가야 할 분야가 사영 기하학(projective geometry)의 문제라고 할 수 있다. 리샤르 역설은 대상언어에 메타언어가 사영될 때 즉, 사상 현상 혹은 반영 현상에서 생긴 것이다. 이는 마치 3차원의 건축물을 2차원의 청사진에 투영시키는 것과 같다. 다음 [그림 14-2]에서 A, B, C가 선 I 선상에 있다. 그리고 A′, B′, C′는 선 II 선상에 있다. 이 두 선이 서로 만나는 점을 R, S, T라고 하자. 그러면 R, S, T는 두 선이 사상되어 하나의 선을 만든 것이다. 두 선이 만나 서로 간섭을 하여 새로운 제 3의 선 III을 만들어 놓았다. 그러면 새로 만들어진 선상에 있는 R, S, T는 과연 두 개의 선 위에 있는 점들과 같은 차원의 그림인가 아닌가? [그림 14-2]은 사영 기하학에 속하는 수학의 한 분야에 해당한다(네이글, 2003, 83).

대상과 메타는 차원의 문제로 환원될 수 있다. 3차원이 2차원에 사상될 때 역설이 발생한다. 그러면 그것을 혼동하지 않으면 된다고 할 것이다. 그러나 그것이 불가능하다는 데 문제의 심각성이 있다. 실제 건물과 청사진을 두고 어느 것을 집이라고 할 것이냐고 물으면 두 개 다를 '집'이라고 할 것이다. 그러나 청사진(blue print)은 종이 조각이지 사람이 살 수 있는 집이 아니다. 그러면 "'집'은 집이 아니다"라는 역설을 불러 오게 된다. 이는 마치 중국의 명가가 "말은 말이 아니다"라고 하는 것과 같다고 할 수 있을 것이다.

괴델이 그의 논문에서 수행한 핵심 사상은 다름 아닌 '사상'이다(여

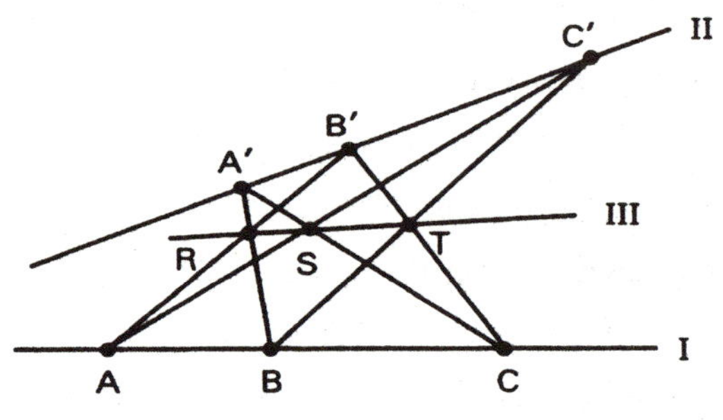

[그림 14-2] 직선상의 사상과 사영

기서 말하는 사상(寫象)은 사상(四象)과 다름). 힐베르트가 청사진을
집이라고 고집한다면, 괴델은 청사진과 실제 집 사이를 왕래하면서
그것을 연결시키는 작업을 한다. 그것을 고공 비행과 저공 비행에 비
유한 것이다. 고공이란 청사진을 의미하고 저공이란 실제의 집을 의
미한다. 이 양방향적 작업을 우리는 괴델을 통해 볼 수 있게 된다. 그
는 힐베르트와 같이 형식화한 산술 계산식에 대한 초수학적 명제가
산술 계산식의 범위 안에서 산술적 공식으로 표현될 수 있다는 것을
증명해 보인다. 그 결과 괴델은 "참 값이라고 진술된 어떤 초수학적
명제에 대응하는 산술 공식이나 명제와 그것의 부정에 대응하는 산술
공식은 어떤 것도 산술 계산식 안에서 증명될 수 없다"는 것을 증명
한다(네이글, 2003, 85).

# IV부
## 역과 괴델의 불완전성 정리

# 15. 괴델 정리와 위상역

## 15.1. 괴델수와 역수의 관계

괴델 정리를 설명하기 위한 정지작업이 겨우 끝났다고 할 수 있다. 지금부터는 괴델 정리 그 자체를 말할 차례다. 괴델 정리는 순수 수학이라기보다는 그 주위에 신비감마저 감도는 종교적, 신학적 의미를 지니는 것이라 할 수 있다(캐스티, 2002, 59). 우리는 이 책에서 괴델을 역과 연관시킴으로써 충분히 이러한 성격을 반영하고 있다고 본다. 역에서 수와 상과 사를 트로이카로 만드는 기법이 바로 괴델 정리 이해의 첩경이기 때문이다.

서양 수학사에서는 한 번도 수학을 문장의 구문론적으로 이해한 적은 없다. 유클리드가 수학에서 이들을 제거했기 때문이다. 역을 알고 있었던 라이프니츠가 수에 기호를 첨가한 것은 결코 우연이 아니다. 그가 역에서 2진법을 알았다는 것 이상의 의미를 갖는 것이 바로 수에 기호를 도입했다는 점이다. 이렇게 라이프니츠를 효시로 하여 러셀과 화이트헤드가 수를 기호화하는 작업은 이미 20세기 초 《수학원론》에서 거론된 바 있다. 그 이후 수에 문장을 도입한 인물이 바로 힐베르트이다. 힐베르트는 수학을 철저하게 형식화하였고, 그 형식 체계는 기호들을 조작하는 기계적 규칙일 뿐만 아니라 수를 문장적 구문론적으로도 접근할 수 있다는 사실을 밝혔다. 이렇게 수학을 일상 언어적 문장으로 돌려 놓자 금방 나타나는 현상이 바로 거짓말쟁이 역설이었다. 이는 상상하지 못했던 불청객이었다. 그 이후 수학 100년사는 이 불청객을 수학에서 추방하는 노력이었다.

그러나 수학의 이러한 노력은 수포로 돌아가고 말았다. 괴델이 다른 수학자들과는 달리 수, 기호, 문장을 사상시키는 기법을 사용했기 때문이다. 사상이란 예를 들면 다음과 같다. 아리스토텔레스의 "모든 사람은 죽는다"는 삼단논법상의 '대전제'에 해당한다. 이때 이러한 '대전제'는 논리적인 메타언어 자체를 대상언어에 넣어 문장을 만들어 버리는 기법을 사용하고 있는 것이다. 이는 마치 양면의 벽에 걸려 있는 거울 앞에 섰을 때 끝없는 난경 현상이 일어나는 것과 같다. 그래서 캐스티는 이를 두고 **반영착상**(mirror idea)라고 했다(캐스티, 2002, 60). 이는 또 비행사가 저공과 고공 비행을 하는 것과 같으며, 비행체 자체를 뒤집는 행위와도 같다고 할 수 있다. 많은 비행사들이 바다 위에서 비행체 자체를 뒤집으며 고공과 저공 비행을 하다가 바다를 하늘로 착각하여 생명을 잃는 경우도 있다고 한다. 이런 착시현상을 두고 버티고(vertigo)라고 하는데, 달리 반영착상이라고도 한다.

이러한 반영착상이 인류 문명사에 처음으로 역으로부터 그 출발점이 있었다고 본다. 역의 수와 상 그리고 사는 거울 속에 같은 물체가 반영되고 반영되는 반영착상과 같다고 할 수 있기 때문이다. 러셀과 화이트헤드는 《수학원론》에서 논리학의 기호법을 사용해 대수학, 기하학, 그리고 해석학마저 기호로 되돌려 놓았다. 수를 괘상으로 바꾸는 작업을 했다는 것이다. 《수학원론》 서문에서 러셀과 화이트헤드는 책을 쓰게 된 두 가지 동기를 칸토어와 페아노에서 찾고 있다. 다시 말해서 칸토어의 집합론에서 생긴 난제와 페아노가 시도한 논리적 기호와 수의 관계 바로 그것이다.[1] 책 서문에서 언급하고 있는 두 인물

칸토어와 페아노는 각각 누구인가? 전자는 수학에서 집합론의 역설을 발견한 인물이고, 후자는 라이프니츠를 계승하여 수학을 기호하는 작업을 거의 완성시킨 인물이다. 이 두 인물이 제기한 수학의 문제성 즉, 역설의 문제와 그것을 기호를 통해 극복하기 위해 《수학원론》이 저술된 것이다.

괴델은 힐베르트의 형식화 작업과 러셀-화이트헤드의 작업을 더 체계화시켰다. 그는 기호 위에 문장을 도입했다. 일명 그의 수학을 초수학 또는 메타수학이라고도 한다. 그러면 괴델이 힐베르트와 러셀-화이트헤드를 넘어서 해 놓은 업적은 무엇으로 평가할 것인가? 고공과 저공의 비유는 막상 화이트헤드가 사용한 것이다. 화이트헤드는 철학이란 고공과 저공을 동시에 수행해야 한다고 했다. 수학자로서의 러셀은 고공 비행만 하다가 결국 《수학원론》을 완성시키지 못하고 말았다. 그의 고공 비행이란 그의 유형론을 두고 하는 말일 수 있다. 기호의 사다리를 놓고 역설을 피하기 위해 위로 기어오르면 된다는 기법이 바로 유형론의 기법인 것이다. 그러나 높이 날지 않아서가 아니고 저공 비행을 하지 않았기 때문에 역설 극복에 실패한다. 이와는 달리 화이트헤드는 후기 하버드에서 철학 즉, 유기체 철학을 통해 양방향을 동시에 하고 있다고 본다. 그의 '유기체(organic)'란 말 자체가 고공과 저공 사이의 유기적 관계와 왕복을 의미하기 때문이다. 고공과 저공을 의미하는 양극적 개념은 화이트헤드의 철학 어디서나 발견할 수 있다.

---

1) On the one hand we have the work of analysts and geometries, in the way of formulating and systematising their axioms, and the work of Cantor and others on such matters as the theory of aggregates. On the other hand we have symbolic logic, which, after a necessay period of growth, has now, thanks to Peano and his followers, acquired the technical adaptability and the logical comprehensiveness that are essential to a mathematical instrument for dealing with what have hitherto been the beginning of mathematics(Whitehead and Russell, 1962, v).

1931년에 수행된 괴델의 불완전성 정리는 리샤르 역설에 나타난 고공과 저공 어느 하나의 단점을 목격하고 고안된 것이라 할 수 있다. 그런 의미에서 괴델 정리는 화이트헤드의 철학에 논리적 배경이 된다고 보는 것이다. 그러나 동양의 역에서도 이미 수천 년 전부터 유기체 철학을 통해 상과 수와 사의 상관관계를 말하고 있다. 역이 수와 상과 사를 삼위일체로 보는 것이야말로 현대 수학이 모색하는 바 바로 그것이라고 할 수 있다는 것이다. 이러한 이유로 괴델의 작업은 역의 작업과 매우 근접하는 유사성을 보여 주고 있다. 우리는 지금까지 역의 방도에서 현대 수학의 중요한 개념들이 모두 나오는 것을 보았다. 방도 주변에 그려져 있는 원도의 의미를 볼 차례이다. 소강절이 왜 방도와 동시에 그렸는지 알아 볼 차례이다. 방도가 역설을 쏟아 낸다면 원도는 그 역설을 처리하기 위해서 고안되었다고 할 정도이다.

화이트헤드는 형이상학에 대하여 말하기를, 비행기가 고공비행을 하다가 지상에 착륙한 뒤 다시 이륙하는 것과 같다고 했다(화이트헤드, 1991, 39~49). 수학 역시 이러한 상향과 하향의 양 방향적 운동을 동시에 겸해야 한다. 그러나 지금까지의 수학자들은 이런 두 방향의 운동 가운데 한 방향만을 고집해왔다고 할 수 있다. 이러한 두 방향의 운동을 동시에 진행한 수학자가 바로 괴델이다. 그 이유를 밝히는 것이 괴델의 수학 사상을 이해하는 첩경이라고 할 수 있다. 그리고 이러한 상향과 하향의 두 방향의 연구를 동시에 진행시키는 과정을 검토함으로써 괴델 정리를 한결 쉽게 이해할 수 있다. 힐베르트 같은 수학자는 초수학이라는 밀랍으로 된 날개를 달고 태양 주위를 고공비행을 하다가 태양 근처에서 그만 밀랍이 녹아 한없이 추락하고 만 이카루스와 같다.

이제 수학자들은 비행기의 조종사가 아니라 정비공의 처지에서 자기들이 사용한 비행체 자체를 정비해 볼 필요성을 느끼게 된다. 문제가 생긴 곳부터 그리고 그 부분만을 점검해 보면 될 것이다. 문제가 된 부분이란 다름 아닌 유클리드 공리계 그 자체이다. 유클리드 공리계에서 가장 기초가 되는 것은 1, 2, 3, …… 같은 자연수의 체계 위에 나타난 집합론이었다.[2] 사실 이러한 점검은 유치원생들도 할 수 있는, 수학에서는 가장 기초적인 것이다. 그래서 적어도 여기서만은 역설이 나타나지 말아야 하는데, 그럼에도 역설이 나타났으니, 이것은 충격이고 의외가 아닐 수 없다. 사실 이 문제는 20세기 수학이 풀어야 할 최대의 화두라고 할 수 있을 정도로 심각한 것이었다(김용운, 1993, 251). 자연수에서마저 나타난 역설을 해결하기 위해 3파전에 이어 괴델이 마지막 주자로 등장한다. 괴델은 자기가 해낸 업적으로 20세기 20 번째 안에 들어가는 지성인이 되었다.

이제 괴델이 고공과 저공의 두 가지 상반된 전략을 어떻게 구사하여 세기적인 증명을 해내는가를 살펴보기로 한다. 비록 전략은 달랐지만, 직관주의자 브루웨어나 형식주의자 힐베르트는 모두 역설이라는 공동의 적과 싸우는 데 공통점이 있었다. 그들은 역설을 아직 극복의 대상으로 삼았다는 점에서 공통점이 있었던 것이다. 칸토어의 집합론을 두고 소박 집합론이라고 하는 이유는, 그가 아직 이러한 복잡한 양상의 무풍지대에 서 있었기 때문이다. 그는 수와 수를 일대일로 대응시키는 방법밖에 몰랐다. 그러나 자연수 집합을 통하여 "전체는 부분보다 크다"는 유클리드의 공리를 단숨에 뒤집어엎은 것은 경이적이라고 할 수 있다. 그는 초한수를 발견한 초기에 '역설'의 정체를 파악했어야 했다. 그러나 초한수들의 무한을 발견하고서야 그는 역설을 만나고 말았다. 왜냐하면 그 이전에는 수학에 역설이 나타나리라고는 그 누구도 생각하지 못했기 때문이다.

칸토어 이후 집합을 다루는 방법에는 두 가지가 있었다. 종전처럼 초월적으로 집합을 다루는 관점과 구성적으로 다루는 새로운 방법이

---

2) 물론 여기에서 말하는 '집합론'은 초기의 집합론에 나타난 모순을 제거한 새로운 집합론이다.

바로 그것이다. 수학자들은 두 가지 방법 가운데 어느 한쪽에만 치우쳐 있었다. 이렇게 집합론을 다루는 방법론이 나뉜 이유는 역설을 극복하기 위하여 자연수를 기호논리로 대응시키는 방법[논리주의적 방법]과 자연수를 문장으로 바꾸는 방법[형식주의적 방법]으로 나뉘었기 때문이다. 이는 마치 역에서 상수역과 의리역으로 갈라지는 것과도 같다고 할 수 있다. 그렇다면 수를 다루는 방법은 크게 세 가지로 볼 수 있다. 즉, (1) 자연수와 자연수를 대응시키는 방법[칸토어], (2) 자연수와 기호논리로 대응시키는 방법[러셀], (3) 자연수를 문장으로 대응시키는 방법[힐베르트]으로 대별하여 생각해 볼 수 있다. 러셀의 기호 논리학파를 상수역에 견준다면, 힐베르트의 초수학은 의리역에 비교할 수 있을 것이다.

이런 점에서 볼 때 역의 역사 역시 수학의 역사와 별 다른 점이 없어 보인다. 한대의 상수학파와 송대의 의리학파 사이에 상-수-사의 트로이카 가운데 어느 하나를 중요시하느냐에 따라서 역에서도 세 학파가 나뉜다. 상을 취하는 한대의 취상파에 이어 송명대의 뜻을 취하는 취의파에 따르는 의리역파들은 역을 추상화해 사변적이게 만든다. 이는 마치 서양 중세기 스콜라 학파가 범하는 우를 범한다. 즉 이들은 고공비행만을 고집한 반면에 취상을 택하는 상수역파들은 구체적인 괘의 상에 집착함으로써 저공비행만을 고집한다. 이는 결국 철학의 근본적인 문제인 추상과 구상, 보편과 특수의 관계에서 이의 조화를 이루어 낼 수 없는 인간 이성의 한계를 서양의 수학이나 동양의 역이 그대로 노정시킨 결과라 할 수 있다. 지금부터는 이 양면성을 어떻게 하나로 묶어 보느냐가 남겨진 큰 과제다.

예를 들어 64괘 가운데 7번 사(師)괘(䷆)의 경우 괘상은 '곤상감하(坤上坎下)'이고, 그 의미는 '지수사(地數師)'다. 이때 전자를 택하면 취상이 되고 후자를 택하면 취의가 된다. 그런데 취상이나 취의는 모두 한 가지 공통점이 있다. 그것은 다름 아닌 $8^n$에 따라 기본 단위를 생각하고 있다는 점이다. 그러나 효위설은 전체 괘상에서 효상(爻象)이 처한 위치를 가지고 괘효사를 설명하는 것이라 할 수 있다. 이는 하나의 괘 안에 있는 6개 효의 위치를 가지고 괘를 설명하는 것이라 할 수 있다. 효위설은 매우 다양한데, 당위설, 상응설, 득증설, 추시설, 승승설, 괘변설, 강유소장설 등이 있다. 효위설은 기본 단위를 $2^n$에 두고 있다는 점에서 다른 두 설과 다르다. 이러한 여러 설들이 괴델의 수 이해와 어떤 상관성이 있는지를 고찰할 차례다.

## 15.2. 정항기호와 변항기호

괴델은 천상과 지상을 오르내리기 위해서 하나의 수레를 만들었다. 단군 신화에서 환웅이 타고 내려왔다는 구룡거 같은 것 말이다.[3] 신화는 옛날 신선들이 이런 구룡거를 타고 천지를 자유롭게 왕래했다고 전하고 있다. 이러한 구룡거에 해당하는 것이 바로 괴델수(Gödel Number)라는 것이다. 부처가 사용한 여의주같이 괴델수는 이제부터 문장에서 수로, 수에서 문장으로 자유롭게 변환시켜 주는 구실을 한다. '여의주(如意珠)'란 말 그대로 '만사가 뜻대로 된다'는 것 아닌가? 괴델의 여의주는 지금까지 수학의 기반이었던 유클리드 공리 같은 것을 여지없이 해체해 버린다. 그런데 수에는 유리수, 무리수 등 여러 가지 종류가 있다. 괴델은 이런 수들 가운데 가장 확실하다고 여겨지는 자연수를 괴델수로 사용하고 있다. 이는 증명의 신빙성을 높이기 위함이다.

자연수에서 불완전성이 나타난다면 다른 수에서도 역시 불완전성

---

3) 이 신화적인 비유는 단군신화에서 환웅이 하늘에서 내려오는 것을 두고 하는 상징적 표현이다. 무씨사당 벽화에 따르면, 하늘에서 내려올 때 환웅은 아홉 마리 용이 끄는 수레, 즉 구룡거를 타고 내려온다.

이 나타나리라는 것은 더 말할 필요가 없다. 그러므로 괴델수에 대한 공포감을 미리부터 가질 필요는 없다. 괴델은 일상적인 문장을 가장 확실한 자연수로 바꾸었기 때문이다. 다른 것도 아닌 문장을 수로 바꾼 것이기 때문에 괴델은 일약 세기적 공헌을 하게 된 것이다. 문장마다 숫자를 하나씩 매긴 다음 그 숫자를 보고 원래 문장을 다시 찾아낸다. 여기서 숫자는 구체적인 것이다. 그래서 수는 땅에 속한다. 반면 문장은 추상적인 것이다. 이렇게 수학에서 말하는 추상과 구체의 구별은 다른 점이 있다. 이런 괴델의 작업은 역에서 상·수·사의 관계를 설명하는 데 도움을 줄 것이다.

괴델은 기초 기호, 각각의 공식(혹은 부호의 연결체), 그리고 각각의 증명(혹은 공식의 유일한 연결체) 등 삼자관계를 일대일 대응의 관계로 만들 수 있는 '유일한 수(unique number)'가 있다고 최초로 생각한 수학자이다. 그러나 다음에 말하겠지만 이 기법은 역이 생기는 순간부터 사용한 것에 지나지 않는다. 칸토어의 대각선 정리가 역에서 배우지 않았나 하는 의심을 갖게 하듯이, 괴델이 최초로 사용한 이 기법마저도 역에서 가져간 것 같은 의심을 자아낸다. 괴델수 부여 방법은 괴델이 1931년 논문에서 처음으로 사용한 것이다. 괴델수는 식별표와 같은 것이다. 마치 역의 괘와 사와 수가 그러하듯이 말이다.

기본 기호는 두 종류로 나뉘는데, 그것은 '정항기호(定項記號)'와 '변항기호(變項記號)'이다. 정항기호는 원래 일곱 개였으나 여기서는 열 개로 한다. 논리적 전개가 복잡해지는 것을 피하기 위해서이다. 열 개의 정항기호를 가장 편하게 생각할 수 있도록 1에서 10까지의 정수로 한다.4) 정항기호는 이미 중·고등학교 수학 교과서에서 익숙한 기호들이다.

괴델은 모든 원시기호나 논리식 그리고 이들의 논리적인 관계를 나

---

4) 정항기호의 수는 괴델의 본 논문에서는 7개였다. 그러나 논리 전개의 편리를 위해서는 10개 필요하다. 그것은 어디까지나 편리를 도모하기 위함이다(네이글, 2003, 88).

| 괴델수(수) | 정항기호(상) | 의미(사) |
|:---:|:---:|:---:|
| 1 | ~ | '부정'의 기호 |
| 2 | ∨ | '혹은'의 기호 |
| 3 | ⊂ | '만일 …이면'의 기호 |
| 4 | ∃ | '…이 존재한다'의 기호 |
| 5 | = | '…와 …이 같다'의 기호 |
| 6 | O | 영(零) |
| 7 | s | '…의 다음'(후자) |
| 8 | ( | 괄호의 왼쪽 부분 |
| 9 | ) | 괄호의 오른쪽 부분 |
| 10 | , | 콤마를 나타냄 |

〔표 15-1〕 괴델수와 정항기호의 대응

타내는 식 또는 수학적인 표현식들이 논리기호와 논리의 변항과 수를 나타내는 기호의 유한한 열이 있다고 생각한다. 수학적 증명이나 이론 전체가 그와 같은 유한한 기호열의 유한한 열로 나타낼 수 있다는 관점에서 그의 방법은 출발한다. 괴델은 모든 기호에 고유번호를 하나씩 정해주고(이를 그 기호의 괴델수라 함), 논리적이거나 수학적인 표현과 자연수의 유한한 열로 이를 정한다. 에덴동산에서 분리된 사물과 이름을 다시 하나로 연결되는 작업을 괴델이 한 것이다.

이상 열 가지 불변하는 정항기호 외에 세 종류의 변항기호가 있다. 세 종류란 수식변항(numerical variable), 명제변항(sentential variable), 술어변항(predicate variable)을 말한다. 수식변항에는 x, y, z의 세 가지가 있다. 명제변항 또는 문장변항에는 p, q, r의 3 가지가 있다. 이는 수학의 공식과 같은 것을 문장으로 나타낸 것이다. 마지막으로 술어변항에는 P, Q, R의 세 가지가 있다. 이는 "……보다 크다" 또는 "작다"와

| 변항기호 | | 괴델수 | 대입 예 |
|---|---|---|---|
| 수식변항 | x | 11 | o |
| | y | 13 | so |
| | z | 17 | y |
| 명제변항 | p | $11^2$ | o＝o |
| | q | $13^2$ | (∃x)(x＝sy) |
| | r | $17^2$ | p⊃q |
| 술어변항 | P | $11^3$ | 작다. |
| | Q | $13^3$ | 복잡하다. |
| | R | $17^3$ | ....보다 크다. |

〔표 15-2〕 각 변항의 괴델수

같은 것으로, 술어를 대신하는 것을 뜻한다.

여기서 잠깐 [표 15-2]에 대해 설명을 하면 다음과 같다. 변항기호 가운데 있는 '수식변항(數式變項)'의 경우는 10보다 큰 소수(素數)(11, 13, 17)가 괴델수로 주어진다. 그리고 p·q·r과 같은 '명제변항(命題變項)'은 10보다 큰 소수의 제곱을 괴델수로 주어진다. 그리고 P·Q·R과 같은 술어변항에는 10보다 큰 소수의 세제곱이 괴델수로 주어진다.

괴델 자신도 말한 것처럼, 그의 두 가지 증명을 처음부터 어렵다고 생각해 버리면 일을 그르치고 만다. 우선 괴델 증명은 아주 쉽다고 생각해야 한다. 초등학생들, 아니 유치원생들이 처음 수를 배울 때 하는 일대일 대응 방법 이상도 이하도 아니라고 생각해야 한다. '문장'을 '괴델수'로, '괴델수'를 '문장'으로 일대일 대응시켜 바꾸는 작업만 하면 되기 때문이다.

그러면 먼저 다음과 같은 '문장'이 있다고 하자.

<문장 1> y의 후속자 x가 존재한다.

이 문장을 기호열로 바꾸면 다음과 같이 된다. <문장 1>과 아래의
<기호열 1>은 사실상 같다. 사를 상으로 바꾸어 놓은 것이다. "어떤
x가 있는데 그것은 y의 후속자이다"와 같다.

<기호열 1> (∃x)(x=sy)

위의 표 1에서 s는 정항기호에 속하며 문장으로는 '…의 후속자
(successor)'라고 해둔 점에 유의하자. 이제 [표 15-1]에 따라 기호열
과 괴델수를 일대일로 대응시키면 뒤에 나올 [표 15-3]과 같아진다.
　괴델수 하나하나에 문장의 기호들을 하나씩 붙여보았다. 위의 기호
에 해당하는 문장은 완전히 독자적이어야 한다. 그런데 괴델수는 1에
서 10까지의 자연수였다. 그리고 자연수는 어느 기호식에도 해당할
수 있다. 그렇다면 기호식 하나에 그것에 해당하는 단 한 가지 열의
괴델수를 어떻게 만들 것인가? 문장의 의미는 하나뿐이다. 그렇다면
그 문장에 해당하는 단 하나의 기호를 어떻게 만들 것인가? 이것 역
시 어려운 문제는 아니다. 자연수 가운데 **소수(素數)**라는 것의 열은
단 한 가지뿐이다. 소수란 1과 자기 자신으로밖에는 나뉘어 질 수 없
는 2, 3, 5, 7, 11,…… 같은 수이기 때문이다.5) 그래서 소수열은 유일
회적으로 나열할 수 있는 수의 계열이다. 이는 역에서 64괘 속의 효가
오직 유일회적으로 나열될 수 있는 것과 연관하여 매우 중요하다. 여
기서 소인수분해(素因數分解)란 소수들의 곱의 형식으로 수들을 표현
하는 것을 의미한다. 그리고 소인수분해는 이밖에 다른 방법이 없기
때문에 이를 소인수분해의 일의성이라고 한다. 다시 말해서, 어느 자
연수와 그것의 소인수분해 사이에는 일대일 대응이 가능하다. 단 한
번밖에는 대응이 안 되며 그래서 일의성을 갖는다. 소인수분해가 절

---

5) 아직도 수학자들은 얼마나 많은 소수가 있는지, 그리고 소수가 배열되는 데 어떤 규칙
　성이 있는지 모르고 있다.

체절명으로 필요한 이유는 하나의 문장을 단 하나의 괴델수로 일대일 대응시켜 바꿀 수 있기 때문이다. 이는 역에서 하나의 괘가 오직 일의성을 갖는 것과 같은 의미를 갖는다. 이러한 오직 일의성을 도모하기 위해서 괴델과 역은 어떤 노작을 하고 있는가를 살펴볼 차례다.

하나의 별이 이 지구상의 단 한 사람에게만 해당되듯이, 단 하나의 괴델수는 단 하나의 문장에만 해당된다. 괴델이 소인수분해의 일의성을 사용한 이유도 유한개의 기호열을 가지고 일의적으로 초수학적 문장을 표현하기 위해서였다. 그러면 역으로 소인수분해된 어떤 수를 보면 그것에 해당되는 기호들을 찾아낼 수도 있을 것이다. 이렇게 기호와 문장에 대응하는 수를 괴델수라고 한다. 그래서 괴델수는 철저한 일부일처제를 선호한다. 64괘의 조합은 수많은 인간들의 운명을 일대일로 대응시킬 수 있다. 점(占)은 이러한 일대일 대응을 통해 이루어진다.

이러한 소수의 소인수분해라는 성격을 이용해서 괴델은 기상천외의 발상을 한다. 즉, 자기의 괴델수를 이런 소수의 지수(제곱수)로 만들면, 어떤 문장이라도 일의성으로 표현할 수 있다는 발상을 한다. 위의 기호열로 된 식의 괴델수를 2부터 시작하는 소수들을 먼저 만들고 이들을 지수로 만들면 다음과 같다. 먼저 [표 15-1]과 [표 15-2]에서 해당되는 수와 소수를 골라서 일대일 대응시키면 다음에 나올 [표 15-1]과 같다.

2, 3, 5, 7, 11, 13, 17, 19, 23, 29 [모두 소수들]

위의 괴델수를 이들 소수의 지수로 만들고, 이를 곱하여 얻어진 수가 바로 '(∃x)(x=sy)'의 괴델수이다. 기호열은 문장 "x가 y의 바로 다음 것이 되는 x가 있다"(문장 1)로 읽을 수 있는데, 이 문장을 괴델수로 표현하면 다음과 같아진다.

| ( | ∃ | x | ) | ( | x | = | x | y | ) |
|---|---|---|---|---|---|---|---|---|---|
| 8 | 4 | 11 | 9 | 8 | 11 | 5 | 7 | 13 | 9 |
| ↓ | ↓ | ↓ | ↓ | ↓ | ↓ | ↓ | ↓ | ↓ | ↓ |
| 2 | 3 | 5 | 7 | 11 | 13 | 17 | 19 | 23 | 29 |
| ↓ | ↓ | ↓ | ↓ | ↓ | ↓ | ↓ | ↓ | ↓ | ↓ |

$$2^8 \times 3^4 \times 5^{11} \times 7^9 \times 11^8 \times 13^{11} \times 17^5 \times 19^7 \times 23^{13} \times 29^9$$

〔표 15-3〕 기호열과 괴델수의 일대일 대응

여기서 잠시 위의 표에 대한 설명을 하자면 다음과 같다. 변항기호 가운데 $x \cdot y \cdot z$와 같은 '수식변항(數式變項)'의 경우, 여기에서는 10보다 큰 소수(素數)가 괴델수로 나타나 있다. 그리고 $p \cdot q \cdot r$과 같은 '명제변항(命題變項)'을 보면 10보다 큰 소수의 제곱이 괴델수로 나타나 있다. 그리고 $P \cdot Q \cdot R$과 같은 술어변항에는 10보다 큰 소수의 세제곱이 괴델수로 있다.

이제 마왕이 구룡거를 타고 괴델수라는 여의주를 든 채 어떻게 천지를 왕복하는 고공과 저공비행을 동시에 수행하고 있는지를 살펴보기로 하자. 마치 거리의 점쟁이들과 같이 괴델 자신도 말한 것처럼, 괴델의 두 가지 증명을 처음부터 지레짐작으로 어렵다고 생각해 버리면 일을 그르치고 만다. 역의 의미 가운데 '쉽다'라는 의미를 괴델 증명에도 적용하라는 말이다. 다만 우리에게 익숙하지 않은 방법을 사용하고 있을 뿐이다. 그래서 우선 괴델 증명은 아주 쉽다고 생각해야 한다. 유치원생들이 처음 수를 배울 때 하는 일대일 대응 방법 이상도 이하도 아니라고 생각해야 한다. '문장(사)'을 '괴델수(수)'로, '괴델수'를 '문장'으로 일대일 대응시켜 바꾸는 작업만 하면 되기 때문이다.

그러면 먼저 위 <문장 1>과 <기호열 1>을 다시 불러온다.

<문장 1> "y의 후속자 x가 존재한다" 초수학 문장[주역의 사(辭)]

이 문장을 기호로 바꾸면 다음과 같다.

<기호열 1> $(\exists x)(x=sy)$ 논리식[주역의 상(象)]

s를 정항기호에서 '~의 후속자(successor)'라고 해둔 점에 유의하자. 이제 [표 15-1]에 따라 기호열과 괴델수를 일대일로 대응시키면 [표 15-3]과 같아진다. 지금까지의 작업은 어디까지나 괴델 정리로 가기 위한 정지 작업에 불과하다. 이제 구체적인 예를 들어 그것을 역과 연관시켜 보기로 하자. 예 '$(\exists x)(x=sy)$'라는 공식을 살펴보자. 이를 하나의 괘라 생각해도 아무 상관 없다. 이 공식을 이제 정항과 변항기호에 있는 기호의 의미에 따라 번역을 하면 'x가 y의 바로 다음 것이 되는 x가 있다'이다. 이 말을 다른 말로 하면 '모든 수는 바로 다음 수를 갖는다'로 된다. 또 다시 역의 말로 바꾸면 '모든 효는 다음 효가 있다' 혹은 '모든 괘는 다음 괘가 있다'로 될 수 있다. 이제 정항과 변항기호표로 가서 이 공식에 해당되는 10개의 수를 차례로 찾아보아 그것을 공식의 기호와 대응을 시키면 다음과 같다. 이는 마치 괘에 해당되는 수를 대응시키는 것과도 같다고 할 수 있다. 하나의 괘에는 하나의 수가 유일회적으로 있듯이 이 공식에 해당하는 수도 아래와 같이 하나 뿐이다.

이제 괴델수(수) 하나하나에 문장(사)의 기호(상)들을 하나씩 일대일 대응시켜 본다. 서양 수학사에서 상·수·사가 만나는 경이로운 장면을 보는 것이다. 위의 기호에 해당되는 문장은 완전히 독자적이어야 한다. 그런데 괴델수는 1에서 10까지의 자연수였다. 그리고 자연수는 어느 기호식에도 해당될 수 있다. 그렇다면 기호식 하나에 그것에 해당되는 단 한 가지 열의 괴델수를 어떻게 만들 것인가? 문장의

의미는 하나뿐이다. 그렇다면 그 문장에 해당되는 단 하나의 기호를
어떻게 만들 것인가가 문제로 된다. 이것 역시 어려운 문제는 아니다.
자연수 가운데 소수(素數)라는 것의 열은 단 한 가지뿐이기 때문이다.
소수란 1과 자기로밖에는 나뉠 수 없는 2, 3, 5, 7, 11,… 같은 수이기
때문이다.6) 여기서 소인수분해(素因數分解)란 소수들의 곱의 형식으
로 표현하는 것을 의미한다. 그리고 소인수분해는 이 밖의 다른 방법
이 없기 때문에 이를 소인수분해의 일의성이라고 한다. 다시 말해서,
어느 자연수와 그것의 소인수분해 사이에는 일대일 대응이 가능하다.
단 한 번밖에는 대응이 안 되어 일의성을 갖기 때문이다. 소인수분해
가 절체절명으로 필요한 이유는 하나의 문장을 단 하나의 괴델수로
일대일 대응시켜 바꿀 수 있기 때문임이 밝혀졌다.

군번을 만들 때는 10진법으로 증가해 나가는 방법을 사용한다. 그
러나 그 단위가 얼마든지 높아질 수 있으므로, 차량 번호처럼 '가, 나,
다, ……'를 첨가하기도 한다. 미국의 경우에는 주마다 차량 번호판의
색이 다르다. 이와 같이 자연수에 얼마든지 다른 변수를 만들어 넣음
으로써 그 일의성을 만들 수 있다.

괴델수(수)는 "모든 수는 바로 다음 수를 갖는다"(사)로 번역된다.
괴델수를 이루고 있는 모든 10개의 기본 부호(상)에 관련되는 수는
순서대로 기호열과 일대일로 대응되고 있다. 크기순으로 처음 열 개
의 소수에 괴델수를 지수로 붙인 다음 그렇게 얻은 값을 다시 곱한다
(네이글, 2003, 92). 소수의 배열 순서는 절대로 반복되지 않지만, 괴델
수[지수]는 얼마든지 반복할 수 있다. 그래서 어떤 문장이나 기호식에
해당하는 괴델수는 단 하나뿐이다. 이렇게 하여 "I LOVE YOU"라든
지 "I AM A BOY" 같은 문장도 얼마든지 단 하나의 괴델수로 바꾸
어놓을 수 있는 것이다(요사마사, 1993, 171). 그러나 괴델이 이렇게

---

6) 아직도 수학자들은 얼마나 많은 소수가 있는지, 그리고 소수가 배열되는 데 어떤 규칙
  성이 있는지 모른다.

괴델수를 만든 목적은 어디까지나 앞으로 그가 밝히려고 하는 두 가지 증명을 추론해 내기 위한 정초 작업에 지나지 않는다는 사실을 알지 않으면 안 된다. 이렇게 해서 온갖 기본 기호와 기호의 계열 그리고 계열의 계열 등에 대하여 각각 일의적으로 괴델수를 정할 수 있었다. 그렇다고 모든 정수가 괴델수로 쓰이는 것은 아니다.[7] 거꾸로 하나의 괴델수가 주어지면 이것이 괴델수인지 아닌지의 여부를 결정할 수 있고, 괴델수일 때는 이 수에 따라 상징되는 본래의 표현을 다시 복원시킬 수 있다. 괴델수에는 수와 논리주의의 기호 그리고 형식주의의 일상 언어가 모두 들어가 만들어진 것을 발견할 수 있다. 결국 앞으로 말할 괴델 정리는 이 트로이카의 종합으로 가능하게 된다. 그래서 괴델은 3파전이 벌어진 들판에서 3파가 모두 패하고 간 자리에서 전리품들을 모아 세기적 증명을 했다고 할 수 있을 것이다.

인류문명사에서 수와 상과 사의 삼자 관계를 그렇게 치열하게 다루어 온 분야는 바로 역이다. 그리고 괴델이다. 위 논리식 같은 것을 하나의 괘라 생각하고 그 속에 있는 기호들을 효라고 생각하면 된다. 그러면 역에서는 괴델수를 어떻게 만들며 소수와 같은 수를 어떻게 확보하여 유일회성을 보장할 것인가? 역은 이 문제를 비교적 쉽게 해결한다. 역은 괴델이 다루고 있는 10진수와는 다른 2진수를 함께 사용하기 때문이다. 현대 전산산업이 2진법 없이 불가능하듯이 역은 이미 10진법 대신에 2진법을 사용함으로써 상·수·사의 일대일 대응과 유일회성을 만들 줄 알았던 것이다. 서양 수학이 만나는 역설은 사실상 10진수의 모순에서 발생한 것이다. 라이프니츠가 일찍이 말한 대로 서양이 10진수를 사용하지 않고 2진수를 사용했더라면 훨씬 편리했을 뿐만 아니라 역설에 그렇게 시달리지도 않았을 것이다. 역은 2진수[8]

---

7) 예를 들어서, 100은 괴델수가 아니다. 왜냐하면 100을 소인수분해하면 $2^2 \times 5^2$인데, 여기서 소수 3이 순서상 빠져 있기 때문이다.

8) 역의 2진수인 음수와 양수는 모든 짝수와 홀수를 두고 하는 말이다.

와 그것으로 만들어진 10진수를 같이 사용함으로써 소수를 사용하지 않고도 자연수 모두를 순서수 그대로 이용하여 논리식(괘)의 유일회성을 보장할 수 있었다.


## 15.3. 괴델수와 역수

동양의 역에서는 오래 전부터 괴델이 사용한 기법을 알고 있었다. 물론 괴델이 사용한 라틴어는 표음문자이고 역을 사용한 한자는 상형문자라는 차이가 있다. 그러나 수에서 역설이 발생함에 따라 그것을 해결하려고 수를 논리적 기호로 바꾸고 다시 일상 언어로 바꾸기 위해 이용하게 된 기법은 같다는 것이다. 수학자들이 지식의 무모순과 독립성을 찾아 역설을 제거하기 위해 나섰다가 결국 괴델에 이르러 그 불완전성에 도달했듯이, 동북아의 고대인들은 점을 통해 확실성을 추구하려 했다가 역을 만나게 된 것이다. 고대인들이나 현대인들이 불확실성 앞에 불안해하고 확실성을 추구하려 하는 점에서는 같다고 보는 것이다. 그것이 실존론적인 것이든 인식론적인 것이든 불확실성에 도전하는 인간의 심리는 결국 같은 것이다. 그러면 과연 어느 면에서 역과 괴델의 수학은 같은 것인가? 64괘 마지막 괘를 '화수미제괘'로 남겨두고 끝나는 것을 일종의 역의 미완전성 정리라고 해 둘 수 있을 것이다. 일종의 불완전성 정리라고 해 둘 수 있지 않겠는가?

먼저 역에도 정항기호와 변항기호 같은 것이 있는지를 찾아보아야 할 것이다. 과연 그런 것이 있는 것일까? 있다고 할 수 있다. 현대 수학의 논리주의가 부호나 기호 같은 것을 발전시켰듯이 "이런 종류의 사유 방식이 주역에서 구체적으로 나타난 것은, 효상과 괘상 그리고 괘효 사이의 형식적 변화와 관계로써 사물의 변화와 관계를 판단하는 데서"(주백곤, 2004, 205)이다. 역의 논리적 구조는 치대칭과 위대칭으

| 2진수 | 괘명 | 괘서차번호 | 10진수 |
|:---:|:---:|:---:|:---:|
| 000 | 곤(☷) | 8 | 0 |
| 001 | 간(☶) | 7 | 1 |
| 010 | 감(☵) | 6 | 2 |
| 011 | 손(☴) | 5 | 3 |
| 100 | 진(☳) | 4 | 4 |
| 101 | 이(☲) | 3 | 5 |
| 110 | 태(☱) | 2 | 6 |
| 111 | 건(☰) | 1 | 7 |

〔표 15-4〕 8괘의 2진수와 10진수

로 되어 있다고 했다. 치대칭은 음과 양의 대칭을 의미하며 위대칭은 효가 하나의 괘 안에 처해 있는 위 아래 위치를 두고 하는 말이다. 우선 이는 가장 기본적인 역의 논리적 구조다. 역의 치대칭은 2진법이고 위대칭은 10진법이다. 그러나 괴델에게 2진법은 없다. 그래서 역수의 구조를 파악하려면 2진법에 대한 고찰이 필요하다. 역에서 2진법을 통해 어떻게 수와 논리 기호를 서로 바꾸는지 알아두는 것이 필요하다는 뜻이다.

10진법에서는 열 개의 수로서 10이 되면 한 단위씩 올라간다. 그러나 2진법은 0과 1의 두 수로 두 개가 되면 한 단위씩 올라간다. 예를 들면 '0'에서 시작하여 그 다음은 1, 그 1에 하나를 더하여 한 단위를 올려 '10'이 된다. 그래서 2진법의 '10'은 10진법의 2가 된다. 다시 10진법의 3은 '11'이다. 그런데 4의 경우는 3이 '11'로 두 자리가 다 찼기 때문에 마치 10진법의 10과 같이 '10'으로 시작하여 거기에 0을 더하여 '100'로 한다. 그러면 5는 '101', 6은 '110', 7은 '111'이 된다. 물론 역은 아라비아 숫자를 사용하지 않았다. 그러나 부호 --(음)을 0으로, -(양)을 1로 바꾸어 놓으면 2진법으로 둔갑시킬 수 있다.9) 이제 2진법의 수를 10진법의 수로 계산하여 8괘를 대응시키면 다음과 같다.

역에서 말하는 수에 대한 이해를 바탕으로 이를 괴델수와 연관시켜 생각해 보기로 한다. 역 철학의 대강은 〈계사전〉에 기록돼 있다. 〈계사전〉이란 말 그대로 '괘의 말을 이어 간다'는 뜻이다. 〈계사전〉의 핵심은 "역에 태극이 있다. 태극이 음양을 낳고, 음양이 사상을 낳고, 사상이 8괘를 낳는다[易有太極 太極生陰陽, 陰陽生四象 四象生八卦]"는 말이다. 여기서 우선 괴델의 정항기호에 해당하는 내용을 찾아내야 한다. 두 말할 것 없이 '태극'을 수로 어떻게 표현하는 문제가 가장 중요하다. 노장은 무극 0으로 시작하며, 역은 태극 1로 시작한다. 11세기 주렴계는 이를 종합하여 '무극이태극'이라고 함으로써 0과 1이 동시적이라고 했다. 우리 민족 경전은 '일시무시[一始無始]'라고 함으로써 0과 1의 동시 시작 가능성을 시사하고 있다. 이에 대한 더 이상의 논쟁은 여기서 피하려고 한다. 0은 괴델 정항기호 6번에 해당한다. '있음'에 해당하는 '有'는 정항기호 4번에 해당한다. "태극이 음양을 낳고 음양은 사상을 낳고 ……"의 '生'은 다름 아닌 정항기호 3번의 포함기호에 해당한다. 그 이유는 낳는 자는 낳은 자를 그 속에 담고 있기 때문이다. 이렇게 〈계사전〉에 있는 말들을 괴델의 정항기호로 치환할 수 있다.

역의 괘효는 응(應), 비(比), 승(承), 승(乘)이라는 네 가지 관계로 설정된다. 이들 네 가지 관계는 정항기호의 내용들을 그 속에 함의하고 있다. 먼저 '응효(應爻)'란 상하괘의 위치가 서로 응한다는 뜻이다.

---

9) 2진법은 라이프니츠에게 소개되어 찬사를 받게 되었으며 들뢰즈는 2진법의 '제곱' 작용을 철학의 중심 과제로 삼고 있을 정도다. 칸토어의 실무한은 그대로 라이프니츠의 단자(monad)와 같은 개념이다. 그의 대각선 정리는 역의 방도에서 그 기법을 빌려 온 것이라 여겨진다. 즉, 라이프니츠의 영향이 칸토어에게 미친 것이라 추측된다.

같은 위치에 있는 치대칭에 해당하는 효끼리 음양이 서로 같으면 반발하고 다르면 서로 이끈다. 후자는 정응(正應), 전자를 적응(敵應) 또는 '불응'이라 한다. '비'란 이웃하는 두 효 사이의 관계를 의미한다. 여기서도 이웃하는 효끼리 서로 치대칭이 다르면 '비효(比爻)'라고 하고 그렇지 않으면 '비효'가 아니라고 한다. '승(承)'이란 '받아들인다'는 뜻으로 서로 이웃하는 두 효에서 음효가 양효의 아래 있는 것을 의미한다. '승(乘)'이란 반대로 이웃하는 두 효 사이에서 음효가 양효 아래 있으면서 양효를 받아들이는 경우를 '순(順)'이라 하고, 음효가 양효의 위에 있으면서 양효를 올라 타면 이를 '역(逆)'이라고 한다. 응·비·승·승을 한눈에 이해하기 쉽도록 하기 위해서 둔(屯)괘(3번)를 예를 들어 표시하면 아래와 같다.

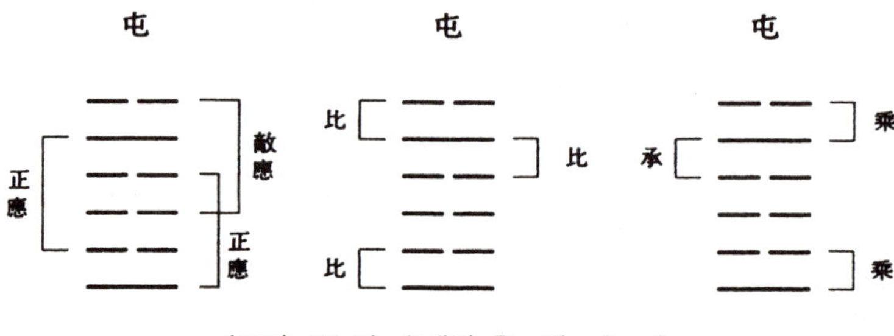


〔그림 15-1〕 屯괘의 응·비·승·승

　　[그림 15-1]의 '응·비·승·승'에서 정항기호에 해당하는 몇 가지 내용을 찾아낼 수 있다. 정응과 적응 그리고 비효와 그것의 부정은 서로 긍정과 부정의 관계다. 그렇다면 우리는 여기서 정항 기호 1에 해당하는 부정 기호(~)를 찾아낼 수 있다. 그리고 승(乘)에서 음효와 양효가 서로 받아들임(순)은 정항기호 5에 해당하는 "~와 ~이 같다"로, 그리고 받아들이지 않음(역)은 정항기호 2에 해당하는 '혹은(∨)'에 해당할 수 있다.

   그리고 정항기호 가운데 가장 중요한 것은 7번 '...의 다음'이다. 〈계사전〉 5에 '낳고 낳는 것이 역이다[生生易]'라는 말이 있다. 그리고 '승承'이란 이어받는다는 뜻이다. 그래서 정항기호 7번 s는 이로써 충분히 설명된다고 본다. 다음 정항기호 8, 9, 10번에 해당하는 괄호와 콤마는 집합에서 요소를 묶는 부류의 단위와 같다. 그래서 괘 하나하나는 트리그람으로 한 단위를 삼을 수도 있고, 헥사그람으로 한 단위를 묶을 수도 있다. 그렇다면 이는 효를 묶는 묶음표로서 괘와 괘 사이의 구별 장치에 해당된다고 할 수 있다. 즉, 상괘와 하괘의 구별 같은 곳을 괄호 처리로 표시할 수 있다. 10번 콤마는 역에서도 괘와 괘 그리고 효와 효 사이에는 끊음과 이음의 관계가 있기 때문에 매우 중요한 기호라 할 수 있다. 하나의 괘가 시작하고 마침을 '초'와 '상'으로 구별한 것을 기억하기 바란다. 그리고 '상'이란 한 괘의 콤마와 같은 구실을 한다.

   이렇게 주요 정항기호들을 역의 기본 구조와 내용에서 찾아 낼 수 있다. 이러한 정항기호에 근거하여 괴델은 세 가지 변항기호를 만들었다. 변항기호에 해당되는 것도 얼마든지 역에서 찾아낼 수 있다. 음양이 2진법적으로 배합되어 64괘를 만드는 방법에는 두 가지가 있다. 하나는 $2^6=64$의 방법이고, 다른 하나는 $8^2=64$ 의 방법이다. 역 철학에 이 두 가지 방법은 매우 중요한 분야 가운데 하나다. $2^6$는 역의 단위를 효로 보는 것이고, $8^2$은 괘로 보는 차이인 것이다. 괴델의 정항기호란 사물을 나타내는 데 가장 기본적인 기호다. 그래서 역에서도 효와 괘 가운데 어느 것을 기본이라고 보느냐에 따라서 그 정항기호가 달라질 수 있다는 것이다.

   먼저 $2^n$의 방법으로 정항기호를 만들어 보자. 이는 일명 가일배법(加一倍法)이라고도 하는 2진법의 방법으로 64괘를 만드는 것이다. 가일배법 속에는 정항기호에 해당하는 내용들이 다 담겨져 있다. $2^n$에 따라 만들어진 괘의 6효는 아래에서 위로 발전하여 일련번호를 준다.

이렇게 효의 위치가 정해져 상하로 대칭이 만들어진 것을 위대칭(位對稱)이라고 한다. 가장 아래에 있는 효와 위에 있는 효는 수로 표현하지 않고 '초(初)'와 '상(上)'이라 한다. 나머지는 숫자로 2효, 3효, 4효, 5효라고 한다. 그래서 초, 2, 3, 4, 5, 상의 순서는 효가 놓이는 자리 즉 위치를 말한다. 이 위치 설정은 괘의 유일회성을 말해주는 것으로 매우 중요한 의미를 갖는다.

다음으로 역에서는 치대칭(値對稱)에 해당하는 음과 양도 모두 숫자로 나타낸다. 즉, 음과 양 두 개의 효가 6층으로 겹쳐서 서로 다른 부호를 형성하여 위치를 정하고는 음효와 양효를 각각 --와 -로 기호화한다. 그리고 음과 양을 수로는 '6'과 '9'라고 표시한다.11) 이는 역이 수와 기호를 잇는 탁월한 방법이다. '음'과 '양'을 최초로 수로서 표현한 것이라 할 수 있다. 또, 하나의 괘 속에는 6개의 효가 위 아래로 나뉘어 아래로부터 위치를 정하여 초, 2, 3, 4, 5, 상과 같은 수를 갖는다. 예를 들어 64번 화수미제괘(䷿)와 63번 수화기제괘(䷾)의 경우는 아래와 같다.

| 상9 | 음위 | – | 상6 | 음위 | -- |
|---|---|---|---|---|---|
| 65 | 양위 | -- | 95 | 양위 | – |
| 94 | 음위 | – | 64 | 음위 | -- |
| 63 | 양위 | -- | 93 | 양위 | – |
| 92 | 음위 | – | 62 | 음위 | -- |
| 초610) | 양위 | -- | 초9 | 양위 | – |
| 화수미제괘64 | 위대칭 | 치대칭 | 수화기제괘63 | 위대칭 | 치대칭 |

〔표 15-5〕 미제괘와 기제괘의 위대칭과 치대칭

---

10) 초효와 상효의 경우는 '초'와 '상'이란 효위를 먼저 말하고 음양의 수(즉 6과 9)는 나중에 말한다. 나머지는 9와 6을 먼저 말한다.

11) 음을 6이라고 하는 이유는 생수 가운데 음수인 2와 4의 합이 6이기 때문이고, 양이 9

6효의 위에는 반드시 음이 있어야 할 위(位)와 양이 있어야 할 위가 있다. 즉, (초, 1, 3, 5)를 **기수위**(음위)라 하고, (2, 4, 6, 상)을 **우수위**(양위)라고 한다. 위 미제괘의 경우는 음위의 자리에 양효가 있고, 양위의 자리에 음효가 있다. 모두가 반대다. 그래서 '미제' 또는 미완성이라고 하는 것이다. 주역 63번 괘인 수화기제괘(☵)는 물론 이와는 정반대다. 미제(강을 다 건너지 못함)를 기제(강을 다 건넘)보다 뒤에 둔 것은 만사를 미완성으로 두려는 주역의 근본 철학 때문이다.

64괘를 모두 이런 방법으로 괘와 수를 일치시킬 수 있다. 여기서 괴델수에서 문제가 되는 소수(素數)에 대하여 생각해 보자. 괴델수에서 소수를 두는 이유는 어느 한 명제의 유일회성을 보장하기 위해서이다. 다시 말해 하나의 문장에 단 하나의 수로서 표시하기 위해서이다. 소수는 자기 자신 이외의 수로는 나뉘어질 수 없는 수이기 때문에 유일회성을 확보하는 데 최적의 수이다. 그래서 1, 3, 5, 7, …… 과 같은 소수는 유일회적인 서차 번호이다. 역에서는 이러한 유일회성을 바로 음과 양을 의미하는 6과 9를 효가 처한 위치와 일대일로 대응시킴으로써 확보한다. 그래서 64개를 모두 유일회적인 방법으로 숫자로 표현할 수 있게 된다. 64번 미제 괘의 경우 그 괘에 속한 효의 위치 번호(초·2·3·4·5·상)를 기수화하고, 다시 음양을 나타내는 6과 9를 지수화하면 될 것이다. 그리고 효와 효 사이는 모두 곱하기로 연결시키면 될 것이다. 그러면 괴델수에 해당하는 수를 얻을 수 있다.

| ( | ∃ | x | ) | ( | x | = | s | y | ) | |
|---|---|---|---|---|---|---|---|---|---|---|
| 8 | 4 | 11 | 9 | 8 | 11 | 5 | 7 | 13 | 9 | ……괴델수 |
| 2 | 3 | 5 | 7 | 11 | 13 | 17 | 19 | 23 | 29 | ……소  수 |

---

인 이유는 생수 가운데 양수 1과 3과 5의 합이 9이기 때문이다.

위 논리식에서 기수(2, 3, 5, 7, 11, 13, 17, 19, 23, 29)를 순서대로 밑으로 하고 논리식에 해당하는 괴델수(8, 4, 11, 9, 8, 11, 5, 7, 13, 9)를 멱으로 하는 제곱을 만든 뒤, 이를 연승으로 곱한 수를 이 논리식의 괴델수로 삼아 구한 수를 m이라 하자.

$$W = (2^8 \times 3^4 \times 5^{11} \times 7^9 \times 11^8 \times 13^{11} \times 17^5 \times 19^7 \times 23^{13} \times 29^9) = m \quad \langle 식\ 1 \rangle$$

그리고 임의의 논리식 W의 괴델수를 일반화하여 G(W)와 같이 적자. 그러면 W 속에는 위 논리식도 들어 있기 때문에,

$$G(\exists x)(x = sy) \equiv (2^8 \times 3^4 \times 5^{11} \times 7^9 \times 11^8 \times 13^{11} \times 17^5 \times 19^7 \times 23^{13} \times 29^9) = m$$

과 같이 적을 수 있다. 이런 방법으로 약속해 적어 나가면 한 논리식에 속하는 모든 기호의 개수만큼 소수를 그 크기의 순서에 따라 배열할 수 있게 되고, 이들에 짝 지워지는 괴델수를 만들 수 있다.

  우선 여기까지를 역과 연관시켜 보면 다음과 같다. 괴델의 논리식 하나를 64괘 가운데 하나의 괘로 생각하면 된다. 예를 들어 마지막 64번 화수미제괘(火水未濟卦)의 경우를 생각해 보면, 괴델은 10진수를 사용했기 때문에 소수만을 서수로 생각했지만 역에서는 그를 필요가 없다. 이 점이 매우 중요하다. 2진수의 장점이 나타나기 시작한다. 2진수와 10진수를 같이 사용하면, 자연수 모두를 순서수로 사용하여 기수로 하면 얼마든지 유일회성을 확보할 수 있다. 그리고 음을 의미하는 6과 양을 의미하는 9를 지수로 삼으면, 어느 괘든지 모두 유일회적으로 표현할 수 있다. 화수미제괘의 64번은 G에 해당되고 그 안에 있는 효들은 W와 같다. 여기서는 초와 상도 모두 1과 6으로 바꾼다.

$$G(W) = 64(䷿) = 1^6 \times 2^9 \times 3^6 \times 4^9 \times 5^6 \times 6^9 = m \quad \langle 식\ 2 \rangle$$

　<식 2>를 <식 1>과 비교하면 완벽하게 일치하는 것을 그려낼 수 있다. s는 '~다음에'라는 뜻이다. 그러면 so=1, sso=2, ssso=3, …… 이 된다. 이를 계속하면 모든 자연수(효)를 정항기호인 o와 함수 s와의 조합에 따라 정의된다. 이를 일반화하여 자연수 n을 다음과 같이 정의할 수 있다.

$$n = \overbrace{s\ s\ s\ s……so}^{n개의\ s}$$

와 같이 정의할 수 있다. 이는 다름 아닌 괘 안의 효의 위대칭을 두고 하는 말이라 할 수 있다. 즉, 초효는 so, 2효는 sso, 3효는 ssso, …… 가 될 것이다. n은 그대로 위대칭에서 효의 서차수에 해당된다.

　역에서는 첫 효와 마지막 효를 '초(初)'와 '상(上)'이라고 하는데, 여기서는 수로 통일하기 위해 1과 6으로 했다. 그러나 만약에 '초'와 '상'이라고 하면 장점이 있다. 이것이 바로 정항기호에 해당하는 괄호의 구실을 할 수 있기 때문이다. 다시 말해서 한 괘를 묶을 때 '초'는 여는 괄호 '(' 를 대신할 수 있고, '상'은 닫는 괄호 ')'를 대신할 수 있다는 것이다. 그래서 구태여 괄호를 두지 않아도 그 구실을 톡톡히 해내고 있다. 하나의 괘가 시작하고 끝나는 것을 쉽게 표시할 수 있다는 것이다. 효와 효 사이를 곱하기(×)로 표현하는 이유는 각 효가 속한 위치가 다르기 때문이다. 위의 효는 아래 효에 대하여 메타 관계적이기 때문이다. 다시 말해 차원이 한 단계 높다는 것이다. 만약에 같은 위에 속한다면 더하기(+)를 해야 할 것이다. 이렇게 모든 괘들은 유일회적으로 모두 수로 바꾸어 놓을 수 있다. 64괘를 모두 수로 바꾸어 놓으면 한 괘 속에 있는 효의 위대칭과 치대칭을 한눈에 볼 수 있다.

　'64($2^6$)'이라고 하면 64번 미제괘 첫 번째 음효(6)라는 것을 한눈에 파악하게 만든다. 그리고 이것은 64괘 그 어디에도 없는 유일회적인 것이다. 괴델은 수를 음과 양으로 나누지 않았기 때문에 소수를 동원해 수의 순서를 유일회적으로 만들었다. 사실상 변항기호들이란 이러한 이유로 고안된 것이다. 그러나 역은 음양에 고유한 숫자를 줌으로써 무리 없이 이 문제를 해결하고 있다. 서양 수학사에서 수를 음과 양으로 나눈다는 것은 생각도 할 수 없는 발상이다. 그래서 소수를 동원해 거기에 지수를 첨자하여 유일회적인 수를 만들 수밖에 없었다.

이제 수식을 통해 삼라만상의 모든 변화를 설명할 수 있게 되었다. 이런 규칙에 따라서 괴델수에서 말하는 수와 기호 및 언어 삼자의 일대일 대응이 가능해졌다. 물론 언어는 주역의 괘사와 효사에 해당된다. 이런 방법은 위대칭과 치대칭을 동시에 나타내기 때문에 소수를 구태여 도입할 필요가 없다는 것이다. 자연수 모두 그대로 서차 번호로 사용해도 무방하다. 소수는 괴델수에서 위치(위대칭)를 나타내는 구실을 하고 지수는 괘의 음양 의미(치대칭)를 전달한다. 결국 이 두 가지 효과를 역은 한꺼번에 다 나타내고 있기 때문이다. 그 이유는 역이 2진수와 10진수를 동시에 사용하고 있기 때문이다. 괴델수는 결국 수의 위대칭만을 고려했기 때문에 변항기호와 소수를 동원하게 된 것이다. 소수 없이 자연수 그 자체를 순서대로 나열해도 거기에 음(6)과 양(9)의 구분만 하면 유일회성을 보장할 수 있다는 것이다.


## 15.4. 역의 대대 착종과 증명 게임


괴델은 진실 게임을 증명 게임으로 바꾸었다고 했다. '참'과 '거짓'이라는 말을 '증명이 되느냐'와 '안되느냐'로 말을 바꾸었다고 했다.[12]

---

12) 서양 사상사에서는 항상 진실(truth)이 무엇이냐가 문제로 되어 왔지만, 주역 64괘 가운데는 '진(眞)'이나 '위(僞)'에 해당되는 괘가 없다. 이는 매우 특이한 현상인데, 그 이유는 아마도 괴델 증명이 나온 배경에서 찾아야 할 것이다. 진위는 판가름할 수 없다는

수학에서 '증명이 된다(provable)'라는 것은 세 가지 조건 즉 일관성, 무모순성, 독립성이 충족된다는 것을 의미한다. 어떤 공리가 일관성을 유지해야 하고 역설 같은 것이 없어야 하며, 다른 공리에 의존함이 없이 참이어야 한다는 것이다. 이런 조건에서 볼 때 역과는 거리가 먼 것이라 아니 할 수 없다. 역에는 이런 문제에 해당되는 괘가 없다. 왕부지는 역의 성격을 건곤병존설(乾坤竝存說)과 착종설(錯綜說)로 요약하고 있다. 건곤병존설이란 음과 양 같은 반대적인 것이 일치한다는 것으로, 증명의 3대 원칙에서 볼 때 비일관성을 의미하고, 착종이란 역설을 의미하는 것으로, 무모순성을 위반하는 것이다. 그리고 모든 괘들은 독립적이지 않고 유기적이다. 그래서 이제 괴델이 그의 증명을 통해 이루어 내려고 하는 위 세 가지 꿈이 어떻게 좌절되는가를 볼 차례이며, 그래서 어떻게 불완전성 정리를 도출하게 되었는가 그 배경을 볼 차례다. 그 이전에 역의 대대 건곤병존설과 착종설에 대하여 알아보기로 한다.

우선 서양에서 이해하는 수와 동양의 역이 이해하는 수 개념에는 근본적인 차이점이 있다. 역에서는 수가 서로 대대(待對)하고 변역한다고 본다. 예를 들어 수에는 음양이 서로 대대하고 있고 수는 생성 변화한다. 그래서 음수(2, 4, 6, ……)와 양수(1, 3, 5, ……)가 있고, 생수(1, 2, 3, 4, 5)와 성수(6, 7, 8, 9, 10)가 있다. 수는 이와 같이 자연과 같은 본능을 가지고 있다(스튜어트, 1996 참고). 서양에서도 동양의 이러한 수 개념이 초기부터 있었다. 피타고라스가 만물은 수라고 한 것이 그 좋은 예이다. 그러나 서양에서는 이런 수의 자연적 속성을 상실하고 계산하는 수로 변하고 말았다. 그 결과 역설이라는 난관에 봉착한 것이다. 그러나 역에서는 수를 이해하는 초기부터 지금까지 수의 우주 자연적 본성을 그대로 지키고 있다. 괴델이 초수학을 산술화

---

것이 괴델 증명의 핵심되는 주제이기 때문이다.

하기 위해 괴델수를 만들어 상하를 오르내리는 것도 근본적으로 수를
문장에서 산술적 공식으로, 다시 그 반대로도 자유자제로 바꾼 것이
라 할 수 있다. 그런 점에서 그의 불완전성 정리는 앞으로 관찰하려고
하는 역의 성격에 더 가깝게 이해되는 것이다.

그러면 지금부터 역의 대대와 변역 개념을 파악하고 그것을 초수학
의 산술화와 비교하여 설명해 보기로 한다. 역은 모든 수를 음수(짝
수)와 양수(홀수)로 나눈다. 소강절은 "양은 홀로 설 수 없으니 반드
시 음을 얻은 뒤에 선다"(《황극경세서》, 5)고 대대법을 말하고 있다.
대대법에서 가일배법이 만들어지고 2진법이 결정된다. 다시 말하면
대대법에서 $2^n$이 결정난다. 거짓말쟁이 역설도 궁극적으로는 참과 거
짓의 가일배법에 따른 것으로서, 참·거짓의 TF 문장의 사슬도 이에
따라서 만들어진 것이다. 그래서 대대법은 E형 논리의 출발이다. '대
대(待對)'란 말을 처음으로 사용한 사람은 정이천(程伊川)이다. 그러
나 대대의 논리에 거부감을 갖는 아리스토텔레스는 A형 논리를 창안
한다. 플라톤의 파르메니데스야말로 대대법의 문제점을 가장 적나라
하게 논리화한 것이라 할 수 있다. 그러나 그는 대대법을 용납하지 못
한다. 그에 반대한 헤라클레이토스는 다음 정이천의 말과 비슷한 말
을 한다. "위가 있으면 아래가 있고 …… 하나로 독립할 수 없고 둘이
라야 문채를 이룬다"(《역전》). 그러나 아리스토텔레스는 이러한 말에
심한 거부감을 느껴 헤라클레이토스를 박해했던 것이다. 실로 서양
사상사는 논리형의 투쟁사였으며, A형 논리가 군림하는 역사였다고
할 수 있다.

대대란 참과 거짓(TF)이 서로 대응한다는 뜻이다. 그러나 아리스토
텔레스는 대대(待對)를 끝내 대립(對立)으로 만들어 놓고 말았다. E형
논리를 A형으로 바꾸고 말았다는 뜻이다. 대대냐 대립이냐에 따라서
논리가 달라지고 그 다음에는 철학의 내용이 달라진다. 대대란 다름
아닌 치대칭에서 음양이 서로 마주하며 맞을 준비를 하고 기다린다는

뜻이다. 그리고 치대칭에 대하여 위대칭에 해당하는 것을 두고는 '변역(變易)'이라고 한다. 효와 괘의 위치가 상하로 움직이는 것을 두고 변역이라고 한다. "정이천의 대대 변역론은 대대를 이루는 양 항이 대치하며 유기적 관련 속에서 교역(交易)한다는 것으로 요약할 수 있다"(김진근, 2004, 226). 정이천이 교역만을 말한 데 대하여 주자는 변역과 교역을 동시에 말한다. 변역은 유행하는 측면이고 교역은 자리를 결정하는 측면이라고 했다. 하나는 시간적이고 다른 하나는 공간적이란 뜻이다. 변역적 관점에서 보면 음양은 하나이고, 교역적 관점에서 보면 둘이 된다. 그래서 음양은 둘이면서 하나이다. 그렇다면 정이천의 대대란 주자의 교역에 해당하는 말이라 할 수 있다.

이러한 주자의 변역·교역론은 왕부지에 와서는 '건곤병존설(乾坤竝存說)'과 '착종설(錯綜說)'로 요약된다. 주역의 근간은 건곤이다. 64괘는 모두 건곤의 다양한 변화에 지나지 않는다. 말 그대로 건곤 '병존'이란 건과 곤이 나란히 같이 선다는 뜻으로, 정이천의 대대와 주자의 교역의 다른 표현에 불과하다. 그런데 괴델의 정항기호와 변항기호 속에는 병존에 해당되는 기호를 발견하기가 힘들다. 병존이란 역설의 두 항을 동시적이게 한다는 뜻이다. 이를 괴델수에는 없는 11번째 정항기호로 두지 않으면 안 될 것이다. 그리고 이를 기호로는 태극 문양 'Ⓢ'으로 표시하기로 한다. 괴델은 서양 사상사에서 이런 기호를 용납할 수 없었을 것이며, 바로 그런 이유로 그의 증명이 역설을 만나게 된 것이다. 다시 말해서 괴델의 불완전성 정리란 참도 거짓도 서로 병존 관계라는 뜻이다. 주자의 변역론이란 다름 아닌 왕부지의 착종설이다. 건과 곤이 스스로 전개한 뒤 64괘의 전후가 착종하면서 순수한 본체인 건과 곤으로 환원한다는 것이 착종설이다. 건과 곤이 64괘로 연역되었다가 다시 64괘에서 건곤으로 귀납되는 것이 착종이란 뜻이다. 이것 역시 반대가 서로 순환한다는 뜻이다. 불완전성 정리의 한 단면인 것이다.

  '착(錯)'과 '종(綜)'은 본래 〈계사전〉에 나오는 말이다(상전 10장). 왕부지는 '착'이란 칼의 앞뒤를 갈아내는 공구와 같고, '종'은 베틀에서 날줄과 씨줄을 걸어 놓고 위아래로 오르내리는 것과 같다고 했다. 예를 들면 64괘 가운데 건(䷀)과 곤(䷁), 둔(䷂)과 정(䷝), 몽(䷃)과 혁(䷰)은 효들끼리 서로 치대칭에서 상반된다. 같은 위치에 있는 효들의 치(음양)를 비교하면 서로 반대라는 것이다. 이는 다름 아닌 위대칭에 따른 대대를 의미한다. 그런데 둔과 몽의 관계는 종이다. 둔의 상효와 몽의 초효, 둔의 5효와 몽의 2효가 서로 같은 위 아래 위대칭에서 엇갈림을 하고 있다.

  '종'의 관계에 있는 괘들은 도치 관계에 있기 때문에 한 괘를 거꾸로 세우면 다른 괘가 된다. 그런데 역에서는 서로 '종'을 이루는 괘는 같은 상으로 보아 '한상'이라고 한다. 64괘 속에 서로 '종'의 관계에 있는 괘는 모두 58개다. 그렇다면 한상 관계에 있는 괘는 모두 28개다. 이에 견주어 서로 치대칭의 '착' 관계에 있는 괘는 모두 32쌍이다. 64괘 모두가 '착' 관계 속에 있다는 뜻이다.

  여기서 우리는 역이 이해하는 수의 방법이 서양과는 다른 점을 발견할 수 있다. 수들이 위와 아래로 그리고 앞과 뒤로 '종'과 '착'을 하고 있기 때문이다. 다시 정리하면 '착'은 괘가 음(뒤)과 양(앞)으로 바뀌는 치대칭이고, '종'은 아래와 위로 왕래하는 위대칭을 뜻한다. 이는 마치 비행사가 자기가 탄 비행 물체의 앞뒤 면을 뒤집기하면서(착) 동시에 고공과 저공을 비행하는 것(종)과 같다고 할 수 있다. 이때 비행사가 하늘과 바다를 구별하지 못하다가 결국 사고가 나는 경우가 자주 일어난다. 이를 버티고(vertigo) 현상 즉 비행착시 현상이라고 했다. 이제 괴델은 이러한 훈련이 전혀 있지 않던 서양 풍토에서 착종 훈련을 한다.

  지금까지의 경우는 6효의 치대칭과 위대칭을 중심으로 말한 것이다. 다른 한편 고공과 저공 훈련은 다름 아닌 수-상-사 사이의 오르내리는 훈련이다. 이것이 바로 초수학의 산술화다. 초수학이란 문장에 해당하는 '사'이고 산술화는 이 문장을 수와 논리 기호로 바꾸는 것이다. 문장은 모두 수로도 논리 기호로도 바꿀 수 있고, 다시 문장으로도 바꿀 수 있다. "I love you"란 문장의 경우 이 문장을 논리식이나 수로 환원시킬 수 있고 다시 그 역도 가능하다는 것이 괴델 정리의 핵심이다. 이를 두고 고공(초수학)과 저공(수)를 왕복한다고 하는 것이다. 그러면 괴델이 이런 왕복 훈련을 하다가 만난 결과는 무엇인가? 그의 버티고 현상은 무엇인가? 그것이 다름 아닌 불완전성 정리다.

# 16. 초수학의 산술화

## 16.1. 진실에서 증명으로

괴델의 함정은 자기가 설정한 증명 게임에 있었다. 참과 거짓을 이제부터는 증명의 가부에 두고 생각을 해야 한다. 어떤 증명에서 나타나는 공식의 연쇄체를 생각해 보자. 연쇄체란 논리식의 증명에서 공리에 이어지는 식과 같은 것을 두고 하는 말이다. 다음과 같은 연쇄체가 있다고 하자. 연쇄체란 다른 말로 식의 '열'이라고 할 수 있다.

$$(Ex)(x = sy) \quad \langle식\ 1\rangle$$
$$(Ex)(x = so) \quad \langle식\ 2\rangle$$

〈식 2〉를 문장으로 바꾸면 "0 바로 다음 수를 갖는다"이다. 이는 〈식 1〉에서 수치적 변수인 'y'를 실제의 수 '0'으로 바꿈으로써 얻은 것이다. 기호를 수로 바꿈을 의미한다. 상을 수로 바꿈을 의미하는 연쇄체이다. 그런데 증명은 어떤 공리에서 이끌어 낸 유한수의 연쇄체이어야 하는데, 첫 번째 식은 공리가 일단 아니다. 증명의 한 부분일 뿐이다. 왜냐하면 증명 전체를 다 설명하자면 <식 1>의 증명의 증명을 또 해야 하기 때문이다. 그러나 여기서는 이러한 증명의 악순환을 생략한다. 단지 설명을 하기 위해 편의상 도입한 것일 뿐이다. 다만 <식 1>로 이루어진 열이 어떤 증명의 일부분일 수는 있다.

우리는 <식 1>의 괴델수를 m이라고 위에서 한 바 있다. 그리고 <식 2>의 괴델수는 n이라고 하자. 이런 공리식 하나를 역의 괘라고 했다. 연쇄체란 말 그대로 이어서 하나로 표현할 수 있는데, 그때마다 하나의 이름표를 붙여 주기로 하고 이를 k라고 하자. 그러면 다음과 같이 표시할 수 있다.

$$G(Ex)(x=sy)=m$$
$$G(Ex)(x=so)=n$$

그런데 이 두 논리식의 열에 유일회성의 원칙에 따라 단 하나의 괴델수가 정해지도록 해야 한다. 먼저 가장 작은 정수의 소수인 2와 그 다음으로 큰 소수인 3을 크기 순서로 배열한다. 그리고 m과 n을 지수로 하는 두 수를 곱한 수가 바로 이 논리식 열의 괴델수다. 즉, $k=2^m \times 3^n$ 이란 결과를 얻는다. 이런 방법으로 모든 공식의 열에 해당하는 괴델수를 얻을 수 있다. 그러면 우리는 어떤 논리식 체계 속의 모든 표현, 즉 기본기호, 논리식(기호의 열), 논리식의 열 등에 단 하나의 괴델수를 부여할 수 있게 된다. 여기서 우리는 기본기호를 효, 논리식은 효의 괘, 그리고 논리식의 열은 괘의 괘라고 생각하면 될 것이다. 논리식을 트리그람이라면 논리식의 열은 헥사그람이 될 것이다. 그러면 열은 무한대로 확대될 수 있다. 이러한 과정을 두고 '산술화'라고 하는 것이다. 역은 그런 의미에서 산술화의 과정이라고 할 수 있다. 산술화 과정이란 어떤 체계의 표현식(괘상 혹은 효상)과 정수의 어떤 부분집합(괘수 혹은 효수)을 일대일로 대응시키는 작업이다.

그런데 모든 수가 괴델수가 되는 것은 아니다. 그러나 역에서는 모든 수가 될 수 있다. 수 '100'의 경우 이는 10보다 크기 때문에 정항기호의 괴델수도 될 수 없고 어떤 괴델수도 될 수 없다. 또 이 수는 10보다 큰 소수가 아니며, 또한 10보다 큰 소수의 제곱이나 세제곱도 아니기 때문에 정항과 변항을 막론하고 그 어느 것의 괴델수가 될 수 없다. 위에서 본 것과 같이 논리식의 괴델수가 되자면, 반드시 소수를 서차수로 만들어 그 순서대로 기호를 나열해 연쇄체를 만들어야 하는데, 100은 이런 요건을 갖추지 못했다. 그러나 역에서는 이 문제가 쉽게 해결되고 어떤 자연수도 괴델수가 될 수 있다. 그 이유는 10진수와 2진수를 함께 사용하기 때문이다. 10진수로는 서차수로 삼아 밑으로 하고 2진수(음6과 양9)로는 그것의 지수로 삼아 버리면 소수를 동원하지 않아도 어느 괴델수의 유일회성을 보장할 수 있다. 2진수의 진가가 여기서 십분 발휘되기 시작한다.

이렇게 만들어진 역수(괴델수 대신에 역수라 함)에서는 어떤 하나의 논리식(괘) 표현에 대해서도 꼭 한가지로만 대응되는 역수를 정할 수 있다. 그리고 어떤 수가 주어지면 거꾸로 역수를 통해 그것이 어느 논리식(괘)인지 알 수도 있게 된다. 괘를 구성하는 효의 수 하나하나가 그것이 대표하고 있는 표현의 하나하나에 대응하고 있다. 《주역》에서는 그것이 바로 점괘(占卦)인 것이다. 예를 들어 괴델수 '243000000'을 소인수분해하고 논리 기호와 일대일로 대응시키면 $0=0$이라는 사실을 쉽게 알 수 있다는 것이다.[1] 마찬가지 방법으로 역수 $1^6 \times 2^9 \times 3^6 \times 4^9 \times 5^6 \times 6^9$는 다름 아닌 화수미제괘 64(䷿)임을 쉽게 알게 된다. 이와 같이 괴델수와 역수는 그 구조에서는 완전히 같으나 서차수

---

1) $243{,}000{,}000 =$

$64 \times 243 \times 15{,}625 =$

$2^6 \times 3^5 \times 5^6$

$\quad 6 \quad\ 5 \quad\ 6$

$\quad \updownarrow \quad \updownarrow \quad \updownarrow$

$\quad 0 \ = \ 0$

와 그것의 지수를 10진수와 2진수로 나누어 사용하고 있다는 점에서
는 다르다고 할 수 있다. 괴델은 유일회성을 확보하기 위해 소수를 가
져 왔으며 '100'과 같은 수를 괴델수에서 제외시키는 문제점이 있었으
나, 역에서는 그럴 필요가 없었다. 서양의 수에서는 서차수에서 보는
것과 같은 위대칭은 있어도 수를 음양으로 보는 치대칭이 없기 때문
에 이런 차이가 생긴다. 그런 의미에서 동양이 수를 음·양 그리고
생·성으로 나누어 보는 것은 매우 의미 깊다고 할 수 있을 것이다.
수를 이해할 때 위와 치 대칭을 동시에 사용하면 모든 수들을 유일회
적으로 표현할 수 있다.


## 16.2. 초수학적 명제의 괴델수화


　논리식은 언제나 괴델수와 대응이 된다. 그렇다면 논리식과 논리식
사이의 관계에 관한 초수학적 명제도 역시 대응하는 괴델수를 갖는
다. 이런 점에서 모든 초수학은 완전히 '산술화'한다. 역에는 두 가지
서차 번호가 있다. 하나는 효의 서차 번호이고 다른 하나는 괘의 서차
번호이다. 효가 결합되어 논리식을 만들어 나간다면 그것이 결합되어
명제를 만든다. 그래서 효수에도 효사가 있듯이 괘수에도 괘사가 있
다. 은행에서 번호표를 받으면 은행원이 순서대로 부를 때 대응하면
된다. 초수학의 원리는 근본적으로 이런 은행의 손님 번호주기와 같
은 원리를 이용한 것이다. 역에서 점치는 사람은 시초 50가지를 들고
자기 순서를 자기가 정한다. 결국 초수학의 문제는 정수와 정수의 관
계, 그리고 정수와 논리식의 산술적 속성과의 관계의 연구라 하겠다.
　수학은 기본적인 공리로부터 시작된다. 가장 기본적인 공리는 동어
반복적 공리 $(p \lor p) \supset p$이다. 이 공리는 변항적 기호에 속하는 문장적
변수에 해당된다. 그래서 괴델수는 정항과 변항이 함께 섞여 있다. 이

를 괴델수화하면 아래와 같다.

$$G((p \vee p) \supset p = 2^8 \times 3^{11} \times 5^2 \times 7^{11} \times 11^9 \times 13^3 \times 17^{11} = a$$

번잡함을 피하기 위해서 이를 간단히 'a'라고 해두자. 그런데 이 공리는 그 안에 이미 다른 공식(p∨p)을 포함하고 있다. 이 공식의 괴델수는 $2^8 \times 3^{11} \times 5^2 \times 7^{11} \times 11^9$이다. 그리고 이 수를 'b'라고 하자. 그렇다면 b는 a의 앞부분에 있는 작은 공식이다. b는 a의 인수다. 다시 말해 산술 공식을 유일하게 "b는 a의 인수다"라고 쓸 수 있다.

역은 효수의 서차 번호에 따라 수많은 효를 인수로 하여 결합돼 있다. 효들의 집합이 괘들인 것이다. 그리고 괘들이 모여 그보다 높은 괘의 괘들의 집합을 만든다. "b가 a의 인수이다"라는 명제가 성립될 때에 한하여 "'(p∨p)'가 '(p∨p)⊃p'의 전반부 가운데 일부분인 것도 참이다"가 성립한다. 이 말은 효가 괘와 연관하여 효가 정당한 자리를 잡을 때에 한하여 그 효가 어느 괘 속의 효일 수 있다는 말과 같다. 어느 고객이 뽑은 번호표는 어떤 장치 속에서만 그 서차의 효력을 갖는 것과 같다고 할 수 있다. 즉, 공식은 공리체계 안에서만 유효하다.

이제부터 점입가경으로 비행기를 타고 비행체 자체를 위 아래로 뒤집는 비행과 고공과 저공을 오르내리는 비행을 동시에 수행해 보려고 한다. 비행 착시에 조심하여야 살아남는다. 여기에 초수학적 명제, "괴델수 x를 갖는 공식의 한 열(연쇄체)이 괴델수 z를 갖는 공식의 증명이다"를 다음과 같이 기호화한다.

Dem(x, z)

그러면 이 명제는 x와 z 사이에 있는 순수 산술적 관계를 나타내는 일정한 공식에 따라 나타낼 수 있다. 사실 x와 z의 관계는 메타와 대상의 관계이다. 왜냐하면 x가 z를 증명하는 관계이기 때문이다. x는 이름표에 해당한다. 이런 x와 z의 관계식을 일단 Dem(x, z)로 적었다. 'Dem'은 증명(demonstration)의 약자다. 이 식은 일종의 산술식이다. 사실 전통 수학에서는 이를 f(x, z)로 적어야 하나 초수학적 표현법이 아니기 때문에 이렇게 한 것이다. 초수학은 일상 언어(증명과 같은)를 수와 기호처럼 사용한다. 이제부터 이 초수학적 명제가 성립하는지 아닌지를 알려면 과연 x와 z 사이에 '증명' 관계가 성립하는지를 확인해보면 된다.

그러면 리샤르 역설 증명에서도 그러했던 것과 같이 이것의 부정 ~Dem(x, z)은 "괴델수 x를 갖는 공식의 한 열(연쇄체)이 괴델수 z를 갖는 공식의 증명이 아니다"라고 읽으면 된다. 이제 괴델 증명의 중심부로 들어가기 위한 작업이 끝났다. 그러나 아직 몇 가지 준비 작업이 더 필요하다. 예를 들면 위에서 (Ex)(x=sy)의 괴델수를 m이라고 하자. 즉, (Ex)(x=sy)=m이라 하자. 이는 순서 서차수의 합을 또 하나의 합(m)으로 하여 하나의 기수로 만든 방법인데, 이것이 매우 중요하다. 손가락을 묶는 주먹 자체가 또 하나의 수가 되는 것과 같다. 이름표가 지시대상이 된다는 것이다. 그리고 변항기호의 수사 변수에서 문자항으로서의 가변 y는 괴델수 13이고 대입 예는 so이다. 이제부터 비행체를 뒤집는 비행이 시작된다.

여기서 비행체를 뒤집는다는 것은 (Ex)(x=sy)=m에서 m과 y를 뒤바꾼다는 뜻이다. 주먹 m을 손가락 y로 바꾼다는 것이다. 그러면 유치원생도 알 수 있는 (Ex)(x=sm)이 된다. 이를 초수학적 문장으로 읽으면 "m의 후자인 x가 존재한다"와 같다. 역의 언어로 바꾸면 y를 효라면 m은 그것이 모인 괘와 같은데, 이는 효수와 괘수를 맞바꾼다는 것과 같다고 할 수 있다. 비행체의 위 아래를 뒤집는 것과도 같다. 효 역시 위치가 위로 올라 갈수록 메타화하고 그 수가 커진다. 그래서 효가 모여 괘가 되는데 y와 m을 바꾼다는 것은 결국 효와 괘를 마주 바꾼다는 것과 같다. 벌써 어지럼증을 느끼기 시작한다. 부분을 전체와 바꾼다는 것과 같다. 이는 다름 아닌 괴델 정리의 빌미가 되는 사상 작업을 두고 하는 말이다. 부분과 전체가 되먹임하는 사상 작업은 다음에도 계속된다.

(Ex)(x=sm)도 하나의 논리식이기 때문에 하나의 괴델수를 갖게 된다. 그런데 y는 이미 변항기호란에서 본 것과 같이 '13'이란 괴델수를 가진 적이 있다. 우리는 여기서 주자가 말한 변역과 교역 그리고 왕부지의 착과 종을 다시 한 번 생각하고 넘어갈 순간이다. 역과 괴델이 만나는 중요한 순간이기 때문이다. 어느 한 괘의 겉과 속이 바뀌는 것을 착이라 하고 위아래로 바뀌는 것을 종이라고 한 적이 있다. 괴델은 지금 이러한 착종 놀이를 하고 있는 것이다. '응비승승(應比承乘)'을 다른 말로 표현한 것이 바로 왕부지의 착종설이다. 괴델이 어디에서 이 기법을 배워 왔는지는 알 수 없지만 역의 착종설을 그대로 응용하고 있는 것은 분명하다. 라이프니츠에서 시작되는 서양의 역에 대한 관심이 지금 나비효과를 내는 것은 아닌지 의심을 갖게 한다.

다시 한 번 정리하면 y를 m으로 바꾼다는 것은 위아래와 속과 겉을 바꾸는 일종의 착종 현상이라 할 수 있다. 왜냐하면 m은 y보다 상위의 수 개념이요 y는 m의 안에 있는 개념이기 때문이다. 이 착종 현상을 다시 설명하면, 다음과 같다.

괴델수가 m인 논리식으로부터 그 논리식 속에 있는 괴델 수가 13인 변항을 수사 m으로 대입시켜 얻은 논리식의 괴델수가 있다.

변항기호의 문장적 변수에서 볼 때 y=13=so 임을 항상 염두에 두어야 한다. 이렇게 초수학적 문장은 단 하나의 명확한 수를 결정하게 되며, 이 수는 13과 m의 산술적 함수가 된다는 뜻이다. 그리고 13과 m을 같이 한 꾸러미에 넣어 표현할 수도 있다. 이는 수의 착종 현상을 표현하는 방법이다. m이 자기 자신이 13을 포함(包涵)하면서 동시에 포함(包涵)되는 양방향적 포함(包含)은 다음과 같이 표현하여 sub를 포함(包含)으로 바꾸어본다.

sub(m, 13, m)는 包含(m, 13, m)이다.

여기서 sub이 갖는 의미가 바로 E형 논리의 포함包含이다. 여기서 m은 13에 포함되면서 동시에 그것을 포함하기도 한다. 즉, (m, 13, m)에서 m은 13을 포함하면서 동시에 포함된다는 것을 의미한다. 이는 A형 논리로서는 도저히 표현할 수 없고 E형 논리로만 표현 가능한 것이다. 지금부터 우리는 E형 논리의 이러한 구조를 괴델 정리를 통해 한눈에 볼 수 있고, 괴델 정리는 E형 논리의 표본과 같다고 할 수 있을 것이다. 다음은 E형 논리의 구조를 절묘한 방법으로 전개해 나갈 것이다.

영어 표현 sub는 '교체'를 의미하는 substitute의 약자이다. 교역(交易)의 의미를 지닌다. 다른 한편 부분과 전체가 서로 包含하면서 교환한다는 것을 의미한다. '증명한다'의 경우 Dem(x, z)라고 표현할 때 x가 z를 包涵하기는 하지만 그 반대는 아닌 경우를 두고 하는 말이다. 증명과 추리를 할 경우 증명하는 것(x)과 증명되는 것(z)의 앞뒤 구별은 필수적이다. 만약에 이것이 이루어지지 않으면 어떤 증명도 불가능하다. 아리스토텔레스의 삼단논법 추리론도 이런 규칙 위에서만 가능하다.[2] 이제부터는 E형 논리의 구조를 분석하는 작업이 남았다. 비행사가 자기 비행체를 뒤집고 고공과 저공을 동시에 비행하는 고난도 기술이 요청된다. 파르메니데스가 소크라테스에게 요구한 철학적 훈련(discipline)이란 다름 아닌 이것에 지나지 않기 때문이다.

---

2) '죽는다' 속에 '모든 사람'이 '모든 사람' 속에 '소크라테스'가 包涵될 때에만 추리가 가능한 것이다. 다시 말해서 증명이 된다는 것이다.

1. 먼저 (Ex)(x＝sy)의 괴델수 m은 다음과 같음을 기억해야 한다.

$$
\begin{array}{cccccccccc}
( & E & x & ) & ( & x & = & s & y & ) \\
\updownarrow & \updownarrow & \updownarrow & \updownarrow & \updownarrow & \updownarrow & \updownarrow & \updownarrow & \updownarrow & \updownarrow
\end{array}
$$

$$2^8 \times 3^4 \times 5^{11} \times 7^9 \times 11^8 \times 13^{11} \times 17^5 \times 19^7 \times 23^{13} \times 29^9 = m$$

(논리식 1)

이제부터 어떤 다른 괴델수보다 $23^{13}$에 특별한 관심을 가져야 한다. 이는 다름 아닌 y에 해당하는 괴델수이기 때문이다. y가 m으로 치환됨으로써 막상 m 속에서 $23^{13}$이 없는 역설이 나타나기 때문이다. 바로 이런 결과를 보기 위해 곡예를 하기 시작하는 것이다.

2. 괴델수 y에 m을 대입하기로 한다. 비행체가 한 번 뒤집힌다. 그러면 (Ex)(x＝sm)이 생긴다. 이에 대한 괴델수를 얻는 방법은 다음과 같은 수순을 밟으면 된다. 그런데 이 논리식은 그 속에 수 m을 나타내는 수사(數詞)를 포함하고 있다. 여기서 수와 수사를 구별하는 것은 매우 중요하다. 수사는 수를 나타내는 기호 또는 언어적 표현(이름표)이다. 그래서 변항기호 속의 '수사변항'인 x, y, z 같은 것이 수사 기호에 해당한다. 그리고 논리식(Ex)(x＝sm)은 그 속에 수사 변항 x를 포함하고 있다. 그런데 이것은 변항기호이기 때문에 정항기호로 바꾸어 놓는 작업이 필요하다. 바꾸어 놓은 결과는 아래와 같다.

$$(Ex)(x = \overbrace{sss\ldots\ldots\ldots so}^{m개}) \quad (논리식\ 2)$$

이 새로운 논리식은 정항기호로만 되어 있기 때문에 괴델수를 쉽게 구할 수 있다. 괴델수를 구하기 위해서는 이 (논리식 2) 안의 정항기호에 대응하는 괴델수를 순서대로 한 열에 나열하면 된다. 역과 연관하여 생각하면, 이는 〈계사전〉의 "태극은 음양을 낳고 음양은 사상을 낳고…"와 같다. 이를 '역의 모델(I-ching model)'이라고 한다. 여기서 o는 무극, so는 태극이라고 보면 sso는 음양 양의, ssso는 사상과 같은 음양이 2진수로 파생되는 것과 같다고 할 수 있을 것이다.[3] 그렇다면 x, y, z는 효, m은 트리그람 괘, r 헥사그람 괘의 괘라고 할 수 있다. (논리식 2)의 괴델수을 뽑아 나열하면 아래와 같다.

$$
\begin{array}{cccccccccccccc}
( & \exists & x & ) & ( & x & = & s & s & s & \cdots & s & o & ) \\
8 & 4 & 11 & 9 & 8 & 11 & 5 & 7 & 7 & 7 & \cdots & 7 & 6 & 9
\end{array}
$$

$$\underline{\qquad}\ m+1\ \underline{\qquad}$$

(논리식 2)

여기서 m+1개의 s가 존재하는 이유는 sm에서 m이 이미 s개이기 때문에 sm은 m+1개가 된다. 변항기호(y)를 정항기호(s)로 바꾼 결과이다. 이를 과대(過大) 현상이라고 하자. 물론 그 반대는 과소(過小) 현상이 될 것이다. 부분이 전체로 그리고 그 반대일 때 항상 이러한 과대와 과소 현상이 생기는 것이 형이상학의 근본적인 문제다.

다음으로 가장 작은 소수로부터 m+10 번째 소수까지 그 크기 순서대로 나열한다. 이 소수들을 밑으로 하고 (논리식 2)의 괴델수를 지수로 하여 곱한 수의 총합을 r이라고 하자. 그러면, 다음과 같게 된다.

$$r=2^8\times3^4\times5^{11}\times7^9\times11^8\times13^{11}\times17^5\times19^7\times23^7\times31^7\times\cdots\cdots P_{m+10}^9 \text{ (논리식 3)}$$

$P_{m+10}$은 소수(P)의 크기 순서에서 m+10번째란 뜻이다. 괴델 정리를

---

3) 물론 〈계사전〉에 '무극'이란 말은 없다. 이는 《도덕경》 42장의 개념이다. 그러나 신유학은 무극을 수용하지 않을 수 없었다.

이해하면서 항상 염두에 두어야 할 것은 역의 위대칭을 결정하는 파생 순서수이다. 그래서 '몇 번째'냐 하는 것이 항상 문제시 된다. 다른 한 편으로는 기수 즉 '몇 개'냐도 항상 문제로 된다. 그리고 m과 r은 기수를 나타내는 수이다. r은 m을 묶는 집합적 성격을 갖는다.

그러면 지금부터 두 개의 괴델수 m과 r의 함 크기를 견주어보자. m은 $23^{13}$을 그 속에 포함(包涵)하고 있다(논리식 1). 그런데 r은 m의 모든 소인수를 포함하고 있으며 그 밖에도 많은 소인수를 포함하고 있지만, (논리식 3)에서 보는 것과 같이 오직 $23^{13}$인 것만은 없다. 이 점이 중요하다. 그 이유는 소수 23의 자리(변항기호 y의 자리)에 $23^7$ 자리(정항기호 0)가 대신해 버렸기 때문이다.[4] 그런데 m이란 수의 함은 천문학적이기 때문에 23의 자리에 괴델수 정항기호 7(0)에 줄 수 밖에 없다. 즉, r은 m으로부터 $23^{13}$에 해당하는 다른 괴델수 7로 대치함으로써 만들어진다. r과 m의 관계는 서로 부류와 요원의 관계이다. 비행체는 세 번 뒤집혔다. 즉, 변항기호 y에서 정항기호 0으로 그리고 y가 m으로 m이 r로 뒤집히는 경험을 한 것이다. 이러한 경험 속에서 얻은 소득은 역설이다. 다름 아닌 먹집합의 원리에 해당하는 y를 m으로 바꾸었을 때 막상 m 속에는 y가 없는 "붕어빵 속에는 붕어가 없었다" 이다. 대장간 집에 식칼이 없는 것과 같다고나 해 둘까. 우리는 이런 현상을 이미 사상꾸러미에서도 발견한 바가 있다.

역과 관련하여 다시 정리하면 다음과 같다. 이는 방도에서 8괘와 64괘 사이에서 벌어지는 일과 같다. 방도 속에서 결정자가 구성자로 되고 구성자가 결정자로 되는 대각선 위에서 벌어지는 일과 같다는 것이다. 여기서 결정자는 정항기호 그리고 구성자는 변항기호로 바꾸어 놓고 생각해도 좋다. 결정자가 구성자의 한 요소가 되어버리는 일이 여기서도 일어나고 있다. 논리식 (Ex)(x=sy)에서 변항기호를 정

---

4) 대신한 이유는 변항기호 y를 정항기호 0으로 바꾸었기 때문이다.

항기호로 바꾸어 놓으면 막상 정항기호 자체는 그 안에서 발견되지 않는 현상 말이다. m은 부류격으로는 1개지만 그 속에는 243,000,000의 수들이 있다. 그래서 하나이면서 여럿이다. 그래서 'sm'을 변항기호로 바꾸어 버리면 막상 m이 기수에서 서수로 바뀌게 되고, 여기서 순서수의 역설 즉, 부랄리-포르티의 역설이 발생해 y에 해당하는 $23^{13}$이 $23^7$로 바뀌게 된다. 'sm'을 달리 표현하여 s(m)이라 하면 s(ssss..s)이다. 그리고 괄호 안의 s는 m개다. 그래서 그렇다면 괄호 밖의 s는 부류격이고 안의 것은 요원격이다. 그렇지만 s의 개수는 모두 m+1이 된다. 부류가 요원의 한 요소가 되어 버렸기 때문이다. 이는 분명한 멱집합의 원리를 그대로 두고 하는 말이다. 괄호 밖 s의 바로 다음은 y인데 그 y의 자리에 m이 들어가 버렸고 m의 개수는 243,000,000(s가 이만큼 있다는 뜻이다)이기 때문에 결국 $23^{13}$은 $23^7$이 될 수밖에 없다. 그래서 13제곱은 영원히 탈락될 수밖에 없다. 우리 속담에 "굴러들어온 돌(m)이 박힌 돌(y)을 뽑아버린다"와 같다. 붕어빵 속에서 붕어를 찾는 우를 범해서는 안 되고 그림 속의 떡을 보고 군침 도는 일은 없어야 할 것이다.

이러한 순서수와 기수 사이에서 발생하는 역설은 다음과 같은 경우에도 확인된다. 여기서 (m, s, m)은 판도라의 상자와 같다. 포함(包含)과 포함(包涵)의 관계를 한눈에 보여준다. 앞의 m은 기수다. 이 기수 안에 있는 모든 수들을 서수로 나열한다. 나열된 서수는 기수 m 속에 포함(包涵)된다. 그런데 그 서수는 m 자체를 그 속에 포함하여 두 번째 m이 된다. 그러면 이 두 번째 m은 새로운 서수의 첫 수가 된다. 이러한 것을 서수의 역설[5]이라고 한다. 기수가 자기 속의 요원들로 서수로 만들면 자기 자신도 그 서수의 한 수가 된다. 이는 기수의 역

---

[5] 이는 칸트가 《순수이성비판》에서 이율배반이 생기는 원인과 관계하여 자세히 설명하고 있다. 이 역설에 따르면 우주에 시작이 있다고도 없다고도 할 수 있다. 《판비량론 비교연구》(김상일, 2004) 참고.

설 곧 칸토어의 역설이다. 그래서 이 판도라의 상자는 기수와 서수의 역설을 동시에 표현하고 있다. 이는 다름 아닌 역의 착종 현상을 두고 하는 말이라고 할 수 있다. 지금 비행사는 자기의 비행체 자체를 뒤집는 작업을 끝냈다. 이제는 고공과 저공을 비행하는 모습을 볼 차례이다. 여기서 기본 구조는 위에서 본 것과 같은 사상 현상을 되풀이 반복하는 것에 지나지 않는다. 이미 이에 익숙해져서 어지럼증을 덜 느낄 것이다.

## 16.3. 괴델의 5단계 증명과 주역의 강

점쟁이들은 이제 수와 상 그리고 상과 문장(사) 사이를 자유자재로 왕래하면서 고객들에게 점을 쳐 준다. 점쟁이 괴델은 지금도 자기가 만든 괴델수라는 비행체를 타고 문자와 수와 기호 그리고 초수학적 문장 사이를 왕래하다가 이카루스와 같이 양 날개를 다 잃고 마는 위험을 만난다. 여기서 괴델 증명의 5 단계를 정리하면 다음과 같다. 지금까지 언급한 과정을 정리하면 다음과 같다.

> 첫 번째 단계 : 각 명제(또는 논리식)와 그 증명들을 형식화한 기호나 열로 나타낸다. 이는 역에서 효와 괘를 만들어 형식화하는 과정에 해당한다.
>
> 두 번째 단계 : 각 기호열을 자연수에 대응시킨다. 이는 정항기호와 변항기호 등을 만드는 과정에 해당한다. 상과 수, 그리고 상과 문장을 일대일 대응시키는 과정에 해당된다.
>
> 세 번째 단계 : 이제 초수학을 동원하여 다음과 같은 초수학적 명제 G 를 만든다. 초수학이란 괘사와 효사에 해당하는 말이다. 문장으로 기호를 읽는 단계라는 뜻이다.

이 세 번째 단계가 가장 중요한 단계라고 할 수 있다. 여기서 거짓말쟁이 역설을 만나게 된다. 괴델수는 수의 수 즉 메타 수 또는 초수학적 수라 할 수 있다. 수를 기호화하고 이것을 다시 수로 바꾼 수라는 것이다. 역에서도 효의 수가 있고 8괘의 수가 있으며 64괘의 수가 있다. 요소의 수, 부류의 수, 부류의 부류의 수라 할 수 있다는 것이다. 그런데 이 세 번째 단계에서는 괴델수를 대상으로 하는 문장, 즉 초수학적 '문장'을 만든다는 것이다. 이는 괘를 만들고 괘에 사를 붙여 괘사를 만드는 과정과 같다고 할 수 있다. 여기서 불완전성 정리를 만나게 된다.

괴델 정리에서 증명이란 다름 아닌 이발사의 역설에서 이발사가 스스로 만들어놓은 규칙 속에 자기를 적용시키는 것이라든지, 문장의 역설에서 메타문장이 대상문장에 대입되는 그런 경우에 해당되는 것이라고 할 수 있다. 다시 말해 사상을 하는 과정을 의미하며 비행체가 자기 자체를 뒤집고 고공과 저공을 오르내리는 것과 같다. 이제 세 번째 단계에 관한 훈련을 다른 방법을 통해 재훈련해 보기로 한다. 초수학적 문장 G와 괴델 수 P를 상호 사상시키는 것이다. 이제 재훈련을 시작한다. 임의의 '문장 G'를 다음과 같이 정의한다.

**"'문장 G'='괴델수 P'를 갖는 논리식은 증명 불능이다"** (문장 1)

사실 이 '문장 G'라는 문장은 자기언급적이라고 할 수 있다. 왜냐하면 문장 G 자체는 '괴델수 P' 자체를 초수학적인 문장으로 표현한 것이기 때문이다. 다시 말해 괴델수 P는 문장을 기호화하고 이를 다시 자연수로 바꾼 것이다. 같은 별 금성이 저녁에는 개밥바라기(evening star)가 되고 아침이면 샛별(morning star)이 되는 것과 같다고 할 수 있다. 같은 대상이 '문장 G'도 되고 '괴델수 P'로 표현된 것이다. 바로 이를 자기언급(self-reference)이라고 하는데, 지금부터 곤혹스러운 문제가 여기서 생기기 시작한다. 《요가수트라》가 이미 예견한 대혼동이 발생하기 시작한다. 지기언급에 따른 역설이라는 난제가 수반되었기 때문이다.

이제 P에 어떤 괴델수 $P_0$을 대입했다고 하자. 그리고 그 논리식을 $G_0$으로 표시하자. 그러면 (문장 1)이 아래 (문장 2)로 된다. 다음과 같은 새로운 초수학적 명제가 생긴다.

$G_0$ : '괴델수 $P_0$'을 갖는 논리식은 증명 불능이다. (문장 2)

그런데 $G_0$의 괴델수는 $P_0$이다. 따라서 자기언급 현상에 따라 $P_0$에 $G_0$을 대입한다. 이발사가 자기가 만든 원칙에 자기 자신을 대입하듯이 말이다. (문장 2)의 $P_0$의 자리에 $G_0$가 대입된 차이일 뿐이다.

$G_0$ : "'논리식 $G_0$'은 증명 불능이다" (문장 3)
　　(여기서 말의 표현에 조심하라. (문장 2)에서는 '괴델수 $P_0$'을 언급했는데, (문장 3)에서는 한 단계 높여 '논리식 $G_0$'에 대하여 자기언급을 한다.)

여기서 낭패가 생겼다. (문장 3)을 그대로 읽으면 "$G_0$은 '논리식 $G_0$'이 증명 불능이다"($G_0$ : '논리식 $G_0$은 증명 불능이다')라는 결론이 나오기 때문이다. 자기언급을 한 결과 자기가 자기 자신을 자기가 부정하는 현상이 나타난 것이다. 이는 틀림없는 거짓말쟁이 역설이고 이발사의 역설이다. $G_0$ 자신이 스스로를 증명 불능이라고 하는 것과 같다. 그래서 만약 (문장 3)이 증명이 된다면 그야말로 역설이 발생한다. 그 부정을 한번 생각해보자. 그러면 다음과 같이 된다.

$G_0$의 부정 : "'논리식 $G_0$'은 증명 가능하다."
즉, $\sim G_0 =$ "'논리식 $G_0$'은 증명 가능하다"

그러면 다시 꼬리를 물고 $G_0$의 부정인 "논리식 $G_0$은 증명 가능하다" 가 가능해진다면, "$G_0$은 증명 불가능"인 것이 밝혀지는 것이기 때문에 이는 역설이다. 결론적으로 말하면, $G_0$이 증명이 되어도 역설이 생기고 부정이 되어도 역설이 생긴다. 따라서 이 공리계가 무모순이면 $G_0$은 결정불능 상태에 빠지고 만다(Shanker, 1991, 131~154). 이는 사상꾸러미에서 이미 "들어있으면 없고, 없으면 있는" 것과 같다.

사실 괴델의 불완전성 정리는 그 이전의 리샤르 역설에 근거를 두고 있다. 결국 괴델의 증명은 리샤르 역설을 괴델수를 통하여 더욱 확고하게 해준 것이다. 다만 괴델은 괴델수 덕분에 하늘과 땅 사이를 왕복할 수 있는 구룡거를 가진 셈이었으나 리샤르는 그렇지 못했다는 차이점이 있을 뿐이다. 그러나 두 가지 역설 모두 고대 크레타의 예언자 에피메니데스의 거짓말쟁이 역설에 그 덕을 입고 있다는 점에서는 같다고 할 수 있다. 괴델 증명은 대순환고리를 만들고 있으며, 이는 융이 말한 바로 원시 신화적 상징인 우로보로스라는 것이다(로버트슨, 2005).

상향적 고공비행만을 하다가 추락한 수학자는 다름 아닌 힐베르트이다. 힐베르트는 수학에 대하여 초수학을 만든 장본인이다. 추락한 비행체의 문제되는 부분을 점검할 때, 괴델이 사용한 도구는 다름 아닌 에피메니데스의 거짓말쟁이 역설이었다. 역에서도 상향 비행만 한 오류를 범한 사람은 의리역을 주장한 왕필이다. 그리고 하향만을 고집한 사람은 상수학파의 경방과 같은 사람들이다. 다음 주역의 강은 어디로 흐를 것이며 괴델 증명 이후 서양 지성사의 방향은 어디로 향할 것인가?

# 17. 도상역과 불완전성 정리

## 17.1. 우로보로스를 넘어서

괴델 증명은 사실상 서양 이성의 대 파산선고를 의미한다. 아리스토텔레스 A형 논리학의 종말을 선언하는 것이나 같은 것이다. 역의 역사도 상수역과 의리역이 그 타당성을 잃는 것이나 마찬가지다. 양자가 모두 새로운 탈출구를 찾아야만 한다. 괴델 증명은 이성의 붕궤와 함께 진정한 의미의 탈현대가 시작하는 것을 예고하고 있는 것이다. 역의 역사는 그 자체가 변해 흘러가는 강물과 같다. 앞으로 역의 강물은 어디로 흘러갈 것인가? 상·수·사의 트로이카 그리고 수학에서 수와 기호와 언어의 트로이카는 역설을 만들어내는 진원지였다. 앞에서 이러한 관계를 우리는 수학의 역사와 역의 역사를 통하여 간명하게 관찰할 수 있었다. 그렇다고 해서 수학사가 그대로 역의 역사일 수는 없다.

러셀 역설와 괴델 정리는 역의 도상에서 방도와 원도의 관계와 같다고 할 수 있다. 우리는 방도를 통하여 대각선 정리를 알게 되었으며 대각선 정리는 서양 수학사에 획을 긋는 구실을 한다. 사상꾸러미, 리샤르 정리 그리고 괴델 정리는 모두 대각선 정리에 따라 발생한 역설을 다루고 있다. 방도와 함께 그려진 원도는 방도에서 생긴 역설을 해의하는 것이라고 본다. 방도는 괘가 반대 일치하는 것을 한 눈에 보여주고 있다. 이는 마치 괴델 정리에서 두 반대하는 명제가 일치하고 있는 모습과 같다고 할 수 있다. 이는 융이 말한 원시 사회의 상징인 우로보로스와 같다. 융과 괴델이 접목되는 부분이라 할 수 있다. 융이 역을 거론하는 것도 다름 아닌 태극 도형의 우로보로스적인 성격 때문이다.

서양은 아리스토텔레스의 A형 논리를 통해 이 뱀의 상징을 끊임없이 말살하려 한다. 아리스토텔레스의 제자 알렉산더 대왕이 원정길에서 만난 우로보로스 상징을 칼로 자르는 행위는 역설을 얼마나 혐오하고 있는 가를 단적으로 보여 주는 것이라 할 수 있다. 그런데 역의 상징인 원도를 우로보로스와 단순히 일치 시키는 것은 위험하다. 이는 전분별과 초분별을 할 줄 모르는 범주 오류이기 때문이다. 융은 우로보로스와 태극 상징을 일치시키고 있지만 이는 범주 오류를 범하고 있는 것이다. 그러나 역의 도상은 분별이 없는 전 분별이 아닌 분별을 넘어선 자리에 있는 초 분별적인 것이다. 전 분별과 분별의 융합해 그것을 넘어 선 것이 초 분별적인 것이며 이러한 초 분별적인 것이 바로 하도와 낙서다. 하도와 낙서 그리고 한국에서 나온 정역도는 방도에서 생긴 역설을 해의하는 방법의 일환으로 작도된 것이다. 파르메니데스로부터 거론되기 시작한 아포리아가 현대 수학에서 러셀 역설의 모습으로 재등장한 것이다.

결국 마지막으로 남는 것은 이 책의 화두인 아포리아의 문제다. 아포리아의 문제를 역은 어떻게 해의하느냐가 남겨진 과제다. 역은 이 화두를 안고서 수 천년 동안 긴 강물을 만들며 흘러 내려 왔다. 상수역과 의리역 모두 아포리아에 도전하는 한 가지 해법들에 불과한 것이다. 상·수·사의 트로이카가 만들어지는 순간 역은 아포리아의 문제에 봉착하지 않을 수 없었던 것이다. 이는 인간이 낙원에서 이름 짓기의 행위에서부터 비롯하여 사상꾸러미의 이름표 달기에 이르기까지 언어와 기호 같은 상징을 사용하는 순간부터 역설이라는 난제는 피할 수 없게 된다. 서양 철학 역시 고대 그리스 철학에서부터 이 난제가 나타기 시작했으며 이를 병적인 것으로 보고 극복의 대상으로 삼았던 것이다. 그 방법 가운데 하나가 러셀의 유형론이다. 대상과 메타 그리고 요원과 부류를 유형적으로 나누기만 하면 쉽게 역설이 사라질 것으로 낙관한 방법론이다. 양자 사이의 혼동에서 역설이 발생하니 그 원인만 제거하면 역설이 쉽게 사라질 것으로 본 것이다.

1970년대부터 주로 동양 학자들인 굽타와 키하라 등의 주도로 역설을 대하는 태도가 변하여 역을 이해하는 방법에 접근한다. 이들 순환론자들이 역설 극복의 방법으로 제시한 방법론은 메타와 대상이 유형적으로 그리고 위계적으로 나눠지는 것이 아니고 상호 되먹임하여 순환되는 것으로 보았다. 이는 사실 역설이 생기는 원인으로 해결을 보는 것과 같다고 할 수 있다. 대상과 메타가 서로 되먹임하는 데서 역설이 생기는데 이것으로 역설 해결을 찾는다는 것은 역설이 자연스런 현상이라고 보는 것과 같다고 할 수 있다. 이제 역의 하도와 낙서로 눈을 돌려보자. 양자가 모두 괘를 원 둘레 위에 배열하는 것이 특징이며 괘들이 우로보로스와 같이 자기윤환적이다.

그러나 이들 학자들은 순환론의 구조를 파악하는 데서 아직 입구에 서 있다고 할 수 있다. 이렇게 말하는 이유는 이들이 만들어 놓은 순환론이란 역의 도상으로 볼 때 아직 괘를 옆으로 배열하는 횡도(橫圖) 차원에 머물러 있기 때문이다. 태극-음양-사상-팔괘의 순으로 효가 발전하게 되면 이것은 내적 구조에서는 음양이 순환하고는 있지만 이렇게 만들어진 괘 자체는 아직 1차원적 직선 위에 있기 때문이다. 효는 순환하고 있지만 괘는 아직 직선적이라는 뜻이다. 이에 다음으로 나타난 도상이 방도(方圖)였다. 방도는 2차원적 사각형 속에 64괘를 배열하는 방법이다. 실로 이 방도는 판도라의 상자와 같이 현대 수학의 거의 모든 중요한 문제들이 여기서 나온다. 칸토어의 대각선 정리를 비롯하여 연속체 가설에 이르기까지 방도의 괘 배열 방법은 역설에 관련한 중요한 내용을 모두 그 안에 담고 있었던 것이다. 그러나 방도는 난제를 그 속에 담고 있는 것일 뿐 역설에 대한 해법을 제시한 것은 아니다.

여기에 방도와 함께 제시되는 도형들 즉 괘를 원둘레 주변에 순환적으로 배열하는 방법인 하도와 낙서는 역설 해법의 빌미를 제공한다. 역에서 역설을 해결하는 방법은 물론 순환론적이다. 그런데 순환에는 상생과 상극이라는 상반된 운동 방향이 전제 된다. 그런데 하도는 상생에 근거하여 그리고 낙서는 상극에 근거하여 작도된 것이라는 점에서 차이가 있다. 하도를 비롯하여 거의 2500여 년의 간격으로 낙서가 주 문왕에 의해 작도되었다고 한다. 이런 전설적 의미에 강조를 둘 필요는 없으며 다만 하도와 낙서의 작도된 근본적인 취지는 아포리아에 대한 도전이라는 것이다. 그리고 역의 도상을 차원(dimension)이라는 관점에서 한번 고찰하자는 것이다. 3차원과 그 이상의 차원에서 역을 바라볼 때에 역의 강물이 어디까지 흘러 왔고 앞으로 어느 방향으로 흘러갈 것인가를 예측할 수 있기 때문이다. 2차원 사각형을 기준으로 하여 그것을 3차원의 원기둥, 그리고 위상 공간의 4차원의 뫼비우스 띠와 클라인 병, 사영 평면 등의 대칭 구조를 역의 음양 대칭 구조와 비교할 때에 선명하게 역의 도상들이 갖는 구조를 파악할 뿐만 아니라 하도와 낙서의 문제점들도 쉽게 발견할 수 있다. 이는 새로운 역의 방향을 제시한다고 보며 **위상역**(topological I-ching)이라 부르기로 한다. 이제 위상역의 관점에서 한번 역설을 어떻게 해의하고 있는가를 고찰하기로 한다.

하도의 경우 8괘를 양군(건태이진)과 음군(손감간곤)으로 나누어 전자는 시계 바늘과 반대 방향으로 그리고 후자는 같은 방향으로 배열한다. 전자를 순(順)이라 하고 후자를 역(逆)이라고 한다. 이는 괴델 정리에서 본 반대 일치의 다른 표현이라고 해도 좋다. 어느 명제와 그 것의 반명제도 똑 같이 참일 수 있다는 괴델 정리에 대한 도상적 표 현이라고 할 수 있다. 원도 속의 이러한 괘의 순역 방향 일치를 괴델 은 수학의 증명이라는 방법으로 이루어냈다고 생각하면 될 것이다.


## 17.2. 생수와 성수로 본 도상

이 책의 7. 4.에서 이미 역설을 위상 공간을 설명한 바 있다. 위상공 간이란 공간에서 연결 관계만 고려하는 것을 일컫는 말이다. 그런 의 미에서 공간의 모양과는 상관없이 연결 관계만 같으면 이를 동상(同 相)이라고 한다. 이제 역의 세 가지 도상인 하도· 낙서· 정역도를 사 각형에 옮겨놓고 그 위상 관계만을 고찰하기로 하겠다. 역은 수를 통 해 모든 관계를 고찰한다. 수에는 대칭 관계가 있는데, 대표적으로 생 수와 성수 그리고 양수와 음수의 대칭을 들 수 있겠다. 그리고 사각형 안에는 전후· 좌우· 상하의 대칭이 있다. 그리고 사각형이 원기둥이 되면 내외 대칭이 생긴다. 내외 대칭은 곧 사각형의 전후 대칭과 같 다. 그리고 역의 도상에는 크게 이 수들의 대칭에 따라 원에서 음반구 와 양반구의 대칭이 있다. 이제 양반구에 배열하는 수들을 역에서는 우선 양수와 음수 그리고 생수와 성수로 나누는 작업부터 시작한다.

기수나 순서수의 역설이 나타나는 근본적인 원인은 수를 직선적으 로 파악했기 때문이다. 칸토어는 결국 수를 무한으로 다 계산하다가 역설을 만난 것이다. 역은 이러한 오류를 알았기 때문에, 수를 다음과 같이 파악한다. 1에서 10까지의 수를 생수와 성수로 나눈다. 1에서 5 까지를 **생수(生數)**라고 하고, 6에서 10까지를 **성수(成數)**라고 한다. 그 리고 5를 마치 칸토어의 ω와 같이 전체 수인 동시에 마지막 순서수로 본다.[1) 생수에 5를 각각 더해 성수 6·7·8·9를 만든다. 《유경도의》에서는 이를 두고 "하늘의 숫자 1이 수 水를 낳고, 땅의 숫자 6이 그것을 이룬다. 땅의 숫자 2가 화 火를 낳고, 하늘의 숫자 7이 그것을 이루고……"라고 했다(양력, 2000, 175).

　이제 생수 4 와 성수 4개 그리고 중앙의 5를 사각형 위에 배열한다. 생수 1·2·3·4의 네 가지는 기본이다. 이 4 수를 사각형 전면에 배치한다. 양수 1·3은 위에, 음수 2·4는 아래에 배치한다. 이렇게 상하 대칭을 만든다. 그리고 1·2는 오른쪽에, 3·4는 왼쪽에 배열한다. 이렇게 기본 배열이 결정된다. 다음에 성수 6·7·8·9는 사각형의 후면에 배열해 1과 6, 2와 7, 3과 8, 4와 9가 서로 짝하도록 한다. 성수는 생수를 바탕으로 배열되어 만들어지는 이차적인 수이다. 사각형의 전후·좌우·상하를 각각 하나의 군(群)이라고 할 때, 하나의 군에는 네 개의 수가 들어가게 된다. 가령, 상군에는 1·6·3·8이 있고 하군에는 2·7·4·9, 좌군에는 1·2·6·7이 있고 우군에는 3·4·8·9가 있다.

　군(群)을 계(系)로 나누어 각각 있는 위치에 따라서 세로계·전후계·가로계·대각선계라고 한다. 각 계에는 각각 두 개의 짝이 있다. 예를 들어, 좌군 세로계에는 1-2와 6-7의 짝이 있다. 우군에도 세로계와 전후계와 대각선계가 있다. 상군에도 하군에도 같은 구조의 계들이 있다. 군·계·짝의 대칭으로 수를 분류하는 것은 다음 역의 도상들을 이해하는 데 매우 중요하다. 역의 도상은 원둘레 위에서 크게 좌반구과 우반구로 나뉜다. 이 양반구에 사각형의 대칭들이 배열되는 방법에 따라 도상의 모양이 결정되기 때문이다. 그 가운데 생수와 성수의 짝(사각형에서는 전후 대칭)이 어떻게 배치되느냐 하는 것이 도상의 근본 구조를 결정한다.

---

1) 《상서(尙書)》의 〈홍범(洪範)〉에서는 "토5에 힘입어 만물이 생긴다", "토는 생수의 시조가 되니, 그렇기 때문에 생수와 성수는 모두 5가 된다. 하도와 낙서에는 토가 모두 중앙에 있는데, 5는 만물의 모체가 되므로 그 밖의 성수는 모두 5를 더하여 이루어지게 된다"고 했다.

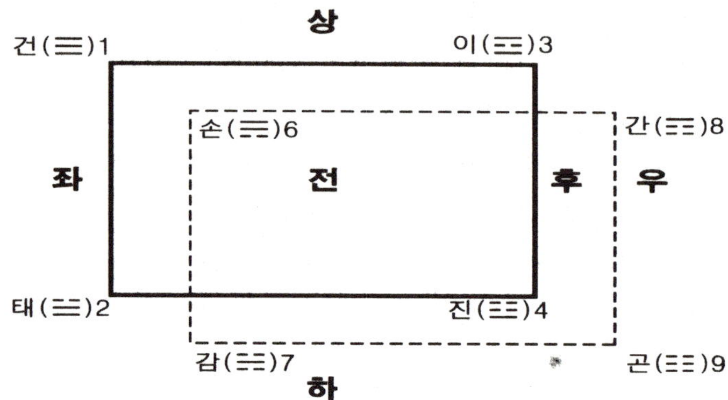



건 : 전좌상    태 : 전좌하    이 : 전우상    진 : 전우하
손 : 후좌상    감 : 후좌하    간 : 후우상    곤 : 후우하

〔그림 17-1〕 사각형 위의 생수와 성수

　지금부터는 이렇게 작성된 사각형의 대칭 구조를 하도·낙서·정역도의 수 배열과 비교하며 그 대칭 구조를 파악해보도록 한다. 하도는 생수군(1·2·3·4)과 성수군(6·7·8·9)을 구별해 음수와 양수를 상하·좌우에서 대칭하도록 배열한다. 사각형 위에서 보면 생수(1·2·3·4)는 전면에, 성수(6·7·8·9)는 후면에 배치되어 있다. 이렇게 입체적으로 배열되어 있는 수들을 평면 위의 원둘레에 다시 배열한다. 이러한 배열 변경은 매우 중요하다. 여기서 대칭하는 수들의 개수와 방향을 알 수 있기 때문이다. 낙서의 경우도 마찬가지이다. 하도 위에서는 안쪽에 생수가 그리고 바깥쪽에 성수가 배열되어 있으며, 사각형 위에서는 전면과 후면에 배열되어 있다. 원둘레 위에서는 생수와 성수의 짝들이 1·6(수) - 3·8(목) - 2·7(화) - 4·9(금) - 1·6(수)의 순서로 순환적으로 배열된다. 하도에서는 생수와 성수의 짝들이 분리되지 않는다. 이 사실은 매우 중요하다. 생수와 성수는 음수와 양수가 서로 반대이다. 2는 음수이고 7은 양수이며, 1은 양수이고 6은 음수이다. 짝이 서로 분리되지 않는다는 것은 다름 아닌 음양이 분리되지 않는다는

것을 뜻한다. 이는 낙서에 와서야 비로소 같은 군 안에서 바로 곁으로 분리되어 나간다. 이는 아직 에덴동산에서 남녀가 하나가 되어 평화를 유지하면서 살던 시기를 반영한 것으로 본다. 그러나 부부유별에서 보는 바와 같은 문명사의 다음 단계는 남녀의 분리를 반드시 가져온다. 낙서에서 음양이 분리되는 이유가 바로 여기에 있다.

사각형에서 전후가 분리된다는 것은 차원이 상하·좌우·전후가 되어 3차원이 됨을 뜻한다. 그래서 사각형이 육면체가 된다. 하도 다음의 낙서 그리고 그 다음의 정역도는 이러한 차원의 상승을 가능하게 만든다. 사각형에서 대칭의 종류로 볼 때 하도는 생수와 성수를 전과 후로만 짝짓는다. 사각형에서 1·6과 3·8 그리고 2·7과 4·9는 가로 위의 대칭이다. 세로계 위에서 대칭을 이루는 낙서와 비교된다. 하도는 가로 대칭을 마주 붙인 것이다. 그리고 생수와 성수는 분리되지 않기 때문에 가로 대칭으로 사각형을 같은 방향으로 말아 **원기둥**을 만든다. 역의 도상을 작도하는 규칙은 수들을 모두 원둘레 위에 나열하는 것이다. 나열할 때 반드시 사각형에서 만나는 수들끼리 이어 연접을 시켜야 한다. 그러면 사각형에서 가로 대칭으로 마주 붙여 하도를 만들어보도록 하자. 그리고 서로 만나는 수들끼리의 대칭 수를 계산해보자. 하도에서 전후 대칭의 짝들(가령, 1·6, 2·7, 3·8, 4·9)은 서로 분

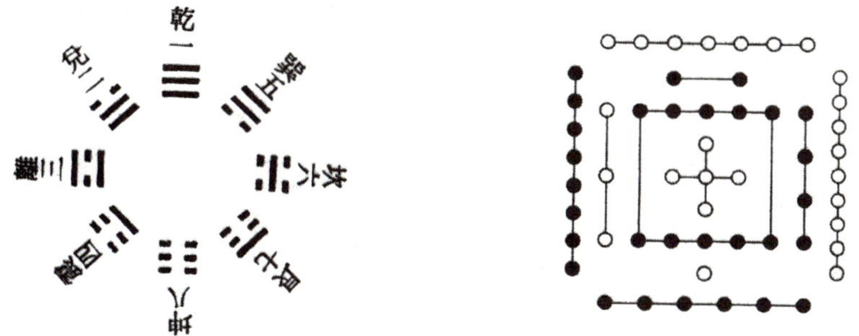

〔그림 17-2〕 복희8괘도(＼)와 하도

리되지 않기 때문에 대칭 수를 0으로 계산해야 한다. 그러면 하도의 순서는 1.6-3.8-2.7-4.9-1.6과 같다. 대칭 수는 모두 4가 된다. 하도에는 9와 10이 없다. 이는 하도가 아직 갓 생겨나는 생역(生易)을 뜻한다. 그러나 음양이 짝하고 있어서 타락 이전의 상태다.

다음으로 사각형으로 돌아와 낙서의 대칭 구조를 파악해 보자. 먼저 하도의 생수와 성수의 짝을 분리시켜 1-6, 2-7, 3-8, 4-9로 한다. 다음 2-7-6-1을 하나의 군으로 원의 우반구에, 9-4-3-8을 하나의 군으로 원의 좌반구에 배열한다. 그러면 낙서의 우반구는 2·7·6·1의 순서로 시계바늘 방향으로, 그리고 좌반구는 9·4·3·8의 순서로 시계바늘 반대 방향으로 배열된다. 이 순서를 사각형으로 돌아와 살펴보면, 사각형의 **좌군**에는 2·7·6·1이 있고 **우군**에는 9·4·3·8이 있다.

하도와는 달리 낙서에서는 전후 대칭의 수들이 모두 분리된다. 이 점이 매우 중요하다. 그러면 몇 개의 대칭 관계가 그 속에 들어 있는가? 좌군 2·7·6·1은 전후 대칭 관계(1과 6, 2와 7)와 상하 대칭 관계(1과 2, 6과 7)로 되어 있는 것을 쉽게 발견할 수 있다. 9·4·3·8도 마찬가지 방법으로 전후와 상하의 두 가지 대칭으로 되어 있다. 즉, 전후 대칭은 3과 8 그리고 4와 9이고, 상하 대칭은 3과 4 그리고 8과 9다. 낙서의 좌반구와 우반구는 사각형의 세로 대칭으로 나뉘어 있다. 이는 하도의 가로 대칭과 비교가 된다. 이렇게 해서 하도와 낙서는 서로 **경위**(經緯)가 된다. 하나는 가로 대칭이고 다른 하나는 세로 대칭이기 때문이다.

낙서의 이러한 모양을 두고 장경선은 "9를 이고 1을 밟고, 왼쪽에는 3 오른쪽에는 7, 2와 4는 어깨가 되고, 6과 8은 발이 된다"(이준천, 2000, 128)고 했다. 다른 한편으로 이를 집의 모양과 비유하자면, 음수 2-4-6-8은 네 기둥이고, 그 위의 1-9는 대들보이며, 3-7을 서까래로 삼아 올려놓은 것과도 같다고 한다. 이 집 속에 있는 수들을 가지고 사각형의 평면도 위에 청사진을 만들면, 가로 수의 합도 세로 수의 합도 그리고 대각선 수의 합도 모두 15가 되는 이른바 마방진이 된다. 하도와는 달리 낙서는 궁위·궁수·시령·오행·유기·팔풍 등을 두루 나타낸다. 생-성 수의 짝을 분리시킨 효과는 실로 엄청나다고 할 수 있을 정도이다. 이를 통해 우주·자연 및 인간과 사회·역사의 총체적 설명이 가능해진다. 낙서는 인간이 타락으로 에덴의 동쪽으로 추방된 상태이다. '타락(fall)'이란 근본적으로 분리를 의미한다. 성수와 생수가 하도와는 달리 짝을 분리시켰기 때문이다. 그런 의미에서 타락은 윤리적이기 이전에 논리가 있었다.

이제 우반구 2·7·6·1과 좌반구 9·4·3·8을 낙서의 원둘레에 회전하는 방향에 따라 붙이면 2-7-6-1-8-3-4-9-1의 순서가 된다. 하도와 낙서에서는 아직 효가 발생하는 위치에 변화가 발견되지 않는다. 낙서에서는 하도의 짝짓기가 모조리 풀어지고, 모든 수들이 제각각이 되어 원둘레 위에서 선후로 나뉜다. 전후 대칭의 수가 늘어났다. 이는 개체들이 모두 개별자가 되는 것을 의미한다. 대칭 수는 모두 10개이다. 2와 7 사이에 한 개, 7과 6 사이에 한 개, 6과 1 사이에 한 개, 1과 8 사이에 두 개, 8과 3사이에 한 개, 3과 4 사이에 한 개, 4와 9 사이에 한 개, 9와 2 사이에 두 개, 이렇게 합이 10개가 된다.

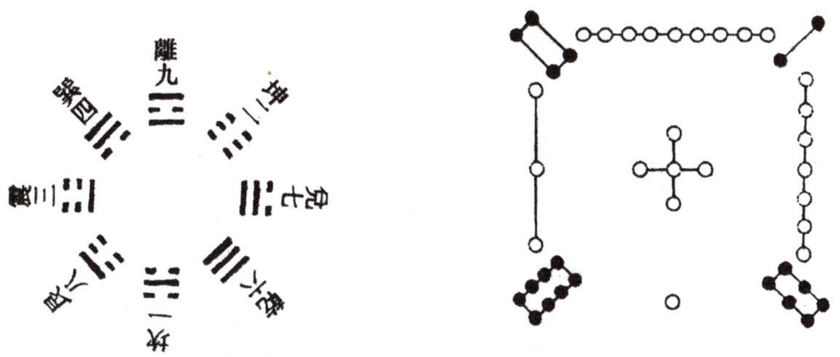

〔그림 17-3〕 문왕8괘도(↘)와 낙서

낙서에서 서로 마주 보고 있는 수를 보면 1 상대 9, 2 상대 8, 3 상대 7, 4 상대 6이다. 5는 자기 자신을 상대 한다. 그런데 여기서 서로 상대하는 수를 보면 양 상대 양, 음 상대 음으로 서로 상극(相剋)관계다. 이는 인간이 낙원에서 추방된 뒤 소돔과 고모라에서 동성애가 성행하던 시대를 반영한다. 차축시대 그리스에서 인간이 동성애를 탐닉하던 때를 상기하기 바란다. 하도는 8로 8괘를, 낙서는 9로 8괘를 그리고 있다. 아직 10이 보이지 않는다. 이제 한국의 정역도는 10으로 8괘를 그린다.

## 17.3. 위상범례로 본 도상

나는 《한의학과 러셀역설 해의》(지식산업사, 2005)에서 토폴로지와 역의 세 도상 사이의 구조적 관계를 처음으로 거론한 바 있다. 여기서는 그 내용을 약간 수정하는 것으로 양자 사이의 관계를 규명하려 한다. 이 책의 17.5.에서 하도는 뫼비우스 띠, 낙서는 클라인 병, 정역도는 사영 평면이란 것을 구조적으로 증명할 것이다. 세 그림은 정확하게 위상의 차원에 따라 시대마다 한 차원씩 상승하며 동양 사회의 역사 그리고 인간의 의식 구조를 좌우해왔다. 그러나 아직 역을 연구하는 사람들이 세 도상 사이의 구조적 관계를 설명하는 데는 애매한 점이 많이 있는 것이 사실이다. 아무쪼록 여기서 시도하는 위상역의 방법을 통해 세 도상의 오랜 비밀이 풀리는 데 도움이 되기를 바란다. 이들 위상 공간에서 차원의 관계를 한눈에 볼 수 있게 한 것이 위상범례(topological paradigm)인데, 이를 [표 17-1]과 같이 소개한다.

사각형을 한번씩 비틀었기 때문에 위상범례의 차원이 한 차원 높아진 것이다. 이렇게 역에서 한 차원이 높아지는 데 무려 수천 년이 걸렸다. 낙서 이후 한국에서 정역도가 나타남으로써 이제 다시금 차원

| | | |
|---|---|---|
| 점 | 위상범례 1 | |
| 선 | 위상범례 2 | ― |
| 사각형 | 위상범례 3 | |
| 원기둥 | 위상범례 4 | |
| 원환 | 위상범례 5 | |
| 뫼비우스 띠 | 위상범례 6 | |
| 클라인 병 | 위상범례 7 | |
| 사영 평면 | 위상범례 8 | |

〔표 17-1〕 위상범례의 여덟 가지 도상

이 한 단계 높아진다. 하도와 낙서에서는 효의 위치에서 변화가 없었다는 점을 명심하면서 정역도로 넘어가야 한다. 정역도에서는 효의 상하 위치가 우선 근본적으로 변한다.

　낙서에서는 생-성수의 짝을 같은 군 안에 두었다. 그래서 낙서의 좌우 반구 안에 짝들이 나란히 함께 배열되었다. 예를 들면, 사각형 좌군(낙서의 우반구) 안에서 1-6과 2-7처럼 짝이 나뉜다. 그러나 정역도에서는 생-성의 짝이 같은 군에서 이탈해 다른 군으로 가고, 또 다른 반구로 가버린다. 좌군의 6이 맞은편 우군으로 간다. 도상에서는 우반구에서 좌반구로 가버린다. 그러나 180도 맞은편에 가서 마주보고 있다. 이에 대한 자세한 고찰을 해보면 다음과 같다. 하도(복희8괘도)는 가로로 나뉘어 상하 대칭 선상에 있고, 낙서(문왕8괘도)는 세로로 나뉘어 좌우 대칭 선 위에 있다.

이렇게 위상역으로 정리하고 보면 앞으로 등장할 역의 도상이 눈앞에 다가온다. [표 17-1]을 볼 때 다음에 나타날 역의 도상이 선명하게 드러난다는 것이다. 아마도 그것은 4차원과 그 이상의 차원 상승을 한 구조를 갖는 도상일 것이다. 일례로, 하도와 낙서 그리고 정역도의 결합에 따라 새로운 역이 나타날 것으로 예상된다. 더 차원 높은 초공간으로 넘어가게 된다. 앞에서 본 것처럼, 지금까지 나타난 세 개의 도상으로는 기의 막힘을 극복할 수 없다. 이제 한국 땅에서 하도와 낙서를 아우르는 새로운 역이 태동되기 시작한다. 하도와 낙서를 위상기하학적 차원에서 고찰할 때 전후. 좌우. 상하의 모든 대칭을 조화시키는 데 부족함을 발견할 수 있었다. 여기서 생기는 부좌화가 바로 인류 문명사의 부조화인 동시에 인간 사회의 부조화인 것이다. 여기에 새로운 역이 도래할 필요가 있는 것이다.

역의 도상에는 아직도 더 많은 코드가 숨겨져 있다. 지금까지는 수의 대칭 관계만을 위상공간과 관련해 살펴보았다. 그러나 수는 방향을 의미하기도 하는데, 1과 6은 남, 2와 7은 북, 3과 8은 동, 4와 9는 서이다. 그리고 무엇보다 한의학의 오행과 연관해, 1과 6은 수, 2와 7은 화, 3과 8은 목, 4와 9는 금, 그리고 중앙의 5는 토이다. 5는 양수의 최종 수인 동시에 메타 수로서, 성수를 만드는 구실도 한다. 이러한 5를 특히 체수(體數)라고 한다. 이는 부류격의 수라는 뜻이다. 그리고 5와 5의 합인 10은 부류의 부류격으로서, 이것 역시 체수의 체수라고 한다.2) 우리는 이미 요원과 부류가 서로 되먹임하는 데서 역설이 발생함을 보았다. 그러한 고찰을 배경으로, 역에서 어떻게 역설을 다루고 있는지 한눈에 파악할 수 있게 된다. 체수를 특히 중궁(中宮)이라고 한다. 생수 1·2·3·4·5는 가장 기본이 되는 수인데, 여기에 5를 더

---

2) 체수는 다섯 개의 수 가운데 가장 다수이며 또 가장 완성된 수로, 다른 네 개의 수를 모두 지녀 총합적인 작용을 담당한다(한규성, 2004, 88).

해 성수가 만들어지기 때문이다.

위상공간에서 차원에 따라 생수를 중심으로 하여 공간 구조를 파악해보도록 하자. 그러면 개별 수 5는 중궁 수 5와 같아지는데, 이는 마치 멱집합에서 부류가 자기 자신의 부분집합의 한 요소가 되는 것과 같다. 5는 완성을 의미하는 것으로 모든 것을 다 담는 다집합인 동시에 중앙에 위치한 개별 생수 가운데 하나다. 그런 의미에서 10도 같은 체수로서 성수 가운데 하나인 개별 수이자 동시에 다집합인 것이다. 이렇게 하도는 집합론에서 말하는 멱집합의 원리를 알고 있었으며, 부분과 전체의 전일성을 도상을 통해 표현하려고 노력했다. 그러나 앞으로 살펴볼 위상공간에서 보면, 하도 역시 역설 해법에서 한계성을 지니고 있음을 쉽게 발견할 수 있다. 이렇게 중궁 수 5가 다른 수와 갖는 관계, 다시 말해서 부류와 요원의 관계를 체용 관계로 보고, 5를 체(體)라고 하고 다른 네 개의 수를 용(用)이라고 한다. 역에서는 집합론이 체용론으로 바뀐다. 성수에서도 10은 체가 되고 나머지 네 개의 수는 용이 된다.

5를 중궁 또는 체로 볼 때, 역이 어떻게 역설을 해결하는지 그 방법을 알 수 있다. 5는 열 개 수의 중앙에서 음양의 조화를 주도한다. 2는 음의 으뜸수이고, 3은 양의 으뜸수이다. 이 두 수를 합한 것이 5이다. 1은 태극에 해당한다. 1을 곱하는 경우에는 변화를 주도하지 못하기 때문이다. 그래서 음양 동정은 2에서 시작하고, 그 때문에 음의 으뜸수라고 하는 것이다. 5와 10을 모두 체수 혹은 중궁이라고 하지만, 5는 내측의 체요, 10은 외측의 체이다. 이렇게 5와 10은 하도 내외측의 대칭을 구별하는 체수인 것이다. '부류'와 '부류의 부류'의 차이라고 할 수 있겠다. 5(부류)와 5의 합이 10(부류의 부류)이기 때문이다. 10이 공간이라면 5는 그 공간 안에 있는 중심과 같다. 전체 안에 전체가 들어 있는 일종의 프랙털 구조인 것이다. 그래서 10이라는 수는 역설적으로 최대인 동시에 최소인 수이다. 어디에나 있으면서 동시에 어디에도 없는, 무이며 유인 수다. 이와 같이 하도는 요원격과 부류격을 용과 체 등 다양한 모양으로 바꾸어 설명하면서 역설 해법의 묘를 찾고 있다.

## 17.4. 상생 상극 조화의 역을 기다리며

하도와 낙서가 모두 전통적인 생수와 성수의 개념에 의존하고 있다는 점에서는 같다고 할 수 있다. 즉, 생수를 기본으로 해서 성수가 결정되는 것이다. 그러나 이 생수마저도 기본이 될 수 있는지 의문이 제기될 수 있다. 무엇을 생한다는 개념이 과연 가능한가? 태극은 음양을 낳는다고 했다. 다시 칸토어로 되돌아가 이 문제를 짚어보자.

칸토어는 실무한을 다음과 같이 셈했다.

<식 1> $1+2+3+\cdots\cdots\omega$

<식 2> $\omega+1$, $\omega+2$, $\omega+3$, $\cdots\cdots$, $\omega+\omega=2\times\omega$

<식 3> $2\times\omega$, $3\times\omega$, $4\times\omega$, $\cdots\cdots$, $\omega\times\omega=\omega^2$

$\cdots\cdots$

그렇다면 실무한의 수마저 무한이 되어버린다. 그런데 앞에서 보았듯이 하도와 낙서는 각각 8과 9로 끝난다. 이제 한국에서 드디어 10이 생겨난다. 구한말 백포는 전체 수를 5와 1로 보았으며, 이에 따라 생수에 모두 1과 5를 더해 7·8·9·10을 만들어 마방진을 구성했다. 새로운 체계를 가지고 마방진을 만든 것이다.

$1+1=2$, $2+1=3$, $3+1=4$, $4+1=5$, $1+5=6$

이렇게 해서 만들어진 수인 2, 3, 4, 5에 전체 수인 5를 더해 2+5=7, 3+5=8, 4+5=9, 5+5=10라는 성수를 얻는다. 이로써 칸토어와는 달리 수의 무한퇴행을 막고 기수와 서수의 역설을 해결하는 데 새로운 방법이 고안된 것이다. 백포는 수 개념을 또 달리 하여 1과 5를 전체 수로 보는 방법으로 생수와 성수 개념을 달리 한 것이다. 그래서 역의 구도도 달라질 수밖에 없다.

이제 역은 새로운 차원으로 접어들게 된다. 다시 말해서, 종래의 수 개념이 메타화한 것이라고 할 수 있다. 1과 5를 전체 수로 보고, 생수에 1을 더한 뒤 이 새로 생긴 생수에 5를 더해 새로운 성수를 만들었다. 이렇게 2·3·4·5·7·8·9·10이라는 수로 역의 판도를 새롭게 짜는 것이다. '1+5=6'이 중앙수가 된다. 이렇게 뒤바뀐 수의 판도는 새로운 마방진을 가능하게 하며, 역의 괘를 배열하는 방법에서도 한 차원 달라진 **메타 역**을 구성한다. 이러한 시도가 구한말 백포로 말미암아 이루어진 것이다. 이제 마방진에 따라 작도된 수운의 경주 용담 영부도와 비교하여 보기로 한다. 1과 6을 전체 수로 보고 새로운 생수와 성수 개념으로 작도된 아래 두 도상은 앞으로 상생과 상극이 조화된 새로운 역의 가능성을 말해 주는 메타 역이라고 본다.

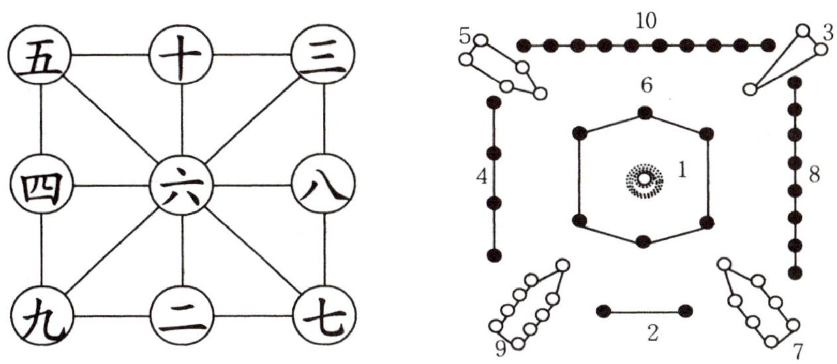

〔그림 17-4〕 백포의 후천지수도(＼)와 수운의 경주 용담 영부도

용담역에서 우리는 전체 수를 왜 1과 6으로 하였는지 그 의미를 현대 수학론에 견주어 생각해 보면 큰 의미가 있다고 본다. 이는 위 칸토어의 식 1과 식 2, ……에서 분명해진다. 1과 5를 전체 수($\omega$)로 보고, 생수에 1을 더한 뒤 이 새로 생긴 생수에 5를 더해 새로운 성수를 만들었다. 수는 얼마든지 만들 수 있다. 백포는 현대 수학론의 수 개념을 알고 있었다. 그래서 그는 새로운 전체와 무한 개념을 만든 다음 그 새로운 수로 생수와 성수로 만든 다음 새 마방진을 만든 것이다. 그러면 마방진이란 무엇인가? 가로와 세로 그리고 대각선 위에 있는 수를 합한 것이 모두 같다는 것이 아닌가? 방진(方陣)이라고 하며 영어로는 'magic square'라고 한다. '방'이란 사각형이고, '진'은 나열한다는 뜻이다. 낙서의 수를 만약에 정사각형에 배열하면 마방진이 된다. 이렇게 사각형을 가로 세로 3등분한 것을 3방진이라 하면 수의 합은 15가 된다. 4방진은 34, 5방진에서는 65가 된다. 그렇다면 n방진에서는 n(n2+1)/2가 된다. 동북아 문명권에서는 낙서를 통해 알려지게 되었으며 낙서는 물론 3방진이다.

그런데 백포는 동양 역의 역사에서 처음으로 전체 수를 두 개로 하여 새로운 마방진을 만들었던 것이다. 이는 낙서에 대한 메타 마방진이라 할 수 있을 것이다. 그러면 마방진의 의미는 무엇인가? 이는 대각선 정리와 연관하여 매우 중요하다. 대각선 위의 수는 항상 가로나 세로에 없는 수이다. 만약에 유리수 전체로 마방진을 만든다는 가정을 만해본다. 이름표와 이름표의 대상물 사이에서 우리는 거짓말쟁이 역설이 발생하는 것을 보았다. 그러한 역설을 대각선 위의 수를 가로수나 세로수와 치환하는 데서 역설이 발생하는 것을 보았다. 그런데 마방진에서는 가로수의 합＝세로수의 합＝대각선 수의 합인 것을 보았다. 그리고 역의 방도에서는 대각선 위의 괘명이 결정자 8괘의 괘명이 같은 것을 또한 보았다. 우리는 여기서 조선조 말 한반도 남단에서 문명사적으로 큰 변화가 일어나고 있는 현장을 정역과 백포의 역을

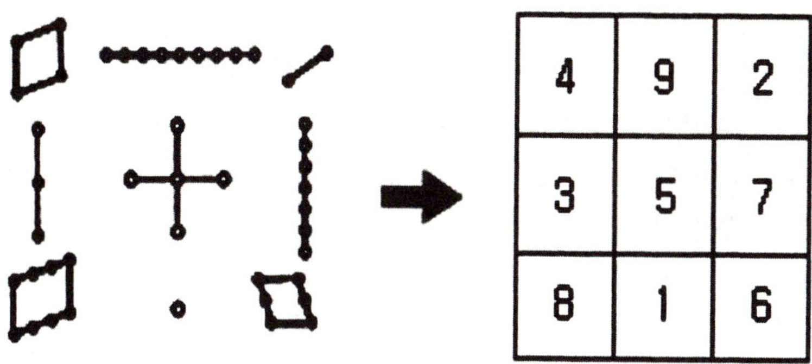

〔그림 17-5〕 낙서와 마방진

〔그림 17-6〕 정역8괘도

통하여 발견하게 된다.

1885년 한국에서 김일부(1826~1898)는 다음과 같이 10을 완전수로 하여 제3의 역, 정역을 그려낸다. 정역도에서 서로 상대하는 수를 사각형에서 보면 1 상대 6, 2 상대 7, 3 상대 8, 4 상대 9, 5 상대 10이다. 다시 음수와 양수가 하도에서와 같이 다시 조화를 이룬다. 인간이 하도라는 낙원에서 추방당했다가 다시 새로운 낙토로 되돌아 왔다. 기독교는 이를 '새 하늘 새 땅'이라 하며 역은 이를 '후천(後天)'이라고 한다. 다시 남녀가 정음정양을 이루었다. 그리고 괘의 위대칭이 하도 낙서와는 달리 정 반대로 뒤집혀 있다.

가장 중요한 것은 괘의 회전 방향으로, 하도는 건1-태2-이3-진4 (양군)과 손5-감6-간7-곤8 (음군)이지만, 정역도에서는 다음과 같다.

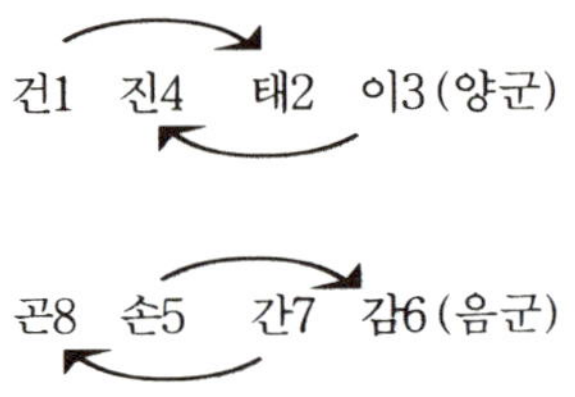


과 같다. 음군과 양군 안에서 짝하는 괘들 끼리 다시 방향을 반대로 바꾸어 놓았다. 그래서 8괘 모두가 거꾸로 방향이 되었다. 일부는 이러한 세계를 투명한 유리세계라고 했다.

이 책에서 가장 난해한 부분은 16. 2다. 거기서 다룬 $23^{13}$의 문제로 되돌아가 정역도를 한 번 다시 조명해 보자. 변항기호 y를 정항기호 0으로 바꾼다는 것의 의미, 그리고 r과 m을 사상한다는 것의 의미가 무엇인지를 역의 수와 관련하여 살펴보기로 하자. 이 책의 16. 2.에서 m과 m+1의 문제에서 $23^{13}$의 문제와 나머지 문제들도 거론했다. 이를 쉽게 이해하는 방법은 손가락으로 셈을 하는 방법으로 돌아와 생각해 보면 이해하기가 쉽다. 손가락의 펴고 접는 것을 굴신 관계로 보고 이를 양과 음이라고 하자. 그리고 이를 다섯 손가락과 연관지어 아래와 같이 표를 만든다.

| 굴 신 | 굴(굴)  양(양) | | | | | 신(신)  음(음) | | | | |
|---|---|---|---|---|---|---|---|---|---|---|
| 손가락 | 엄지 | 식지 | 중지 | 약지 | 소지 | 소지 | 약지 | 중지 | 식지 | 엄지 |
| 숫 자 | 1 | 2 | 3 | 4 | 5 | 6 | 7 | 8 | 9 | 10 |
| 정역팔괘 | 八艮 | 九離 | 十乾 | 一巽 | 二天 | 三兌 | 四坎 | 五坤 | 六震 | 七地 |

〔표 17-2〕 수지의 굴신 음양표

하도는 1에서 8가지의 8개의 수로 8괘를 다룬다. 낙서는 1에서 9까지의 수만으로 8괘를 다룬다. 그것으로 마방진을 만들었다. 정역도는 1에서 10까지 10개의 수로 8괘를 다룬다. 그런데 마방진은 얼마든지 커 질 수 있다. 1에서 9까지 다 자란 수는 10에 열매로 수렴된다. 그래서 10은 수가 아니고 1-9까지의 수를 요소로 하는 부류다. 그러면 부류의 부류가 만들어 진다. 부류1-부류2-부류3- …… 과 같이 부류의 수가 다시 증식한다. 이것을 우리는 칸토어에서 보았다. 그런데 어떻게 여기서 역설을 막고 무한 퇴행을 막을 수 있는가?

10의 수는 요소의 수가 아니고 부류격의 수이기 때문에 구별하여 ⊕이라고 하자. 이 10⊕은 칸토어의 초한수 ω와 같은 수에 해당한다. 이것이 무극에 해당하며 십무극(十無極)이라고 한다. 10은 칸토어의 ω 와 같이 10+1, 10+2, 10+3, 10+3, 10+4, 10+5, 10+6, 10+7, …… 10+10이 된다. 그러면 10+10은 칸토어의 방법에 따라서 2×10이 된다. 그러면 다시 2×10, 3×10, 4×10, …… 10×10이 되어 10×10=$10^2$가 된다. 이렇게 수는 증식해 나간다. 그러면 칸토어가 이런 수의 무한 퇴행을 연습하다가 역설을 만난 것을 우리는 기억한다. 그러면 역은 이런 무한 퇴행을 어떻게 막고 있는가? 1에서 9까지 수가 커 나가다가 10이란 열매를 맺으면 이 열매는 아직 땅속에서 나타나지 않는 것인데, 이 10이란 종자에서 1이란 싹이 터져 나와 9까지 자라고, 그 다음에 10이란 열매가 다시 나타나게 된다. 묻혀 있는 열매 10은 아래에 있고, 나타난 열매인 10은 위에 있게 된다. 1에서 9까지 자라는 것을 역(逆)이라 하고, 위에 있는 열매 10인 열매가 다음으로 다시 땅에 내려와 종자로서 10이 되어 거기서 1이란 싹이 다시 터 나오는 것을 순(順)이라고 한다. 순을 도(倒)라고도 한다.

역에서는 이와 같이 자연의 본능에 따라서 수를 이해한다. 올라가는 것을 역이라 하고 내려가는 것을 순이라고 한다. 이렇게 씨가 자라 다시 땅으로 내려오고 다시 자라 올라가 열매를 맺는 순역 관계로서 수를 이해한다는 것이다. 이러한 순역 관계로 하도와 낙서를 이해하면 다음과 같다.

| 1 | 2 | 3 | 4 | 5 | 6 | 7 | 8 | 9 | 10 | …… | 낙서 |
|---|---|---|---|---|---|---|---|---|---|---|---|
| 10 | 1 | 2 | 3 | 4 | 5 | 6 | 7 | 8 | 9 | …… | 하도 낙서 연결 |
| 10 | 9 | 8 | 7 | 6 | 5 | 4 | 3 | 2 | 1 | …… | 하도 |

〔표 17-3〕 하도 낙서의 순역 순환

칸토어는 수를 자연의 본성에 따라서 이해하지 않았다. 초한수 $\oplus$는 직선 운동을 하는 것이 아니라 역에서는 순환 운동을 하는 것이다. 나무에서 열매가 자라고 땅에 떨어지고 다시 열매가 맺는 순환 과정으로 수를 파악한 것이다. $\omega$는 순서수의 초한수다. 이에 대하여 $\oplus$는 기수의 초한수다.

역은 칸토어와 같이 초한수 개념을 수용한다. 바로 10이 그러한 수이다. 이러한 초한수의 순환 과정을 손가락에 비유하여 설명하는 것을 수지상수(手指象數)라고 한다. 그리고 이것은 16. 2.에서 말한 m에 대하여 m+1이 발생하는 이유에 대한 쉬운 설명 방법이 된다. [표 17-3]에 따라서 손가락을 세기 시작하자. 엄지손가락부터 시작하여 1

에서 10까지 펼치면서(신) 손가락으로 센다. 그러면 위의 열매가 아직 열리지 않은 경우 마지막 손가락을 펴지 않는다(굴). 10은 모든 유전 인자를 잠재적으로 가지고 있는 부류격으로서 수 즉 초한수다. 여기서 새 싹이 돋기 시작하기 때문에 그 다음 손가락이 1이 된다. 10이 수 자체인 메타 수다. 여기서 1이 시작하면 그 이전의 수들을 모두 수렴한 메타 수의 자격을 박탈당한다. 그래서 둘 째 손가락이 1이 된다. 바로 이러한 이유로 m+1이 나타나게 되는 것이다. 여기서 10을 m이라 할 때에 이런 결과가 나온 것이다. m+1인 둘 째 손가락이 1이며 셋째는 2, 넷째는 3, …아홉 번째는 8이 된다. 이렇게 하여 8괘가 성립하며 이것이 하도가 8괘만으로 한 도상인 이유인 것이다. 이는 다시 말해서 하도는 싹이 돋아나는 데서부터 수를 셈하였기 때문이다.

이제 아홉 번째가 10을 이끌어 내는 것을 인이신지(引而伸之)라고 한다. 이 말은 굴에서 신으로 바꾼다는 뜻이다. 이제 처음 펴지 않았던 손가락이 펴지니 9 다음이 10이다. 이제 손가락을 다 펴면서 다시 굽히는 것으로 첫 번이 10이 된다. 이 첫 손가락이 펴졌으니 둘째를 굽히어 9, 셋째가 8, 넷째가 7, 다섯째가 6, …… 아홉 번째가 2, 열 번째가 펴지면서 1이 된다. 이것이 거꾸로 내려오는 것이니 이를 두고 도역(倒易)이라고 한다. 이제 10과 1이 만나게 되었다. 정역은 말하기를 "1이 10이 없으면 본체가 없고, 10이 1이 없으면 운용이 없다. 합하면 가운데 토 5이다. 이를 황극이라 한다". 이렇게 하도와 낙서는 10이 없는 수이기 때문에 체용의 조화가 이루어 지지 않았다고 한다(〈정역소식〉, 1994, 제 4호, 16~17쪽 참고).

여기서 우리가 알아야 할 사실은 10은 수가 아니고 초한수($\aleph$) 개념이라는 것이다. 낙서는 1에서 9까지 다 자라 올라가는 수이다. 거기서 열매가 땅에 떨어져 새 싹이 돋는 데서 하도는 시작한다. 그래서 하도와 낙서는 서로 선후가 된다고 할 수 있을 것이다. 우리는 여기서 수지상수의 기법을 통해 다시 이 책의 16. 2.로 돌아가 생각할 때 $23^{13}$의 비밀을 알 수 있게 된다. 열 번째를 셈할 때는 자기 자신이 끝인 동시에 처음이 된다. 그래서 어디에도 그 수를 넣을 수 없게 된다. 즉, 처음 엄지손가락은 1인 동시에 10이 된다. 체가 되기도 하고 용이 되기도 한다. 정항기호를 변항기호로 바꾸는 기법이나, m을 r로 바꾸는 기법이나 모두 구조에서 정역의 수장상수 기법과 같다.

마지막으로 정역도 위에서 2와 7을 처리하는 방법에 대하여 알아보기로 한다. 정역에서는 10을 초한수로 본다고 했다. 그런데 괘는 8개이다. 정역도에서 2와 7은 도상의 안쪽에서, 2는 10과 그리고 7은 5와 짝하여 있고, 천과 지라고 이름표가 붙여 있다. 이 말은 2와 7은 수가 아닌 초한수라는 것을 의미하며 10과 5를 메타화한 메타의 메타 초한수라는 뜻일 것이라고 본다. 이와 같이 정역도는 그 수 개념으로 볼 때 하도와 정역도와는 다른 초한수 개념을 도입하고 있는 것이다. 이 점이야 말로 현대 수학이 정역에 대하여 설명할 수 있는 최상의 선물이 아닌가 한다. 이러한 정역이 아직 초야에 묻혀 있는 것에 안타까움을 느끼면서 아직 수 많은 설명을 뒤에 남겨 두고 지면 때문에 여기서 말을 끝내지 않을 수 없다. 앞으로 더 많은 연구를 통해 정역 속에 담겨진 지혜를 다 밝혀 낼 것을 약속하면서.


## 17.5. 하도는 뫼비우스 띠, 낙서는 클라인 병, 정역은 사영 평면

주자가 《역학계몽(易學啓蒙)》에서 하도와 낙서를 중점적으로 다룬 이유도 하도와 낙서를 말하지 않고는 역을 말할 수 없기 때문이다. 상수역과 의리역에 이어 도상역이 송명대에 와서 발달한 이유는 상·수·사는 아포리아 문제성을 제기할·뿐 그것을 해의하는 데는 근본적인 한계가 있기 때문이다. 송명대에 괘의 도상을 다루는 도상역이 발달하기는 했으나 아직 상수를 통해 구조를 파악하는 것이었기 때문에 도상 그 자체에 대한 접근, 즉 기하학적인 접근은 없었다.

역의 도상은 괘를 배열하는 방법에 따라서 1차원의 일직선 위에 옆으로 배열하면 횡도(橫圖), 2차원의 사각형 안에 배열하면 방도(方圖), 원둘레 위에 배열하면 원도(圓圖)가 있다.[3] 횡도는 음양 양극 구조를 그대로 보여주었고, 방도는 대각선 정리를 통하여 그것의 문제성을 제기했으며, 원도는 대칭이 만드는 역설적 구조를 해의하고 있다. 여기서 말하는 원도란 하도, 낙서, 정역도를 가리킨다. 그런데 해의하는 방법으로 낙서가 있다. 그리고 정역도는 19세기 말 한국에서 나타난 역이다. 그러나 하도와 낙서 중심으로 역을 연구해오던 인습과 우리 것에 대한 멸시에서 정역도가 아직 제대로 평가를 받지 못하고 있는 실정이다. 그러나 위상범례를 볼 때 하도와 낙서 그리고 정역도는 역의 강물이 흐르는 과정에서 이르지 않을 수 없는 여정이며 타고 올라가야 할 사다리의 단계였다.

역의 강물은 음양 대칭의 완전한 조화라는 바다를 향해 흐름을 이루어 흘러가고 있다. 역의 강물이라는 흐름에서 볼 때 하도·낙서·정역 3대 도상은 각 시대의 제약성을 가지고 그 시대에 알맞게 나타났다. 그래서 각 시대의 제약성 때문에 그 한계성을 그대로 보여주고 있다. 이는 마치 위상범례에서 차원의 변화 과정과도 같다. 낙서를 후천, 하도를 선천이라 하는데, 정역은 낙서를 선천 그리고 자신을 후천이라 한다. 그만큼 선후천이 서로 상대적이다. 역의 도상이 변하는 것은 실로 역사의 그리고 문명의 대전환과 인간 사고와 의식의 대혁명을 뜻한다. 정역도가 나타난 시기는 19세기 말이다. 김일부가 산 시대는 서양에서도 대변혁의 시기였다. 제2의 차축시대가 열리던 시기다.

---

3) 현대 수학의 난제 가운데 하나가 원을 사각형으로 바꾸는 이른바 Squaring the Circle 이다. 중세기는 이를 quaduatura circuli라고 했다. 1882년 수학자 린데만(Lindemann)이 드디어 그 작업에 성공했다. 역에서 원도를 방도로, 방도를 원도로 바꾸는 작업에 대하여 수학적으로 진지하게 생각하지 않은 것은 유감이다(Tietze, 1965, 96~97).

기원전 6~8세기 이른바 1차 차축시대의 가치관이 모든 부문에서 뒤집히는 시기다. 그 가운데서 2500여 년 동안 서양 수학을 지배해오던 유클리드 기하학이 비유클리드 기하학의 도전을 받던 시기다. 김일부도 19세기를 후천 개벽이 시작되는 때로 보았으며 정역을 통해 그 때가 왔다고 선언했다.

유클리드 기하학은 전후·좌우·상하·내외의 방향이 일정하다고 하여 정향적(orientable)이라 하고, 비유클리드 기하학은 그것들의 방향이 일정하지 않다고 하여 비정향적(nonorientable)이라고 한다(Pickover, 2005, 82~83). 직선·사각형·원기둥·토루스는 모두 정향적이고 뫼비우스 띠·클라인 병·사영 평면은 모두 비정향적이다. 역에서는 괘를 원둘레 위에 순과 역이라는 비정향적인 방법으로 배열한다. 그래서 일단 역의 도상들 가운데 횡도와 방도는 정향적이고 원도는 비정향적이다. 비정향적이라 함은 사각형에서 화살표의 방향이 서로 반대가 된다는 것이며, 이는 역의 순역을 그대로 두고 하는 말이다. 가로와 세로의 방향이 정향적이냐 또는 비정향적이냐에 따라서 위상범례에서처럼 원기둥·토루스·뫼비우스 띠·클라인 병·사영 평면이 가능해진다. 역의 하도, 낙서, 정역도는 이 순서에 따라 각각 뫼비우스 띠, 클라인 병, 사영 평면과 그 구조가 동상(同相)이다.

그런데 이러한 3대 도상 사이의 비정향성을 고찰하자면 도상 안에 있는 대칭 관계와 구조를 살펴보아야 한다. 역에는 효의 대칭 구조와 괘의 대칭 구조가 있다. 먼저 전후·좌우·상하는 효의 대칭 구조다. 이 대칭들에 따라서 효의 음양 치대칭이 결정된다. 양은 전·좌·상이고 음은 후·우·하이다. 그리고 전후는 효의 제1위, 좌우는 제2위, 상하는 제3위를 결정하는 위대칭을 만든다. 그리고 괘들도 양군(건태이진), 음군(손감간고), 상군(건손이간), 하군(태감진곤), 좌군(건손태감), 우군(이간진곤)의 대칭군으로 나눌 수 있다. 겉과 속의 대칭은 양군과 음군의 대칭군이라 할 수 있다. 그리고 방향에 따라 순역 대칭이 있다. 시계 바늘과 같은 방향은 역이고 반대 방향은 순이다. 이제부터는 이러한 대칭 구조에 따라서 3대 도상들의 구조를 살펴본다. 사각형의 대칭구조표와 위상범례표라는 두 개의 도구가 동원되어야 한다.

결론부터 미리 말하면 하도는 뫼비우스 띠, 낙서는 클라인 병, 정역은 사영 평면과 동상이다. 토폴로지에서 '동상'이란 길이 · 각도 · 넓이에 상관없이 이어지는 점의 연결 관계만 같은 것을 가리키는 말이다. 여기서 하도는 나머지 두 개의 도상을 검토하는 기준이 되고, 뫼비우스 띠는 클라인 병과 사영 평면의 기본 구조를 결정한다. 그래서 하도와 뫼비우스 띠를 항상 염두에 두고 문제의 본질에 접근해야 한다. 먼저 하도에서 서로 마주보고 있는 괘들의 치대칭과 위대칭을 보면 네 쌍의 괘들이 모두 음양 대칭에서 일치하고 있다. 어느 한 괘도 예외없이, 서로 대응하는 효의 위치에서 하나가 음이면 그 대칭 관계에 있는 효는 양이다. 그리고 그 반대이기도 하다. 서로 대칭 관계에 있는 괘는 건-곤, 태-간, 이-감, 진-손과 같다. 이는 뫼비우스 띠에서 3차원의 대칭점이 서로 일치해 만나는 것과 꼭 같다. 그래서 하도를 뫼비우스 띠라 한다. 비교적 하도는 이렇게 쉽게 그 구조를 파악할 수 있다.

낙서로 눈을 돌리면 사정이 간단하지 않다. 그러나 위상범례표와 사각형의 대칭표로서 그 구조를 살펴보면 그 구조 파악에 전혀 어려움이 없다. 하도와 비교할 때 낙서에는 일정한 규칙이 없는 것처럼 보이지만 거기에도 일정한 규칙이 있는 것을 발견할 수 있으며 그것을 밝히는 방법에서 토폴로지만큼 도움이 되는 것도 없다고 본다. 먼저 이괘와 감괘가 서로 마주 보고 남북으로 중심을 잡고 있다. 그리고 이괘와 감괘는 3차원에서 모두 대칭이 일치하는 뫼비우스 띠다. 네 쌍 가운데 유일하게 하도와 같이 뫼비우스 띠의 구조를 가지고 있는 쌍이다. 그런데 나머지 3개의 쌍들 건(☰)-손(☴), 태(☱)-진(☳), 곤(☷)-간(☶)의 경우는 양군과 양군이 서로 대칭이 되기도 하고(태-진), 음군과 음군이 서로 대칭이 되기도 한다(곤-간). 도저히 있을 수

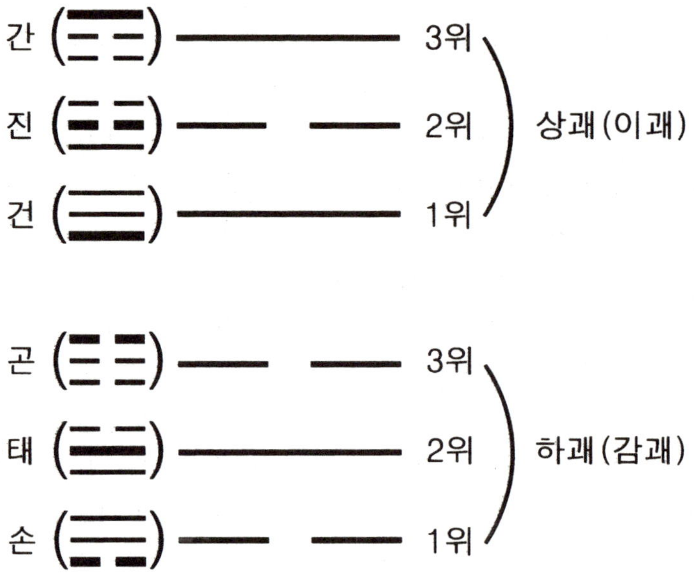

[그림 17-7] 낙서와 클라인 병의 동상 관계

없는 대칭 관계인 것처럼 보인다.

그러나 효의 위대칭과 치대칭 관계로 다시 돌아와서 보면 낙서 속에도 일정한 규칙이 있는 것을 발견할 수 있다. 먼저 건-손은 전후·좌우·상하 대칭 가운데 제1위에 해당하는 전후에서만 대칭이 일치한다. 진-태는 제2위에 해당하는 좌우에서만 대칭이 일치한다. 간-손은 제3위에 해당하는 상하에서만 대칭이 일치한다. [그림 17-7]에서 보면 이-감괘 이외의 나머지 세 괘는 이-감괘 속의 각각 효에 대응하면서 하나의 위에서만 대칭의 일치를 보고 있다. 만약에 건-태-이-진-손-감-간-곤의 순서로 위의 표에 따라 읽어 나가면 상괘와 하괘를 오르내리면서 괘가 배열돼 있는 것을 발견하게 된다. 이-감괘는 제 자신이 나머지 세 괘들을 자기의 효 속에 포함(包含)하면서 자기 자신은 자기 자신 속에 포함된다. 이-감 괘는 마치 사각형의 대각선과 같은 구실을 한다.

요약하면 이-감 자신은 3대칭이 모두 일치하고 나머지 세 괘는 한 위에서만 일치하여 이-감괘에 포함된다. 그래서 이-감괘는 나머지 세 괘를 그 속에 다 포함하면서 동시에 남북에서 중심을 잡는다. 중심이면서 동시에 주위다. 그래서 이-감괘는 곧 대각선과 같은 구실을 한다고 본다.

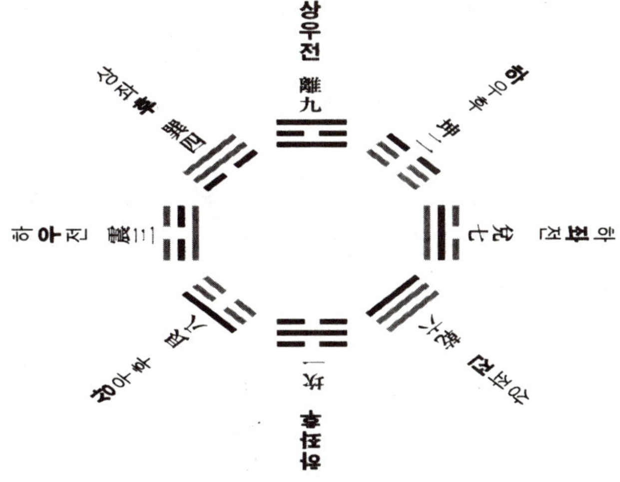

이(**전우상**) vs 감(**후좌하**): **전후,좌우,상하** 3차원 대칭
건(**전좌상**) vs 손(후좌상): **전후** 1차원 대칭
태(전**좌**하) vs 진(전우하): **좌우** 1차원 대칭
간(후우**상**) vs 곤(후우**하**): **상하** 1차원 대칭

〔그림 17-8〕 문왕8괘도의 클라인 병 구조

그렇다면 위상범례로 되돌아와 보면 낙서의 구조는 분명해진다. 즉, 이-감은 전후·좌우·상하의 3대칭이 모두 일치하는 뫼비우스 띠고, 나머지 세 쌍 괘들은 전후·좌우·상하 가운데 어느 한 대칭만 일

치하는 다름 아닌 원기둥이다. 그렇다면 이는 위상범례 7에 해당하는 '뫼비우스 띠×원기둥'으로서 분명한 클라인 병이다. 다시 말해서 이-감은 사각형의 세로(또는 가로)를 180도 회전하여 마주 붙인 뫼비우스 띠이고, 가로(또는 세로)는 회전 없이 마주 붙인 즉 원기둥이다. 그래서 낙서 안에는 원기둥과 뫼비우스 띠가 공존하는 구조다. 위상범례에서 보면 뫼비우스 띠인 하도(위상범례 6)보다는 한 차원이 더 상승한 구조다. 하도로 보았을 때는 마치 낙서가 아무런 질서가 없어 보이지만 위[그림 17-8]에서 보는 바와 같이 낙서 속에는 뫼비우스 띠를 유지하면서 그 속에 원기둥을 포함하는 구조 즉 클라인 병의 구조다. 이-감괘의 각각의 3효가 나머지 세 괘들의 대칭 구조를 하나 하나 포함하고 있지 않다면 클라인 병 구조를 유지할 수가 없다. 포함(包含)하고 있지 않고 포함(包涵)하고 있다면 뫼비우스 띠와 원기둥은 서로가 각자일 뿐이다. 이런 의미에서 낙서는 클라인 병(위상범례 7)이라는 절묘한 구조를 가지고 있다.

〔그림 17-9〕 낙서의 위상 도형

다음 정역도를 고찰할 차례다. 정역도를 고찰하기 위해서는 괘의 다른 대칭 구조 가운데 하나인 순과 역의 개념을 가져올 필요가 있다. 하도에는 두 가지 문제점이 있다. 하나는 괘의 방향이고, 다른 하나는 효의 위치 문제다. 먼저 방향을 알아보기로 한다. 양군(건태이진)은 순방향으로, 그리고 음군(손감간곤)은 역방향으로 배열돼 있다. 방향에서 비정향적이다. 그런데 문제는 양군과 음군 안의 네 개의 괘는 모두 정향적이다. 다시 말해서 양군 안의 네 개의 괘들은 건→태→이→진과 같은 순방향이고, 음군 안의 네 개의 괘들은 손←감←간←곤과 같은 역방향이다.

효의 위치가 정해지는 방법에서 하도와 낙서의 효의 위치가 정해지는 순위는 같다. 즉 밑에서 위로 올라가면서 1위·2위·3위가 정해진다. 그런데 정역은 먼저 효의 순위를 완전히 바꾸어버린다. 즉, 3위가 1위가 되고, 1위가 3위가 된다. 2위는 변함이 없다. 우선 이 점에서 정역도는 하도·낙서와 전혀 다르다. 다음으로 정역도는 양군과 음군 안의 각각 네 개의 괘들을 모두 개별화하여 순역의 방향을 준다. 다시 말해서 양군 안에서 괘의 순서를 바꾸어 건-진-태-이로 음군 안의 괘들을 순서를 바꾸어 손-곤-감-간이게 한다. 이를 다시 괘의 순서대로 화살표를 정해보면 [그림 17-10]과 같다.

[그림 17-10]를 보면 양군의 네 괘를 양군(건태)과 음군(이진)으로

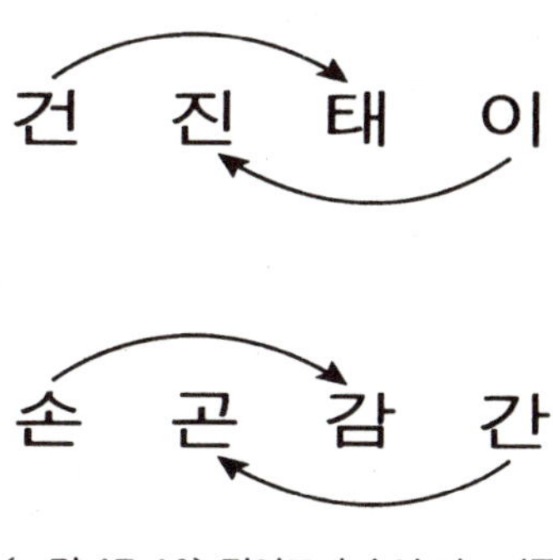

〔그림 17-10〕 정역도의 순역 알고리즘

나누어 두 개의 작은 음양군에 다시 순역 방향을 준다. 다시 말해서 건-태는 순방향을, 이-진은 역방향을 준다. 다음으로 음군 안에서도 양군(손감)과 음군(간곤)으로 나누고, 손-감은 역방향을 간-곤은 순방향을 준다.

도대체 정역이 뜻하고 시도하는 바는 무엇인가? 이것 역시 위상범례로 돌아와 생각해 보아야 그 구조가 선명해진다. 순방향 안의 순역, 역방향 안의 순역을 만든 것이다. 이는 현대 과학에서 말하는 알고리즘 즉 프랙털(fractal) 현상이다. 이를 위상범례 차원에서 보면 비튼 것을 다시 비트는 것이다. 다시 말해서 위상범례 8에 해당하는 사영 평면이다. 사각형의 가로와 세로의 방향을 모두 반대로 한 사영 평면이 바로 이런 경우다. 하도는 하나의 태극 도형이다. 그러나 정역은 태극 도형 안에 태극 도형이 중중첩첩 들어가 있는 형태다. 그래서 전후·좌우·상하의 대칭 뿐만 아니라 겉과 속이 모두 사라진 4차원의 공간이다. 실로 이는 역의 강물이 흐르는 과정에서 최대의 폭포수를 만드는 것과 같다고 하겠다.

이렇게 위상범례라는 면에서 볼 때 역의 도상은 한결같이 그 차원을 높여왔다고 할 수 있다. 물론 앞으로도 역의 강물은 흐를 것이다. 그 방향도 예견할 수 있다. 그것은 인다라망(因陀羅網)과 같이 중중첩첩 알고리즘을 만들어내는 것이라 할 수 있다. 자기 모양을 계속 반복해 나가는 자기언급이야말로 우주의 질서를 움직이는 원리가 아닌가 한다. 이러한 원리를 가장 잘 나타내는 것이 역이며, 역의 도상은 이를 잘 반영하고 있다. 김일부는 정역도의 세계를 **유리세계**(琉璃世界)라고 했다. 어항 속같이 사방 어디서나 투명하게 들여다보이는 세계를 두고 하는 말이다. 서양의 탈현대는 비시원적인 이러한 유리 세계를 추구해야 한다. 그러나 지금 서양은 원시적 차원으로 회귀하고 있는 것을 탈현대로 착각하고 있는 것 같다.

# 후 기

  역에 관한 평가는 각양각색이다. 동양에서 과학이 발달하지 못한 가장 큰 이유가 역 때문이라는 평가에서 비롯하여 역은 동양 사상의 꽃이라는 평가까지 극과 극이다. 이 책은 서양의 탈현대의 논리는 괴델의 불완전성 정리에서 비롯한다는 전제 아래 칸토어의 대각선 정리와 괴델 정리를 연관시킨다. 다음으로 칸토어와 라이프니츠와의 관계 그리고 라이프니츠와 역과의 상관 관계를 고찰함으로써 궁극적으로 역이 서양의 탈현대의 논리적 배경이 됨을 결론으로 말한다.

  여기서는 라이프니츠와 역과의 관계에 관한 다 하지 못한 말을 첨언함으로써 이 결론을 대신하려 한다. 라이프니츠와 역과의 관계를 처음 지적한 사람은 고라이 긴조다. 1929년 긴조가 《독일 정치에 미친 유교의 영향》(와세다대학 출판부)라는 논문을 발표한 데서 역과 라이프니츠의 관계가 처음으로 거론되었다고 한다(다가나, 1993, 35). 우리가 지금 2진법의 문제를 통해 양자 사이의 관계를 거론하는 것도 모두 긴조의 논문에서 비롯한다고 다가다는 지적하고 있다. 그러나 다가다는 긴조의 지적은 적합하지 않으며 하나의 가설에 불가하다고 한다. 그 이유로서 라이프니츠는 역을 알기 전에 2진법을 알고 있었으며 라이프니츠가 말하는 2진법은 역의 그것과는 다르다고 하면서 양자 사이의 상관 고리를 차단한다. 다시 말해서 역에서 말하는 음수와 양수는 음수 전체 그리고 양수 전체를 말하는 것이지만 라이프니츠의 그것은 0과 1을 두고 하는 말이라는 것이다. 그리고 역에서는 아예 0을 말하고 있지도 않지 않느냐고 하면서 긴조의 설을 부정한다.

라이프니츠는 같은 시대를 산 인물로서 강희제 측근에 있었던 부베로부터 64괘의 원도와 방도를 건네받는다. 아마도 그는 이것이 복희가 작도한 것으로 알고 있었던 것이다. 그러나 사실은 소강절의 것이다. 라이프니츠는 방도와 원도의 배열 방법이 자기의 2진수와 같다는 사실을 확인하고 부베는 그것을 재확인해 주었다. 그 뒤로 라이프니츠와 역은 서로 2진법을 통해 밀접한 관계가 있는 것으로 알려져 왔다. 그러나 다가나는 이것이 허구이며 위에서 지적한 바와 같이 양자 사이에는 아무런 관계가 성립되지 않는다고 주장한다.

라이프니츠는 방도와 원도에 자기 나름대로 수를 적어 넣는다. 소강절과는 달리 방도의 상좌단에서 0으로부터 시작하는 방법을 택하고 그림 속의 그리스어 '아래(κατω)'와 '위(ανω)'라는 문자는 부베가 적어 넣은 것이다. 부베가 이렇게 사족을 단 이유, 그리고 라이프니츠가 상좌단에서 시작한 이유는 기독교 신학과 무관하다고 할 수 없다. 다시 말해서 위로부터의 창조, 그리고 시간이 위에서 아래로 한 방향으로 진행한다는 종말론적 신앙과 상관없다고 할 수 없다. 부베는 소강절의 의도와 상관없이 라이프니츠에게 방도의 배열 방법을 자기 방식대로 가르쳐준 것이다. 그리고 라이프니츠는 역은 2진법의 구조로 되어 있으며 그것이 자기의 것과 일치한다고 단정했다는 것이다.

그런데 우리가 이 책에서 주목하는 것은 방도 속의 대각선이다. 역과 라이프니츠의 2진법의 상관없음을 지적하고 있는 다가나도 "방형(방도)의 그림에 대해서인데 건1은 서북(하우단)에서 시작하고 곤8은 동남(상좌단)에 있게 된다. 또 건1에서 곤8에 이르는 대각선 위에 태2, 이3, 진4, 손5, 감6, 간7이 배열되어 있다"(다가나, 1993, 42)고 하여 대각선의 존재를 알고 있다. 그러나 그는 이에 대한 더 이상의 언급이 없이 "이상의 원형과 방형의 두 그림은 음과 양이 각각 대대함을 나타낸다"(같은 책)고 간단하게 처리해 버린다.

그러나 방도의 대각선은 화약고처럼 중요하며 트리그람(8괘)과 헥사그람(64괘)에서 그 괘명이 같아진다는 사실에 별다른 주의를 기울이지 않은 것 같다. 이는 사상꾸러미에 본 바와 같이 이름표를 지시하여 담고 있는 내용물과 같아지는 것으로 이를 두고 사상이라고 한다. 그리고 사상은 괴델 증명의 기틀이 된다. 거짓말쟁이 역설과 러셀 역설은 모두 사상꾸러미의 구조와 같은 것이라 하겠다. 방도에 대하여 원도는 러셀에 대한 해의와 같다고 할 수 있다. 방도에서 역설이 튀어나오고 방도는 이를 받아서 해의한다는 것이다.

칸토어의 대각선 정리는 라이프니츠의 방도에서 그 기법이 기원했다고 보며 라이프니츠는 역의 방도 안의 괘수를 자신의 2진법에 따라서 새롭게 달았다. 그러나 그 구조상의 변화는 없다. 이렇게 생각할 때 2진법만으로 라이프니츠와 역이 서로 일치하느냐 아니냐를 논하는 것은 대의를 보지 못한 결론이라 할 수 있다. 라이프니츠가 17세기에 역을 안 것은 서양의 지각을 변동시켰으며 탈현대의 논리적 토대를 마련했다는 것이다. 이 점을 이 책은 강조해 주장하고 있는 것이다. 이를 입증하는 과정에서 괴델수와 괘수의 관계와, 위상범례와 역과 도상의 관계는 내가 처음으로 발견하고 고안한 것이라 할 수 있으며 앞으로 이 점에 대한 많은 논란이 있기를 바란다.

# 참고문헌


## 1. 자료


김인환 역주, 《주역》, 서울 : 고려대학교 출판부, 2006.
루소 장 자크/주영복 옮김《언어의 기원에 관한 시론》, 서울 : 책세상, 2002.
소강절/윤상철 옮김, 《황극경세》, 서울 : 대유학당, 2002.
아리스토텔레스/조대호 옮김, 《형이상학》, 서울 : 문예출판사, 2005.
아리스토텔레스/김진성 옮김, 《오르가논》, 서울 : 이제이북스, 2005.
정역회, 《정역소식》 제3호, 서울 : 정역회, 1994
주자/백은기 옮김, 《주역본의》, 서울 : 여강, 1999.
주자/김상섭 옮김, 《역학계몽》, 서울 : 지식산업사, 1996.
플라톤/김태경 옮김, 《소피스테스》, 서울 : 한길사, 2000.
플라톤/박종현 옮김, 《티마이오스》, 서울 : 서광사, 1999.
플라톤/최민홍 옮김, 《소크라테스의 변명 외》, 민성사, 1994

Aristotle, *The Cambridge Companion to Aristotle*, ed. by Jonathan Barnes, New York : Cmabridge University Press, 1995.
Da, Lieu, *I Ching Numerology*, San Francisco : Harper and Row, 1979.
*I Ching*, by Richard Wilehlm, trans. by F. Baynes, New York : Pantheon Books, 1950.
*I Ching, The First Complete Translation With Concordance*, tr. by Rudolf Ritsema and Stephen Karcher, Rockport : ELEMENT, 1994.
*I Ching*, Annotated bibliography ed. by Edward Hacker and Steve Moore, New York : Routledge, 2002.

Plato, *Plato Complete Works*, trans. by John M. Cooper and D. S. Hutscison, Indianapolis : Hackett Publishing, 1997.


## 2. 국내논저

### 1)단행본

가버, 뉴턴/이승종 옮김, 《데리다와 비트겐슈타인》, 서울 : 민음사, 1998.

강진원, 《알기쉬운 역의 원리》, 서울 : 정신세계사, 2003.

강학위/심경호 옮김, 《주역철학사》, 서울 : 예문출판사, 1994.

고회민/신하령 옮김, 《상수역학》, 서울 : 신지선원, 1994.

───/정병석 옮김, 《주역철학의 이해》, 서울 : 문예출판사, 1995.

곽신환, 《주역의 이해》, 서울 : 서광사, 1990.

그레이엄, A. C./이창일 옮김, 《음양과 상관적 사유》, 서울 : 청계, 2001.

글리크, 제임스/성하운 옮김, 《카오스》, 서울 : 동문사, 1996.

금오, 《건강으로 가는 周易 탐구》, 서울 : 신농백초, 1997.

김교빈, 《동양 철학과 한의학》, 서울 : 아카넷, 2003.

김상일, 《현대물리학과 한국철학》, 서울 : 고려원, 1993.

───, 《초공간과 한국 문화》, 서울 : 교학연구사, 1999.

───, 《원효의 판비량론》, 서울 : 지식산업사, 2004.

───, 《원효의 판비량론 비교 연구》, 서울 : 지식산업사, 2005.

김상환, 《해체론 시대의 철학》, 서울 : 문학과 지성, 1996.

김석진, 《주역으로 보는 도덕경》, 서울 : 대학서림, 2005.

김성진, 《과학과 형이상학》, 서울 : 자유사상사, 1993.

김용국·김용운, 《수학서설》, 서울 : 우성문화사, 1993.

───, 《프랙털과 카오스의 세계》, 서울 : 우성, 2000.

김용운, 《위상기하학》, 서울 : 동아출판사, 1992.

───, 《토폴로지 입문》, 서울 : 우성문화사, 1995.

───, 《도형에서 공간으로》, 서울 : 우성문화사, 1996.

───, 《인간학으로서의 수학》, 서울 : 우성문화사, 2000.

김진근, 《왕부지의 주역철학》, 서울 : 예문서원, 1996.

김학목, 《노자 도덕경과 왕필의 주》, 서울 : 홍익출판부, 2002.

김형효, 《데리다의 해체 철학》, 서울 : 민음사, 1993.

──── , 《데리다와 노장 독법》, 서울 : 한국 정신문화 연구원, 1997.

──── , 《노장 사상의 해체적 독법》, 서울 : 청계, 1999.

──── , 《노자에서 데리다까지》, 서울 : 예문서원, 2001.

남회근/신원봉 옮김, 《역경잡설》, 서울 : 문예출판사, 1998.

────/신원봉 옮김, 《주역강의》, 서울 : 문예출판사, 1998.

네이글 외/강헌주 옮김, 《괴델의 증명》, 서울 : 경문사, 2003

노사광/정인재 옮김, 《중국철학사(송명편)》, 서울 : 탐구당, 1992.

노자키아 키히로/홍영의 옮김, 《궤변의 논리학》, 서울 : 펜더 북, 1993.

노희천, 《아리스토텔레스의 언어관》, 서울 : 고려대학교 출판부, 1990.

다가나 아쓰시/이기동 옮김, 《주역이란 무엇인가》, 서울 : 여강출판사, 1993.

데리다, 자크/김웅권 옮김, 《그라마톨로지에 대하여》, 서울 : 동문선, 2004.

────/김상록 옮김, 《목소리와 현상》, 서울 : 인간사랑, 2006.

데이비스, 마틴/박정일 · 장영태 옮김, 《수학자, 컴퓨터를 만들다》, 서울 : 지식
    의 풍경, 2005.

들뢰즈, 질/이정우 옮김, 《의미의 논리》, 서울 : 한길사, 2003.

────/김상환 옮김, 《차이와 반복》, 서울 : 민음사, 2004a.

────/이찬웅 옮김, 《주름, 라이프니츠와 바로크》, 서울 : 문학과지성사,
    2004b.

레빈, 재너/이경인 옮김, 《우주의 점》, 서울 : 한승, 2003.

로버트 카플란/심재관 옮김, 《존재하는 무 0의 세계》, 서울 : 이끌리오, 2003.

로버트슨, 로빈/이광자 옮김, 《융과 괴델》, 서울 : 몸과 마음, 2005.

리드, C./허민 옮김, 《영부터 무한까지》, 서울 : 경문사, 1997.

마르틴 졸리/이선형 옮김, 《이미지와 기호학》, 서울 : 동문선, 1994.

마틴 데이비스/박정일 옮김, 《수학자, 컴퓨터를 만들다》, 서울 : 지식의풍경, 2000.

모리스 클라인/김경화 옮김, 《지식 추구와 수학》, 서울 : 이화여자대학교출판부,
    1997.

문명호 · 박종일, 《위상수학 입문》, 서울 : 경문사, 2004.

미치오 가쿠/최성진 옮김, 《초공간》, 서울 : 김영사, 1994.

박상진, 《에코 기호학비판》, 서울 : 열린책들, 2003.

박재주, 《주역의 생성논리와 과정철학》, 서울 : 청계, 1999.

박회영, 《플라톤과 그 영향》, 서울 : 서광사, 2001.

배선복, 《탈현대 기초 논리학 입문》, 서울 : 철학과 현실사, 2004.

베나세랖 외/박세희 옮김, 《수학의 철학》, 서울 : 아카넷, 2002.

베이츤, 그레고리/서석봉 옮김, 《마음의 생태학》, 서울 : 민음사, 1989.

베이트슨, 그레고리/박지동 옮김, 《정신과 자연》, 서울 : 까치, 1990.

베이트슨, 그레고리·메리 캐서린/홍동선 옮김, 《마음과 물질의 대화》, 서울 : 고려미디어, 1993.

브리그스 존, 피트 데이비드/조혁 옮김, 《혼돈의 과학》, 서울 : 범양사, 1989.

비트겐슈타인, L./박영식 옮김, 《논리철학 논고》, 서울 : 정음사, 1985.

소두영, 《기호학》, 서울 : 인간사랑, 1991.

송영진, 《플라톤의 변증법》, 서울 : 철학과 현실사, 2000.

송효섭, 《초월의 기호학》, 서울 : 소나무, 2002.

슈츠스키, I. K./오진탁 옮김, 《주역연구》, 서울 : 한겨레, 1988.

스에끼 다께히로/최승호 옮김, 《동양의 합리사상》, 대구 : 이문출판사, 1987.

스튜어트, 이언/김동광 옮김, 《자연의 수학적 본능》, 서울 : 동아출판사, 1996.

시마다, 겐지/김석근 옮김, 《주자학과 양명학》, 서울 : 까치, 1992.

안재오, 《철학의 탄생》, 서울 : 철학과 현실사, 2002.

액설, A. D./신현용 옮김, 《무한의 신비》, 서울 : 승산, 2002.

야마오카 에쓰로/안소현 옮김, 《거짓말쟁이 역설》, 서울 : 영림카디널, 2004.

얀치, 에리히/홍동선 옮김, 《자기조직하는 우주》, 서울 : 범양사, 1989.

양력/김충렬 옮김, 《周易과 中國醫學》, 서울 : 법인문화사, 2004.

에르스코비치, 아르망/문선영 옮김, 《수학먹는 달팽이》, 서울 : 까치, 2000.

에임즈, 로저/장원석 옮김, 《동양 철학, 그 삶과 창조성》, 서울 : 유교문화 연구소, 2005.

오승재, 《수학의 천재들》, 서울 : 경문사, 1994

와인버그 스티븐/장회익 외 옮김, 《우주와 생명》, 서울 : 김영사, 1996.

요사마사, 요시나가/임승원 옮김, 《괴델 불완전성 정리》, 서울 : 전파과학사, 1993.

울프, 헨릭, 페데르센 스티그 외/이종찬·이호영 옮김, 《의학철학》, 서울 : 아르케, 1999.

유명종, 《성리학과 양명학》, 서울 : 연대 출판부, 1994.

이기동, 《동양삼국의 주자학》, 서울 : 성균관대학 출판부, 2003.

이도흠, 《화쟁 기호학 이론과 실제》, 서울 : 한양대학교 출판부, 2001.

이동준, 《유교의 인도주의와 한국사상》, 서울 : 한울, 1997.

——, 《훈민정음과 역학사상》, 2002.

이동희, 《한국의 철학적 사유의 전통》, 서울 : 계명대학교 출판부, 1999.
이승종, 《비트겐슈타인이 살아 있다면》, 서울 : 문학과 지성, 2002.
이신/이주행 옮김, 《주역 : 주역의 강은 어디로 흘러갈 것인가》, 일산 : 인간사
　　랑, 1995.
이정용/이세형 옮김, 《역의 신학》, 서울 : 기독교서회, 2001.
이정호, 《주역정의》, 서울 : 아세아문화사, 1980.
───, 《훈민정음의 구조와 원리》, 서울 : 아세아 문화사, 1990.
───, 《제3의 역》, 서울 : 아세아문화사, 1996.
이종우, 《유한에서 무한으로 여행》, 서울 : 경문사, 2000.
이준천/장경선 외 옮김, 《역의학사상》, 서울 : 법인문화사, 2000.
이즈쯔, 도시히꼬/김동원 옮김, 《동양 철학의 심층분석》, 서울 : 솔밭, 1991.
이진경, 《수학의 몽상》, 서울 : 푸른숲, 2000.
임균택, 《어문사상사(한경 2)》, 서울 : 문경출판사, 1999.
임정대, 《수학적 존재의 인식》, 서울 : 청문각, 1986.
───, 《수학의 기초이론의 이해》, 서울 : 청문각, 1995
정재서, 《동양적인 것의 슬픔》, 서울 : 살림, 1998.
조용현, 《정신은 어떻게 출현하는가?》, 서울 : 서광사, 1996.
주백곤/김학권 옮김, 《주역 산책》, 서울 : 예문서원 1999.
최봉영, 《본과 보기 문화이론》, 서울 : 지식산업사, 2002.
최영진, 《유교사상의 본질과 현재성》, 서울 : 성균관대 출판부, 2002.
카프라 F./이성범 옮김, 《새로운 科學과 文明의 轉換》, 서울 : 범양사, 1986.
캐스티, 존/박정일 옮김, 《괴델》, 서울 : 몸과 마음, 2002.
푸코, 미셸/김현 옮김, 《이것은 파이프가 아닙니다》, 서울 : 민음사, 1995.
하이데거, 마르틴/이기상 옮김, 《논리학》, 서울 : 까치, 2000.
───/신상희 옮김, 《동일성과 차이》, 서울 : 민음사, 2001.
───/권순홍 옮김, 《사유란 무엇인가?》, 서울 : 길, 2005.
하이젠베르크/김용준 옮김, 《부분과 전체》, 서울 : 지식산업사, 1982.
한국역경문화학회, 《주역철학과 문화》, 서울 : 수덕문화사, 2004.
한국주역학회, 《주역의 현대적 조명》, 서울 : 범양사, 1992.
───, 《주역의 근본 원리》, 서울 : 철학과 현실, 2004.
한국철학사상연구회, 《논쟁으로 보는 한국철학》, 서울 : 예문서원, 1995.
한국화이트헤드학회, 《창조성의 형이상학》, 서울 : 동과 서, 1999.

한규성, 《역학원리강화》, 서울 : 예문사, 2004.

한동석, 《우주 변화의 원리》, 서울 : 대원사, 2001.

한석환, 《존재와 언어》, 서울 : 길, 2005.

한태동, 《세종대왕 음성학》, 서울 : 연세대 출판부, 1998.

호프스테터, D./박여성 옮김, 《괴델, 에셔, 바흐》, 서울 : 까치, 1999.

혼마 다쓰오/임승원 옮김, 《위상공간으로 가는 길》, 서울 : 전파과학사, 1995.

흡슨, 존 M./정경옥 옮김, 《서구 문명은 동양에서 시작되었다》, 서울 : 에코리
　　브르, 2005.

홍동선 옮김, 《탁월한 지혜》, 서울 : 범양사, 1993.

화이트헤드, A. N./오영환 옮김, 《과정과 실제》, 서울 : 민음사, 1991.

## 2)논 문

김인곤, 〈플라톤의 파르메니데스 연구〉, 서울 : 서울대학교, 1995.

김충렬, 〈송대 태극론의 제문제〉, 《동양 철학의 본체론과 인성론》, 서울 : 연세
　　대학교 출판부, 1982.

김태경, 〈플라톤 후기 대화편들에 있어서 나눔의 문제〉, 서울 : 성균관대학교
　　대학원, 1996.

박경환, 〈주회와 육구연의 아호논쟁〉, 《논쟁으로 보는 중국 철학》, 서울 : 예문
　　서원, 2000.

박계원, 〈파르메니데스 편에서의 형상론 비판에 대한 존재론적 고찰〉, 서울 :
　　이화여자대학교, 1988.

양문흠, 〈일과 타자를 중심으로 한 파르메니데스편 연구〉, 서울 : 서울대학교,
　　1984.

## 3. 외국논저

楊力, 周易與中醫學, 北京 : 北京科學技術出版社, 1989

Aczel, A. D., *The Mystery of The Aleph*, New York : A Washington Square
　　Press Publication, 2000.

Allen, R. E., *Plato's Parmenides*, New Haven : Yale University Press, 1997.

Ashbrook, J. B., *The Brain and Belief*, Evanston : Wyndham Hall Press, 1988.

Austin, Scott, *Parmeniedes*, New Haven : Yale University Press, 1983.

Bartlett, Steven J., and Suber, Peter, *Self-Reference*, Boston : Martinus Nijhoff Publishers, 1987.

Beinfield, Harriet, *Between Heaven and Earth*, New York : Ballantine Books, 1991.

Bohm, David, *Wholeness and the Implicate Order*, Boston : Routledge and Kegan Paul, 1980.

Briggs, John and Peat David, *Turbulent Mirror*, London : Perennial Library, 1990.

Brumbaugh, Rogert S., *Plato and the One*, New Haven : Yale UYniversity Press, 1961.

Banchoff, Thomas, *Beyond The Third Dimension*, New York : A division of HPHLP, 1990.

Berlinski, David, *The Advent of the Algorithm*, San Diego, Harcourt, Inc., 2000.

Chihara, C.. "*The Semantic Paradox : A Diagnostic Investigation*", The Philosophical Review(Oct.1979)

Clark, Michael, *Paradox from a to z*, London : Routledge, 2002.

Cordo, Nestor-Luis, *By Being, It is, Thesis of Parmenides*, Las Vegas : Parmenides Publishing, 2004.

Deleuze, Gilles, *Difference and Repetition*, New York : Columbia University Press, 1994.

Devlin, Keith, *Mathematics, The Science of Patterns*, New York : Henry Holt & Company, 1994.

Evans, Gareth, *The Varieties of Reference*, Oxford : Clarendon Press, 1982.

Falletta, N. *Paradoxicon*, Wallingborough : Turnstone, 1983.

Fisher, Loren R., *Genesis, Royal Epic*, New York : W. W. Norton, 1996.

Geach, P. T., *Logic Matters*, Berkerley : University of California Press, 1980.

Grisworld, Jr., *Self-Knowledge in Plato's Phaedros*, New York : Yale University Press, 1986.

Gupta, Annil, *The Revision Theory of Truth*, London : The MIT Press, 1993.

Hall, Nina, *Exploring Chaos*, New York : W. W. Norton and Company, 1991.

Harte, Verity, *Plato on Parts and Wholes*, Oxford : Clarendon Press, 2002.

Heidegger, Martin, *The Metaphysical Foundation of Logic*, Indianapolis : Indiana University Press, 1982.

——, *Parmenides*, Indianapolis : Indiana University Press, 1992.

Ko, Young Woon, *Paradox, Harmony and Change*, Denver : OPutkirst Press, Inc., 2005.

Lakoff, G. & Nunez R. E. , *Where Mathematics Comes From?*, New York : Basic Books, 2000.

Lorenz Edward, *The Essence of Chaos*, Seattle : University of Washington Press, 1995.

Malcolm, John, *Plato on the Self-predication of Forms*, Oxford : Clarendon Press, 1991.

Ockover, Clifford A., *Surfing Through Hyperspace*, New York : Harper Collins Publisher, 1999.

Pickover, Clifford, *The Moebius Strip*, New York : Thunder Mouth Press, 2006.

Popper, Karl, *The World of Parmenides*, New York : Routledge, 1998.

Poundstone, William, *Labyrinths of Reason*, New York : An Anchor Press Book, 1988.

Rick, L.M. "*Some Notes on the Mediaeval Tract De insolubilibus with the Edition of a Tract Dating from the End of the Twefth Century*", Vivarium 4(1966).

Ro, Young Chan, *The Korean Neo-Confucianism of Yi Yulgok*, New York : State University Of New York Press, 1989.

Rucker, R., *Infinity and the Mind*, Princeton : Princeton University Press, 1995.

Russell, Bertrand, *Introduction to Mathematical Philosophy*, London : George Allen & Unwin LTD., 1960.

Russell, Robert John, *Chaos and Complexity*, Vatican : Vatican Observatory Publications, 1995.

Sainsbury, R.M. *Paradoxes*, New York : Cambridge University Press, 1995.

Salmon, Nathan, *Metaphysics, Mathamatics, and Meaning*, Oxford : Clarendon Press, 2005.

Scott, Theodore K., *John Buridan : Sophism on Meaning and Truth*(Century Philosophy Sourcebooks), New York : Appleton-Century-Crofts, 1966.

Shalan, Leonard, *The Alphabet Versus the Goddes*, USA, 1998.

Shanker, S., *Wittgenstein and the Turning Point in the Philosophy of Mathematics*, New York : Routledge, 1991.

Simmons, K., *Universality and the Liar*, New York : Cambridge University Press, 1993.

Smullyan, Raymond, *Daigonalization and Self-Reference*, Oxford : Clarendon Press, 1994.

Song, Ha Suk, *The Nature and the Logic of Truth*, Claremont : Claremont Graduate School, 1994.

Spade, P. V. "The Origins of the Mediaeval insolubilia literature", Franciscan Studies, vol. 33, Annual XI, 1973.

Sung, Z. D., *The Symbol of Yi King*, New York : Pagan Book, 1969.

Taylor, Kenneth, *Truth and Meaning*, Malden : Blackwell Publisher Inc.,1998.

Tietze, Heinrich, *Famouse Problems of Mathematics,* Baltimore : Graylock Press, 1965.

Vlastos, G., "The Third Man Argument in the Parmenides", Philosophical Review, vol. 63, Issue 3, July, 1954, 319-349.

Weden, Michael V., *Aristotle's Theory of Substance*, Oxford : Oxford University Press, 2000.

Werner, Gerhard, "The Topology of the Body Representation in the Somatic Afferent Pathway", Schmitt, F. O., ed., The Neurosciences, New York : The Rockfeller Univ. Press, 1970, pp. 605~617.

Whitehead, A. N. *Principia Mathematica*, New York : W. W. Norton & Company, 1927.

―――, *Process and Reality*, New York : The Free Press, 1979.

Whitehead, A. N. and Russell B., *Principia Mathematica*, Cambridge : Cambridge University Press, 1962.

# 찾아보기